Amandine
Nnnn

IV

Comprendre le fonctionnement de la langue (domaines 1, 2)

1. Connaître les aspects fondamentaux du fonctionnement syntaxique. (domaine 1)
2. Connaître les différences entre l'oral et l'écrit. (domaine 1)
3. Maîtriser la forme **des mots en lien avec la syntaxe.** (domaine 1)
4. Maîtriser le fonctionnement du verbe et son orthographe. (domaine 1)
5. Maîtriser la structure, le sens et l'orthographe des mots. (domaine 1)
6. Construire les notions permettant l'analyse et la production des textes et des discours. (domaine 1, domaine 2)
7. Utiliser des repères étymologiques et d'histoire de la langue. (domaine 1)

COMPÉTENCES COMPLÉMENTAIRES

4. Gérer les étapes d'une production, écrite ou non, mémoriser ce qui doit l'être. (domaine 2)
5. Constituer des outils personnels [pour] s'entraîner, réviser, mémoriser. (domaine 2)
6. Utiliser des outils numériques pour s'organiser, échanger et collaborer. (domaine 2)
7. Mobiliser différents outils numériques pour créer des documents intégrant divers médias et les publier ou les transmettre. (domaine 2)
8. Fonder et défendre ses jugements en s'appuyant sur sa réflexion et sur sa maîtrise de l'argumentation. (domaine 3)
9. Analyser, argumenter, mener différents types de raisonnements. (domaine 4)
10. Mobiliser son imagination et sa créativité au service d'un projet personnel ou collectif. (domaine 5)

V

Acquérir des éléments de culture littéraire et artistique (domaines 1, 5)

1. Mobiliser des **références culturelles** pour interpréter les textes et les productions artistiques et littéraires et pour enrichir son expression personnelle. (domaine 1)
2. Établir des **liens entre des productions littéraires et artistiques issues de cultures et d'époques diverses.** (domaine 1 et domaine 5)

COMPÉTENCES COMPLÉMENTAIRES

3. Étayer ses analyses et ses jugements sur des œuvres ; **formuler des hypothèses** sur leur signification et en proposer une interprétation en s'appuyant notamment sur ses aspects formels et esthétiques. (domaine 5)
4. Justifier ses intentions et ses choix expressifs, en s'appuyant sur quelques notions d'analyse des œuvres. (domaine 5)
5. S'approprier [...] des œuvres littéraires et artistiques appartenant au patrimoine national et mondial comme à la création contemporaine. (domaine 5)
6. Imaginer, concevoir et réaliser des productions de natures diverses, y compris littéraires et artistiques. (domaine 5)

COLLECTION PASSEURS DE TEXTES

Français 5^e

Livre unique

SOUS LA DIRECTION DE Corinne Abensour

Adrien David, agrégé de Lettres modernes

Marie-Hélène Dumaître, agrégée de Lettres classiques

Maxime Durisotti, certifié de Lettres modernes

Audrey Fredon, certifiée de Lettres modernes

David Galand, agrégé de Lettres modernes

Sandra Galand, certifiée de Lettres modernes

Adeline Leguy, certifiée de Lettres modernes

Étienne Leterrier, agrégé de Lettres modernes

Corinne Martinon, agrégée de Lettres classiques

Valérie Monfort, agrégée de Lettres modernes

Alexandra de Montaigne, certifiée de Lettres modernes

Cécile Rabot, agrégée de Lettres classiques

Martine Rodde, certifiée de Lettres classiques

Fabrice Sanchez, agrégé de Lettres modernes

Justine Wanin, certifiée de Lettres modernes

Édith Wolf, agrégée de Lettres modernes

Avec la participation d'**Alexandre Winkler**, académie de Grenoble.

Les auteurs remercient pour leur relecture
Marjorie Benkemmoun, Aurélie Échenique
et Julien Jaumonet, professeurs de collège.

Les compléments numériques de votre manuel

En complément du manuel :

• **un site** www.passeursdetextes-5e-eleve.fr **propose aux élèves
les ressources qui leur sont destinées** ;

• **un site** www.passeurs-de-textes.fr réservé aux enseignants propose
de nombreuses ressources ;

• **une version** e-book du roman des *Trois Mousquetaires,* **accessible sur
les sites enseignant et élève**, permet de croiser deux questionnements :
l'héroïsme et l'amitié. Trois découpages sont proposés : court,
intermédiaire, long pour s'adapter à tous les lecteurs.

Direction éditoriale : Christine Asin
Édition : Charlotte Davreu
Conception graphique de la couverture et de l'intérieur : Laurence Durandau
Mise en pages : Alinéa, Dany Mourain, Lauriane Tiberghien, Didier Bodar, Hugo Map
Iconographie : Laetitia Jannin
Dessins : Camille Beurton pour BiG, Marie Levêque

© Le Robert 2016 – 25 avenue Pierre de Coubertin – 75211 Paris cedex 13
ISBN : 978-2-32-100917-7

Avant-propos

Nous sommes heureux de vous présenter *Passeurs de textes 5ᵉ*, ,un manuel conforme au nouveau programme de français mis en œuvre à la rentrée 2016.

Livre unique de français pour la classe de 5ᵉ, il accompagne les professeurs et les élèves dans cette première année du cycle 4, avec, à l'ouverture de chaque chapitre, des modules intitulés « ce que vous savez déjà », qui permettent de faire le point sur les connaissances acquises en 6ᵉ et de placer les apprentissages à venir dans cette continuité.

Les cinq entrées du nouveau programme sont abordées grâce à un large choix de textes et d'images.

Une place centrale est faite à l'oral et à l'écriture, omniprésents sous forme d'activités après chaque texte, et de grands ateliers ludiques proposant aux élèves des exercices de manipulation et d'invention.

Les activités proposées peuvent être déclinées pour le travail en petits groupes. Elles donnent souvent lieu à des **réalisations** personnelles ou collectives qui mobilisent des outils numériques. Un **projet final** est proposé en fin de chaque chapitre et permet aux élèves **d'évaluer leurs compétences**.

Le manuel accueille des comédiens qui lisent des extraits et mettent en voix des textes qui donnent lieu aux **activités de compréhension orale**.

Des leçons de langue, complétées d'exercices variés, sont proposées dans la deuxième partie de l'ouvrage. **La grammaire, l'orthographe et le vocabulaire** sont aussi mobilisés tout au long du manuel dans les activités qui complètent les textes, ainsi que dans les doubles pages « des outils pour la rédaction ». Des **cartes mentales** sont proposées pour faciliter la mémorisation.

Nous avons souhaité, en réalisant Passeurs de textes, participer de façon novatrice à la transmission de la littérature et de la langue française, et permettre l'ouverture vers les grands questionnements.

Nous espérons vivement que l'ouvrage vous accompagnera dans l'accomplissement de cet objectif.

L'équipe des auteurs Le Robert, *Passeurs de textes*.

CE QUE DIT LE B.O.

Le voyage et l'aventure : pourquoi aller vers l'inconnu ?

✖ Découvrir diverses formes de récits d'aventures, fictifs ou non, et des textes célébrant les voyages.

✖ Comprendre les motifs de l'élan vers l'autre et l'ailleurs et s'interroger sur les valeurs mises en jeu.

✖ S'interroger sur le sens des représentations qui sont données des voyages et de ce qu'ils font découvrir.

COMPÉTENCES TRAVAILLÉES

LANGAGE ORAL

✖ Présenter oralement des explications, des informations, avoir un point de vue.

✖ Rassembler des documents destinés à faciliter l'exposé.

✖ Percevoir les ressources expressives et créatives de la parole.

LECTURE ET COMPRÉHENSION DE L'ÉCRIT

✖ Manipuler des textes de différentes natures et différents supports.

✖ Être un lecteur autonome.

✖ Être sensible aux effets esthétiques des textes et aux valeurs qu'ils portent.

✖ Lire des images, des documents numériques et des textes non littéraires.

✖ Mettre en perspective texte et image.

ÉCRITURE

✖ Réécrire ou modifier un texte, selon des contraintes précises.

✖ Rechercher des formulations pour améliorer un texte, l'enrichir, le transformer.

✖ Pratiquer l'écriture d'invention ou des jeux poétiques.

✖ Pratiquer l'écriture de documents personnels.

LANGUE

✖ Maîtriser la morphologie verbale et nominale.

✖ Observer le fonctionnement du verbe et l'orthographier.

✖ Analyser le sens des mots.

Familles, amis, réseaux

CE QUE DIT LE B.O.

Avec autrui : familles, amis, réseaux

✖ Découvrir diverses formes, dramatiques et narratives, de la représentation des relations avec autrui.

✖ Comprendre la complexité de ces relations, des attachements et des tensions qui sont figurés dans les textes, en mesurer les enjeux.

✖ S'interroger sur le sens et les difficultés de la conquête de l'autonomie au sein du groupe ou contre lui.

COMPÉTENCES TRAVAILLÉES

LANGAGE ORAL

✖ Participer à des échanges oraux ou à un débat.

✖ Comprendre les usages différents de la langue à l'oral et à l'écrit.

✖ Percevoir les ressources expressives et créatives de la parole.

LECTURE ET COMPRÉHENSION DE L'ÉCRIT

✖ Interpréter des textes littéraires.

✖ Lire des images, des documents numériques et des textes non littéraires.

✖ Mettre un texte en voix et le jouer.

ÉCRITURE

✖ Réécrire ou modifier un texte, selon des contraintes précises.

✖ Rechercher des formulations pour améliorer un texte, l'enrichir, le transformer.

✖ Connaître les techniques d'argumentation.

✖ Réagir par écrit à des textes lus.

LANGUE

✖ Maîtriser la relation entre oral et écrit.

✖ Maîtriser la morphologie verbale et nominale.

✖ Analyser les syntagmes.

✖ Apprécier le degré d'acceptabilité d'un énoncé.

✖ Savoir mettre en réseau les mots.

CE QUE DIT LE B.O.

Imaginer des univers nouveaux

✖ Découvrir des textes et des images relevant de différents genres et proposant la représentation de mondes imaginaires, utopiques, merveilleux ou fantastiques.

✖ Être capable de percevoir la cohérence de ces univers imaginaires.

✖ Apprécier le pouvoir de reconfiguration de l'imagination et s'interroger sur ce que ces textes et images apportent à notre perception de la réalité.

COMPÉTENCES TRAVAILLÉES

LANGAGE ORAL

✖ Présenter oralement des explications, avoir un point de vue.

✖ Rassembler des documents destinés à faciliter l'exposé.

✖ Percevoir les ressources expressives et créatives de la parole.

LECTURE ET COMPRÉHENSION DE L'ÉCRIT

✖ Interpréter des textes littéraires.

✖ Manipuler des textes de différentes natures et différents supports.

✖ S'initier à l'analyse littéraire.

✖ Être sensible aux effets esthétiques des textes et aux valeurs qu'ils portent.

✖ Lire des images, des documents numériques et des textes non littéraires.

ÉCRITURE

✖ Rechercher des formulations pour améliorer un texte, l'enrichir, le transformer.

✖ Pratiquer l'écriture d'invention ou des jeux poétiques.

✖ Connaître les techniques d'argumentation.

✖ Réagir par écrit à des textes lus.

LANGUE

✖ Maîtriser la morphologie verbale et nominale.

✖ Analyser le sens des mots.

✖ Maîtriser le rôle de la ponctuation.

✖ Savoir mettre en réseau les mots.

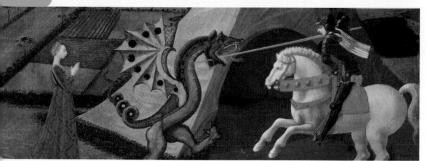

CE QUE DIT LE B.O.

Héros/héroïnes et héroïsmes

✖ Découvrir des œuvres et des textes relevant de l'épopée et du roman et proposant une représentation du héros et de ses actions.

✖ Comprendre le caractère d'exemplarité qui s'attache à la geste du héros et la relation entre la singularité du personnage et la dimension collective des valeurs mises en jeu.

✖ S'interroger sur la diversité des figures de héros et sur le sens de l'intérêt qu'elles suscitent.

COMPÉTENCES TRAVAILLÉES

LANGAGE ORAL

✖ Participer à des échanges oraux ou à un débat.

✖ Présenter oralement des explications, avoir un point de vue.

✖ Comprendre des messages et des discours oraux complexes.

LECTURE ET COMPRÉHENSION DE L'ÉCRIT

✖ Interpréter des textes littéraires.

✖ Être un lecteur autonome.

✖ Être sensible aux effets esthétiques des textes et aux valeurs qu'ils portent.

✖ S'initier à l'analyse littéraire.

✖ Lire des images, des documents numériques et des textes non littéraires.

✖ Situer les œuvres dans leur contexte historique et culturel.

ÉCRITURE

✖ Rechercher des formulations pour améliorer un texte, l'enrichir, le transformer.

✖ Réagir par écrit à des textes lus.

✖ Réécrire ou modifier un texte, selon des contraintes précises.

LANGUE

✖ Maîtriser la morphologie verbale et nominale.

✖ Analyser les syntagmes.

✖ Identifier les classes grammaticales.

✖ Analyser le sens des mots.

l'être humain est-il maître de la nature ?

CE QUE DIT LE B.O.

L'être humain est-il maître de la nature ?

✖ Interroger le rapport de l'homme à la nature à partir de textes et d'images empruntés aux représentations de la nature à diverses époques, en relation avec l'histoire des arts, et saisir les retournements amorcés au XIXᵉ siècle et prolongés à notre époque.

✖ Comprendre et anticiper les responsabilités humaines aujourd'hui.

COMPÉTENCES TRAVAILLÉES

LANGAGE ORAL

✖ Participer à des échanges oraux ou à un débat.

✖ Présenter oralement des explications, avoir un point de vue.

✖ Comprendre des messages et des discours oraux complexes.

✖ Rassembler des documents destinés à faciliter l'exposé.

LECTURE ET COMPRÉHENSION DE L'ÉCRIT

✖ Choisir une stratégie d'écriture.

✖ Réécrire ou modifier un texte, selon des contraintes précises.

✖ Connaître les techniques d'argumentation.

✖ Pratiquer l'écriture de documents personnels.

ÉCRITURE

✖ Manipuler des textes de différentes natures et différents supports.

✖ Être un lecteur autonome.

✖ Lire des images, des documents numériques et des textes non littéraires.

✖ Situer les œuvres dans leur contexte historique et culturel.

✖ Mettre en perspective texte et image.

LANGUE

✖ Acquérir la structure, le sens et l'orthographe des mots.

✖ Maîtriser la morphologie verbale et nominale.

✖ Observer le fonctionnement du verbe et l'orthographier.

Langues et cultures de l'Antiquité

COMPÉTENCES TRAVAILLÉES

✖ Comprendre l'origine des genres et des formes littéraires.

✖ Réfléchir sur l'histoire de la langue, la production du vocabulaire et le sens des mots.

✖ Explorer les racines culturelles littéraires et artistiques.

✖ Comprendre que la science a une histoire.

✖ Mettre en perspectives images et textes anciens.

✖ Saisir les valeurs dont sont porteurs mythes et croyances.

✖ Partager un autre point de vue sur le monde.

✖ Découvrir le patrimoine archéologique.

INTERDISCIPLINARITÉ

✖ Français/Sciences
✖ Français/Langues
✖ Français/Histoire-géographie

Étude de la langue

GRAMMAIRE
ORTHOGRAPHE
LEXIQUE

CE QUE DIT LE B.O.

Les attendus de fin de cycle

Connaître les aspects fondamentaux du fonctionnement syntaxique
✖ Fonctionnement de la phrase simple.
✖ Fonctionnement de la phrase complexe.

Connaître le fonctionnement des chaînes d'accord
✖ Accord dans le groupe nominal complexe.
✖ Accord du participe passé avec *être* et avec *avoir* : cas simples.
✖ Accord de l'adjectif et du participe passé en position détachée.
✖ Accord du verbe dans les cas complexes.

Maîtriser le fonctionnement du verbe et son orthographe
✖ Identification des verbes à construction directe et à construction indirecte.
✖ Identification des verbes à plusieurs compléments.
✖ Mise en évidence des constructions par la pronominalisation
✖ Analyse du sens des verbes en fonction de leur construction.
✖ Identification des verbes pronominaux.

Maitriser la morphologie verbale écrite
✖ Identification des principaux temps et modes.
✖ Formation des temps simples.
✖ Construction des temps composés.
✖ Connaissance des formes du participe passé des verbes.
✖ Construction du passif.

Mettre en évidence le lien entre le temps employé et le sens
✖ Approfondissement de la valeur aspectuelle des temps.
✖ Principaux emplois des différents modes.

Maîtriser la structure, le sens et l'orthographe des mots
✖ Observations morphologiques.
✖ Mise en réseau de mots.
✖ Analyse du sens des mots.

Construire les notions permettant l'analyse et la production des textes et des discours
✖ Identification et interprétation des éléments de la situation d'énonciation.
✖ Observation, reconnaissance et utilisation de paroles rapportées.
✖ Repérage et interprétation des marques de modalisation.
✖ Identification et utilisation des marques d'organisation du texte.

Activités

Audiothèque

Écoute

Treize textes de votre manuel sont lus par des comédiens. Cette lecture est le support d'une activité d'écoute. Retrouvez sur le site de votre manuel l'enregistrement de ces textes.

Compréhension orale

Sept textes de votre manuel sont travaillés spécifiquement en compréhension orale. Retrouvez leur enregistrement sur le site de votre manuel.

LE SOCLE COMMUN DE CONNAISSANCES, DE COMPÉTENCES ET DE CULTURE.

Lire (domaines 1, 5)

1. **Lire des images, des documents** composites (y compris numériques) et des textes non littéraires. (domaines 1 et 5)
2. **Lire des œuvres littéraires**, fréquenter des œuvres d'art. (domaine 1)
3. **Élaborer une interprétation** de textes littéraires. (domaine 1)

COMPÉTENCES COMPLÉMENTAIRES

4. **Comprendre** les modes de production et le rôle de l'image. (domaine 2)
5. **Utiliser** de façon réfléchie **des outils de recherche**, notamment sur Internet. (domaine 2)
6. **Connaître** le sens du principe de **laïcité**. (domaine 3)
7. Comprendre que **les lectures du passé éclairent le présent** et permettent de l'interpréter. (domaine 5)

Comprendre et s'exprimer à l'oral
(domaines 1, 2, 3)

1. **Comprendre et interpréter** des messages et des discours oraux complexes. (domaine 1)
2. **S'exprimer de façon maîtrisée** en s'adressant à un auditoire. (domaine 1)
3. **Participer de façon constructive** à des échanges oraux. (domaine 1, domaine 2 et domaine 3)
4. **Exploiter les ressources expressives et créatives de la parole.** (domaine 1)

COMPÉTENCES COMPLÉMENTAIRES

5. **Comprendre le sens des consignes.** (domaine 1)
6. **Exprimer ses sentiments** et ses émotions en utilisant un vocabulaire précis. (domaine 3)
7. **Préparer son orientation future** et sa vie d'adulte. (domaine 4)
8. **Exprimer** à l'écrit et à l'oral **ce qu'on ressent** face à une œuvre littéraire ou artistique. (domaine 5)

Écrire (domaine 1)

1. **Utiliser l'écrit pour penser et pour apprendre.** (domaine 1)
2. **Adopter des stratégies** et des procédures d'écriture **efficaces**. (domaine 1)
3. Exploiter des lectures pour **enrichir son écrit**. (domaine 1)

Comprendre le fonctionnement de la langue (domaines 1, 2)

1. Connaître les aspects fondamentaux du fonctionnement syntaxique. (domaine 1)
2. Connaître les différences entre l'oral et l'écrit. (domaine 1)
3. Maîtriser la forme **des mots en lien avec la syntaxe.** (domaine 1)
4. Maîtriser le fonctionnement du verbe et son orthographe. (domaine 1)
5. Maîtriser la structure, le sens et l'orthographe des mots. (domaine 1)
6. Construire les notions permettant l'analyse et la production des textes et des discours. (domaine 1, domaine 2)
7. Utiliser des repères étymologiques et d'histoire de la langue. (domaine 1)

COMPÉTENCES COMPLÉMENTAIRES

4. Gérer les étapes d'une production, écrite ou non, mémoriser ce qui doit l'être. (domaine 2)
5. Constituer des outils personnels [pour] s'entraîner, réviser, mémoriser. (domaine 2)
6. Utiliser des outils numériques pour s'organiser, échanger et collaborer. (domaine 2)
7. Mobiliser différents outils numériques pour créer des documents intégrant divers médias et les publier ou les transmettre. (domaine 2)
8. Fonder et défendre ses jugements en s'appuyant sur sa réflexion et sur sa maîtrise de l'argumentation. (domaine 3)
9. Analyser, argumenter, mener différents types de raisonnements. (domaine 4)
10. Mobiliser son imagination et sa créativité au service d'un projet personnel ou collectif. (domaine 5)

Acquérir des éléments de culture littéraire et artistique (domaines 1, 5)

1. Mobiliser des **références culturelles** pour interpréter les textes et les productions artistiques et littéraires et pour enrichir son expression personnelle. (domaine 1)
2. Établir des **liens entre des productions littéraires et artistiques issues de cultures et d'époques diverses.** (domaine 1 et domaine 5)

COMPÉTENCES COMPLÉMENTAIRES

3. Étayer ses analyses et ses jugements sur des œuvres ; **formuler des hypothèses** sur leur signification et en proposer une interprétation en s'appuyant notamment sur ses aspects formels et esthétiques. (domaine 5)
4. Justifier ses intentions et ses choix expressifs, en s'appuyant sur quelques notions d'analyse des œuvres. (domaine 5)
5. S'approprier [...] des œuvres littéraires et artistiques appartenant au patrimoine national et mondial comme à la création contemporaine. (domaine 5)
6. Imaginer, concevoir et réaliser des productions de natures diverses, y compris littéraires et artistiques. (domaine 5)

Le voyage

1. **Que représente cette scène ? À quelle époque ce bateau naviguait-il ?**

2. **Qu'est-ce qui rend ce départ en mer spectaculaire ?**

Un galion faisant cap vers le Vénuzuela. Illustration tirée du compte-rendu du voyage de Jérôme Coeler, 1533.

🕐 les récits de voyage et d'aventure

1 Rassemblez vos connaissances

✓ **1.** Avez-vous déjà voyagé ? Dans quels pays ? Pour quelles raisons ?

2. Ce voyage était-il une aventure ? Quelles différences y a-t-il entre un voyage et une aventure ?

3. Un explorateur est-il un aventurier, selon vous ?

4. Pourquoi peut-on désirer découvrir des terres inconnues ?

5. Ce genre de voyages peut-il présenter des risques ? Lesquels ?

6. Connaissez-vous des explorateurs ? Qu'ont-ils découvert ?

7. Connaissez-vous des œuvres (littéraires, cinématographiques, etc.) mettant en scène des explorateurs ?

Avec votre voisin, classez ces œuvres en trois catégories :

Livres pour les touristes	Récits d'aventure	Récits de voyage et d'exploration

En Patagonie (Bruce Chatwin) ; *Indiana Jones et le Temple maudit* (Steven Spielberg) ; *L'Île mystérieuse* (Jules Verne) ; *Les Meilleurs Restaurants de Londres* ; *L'Odeur de l'Inde* (Pasolini) ; *Le Guide du routard de Thaïlande* ; *L'Île au trésor* (Robert Louis Stevenson) ; *Les Chemins du Halla-San* (Nicolas Bouvier) ; *Longue marche* (Bernard Ollivier) ; *Le Monde perdu* (Conan Doyle) ; *Les Musées du Caire*.

2 Découvrez les voyages de Marco Polo

Le Livre des merveilles, gravure.

À l'âge de dix-sept ans, Marco Polo quitte Venise avec son père et son oncle, des marchands. Il parcourt l'Asie pendant plus de vingt ans, et entre notamment au service de l'homme le plus puissant de son temps : le Grand Khan, empereur des Tartares. À son retour, il raconte ses voyages dans Le Livre des merveilles, *qui connaît aussitôt un immense succès.*

C'est un fait que les Tartares font commencer l'année avec le mois de février et que le Grand Khan et tous ceux qui sont ses sujets font à cette occasion la fête que je vais vous décrire. C'est l'usage que le Grand Khan se vête avec tous ses sujets d'habits
5 blancs ; ainsi, ce jour-là, hommes et femmes, petits et grands, tous sont vêtus de blancs – ce qu'ils font parce qu'il leur semble qu'un vêtement blanc porte bonheur et chance. Pour cette raison ils le portent en début de l'année afin qu'ils aient toute l'année bonheur et joie. Ce jour-là, tous les gens de toutes les
10 provinces, de toutes les régions, royaumes et contrées qui lui sont soumis lui apportent de grands présents, or, argent, pierres précieuses, perles et riches étoffes – ce qu'ils font ce jour-là pour que, toute l'année, leur seigneur ait richesse, joie et félicité. En outre, ils se font l'un à l'autre des présents de couleur blanche,
15 s'embrassent, se donnent des baisers, se réjouissent afin que, toute l'année, ils aient bonheur et joie. Sachez que, ce jour-là, arrivent de diverses régions déterminées, en présent pour le seigneur, plus de cent mille chevaux blancs superbes. Ce jour-là, tous ses éléphants – il y en a bien cinq mille – sont tous couverts
20 de draps décorés, très beaux, superbes ; chacun porte sur son dos deux coffres très beaux, superbes, qui sont tout pleins de la vaisselle du seigneur et de tout l'équipement dont la cour a besoin pour cette Fête Blanche. Arrivent aussi une grande quantité de chameaux couverts aussi de très beaux draps et tout chargés
25 de ce dont on a besoin pour cette fête. Tous défilent devant le Grand Seigneur et c'est la plus belle chose à voir qui soit au monde.

Marco Polo, *Le Livre des merveilles*, 1298.

1. Pourquoi Marco Polo dit-il que cette fête est « la plus belle chose à voir qui soit au monde » ?

2. À quoi voit-on que le Grand Khan est un homme puissant ?

3. Qu'est-ce qui peut sembler étrange, dans ce texte, pour un Européen du XIIIe siècle ?

4. Pour quelles raisons *Le Livre des merveilles* a-t-il connu un grand succès, selon vous ?

3 Écrivez un récit de voyage et d'aventure

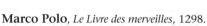

1. Observez l'image de la page de gauche.

2. Que peut-elle représenter ? Que comprenez-vous de cette scène ?

3. En vous aidant de cette image, vous raconterez un épisode du *Livre des merveilles* de Marco Polo. Vous pouvez commencer votre récit par « Sachez aussi qu'il y a dans ce pays… ».

PARTIE 1

Récits
de voyage réels
et imaginaires

Groupement
de textes

Comment les grands voyageurs nous font-ils partager leurs expériences ?

Rencontrer un peuple imaginaire : Ulysse chez les Lestrygons

L'*Odyssée* raconte l'histoire du héros Ulysse. Écrite au VIIIe siècle avant J.-C., cette épopée est attribuée au poète grec Homère.

De retour de la guerre de Troie vers son île natale d'Ithaque, Ulysse vogue d'île en île au gré des vents faisant des rencontres parfois heureuses, parfois malheureuses… Il raconte ici aux Phéaciens, qui l'ont recueilli après un naufrage, l'arrivée de son équipage dans une île qui ressemble à la sienne.

Nous entrons dans ce port bien connu des marins : une double falaise, à pic et sans coupure, se dresse tout autour, et deux caps[1] allongés, qui se font vis-à-vis au-devant de l'entrée, en étranglent la bouche[2]. Ma flotte s'y engage et s'en va jusqu'au fond, gaillards[3]
5 contre gaillards, s'amarrer côte à côte : pas de houle[4] en ce creux, pas de flot, pas de ride[5] ; partout un calme blanc. Seul je reste au-dehors, avec mon noir vaisseau ; sous le cap de l'entrée, je mets l'amarre en roche : me voici sur le roc de la guette[6], au sommet ; de troupeaux ou d'humains, on ne voyait pas la trace ; il ne montait du sol, au
10 loin, qu'une fumée.

J'envoie pour reconnaître à quels mangeurs de pain[7] appartient cette terre ; les deux hommes choisis, auxquels j'avais adjoint un troisième en héraut[8], s'en vont prendre à la grève une piste battue, sur laquelle les chars descendent vers la ville le bois du haut des
15 monts. En s'approchant du bourg, ils voient une géante qui s'en venait puiser à la Source de l'Ours, à la claire fontaine où la ville s'abreuve : d'Antiphatès le Lestrygon c'était la fille. On s'aborde ; on se parle : ils demandent le nom du roi, de ses sujets ; elle, tout aussitôt, leur montre les hauts toits du logis paternel.

20 Mais à peine entrent-ils au manoir désigné qu'ils y trouvent la femme, aussi haute qu'un mont, dont la vue les atterre. Elle, de l'agora[9], s'empresse d'appeler son glorieux époux, le roi Antiphatès, qui n'a qu'une pensée : les tuer sans merci. Il broie l'un de mes gens, dont il fait son dîner. Les deux autres s'enfuient et rentrent
25 aux navires. Mais à travers la ville, il fait donner l'alarme. À l'appel, de partout, accourent par milliers ses Lestrygons robustes, moins hommes que géants, qui du haut des falaises nous accablent de blocs de roche à charge d'homme : équipages mourants et vaisseaux fracassés, un tumulte de mort monte de notre flotte. Puis,
30 ayant harponné mes gens comme des thons, la troupe les emporte à l'horrible festin.

1. **Caps :** avancées de terre dans la mer.

2. **Bouche :** (ici) entrée.

3. **Gaillards :** parties latérales d'un bateau.

4. **Houle :** désigne l'état d'une mer agitée.

5. **Ride :** ici, vaguelette.

6. **Guette :** vigie, celui chargé de surveiller l'arrivée des bateaux.

7. **Mangeurs de pain :** l'expression désigne ici les hommes. (Le pain est une nourriture propre à l'homme.)

8. **Héraut :** membre d'une escorte chargé de faire les annonces officielles.

9. **Agora :** cœur de la cité grecque, place où sont débattues notamment les affaires publiques.

Mais pendant qu'on se tue dans le fond de la rade[10], j'ai pris le glaive à pointe, qui me battait la cuisse, et j'ai tranché tout net le câble du navire à la proue azurée. J'active alors mes gens. J'ordonne à mes rameurs de forcer d'avirons, si l'on veut s'en tirer. Ils voient sur eux la mort : ils poussent, tous ensemble, et font voler l'écume… Ô joie, voici le large ! mon navire a doublé les deux caps en surplomb ; mais là-bas a péri[11] le reste de l'escadre[12].

Homère, *Odyssée*, VIIIe s. av. J.-C., traduction de Victor Bérard.

10. **Rade** : partie abritée du vent dans un port ou une baie.
11. **A péri** : est mort.
12. **Escadre** : ensemble de bateaux.

 vous avez fini de lire

Citez des noms de personnages et des épisodes de l'*Odyssée* dont vous vous souvenez. Racontez-les en quelques phrases.

▶ *Le navire d'Ulysse.* Lithographie, Paris, 1930.

Comment les grands voyageurs nous font-ils partager leurs expériences ?

Comprendre le texte II.3

Le récit de voyage d'un héros grec

1 Relevez, dans le premier paragraphe, toutes les informations sur le paysage puis dessinez-le.

2 Relevez les mots introduits par « pas de » aux lignes 5 et 6. Pourquoi cet endroit semble-t-il offrir un abri sûr ?

3 À quel moment se produit le basculement du récit vers le drame ? Le lecteur pouvait-il s'y attendre ? Justifiez votre réponse.

4 Ulysse fait un récit en phrases courtes et emploie le présent. Relevez deux passages du texte où ces procédés sont employés. Citez deux mots qui peuvent frapper les auditeurs. Quel est l'effet produit ?

Une peuplade monstrueuse

5 Quels détails prouvent que les Lestrygons sont des êtres surnaturels ? Relevez les expressions du texte qui le montrent.

6 Comment les Lestrygons considèrent-ils les marins d'Ulysse ? Relevez une phrase qui montre que les Lestrygons sont des êtres monstrueux.

Bilan

7 Que nous apprend ce récit imaginaire sur les dangers du voyage ?

Activités IV.6 / III.3

LANGUE

▸ Relevez dans le troisième paragraphe deux comparaisons.

ÉCRITURE

Rédigez le récit de l'arrivée d'Ulysse et de ses hommes chez un peuple bienveillant. Votre texte commencera par : « En s'approchant du bourg, ils voient… »

si **vous avez besoin d'aide**

▸ **Vous commencerez par décrire les habitants :** leur taille, leur habillement, leur apparence physique, leurs occupations au moment où les marins s'approchent d'eux.

▸ **Puis vous direz comment ils réagissent** lorsque les marins d'Ulysse s'adressent à eux, en décrivant l'expression de leurs visages.

si **vous avez besoin de mots**

Pour décrire le caractère bienveillant des personnages.

▸ **Des adjectifs :** *souriant, avenant, pensif, paisible, aimable, joyeux, malicieux, ouvert, franc, gai, attentif…*

▸ **Des verbes :** *sourire, offrir un visage…, avoir une expression…, sembler, paraître…*

si **vous avez fini d'écrire**

Imaginez et décrivez l'apparence physique d'une créature monstrueuse mais bienveillante rencontrée par Ulysse.

◂ Ulysse sur l'île des géants cannibales, fresque, Ier siècle av. J.-C..

Compréhension orale

Écouter un extrait de l'*Odyssée* d'Homère
Ulysse chez les Lotophages

Avant d'écouter

Ulysse est en mer avec son équipage. Il tente de regagner sa terre natale.
Mais une tempête se déchaîne et l'entraîne vers une destination imprévue.

ÉCOUTER ET COMPRENDRE I.1

Écoutez attentivement la lecture de cet extrait, puis répondez aux questions.

❶ Quel Dieu a déchaîné la tempête contre le navire d'Ulysse ?
a. Zeus.
b. Poséidon.
c. Arès.

❷ Quels préparatifs l'équipage doit-il faire pour reprendre sa route après la tempête ?
a. Replanter les mâts.
b. Réparer les voiles.
c. Vider l'eau de la cale.

❸ Après la tempête, quels phénomènes météorologiques détournent Ulysse de son objectif ?
a. Le vent et la grêle.
b. La houle et la pluie.
c. La houle et le vent.

❹ Quelles sont les deux premières choses que font les marins d'Ulysse, une fois arrivés chez les Lotophages ?
a. Manger et chercher de l'eau.
b. Réparer le bateau et chercher de l'eau.
c. Sécher leurs vêtements et manger.

❺ Que mangent les Lotophages ?
a. Des cactus.
b. Des feuilles de bananiers.
c. Des fleurs de lotus.

❻ Ces trois verbes décrivent les actions qui s'enchaînent lorsqu'Ulysse découvre que ses marins ont été nourris par les Lotophages. Numérotez ces actions dans le bon ordre.
a. Attacher.
b. Ramener.
c. Traîner.

LA MISE EN VOIX DU TEXTE I.8

1. Le comédien lit-il de la même façon l'épisode de la tempête et celui de l'arrivée sur l'île ? Précisez les différences.
2. Comment le comédien lit-il la dernière phrase du texte qui raconte le retour au bateau ?
3. Que cherche-t-il à mettre en valeur ?

DU TEXTE À L'IMAGE V.1

1. Quel épisode de l'extrait est ici représenté ?
2. Qui est le personnage central ?

▲ *Ulysse sur l'île des Lotophages.*
Estampe de Theodor Van Thulen, xviie siècle.

PARTIE 1

Comment les grands voyageurs nous font-ils partager leurs expériences ?

Groupement de textes

Découvrir et faire découvrir

Texte 2

Christophe Colomb (1451-1506).
Premier navigateur de la fin du XVe siècle qui traverse l'océan Atlantique et découvre le Nouveau Monde.

1. Lagunes : zones de mer peu profonde d'où émergent souvent des bancs de sable.

2. Affligé : profondément triste.

3. Christophe Colomb est chargé de cette expédition par le roi espagnol Ferdinand d'Aragon.

Le Journal de bord *de Christophe Colomb a été rédigé en 1492, au cours de son voyage de découverte de l'Amérique (qu'il pensait être la Chine). Ce journal a par la suite été retranscrit par un religieux, le frère dominicain Bartolomé de Las Casas. Christophe Colomb partage ses premières impressions lors de la découverte des îles des Caraïbes, notamment de l'île d'Hispaniola, l'actuelle Saint-Domingue.*

▲ *Christophe Colomb accueilli par les Indiens*, gravure, XIXe siècle.

Dimanche 21 octobre 1492

Je me mis en devoir de visiter l'île, en compagnie de mes capitaines et de mes hommes. Celles que j'avais vues auparavant étaient en effet très belles, et verdoyantes et fertiles ; mais celle-ci l'est bien plus avec ses grands arbres d'un vert sombre. Il y a de grandes
5 lagunes¹, autour desquelles s'étend en cercle une forêt merveilleusement belle. Ici, comme partout dans l'île, tout est vert, et l'herbe est comme au mois d'avril en Andalousie. Les chants des oiseaux sont tels qu'on voudrait ne jamais abandonner cet endroit ; et il y a tant de perroquets que leurs vols obscurcissent le soleil. Il y a une
10 telle multitude d'oiseaux, grands et petits, et si différents des nôtres, que c'est merveille. On trouve aussi des arbres de mille espèces différentes, tous avec des fruits, chacun à sa manière ; et ils embaument tous tellement que c'est un véritable plaisir. Je suis l'homme le plus affligé² du monde de ne pas les connaître, car je suis persuadé qu'ils
15 sont tous d'un grand prix ; mais j'emporte des échantillons de tous ces arbres, ainsi que des herbes. Pendant que nous faisions ainsi le tour de ces lagunes, je vis un serpent que nous avons tué et dont je rapporte la peau à Vos Altesses³.

Christophe Colomb, *Journal de bord*, 1492.

▲ *Araras, perroquets rouges,* illustration issue de *La Vie des animaux* de Louis Brehm, vers 1910.

Comprendre le texte **II.3**

Le discours de l'émerveillement

1 Lisez la rubrique **À retenir** . Dites pourquoi on appelle « grandes découvertes » les voyages de Christophe Colomb.

2 Où se trouve Christophe Colomb le 21 octobre 1492 ? À qui écrit-il ?

3 Qu'éprouve Christophe Colomb en découvrant la nature américaine ? Quels mots montrent l'intensité de ses sentiments ?

4 Quels sont les trois principaux attraits de l'île, selon Christophe Colomb ? Donnez pour chacun une citation extraite du texte.

Comment décrire ce qui est inconnu ?

5 Relevez quatre mots ou expressions qui décrivent la nature de l'île comme un paradis.

6 D'après cet extrait, le journal permet-il, à lui seul, de décrire des régions nouvelles du monde ? Que rapporte Christophe Colomb de son voyage ? En quoi est-ce complémentaire de son récit ?

Bilan

7 Pourquoi les explorateurs éprouvent-ils le besoin de tenir un journal de bord ?

à retenir

Les grandes découvertes
Ce sont les explorations faites par les voyageurs européens du début de la Renaissance : Christophe Colomb (Amériques), Vasco de Gama (Brésil), Jacques Cartier (Canada), etc.

Activités **IV.3**

LANGUE

▶ À quel temps sont conjugués les verbes des lignes 1 à 3 ? Puis des lignes 3 à 7 ? Pourquoi ce changement ?

Activités **III.10**

ÉCRITURE

Voyageur, vous découvrez au cours d'une de vos explorations cet animal étrange.
Expliquez les circonstances, le lieu et le moment de la rencontre avec cet animal. Puis vous décrirez l'animal.

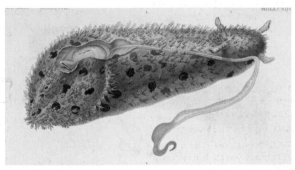

▲ *Lièvre de mer*, gravure par M. Prêtre, 1830-1834.

si vous avez besoin d'aide

▶ **Utilisez le présent de l'indicatif.**

▶ **Décrivez le contexte de la découverte** puis donnez des informations générales au sujet de l'animal : l'animal vit-il sur terre, sous terre, dans l'eau ou dans les arbres ? Est-il seul ou non ? Où l'avez-vous découvert : dans un terrier, un buisson, sur un arbre ? dans le sable ? De quoi se nourrit-il ? de plantes ? d'animaux ? Comment se déplace-t-il ? Chasse-t-il ? Attend-il ses proies ?

▶ **Utilisez des comparaisons :** vous pouvez le comparer à d'autres animaux ou même à des végétaux connus.

si vous avez besoin de mots

▶ **Des termes d'anatomie précis :** *tête, bouche, abdomen, trompe, dard, ocelles, papilles, membres, écailles, crêtes, excroissances, verrues, glandes, canal.*

si vous avez fini d'écrire

Dessinez un autre animal étrange et donnez-lui un nom.

PARTIE 1

Comment les grands voyageurs nous font-ils partager leurs expériences ?

Groupement
de textes

Texte **3**

Découvrir l'autre et se découvrir soi-même

Au XVIᵉ siècle, Jean de Léry se rend dans ce qui sera le Brésil pour participer à la fondation de la colonie française de Rio de Janeiro. Rejeté par les autres colons, il vit dix mois en compagnie des Indiens Tupinambas. Il offre de ce peuple une description très positive alors que la plupart des Européens considèrent ces Indiens d'Amazonie comme des « sauvages ».

**Jean de Léry
(1536-1613)**
Grand voyageur, il est resté célèbre pour son *Histoire d'un voyage fait en la terre du Brésil.*

[...] Les Sauvages de l'Amérique habitant en la terre du Brésil nommés Tupinambas, avec lesquels j'ai demeuré et fréquenté environ un an, n'étant point plus grands, plus gros, ou plus petits de stature¹ que nous sommes en l'Europe, ils n'ont le corps ni mons-
5 trueux, ni prodigieux à notre égard : au contraire, ils sont plus forts, plus robustes et replets, plus dispos², moins sujets à maladie : et même il n'y a presque point de boiteux, de manchots, d'aveugles, de borgnes, contrefaits, ni d'estropiés entre eux. En outre, tandis que plusieurs parviennent jusqu'à l'âge de cent ou cent vingt ans (car ils
10 savent bien ainsi retenir et conter leurs âges par 10 lunes), il y en a peu qui en leur vieillesse aient les cheveux ni blancs ni gris. Choses qui pour certains montrent non seulement le bon air et bonne température de leur pays, dans lequel, comme j'ai dit ailleurs, sans gelées ni grandes froidures, les bois et les champs sont toujours verdoyants,
15 mais aussi (eux tous buvant vraiment à la fontaine de Jouvence) le peu de soin et de souci qu'ils ont des choses de ce monde. Et de fait, comme je le montrerai encore plus amplement après, dans la mesure où il ne puisent en aucune façon que ce soit en ces sources fangeuses³ ou plutôt pestilentielles, dont découlent tant de ruisseaux
20 qui nous rongent les os, sucent la moelle, atténuent⁴ le corps, et consument⁵ l'esprit : bref nous empoisonnent et font mourir devant nos jours (c'est-à-dire en la défiance⁶, en l'avarice qui en procède, aux procès et brouilleries⁷, en l'envie et ambition), aussi rien de tout cela ne les tourmente ; et encore moins ne les domine et les passionne.
25 Quant à leur couleur naturelle, étant donnée la région chaude où ils habitent, n'étant pas autrement noirs, ils sont seulement basanés, comme vous diriez les Espagnols ou Provençaux.

Au reste, chose non moins étrange que difficile à croire à ceux qui ne l'ont vu, tant hommes, femmes, qu'enfants, non seulement sans

1. **Stature** : taille.
2. **Dispos** : en bonne santé.
3. **Fangeuses** : boueuses, malsaines.
4. **Atténuent** : affaiblissent.
5. **Consument** : dévorent.
6. **Défiance** : fait de se méfier.
7. **Brouilleries** : disputes.

▶ Indiens Tupinambas. Voyage au Brésil, 1552. Gravure.

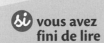

8. **Vergogne** : honte.
9. **Coutumièrement** : habituellement.
10. **Poindre** : apparaître.
11. **Majeurs** : hommes âgés.

si vous avez fini de lire

Le mode de vie des Tupinambas vous paraît-il idéal ? Justifiez votre réponse.

30 cacher aucune partie de leurs corps, mais aussi sans montrer aucun signe d'en avoir honte ni vergogne[8], demeurent et vont coutumièrement[9] aussi nus qu'ils sortent du ventre de leur mère. Cependant il n'est pas vrai, comme le pensent certains, et d'autres le veulent faire croire, qu'ils soient velus ni couverts de leurs poils. Au contraire, 35 n'étant point naturellement plus pelus que nous sommes en nos pays, dès que le poil qui croît sur eux commence à poindre[10] et à sortir de quelque partie que ce soit, y compris la barbe et jusques aux paupières et sourcils des yeux (ce qui leur rend la vue louche, […] égarée et farouche), ils l'arrachent avec les ongles, ou depuis 40 que les Chrétiens y sont, avec des pincettes qu'ils leur donnent : ce qu'on a aussi écrit que font les habitants de l'Île de Cumana au Pérou. J'excepte seulement concernant nos Tupinambas les cheveux qui, à tous les mâles dès leur jeune âge, depuis le sommet, et tout le devant de la tête, sont tondus fort près, tout ainsi que la couronne 45 d'un moine. Derrière la tête, à la façon de nos majeurs[11] et de ceux qui laissent croître leur perruque, on leur tond sur le cou.

De plus, ils ont cette coutume, que dès l'enfance de tous les garçons, la lèvre de dessous au dessus du menton leur étant percée, chacun y porte ordinairement dans le trou un certain os bien poli, 50 aussi blanc qu'ivoire, fait presque de la façon d'une de ces petites toupies avec lesquelles on joue ici sur la table […].

Jean de Léry, *Histoire d'un voyage fait en la terre du Brésil*, 1578.

PARTIE 1

Comment les grands voyageurs nous font-ils partager leurs expériences ?

Groupement de textes

Comprendre le texte II.7

Une description élogieuse

1 Relevez les mots qui décrivent l'aspect physique des Tupinambas. Montrez que Jean de Léry s'intéresse à leur santé physique. À l'opposé, dites de quelles infirmités souffrent les Européens.

2 Quelles sont les deux causes principales de la beauté du corps et de la jeunesse des Tupinambas ? Relevez les expressions qui le montrent.

Un observateur attentif et dépourvu de préjugés

3 Montrez que la description de Jean de Léry est construite sur une opposition entre l'aspect des Européens et celui des Tupinambas. Citez quatre expressions à l'appui de votre réponse.

4 Relisez le passage où Jean de Léry explique le comportement des Tupinambas en ce qui concerne les poils (l. 35 à 47). Cela vous paraît-il étrange ? Jean de Léry condamne-t-il ces coutumes ?

5 Dessinez la coiffure des Tupinambas. Jean de Léry la juge-t-il laide ? Condamne-t-il la nudité des Indiens ?

6 Citez trois passages où les Indiens sont vus de façon particulièrement positive. Comment qualifieriez-vous l'attitude de l'auteur vis-à-vis d'une culture très différente de la sienne ?

Bilan

7 Pourquoi la découverte de peuples jusque-là inconnus a-t-elle pu inciter certains explorateurs à la tolérance ?

Activités IV.3 / I.2

LANGUE

▶ Relevez les adjectifs qualificatifs dans la première phrase du texte. Donnez un synonyme pour six d'entre eux.

ORAL

En faisant une recherche au CDI ou sur Internet, choisissez un explorateur qui vous semble intéressant.
Dites quel lieu il a découvert, quels peuples vivaient à cette époque en ce lieu. Présentez à la classe une description de ce peuple.

vous avez besoin d'aide

▶ **Inspirez-vous des documents trouvés** sur Internet ou au CDI.

▶ **Décrivez l'aspect physique et vestimentaire** du peuple choisi. Vous ne devez pas porter un jugement, mais proposer une description la plus précise possible.

vous avez besoin de mots

▶ **L'aspect physique :** *grands, petits, sveltes, élancés, trapus, le visage fin, rond, les cheveux rasés, longs, peignés ou hirsutes, portés en tresse...*

▶ **Le vêtement :** *pagne, toges, tuniques, cache-sexe, habits cousus, fourrures...*

Analyse d'image

Découvrir une carte ancienne

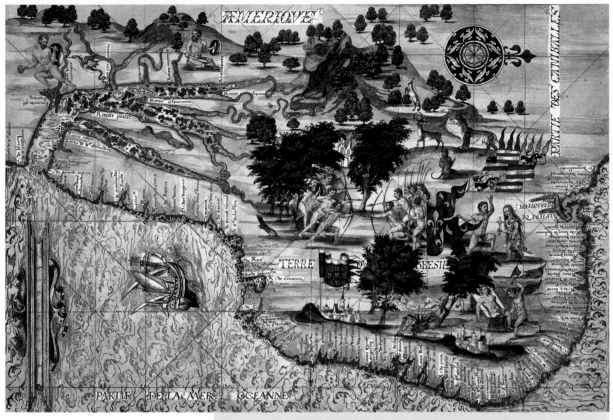

▲ **Guillaume Le Testu,** *Cosmographie universelle.* Représentation du Brésil par Guillaume Le Testu, en 1555.

Guillaume Le Testu, explorateur et cartographe, explora la côte brésilienne et en rapporta un atlas de 56 cartes publiées en 1555.

À PREMIÈRE VUE

1• Que représente ce document ?

DESCRIPTION

2• Quelle est la nature de ce document ? De quand date-t-il ?

3• Observez attentivement la côte du Brésil : la carte vous semble-t-elle dessinée avec précision ou non ? Justifiez votre réponse.

4• Observez l'intérieur des terres : la carte vous semble-t-elle précise ? Pourquoi ?

INTERPRÉTATION

5• Que font les Indiens représentés sur la carte ? Faites la liste des scènes représentées. Pouvez-vous faire un lien avec ce que dit Jean de Léry ?

6• À quoi sert un tel document ? D'après vous, ce document a-t-il uniquement pour fonction d'être utile ?

RECHERCHE II.5

7• Cherchez d'autres cartes établies au XVIe siècle sur le site de la Bibliothèque nationale de France (BNF). Choisissez-en une et expliquez pourquoi elle a retenu votre attention.

ÉCRITURE V.5

8• Trouvez-vous ce document beau ? Donnez des exemples montrant qu'un souci artistique est ici perceptible.

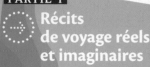
Raconter la rencontre
d'un peuple inconnu

Vocabulaire de la description IV.5

1 Des noms pour décrire des paysages côtiers

Associez chaque nom avec sa définition.

a. îlot ; b. écueil ; c. presqu'île ; d. archipel ;
e. crique ; f. golfe ; g. banc de sable.

1. Rocher, banc de sable à fleur d'eau contre lequel un navire risque de se briser ou de s'échouer.
2. Vaste échancrure d'une côte où avance la mer.
3. Partie saillante d'une côte, rattachée à la terre par un isthme, une langue de terre.
4. Amas de sable formant une couche plus ou moins horizontale.
5. Très petite île.
6. Enfoncement du rivage, petite baie.
7. Groupe d'îles.

Orthographe

Mémorisez l'orthographe de ces noms.

2 Des noms pour désigner l'autre

1. Classez les noms suivants selon qu'ils sont péjoratifs ou neutres.
a. le barbare ; b. l'étranger ; c. l'inconnu ;
d. l'indigène ; e. le sauvage ; f. l'autre ;
g. le cannibale ; h. l'autochtone ; i. l'homme ;
j. la créature.
2. Formulez des hypothèses à propos de l'étymologie des noms soulignés puis vérifiez-les dans un dictionnaire.

Orthographe

Mémorisez l'orthographe des noms soulignés.

3 Des verbes pour dire ce que l'on voit

Définissez chacun des verbes exprimant la vision et associez-lui un COD parmi ceux de la liste. Plusieurs solutions sont possibles.
– **Verbes :** observer ; voir ; apercevoir ; scruter ; dévisager ; regarder ; examiner ; toiser ; épier.
– **COD :** l'étranger ; un village ; un homme ; un individu ; une silhouette ; le paysage ; des intrus ; l'horizon ; un détail.

4 Des adjectifs pour qualifier une attitude

Classez les adjectifs suivants du plus rassurant au plus inquiétant.
a. étrange ; b. suspect ; c. bienveillant ; d. amical ;
e. chaleureux ; f. bizarre ; g. hostile ; h. agressif ;
i. accueillant ; j. distant.

Orthographe

Donnez le féminin de ces adjectifs.
Mémorisez l'orthographe de ces mots.

5 Des verbes pour exprimer l'échange

Pour chaque verbe, proposez deux COD : l'un sera connoté positivement, l'autre négativement.
Exemple : échanger des richesses/des tirs.

a. donner ; b. partager ; c. adresser ; d. envoyer ;
e. offrir.

6 Des périphrases pour parler d'objets inconnus

Pour chaque nom, inventez une périphrase que pourrait employer quelqu'un qui ne connaît pas ce mot et qui verrait pour la première fois la chose qu'il désigne.
Exemple : un fusil → un bâton cracheur de feu.

a. un cheval ; b. une barque ; c. une armure ;
d. l'alphabet ; e. une longue-vue.

Grammaire   pour raconter une rencontre   IV.1

7 Conjuguer au passé simple

Conjuguez les verbes entre parenthèses au passé simple.

Nous (débarquer) sur une plage. Les Indiens nous (apercevoir) de loin. Ils (envoyer) des hommes à notre rencontre. Nous (prendre) peur mais leurs sourires nous (rassurer). Nous (faire) connaissance sans parler la même langue.

8 Employer les temps dans un récit au passé

Conjuguez les verbes entre parenthèses au passé simple ou à l'imparfait, selon le contexte.

La plage (sembler) déserte mais une flèche (voler) à nos pieds. Les hommes (être) inquiets depuis le débarquement. Nous (installer) nos tentes quand un cri (résonner). Les Indiens (apparaître) quand nous nous y (attendre) le moins.

9 Employer le discours indirect

Transposez les phrases suivantes au discours indirect en faisant toutes les modifications nécessaires (temps des verbes, mots introducteurs, ordre des mots, etc.).

Je me dis : « Ces hommes ont un aspect étrange. » Mon officier me demanda : « Combien sont-ils ? » « Ce sont de cruels cannibales ! » crièrent mes hommes. Je me demandai : « Peuvent-ils nous comprendre ? »

10 Employer des verbes de parole variés

Remplacez le verbe « dire » par un autre verbe de parole.

a. « Qui sont ces hommes ? » dis-je au capitaine.
b. « Certainement des sauvages » dit-il.
c. « Des sauvages ! nous sommes perdus ! » dirent les hommes d'équipage.

Écriture collective   III.2

⊙ Raconter une rencontre avec un peuple inconnu

Par groupes de deux, vous raconterez la rencontre entre Christophe Colomb et des Indiens d'Amérique. L'un(e) d'entre vous racontera la rencontre selon le point de vue de Christophe Colomb, l'autre selon le point de vue de l'Indien.

Étape 1

À l'oral, mettez-vous d'accord sur les grandes étapes de la rencontre.

– Dans quel cadre cette scène se déroule-t-elle ?
– Imaginez le premier regard : l'impression sera-t-elle positive ou négative ?
– Comment chacun d'eux appellera-t-il l'autre dans son récit ? Cette désignation va-t-elle changer au cours de la rencontre ? Vont-ils communiquer ? Comment ?

Étape 2

Chacun réfléchit, au brouillon, à la manière dont son personnage va vivre et comprendre la rencontre, en fonction de son point de vue.

Étape 3

Rédigez la scène. Votre texte comptera entre vingt et trente lignes. Utilisez les éléments de vocabulaire vus dans les exercices.

▲ Indiennes de San Salvador accueillant Christophe Colomb le 12 octobre 1492. Gravure.

**Récits
de voyage réels
et imaginaires**

Vivre une aventure maritime

objectif

Vous allez lire l'histoire de Sindbad le marin et découvrir les lieux, les personnages et les événements marquants de son voyage.

Les Mille et Une nuits est un recueil de contes populaires en arabe qui date du XVe siècle et qui a été traduit en français au XVIIIe siècle.

FOLIO JUNIOR   ÉDITION **SPÉCIALE**

HISTOIRE
DE SINDBAD
LE MARIN

❝ Je demeurai donc
à la merci des flots. ❞

FOLIO JUNIOR

Les aventures de Sindbad

Natif de Bassorah, dans l'actuel Irak, j'ai parcouru l'océan Indien entre l'Afrique et l'Inde. Je me suis ruiné, j'ai refait fortune : toujours j'ai voulu repartir à l'aventure sur les mers. Au cours de mes sept voyages, j'ai rencontré des êtres ou des créatures fabuleuses : aigles géants, monstrueux Cyclopes, hommes-oiseaux et île-cétacé. Si j'ai finalement trouvé la tranquillité de l'âme et la fortune avant d'entreprendre le récit de mes aventures, je sais que ce sont elles qui constituent ma véritable richesse.

Avant la lecture

❶ Observez la couverture. Donne-t-elle envie de lire le livre ? Pourquoi ?

❷ Comment l'illustrateur montre-t-il que le livre est un récit d'aventures et d'exploration ?

❸ Lisez l'incipit (c'est-à-dire les premières lignes) du récit. Que nous apprennent-elles du narrateur ? Pourquoi dit-il que les aventures qu'il a vécues sont sa « véritable richesse » ?

❹ Sur lequel des êtres et des créatures fabuleuses qu'il a rencontrés êtes-vous curieux(-ieuse) d'en savoir plus ?

LECTURE CURSIVE

Lire l'œuvre   II.2

ACTIVITÉ 1 ❯ **Choisir un voyage**

❶ Formez dans la classe autant de groupes que Sindbad a fait de voyages.
Chacun des groupes travaillera sur un voyage et sera chargé d'en faire un compte-rendu au reste de la classe.

ACTIVITÉ 2 ❯ **Repérer les lieux traversés**

Notez les différents lieux par lesquels passe Sindbad.

❷ Sur la carte de l'océan Indien que votre professeur vous a distribuée, suivez les aventures de Sindbad en traçant avec des couleurs différentes chacun de ses voyages.

❸ Identifiez les lieux des principales rencontres de Sindbad.

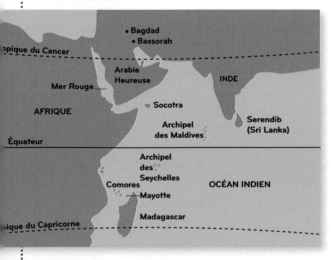

ACTIVITÉ 3 ❯ **Identifier les événements-clés**

Énumérez les principaux événements ou personnages rencontrés au cours des voyages.

❹ Lesquels de ces événements et de ces lieux sont importants dans le récit ?

❺ Dessinez l'épisode le plus important du chapitre, selon vous.

ACTIVITÉ 4 ❯ **Identifier les personnages-clés**

❻ Avec vos propres mots, faites le portrait d'un ou de plusieurs personnages ou créatures que Sindbad rencontre au cours de ses voyages. Expliquez leurs caractéristiques.

 PROJET **IV.6**

Réaliser une édition illustrée des voyages des compagnons de Sindbad

ÉTAPE 1

❯ Raconter l'histoire d'un compagnon de Sindbad

Souvent, les compagnons de Sindbad disparaissent du récit (ils s'enfuient, sont dévorés, ou noyés, etc.).
Racontez à la première personne l'histoire de l'un d'eux.

ÉTAPE 2

❯ La mise en forme des textes et des dessins

Regroupez les textes et les dessins réalisés puis mettez-les en forme à l'aide d'un traitement de textes. Vous pourrez, par la suite, imprimer et relier ces récits, ou leur donner une forme numérique et les déposer sur le site de votre collège ou le blog de votre classe.

ÉTAPE 3

❯ L'élaboration de la couverture

Élisez le dessin qui, selon vous, serait le plus approprié pour figurer en couverture de l'ouvrage.
Un groupe de volontaires rédige la quatrième de couverture de l'ouvrage, qui explique en quoi consiste le projet collectif que vous avez mené.

PARTIE 1

Comment les grands voyageurs nous font-ils partager leurs expériences ?

Groupement de textes

Recevoir l'hospitalité

Texte **4**

Annemarie Schwarzenbach (1908-1942)
Cette écrivaine, photographe, journaliste suisse a beaucoup voyagé à travers le monde.

En 1939-1940, Annemarie Schwarzenbach, photographe, journaliste et écrivaine, se rend de Genève à Kaboul en passant par l'Iran, elle fera le récit de ce voyage dans des articles de presse et des livres.

Je longe les murs, foulant une herbe rare, j'entends des aboiements et des chevaux hennir : un village doit être tout proche, si près de chez nous et nous l'ignorions, nous ne connaissions que les tells[1] et la proximité du désert, le germe de la mort, l'immensité
5 stérile, le vent incessant, effroyable.

Fini, oublié – je ne suis pas surprise de voir maintenant surgir un cavalier, ses cheveux noirs flottant sous son turban blanc, et je ne suis pas effrayée quand aussitôt après quelques chiens de berger jaunes se précipitent vers moi. Mais les voilà qui s'arrêtent, une voix
10 de femme les rappelle. Oui, pour la première fois depuis longtemps j'entends la voix d'une femme, impérieuse et gaie, puis des rires, et « *biah, biah* » – viens, approche. Elle est debout sur le rebord du mur, jeune, inondée de lumière, elle porte des boucles d'oreilles étincelantes et une jupe ample [...].

15 Le jeune homme me fait traverser deux cours et m'accompagne jusqu'à une petite terrasse de terre battue. Là, sur un épais tapis de feutre, est assis le hakim saib, maire et dignitaire, viril et beau, grave, aimable. Je dois enlever les caoutchoucs de mes bottes turkmènes et m'asseoir à côté de lui, les enfants sont accroupis en demi-cercle,
20 ébahis, les femmes me regardent en échangeant des remarques à mi-voix.

« Où habites-tu ? Qui es-tu ? »

Nous engageons la conversation, le hakim et moi, et pendant ce temps on m'offre à manger : un dessert composé de sucre et de
25 blanc d'œuf battu en neige – le jeune homme rompt le pain plat, en trempe des morceaux dans la crème blanche, me les tend et distribue ce qui reste aux enfants –, puis du thé vert non sucré – le hakim rince lui-même trois fois le verre.

« Votre pain est bon », dis-je.
30 Et ils acquiescent :

« Nous avons du pain, nous avons des céréales et des champs, nous avons des moutons, des chevaux, des ânes. Nous avons aussi des raisins et des melons. Nous sommes gâtés, nous avons de l'eau au village. »
35 Puis, en réponse à ma question :

« Nous ne sommes pas des Tadjiks, nous sommes des Afghans, et nous sommes venus des montagnes. »

▲ *Famille nomade afghane devant les boudhas de Bamiyan.* Peinture, 1950.

1. Tells : collines artificielles formées par l'établissement d'anciennes activités humaines ou d'une forteresse.

Ils sont venus des montagnes. Leurs frères sont des nomades ; leur pays, ce sont les vallées de l'Hindou Kouch² ou les lointains
40 pâturages du Sud, je ne sais pas exactement. Mais ils ont construit leurs huttes là où la terre est pauvre, l'eau précieuse et la vie dure sous les grands vents du désert. [...] Peut-être sont-ils aussi pauvres que nos Tadjiks, ou plus pauvres, car à y regarder de plus près il y a moins d'eau dans ce village, moins d'arbres, moins de champs ;
45 on peut à peine appeler cela une oasis, et la cruauté du désert est la même. Mais quelle hospitalité, quel hymne à la vie !

2. Hindou Kouch : chaîne de montagnes formant une partie de l'Himalaya.

Annemarie Schwarzenbach,
Où est la terre des promesses ?, 1939-1940.

si vous avez fini de lire

Cherchez sur une carte où se trouvent le Tadjikistan, l'Afghanistan. Que savez-vous sur l'Asie centrale, cette région du monde dans laquelle voyage Annemarie Schwarzenbach ?

Comprendre le texte   II.3

Une rencontre inattendue

1 Quels sont les premiers signes de présence humaine que perçoit Annemarie Schwarzenbach ? Pourquoi est-elle surprise ?

2 Quel est le sentiment de la voyageuse à la vue de la jeune femme et du hakim? Relevez des termes qui montrent ce qu'elle éprouve.

3 Montrez que la voyageuse est également l'objet d'une grande curiosité.

L'hospitalité des nomades

4 De quoi est constituée la richesse des nomades ? Comment la voyageuse peut-elle approximativement l'estimer ?

5 Relevez les termes qui montrent l'hospitalité des nomades rencontrés.

6 Pourquoi l'évocation de l'hospitalité prend-elle une place aussi importante dans le récit d'Annemarie Schwarzenbach ?

Bilan

7 « Quel hymne à la vie ! » : expliquez pourquoi Annemarie Schwarzenbach conclut le récit de son aventure chez les Afghans sur cette exclamation.

Activité   III.10

ÉCRITURE

Racontez votre première rencontre avec un peuple lointain (réel ou imaginaire), et l'hospitalité qui vous est offerte.

si vous avez besoin d'aide

▶ **Divisez votre récit en étapes :** la rencontre, vos réactions à la vue d'un étranger, les siennes lorsqu'il vous salue, les premières paroles échangées puis l'invitation à séjourner.

si vous avez besoin de mots

▶ **L'hospitalité :** *hôte, hospitalité, salutations, en guise de bienvenue, accueil, le gîte et le couvert, étranger, amical, avenant, bienveillant.*

si vous avez fini d'écrire

Décrivez l'espace où vous êtes accueilli(e), les cadeaux éventuels, le repas qu'on vous offre.

PARTIE 1

Comment les grands voyageurs nous font-ils partager leurs expériences ?

Groupement de textes

Imaginer le voyage

Texte écho

Nicolas Bouvier (1929-1968)
Écrivain, journaliste suisse, il est connu pour ses nombreux récits de voyage.

1. Fiat est une marque de voitures italienne.

2. Le Banat est une région divisée en trois pays : la Roumanie, la Serbie et la Hongrie.

3. La Caspienne est une mer fermée située entre l'Iran et la Russie.

4. Le Cachemire est une région des confins de l'Inde et du Pakistan.

✶ vous avez fini de lire

Examinez une carte du monde (la plupart des agendas ou des cahiers de texte en comportent une). Quels noms de pays vous semblent intéressants ou attirants ?

Agé de vingt-quatre ans, Nicolas Bouvier reçoit une carte postale de son ami Thierry Vernet, peintre, avec lequel il envisage de faire un voyage au long cours. Ce voyage, qui durera deux ans, est relaté dans L'Usage du monde, *paru en 1963.*

J'examinai la carte. C'était une petite ville dans un cirque de montagnes, au cœur du pays bosniaque. De là, il comptait remonter vers Belgrade où l'« Association des peintres serbes » l'invitait à exposer. Je devais l'y rejoindre dans les derniers jours de juillet avec
5 le bagage et la vieille Fiat[1] que nous avions retapée, pour continuer vers la Turquie, l'Iran, l'Inde, plus loin peut-être… Nous avions deux ans devant nous et de l'argent pour quatre mois. Le programme était vague, mais dans de pareilles affaires, l'essentiel est de partir. C'est la contemplation silencieuse des atlas, à plat ventre sur le tapis, entre
10 dix et treize ans, qui donne ainsi l'envie de tout planter là.

Songez à des régions comme le Banat[2], la Caspienne[3], le Cachemire[4], aux musiques qui y résonnent, aux regards qu'on y croise, aux idées qui vous y attendent… Lorsque le désir résiste aux premières atteintes du bon sens, on lui cherche des raisons. Et on en trouve qui
15 ne valent rien. La vérité, c'est qu'on ne sait comment nommer ce qui vous pousse. Quelque chose en vous grandit et détache les amarres, jusqu'au jour où, pas trop sûr de soi, on s'en va pour de bon.

Nicolas Bouvier, *L'Usage du monde*, 1963.

▲ Nicolas Bouvier et Thierry Vernet entre Prilep et Istambul, 1953.

Comprendre le texte II.1

Ce qui pousse à partir

1. Comment Nicolas Bouvier explique-t-il l'envie de voyager ?

2. Pourquoi utilise-t-il le pronom « vous », pour parler de l'envie de voyager ?

3. Le voyage de Nicolas Bouvier et Thierry Vernet est-il minutieusement préparé ? Laisse-t-il une place à l'improvisation ? Relevez les termes qui le montrent.

La beauté du voyage

4. Relevez les noms propres choisis par Nicolas Bouvier pour évoquer le désir de voyager. Pourquoi, selon vous, les a-t-il choisis ?

5. Recopiez l'expression qui montre que, pour l'écrivain, le nom de la région suggère déjà une partie de ce que l'on peut y voir.

6. « L'essentiel est de partir. » Expliquez pourquoi cette phrase résume bien l'état d'esprit de l'auteur.

Bilan

7. Quelles sont toutes les raisons qui ont poussé Nicolas Bouvier à partir ?

◄ *Deux hommes face à face sur un âne,*
dessin de *L'Usage du monde,* Thierry Vernet.

Activité III.3

ÉCRITURE

La mer Caspienne ? Le Cachemire ? Le Banat ? Choisissez un lieu qui, comme Nicolas Bouvier, vous donne envie de voyager par la simple évocation de son nom.

si vous avez besoin d'aide

▶ Pensez à un nom qui stimule votre **imaginaire** et votre **envie d'évasion**.

▶ Voici quelques exemples : Bora Bora, Tombouctou, la Nouvelle-Zélande, Zanzibar, Bombay, les îles Lofoten, le Mato Grosso, Venise, l'Égypte, le Cachemire, Samarcande, Hawaï, le río de la Plata, le Machu Pichu, Madagascar, Valparaiso, New York, la Saskatchewan.

▶ **Vous décrivez d'abord ce qui vous plaît** dans ce mot, puis vous expliquez pourquoi il suscite en vous cet intérêt. Vous pouvez tout à fait imaginer le pays ainsi rêvé à partir des sonorités du mot.
Exemple : « Samarcande et ses fameux marchés colorés plein d'épices et d'amandes », « les massifs et les pics splendides du Machu Pichu »…

si vous avez besoin de mots

▶ **Des mots et des expressions dont vous pouvez avoir besoin :** *dépaysant, évocateur, sonorités, exotisme, appel du grand large, curiosité…*

si vous avez fini d'écrire

Qu'emporteriez-vous pour votre voyage ? Faites une liste de tous les objets qui vous seraient indispensables.

HISTOIRE des Arts

⟳ Le voyage au Maroc
d'Eugène Delacroix

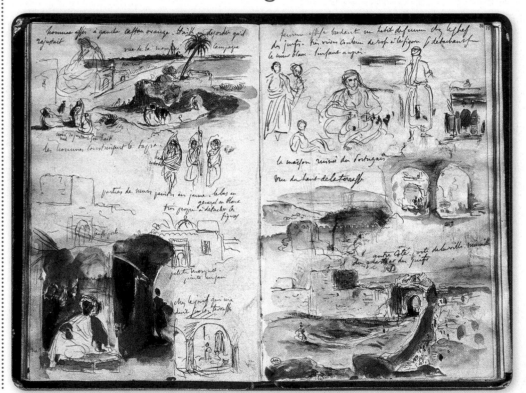

Eugène Delacroix, *Les Carnets*, « *Voyage au Maroc* », 1832. ▲

Questions II • 5 / I • 2

1. Quels sujets sont représentés par Delacroix sur cette page d'un de ses carnets de croquis ?

2. Quelle est la profession de Delacroix ? De quel pays vient-il ? Pourquoi s'intéresse-t-il à ces sujets ?

3. Essayez de déchiffrer ce que Delacroix note en marge de ses dessins. Ce carnet de voyage donne-t-il la priorité au dessin ou au texte ?

4. Combien de représentations différentes apercevez-vous sur cette double page ? Essayez d'en faire la liste et de les classer, de la plus travaillée à la moins travaillée.

5. Quelles différences remarquez-vous concernant la précision du dessin et l'ornementation des différentes scènes ?

Document 2 🕐 Les voyages de Titouan Lamazou

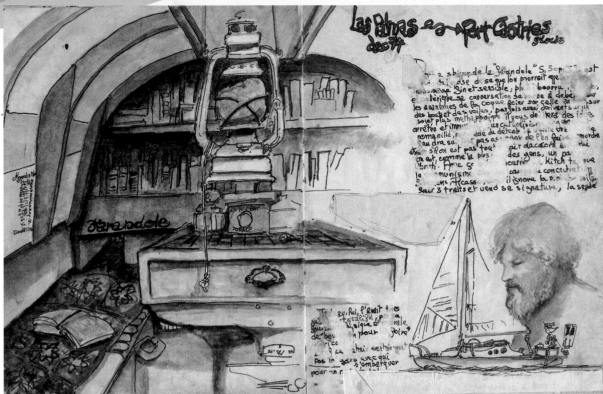

◀ **Titouan Lamazou**, trois extraits de carnets de voyage, aux Antilles, au Japon, en Afrique, 1974-1998.

~ **Questions** — V • 1 —

❶ Décrivez les différentes techniques picturales utilisées par Titouan Lamazou dans ses carnets de voyage.

❷ Observez le portrait de la jeune japonaise où il est écrit « Jeune personne aux cheveux bleus et aux lèvres bleues avec sous l'œil un trait bleu,

HARAJUKU, 25 avril 1998 ». Quels éléments montrent que cette page est extraite d'un carnet de voyage ?

❸ Quel aspect du voyage intéresse visiblement le voyageur ?

Document 3 — Le voyage sur le Rhin de Victor Hugo

▲ **Victor Hugo**, *Voyage sur le Rhin*, manuscrit autographe, BNF, 1842.

Questions — V•3

1 Commentez cette page d'un carnet de Victor Hugo réalisé lors d'un voyage sur les bords du Rhin. Observez le rapport entre texte et image.

2 Comparez, chez Delacroix, Lamazou, et Hugo, la place accordée au texte.

3 En vous fondant sur les documents 1, 2 et 3, dites pourquoi le carnet de voyage accorde presque toujours une place plus importante au dessin ou au collage qu'au texte. Que devient le document lorsque l'inverse se produit ?

Document 4 🔄 # Le voyage au Japon de Florent Chavouet

▲ **Florent Chavouet**, *Tokyo Sanpo*, 2009.

Questions V • 2

1. Que représente ce dessin de Florent Chavouet ? Quel point de vue est ici adopté ? Ce point de vue est-il naturel ? Pourquoi ?

2. Quels sont les éléments et intentions nouvelles dans le carnet de Florent Chavouet, par rapport au carnet de Delacroix ? Trouvez-vous une ressemblance avec l'une des pages de l'un des carnets de Titouan Lamazou ?

3. Trouvez-vous qu'il subsiste quelque chose d'exotique dans le carnet de voyage japonais de Florent Chavouet ? Relevez des mots pour appuyer votre réponse.

4. Pourquoi Florent Chavouet « étiquette-t-il » ainsi les moindres détails de ce qui l'entoure ? Est-ce important pour faire de son dessin un carnet de voyage ?

BILAN V • 6

▶ Quelles sont les différentes techniques utilisées par les carnettistes de ces documents ? Quel est leur point commun, lié aux circonstances d'écriture ?

▶ Quels sont les points communs de la pratique du carnet de voyage pour les trois carnettistes de voyage que sont Delacroix, Titouan Lamazou et Florent Chavouet ?

▶ Rappelez à quoi sert le carnet pour le peintre qu'est Delacroix. En relevant des indices présents dans les documents 2 et 4, peut-on dire que le carnet a exactement la même fonction pour Titouan Lamazou et pour Florent Chavouet ?

▶ Imitez Florent Chavouet et proposez une page de carnet de voyage consacrée à votre chambre.

Comment les poètes expriment-ils l'attrait du voyage ?

Texte **1**

Questions aux voyageurs

**Charles Baudelaire
(1821-1867)**
Journaliste et critique
d'art, il est célèbre
pour son recueil
Les Fleurs du mal.

Dans son recueil Les Fleurs du mal, *publié en 1857, Charles Baudelaire évoque à plusieurs reprises la tentation de voyager. Il a fait à vingt ans un voyage à l'île Maurice. Cette expérience exotique l'a marqué durablement.*

III

Étonnants voyageurs ! quelles nobles histoires
Nous lisons dans vos yeux profonds comme les mers !
Montrez-nous les écrins de vos riches mémoires,
Ces bijoux merveilleux, faits d'astres et d'éthers[1].

5 Nous voulons voyager sans vapeur et sans voile !
Faites, pour égayer l'ennui de nos prisons,
Passer sur nos esprits, tendus comme une toile,
Vos souvenirs avec leurs cadres d'horizons.

Dites, qu'avez-vous vu ?

1. Éthers : Ici, synonyme de nuages.

Charles Baudelaire, *Les Fleurs du mal*, 1857.

▼ **Claude Monet**, *Régates à Sainte Adresse*, 1867. Peinture. Metropolitain Museum, New York.

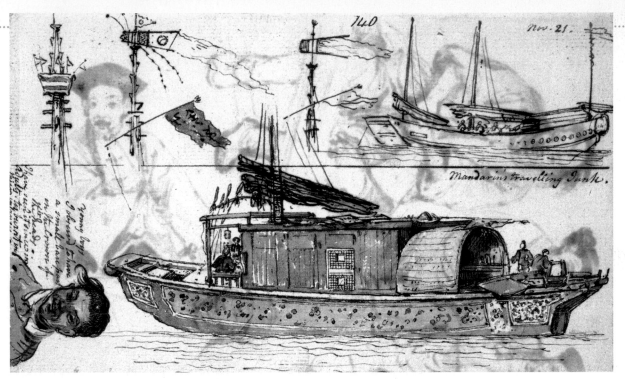

▲ Croquis du carnet d'esquisse de William Alexander, 1793.

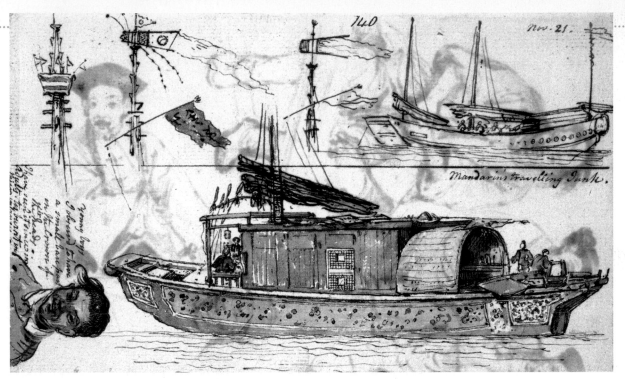

Comprendre le texte — II.3

L'art du voyage

1 À qui s'adresse le poète, d'après le premier et le dernier vers ? Pourquoi, après votre lecture du poème entier, pouvez-vous dire que l'adjectif choisi est adapté ?

2 Quels termes relèvent du champ lexical de la joaillerie (l'art de fabriquer des bijoux) ? de celui de la peinture ?

3 D'après votre réponse à la question précédente, dites à quoi Baudelaire compare les souvenirs des voyageurs.

Un exotisme salutaire

4 Quel terme décrit le mieux l'état de ceux qui ne voyagent pas, selon Baudelaire ? Qu'en pensez-vous ?

5 Quels termes évoquent le contenu de la mémoire des voyageurs ? Que veut ici signifier le poète ?

Bilan

6 Quel type de voyage permettent les récits des voyageurs ? Recopiez le vers qui le montre.

Activité — III.8

ÉCRITURE

Dans un paragraphe argumenté, vous expliquerez ce qui fait l'agrément des récits de voyage.

si vous avez besoin d'aide

▶ Pour **trouver des arguments**, vous pouvez répondre aux questions suivantes :
– Le récit de voyage permet-il de voyager soi-même ? Comment ?
– Le récit de voyage permet-il de découvrir des choses que l'on ignorait ? Quoi, par exemple ?

si vous avez besoin de mots

▶ **Le voyage :** *voyager par procuration, s'identifier, imaginer, découvrir/appréhender le monde à travers l'expérience d'autrui, vivre des aventures, des rencontres nouvelles...*

si vous avez fini d'écrire

Quels films ou récits de voyage merveilleux ou fascinants connaissez-vous ? Pourquoi vous ont-ils fasciné(e) ?

Comment les poètes expriment-ils l'attrait du voyage ?

▶ *Relais de diligence près de Portsmouth*,
Peinture, Jacques Laurent Agasse, 1815.

Le bonheur de voyager

Texte **2**

**Gérard de Nerval
(1808-1855)**
Romantique de
la première heure,
Gérard de Nerval publie
des récits (*Les Filles
du feu* en 1854, *Aurélia*
en 1855, *Les Voyages
en Orient* en 1851) et
des recueils poétiques
(*Les Chimères* en 1854).

Les Odelettes *de Gérard de Nerval ont été publiées en 1853.
Dans ce poème, Nerval décrit une étape dans un relais de poste.*

Le relais[1]

En voyage, on s'arrête, on descend de voiture ;
Puis entre deux maisons on passe à l'aventure,
Des chevaux, de la route et des fouets étourdi,
L'œil fatigué de voir et le corps engourdi.

5   Et voici tout à coup, silencieuse et verte,
Une vallée humide et de lilas couverte,
Un ruisseau qui murmure entre les peupliers, –
Et la route et le bruit sont bien vite oubliés !

On se couche dans l'herbe et l'on s'écoute vivre,
10 De l'odeur du foin vert à loisir on s'enivre,
Et sans penser à rien on regarde les cieux…
Hélas ! une voix crie : « En voiture, messieurs ! »

Gérard de Nerval, *Odelettes*, 1853.

1. Relais : à l'époque, un relais est une
maison d'étape servant à remplacer
les chevaux fatigués et permettant
aux voyageurs de se reposer et de
déjeuner.

Comprendre le texte — II.3

La contrainte du transport

1. Le voyage décrit par Gérard de Nerval vous semble-t-il exotique, d'après les premiers vers ?

2. Relevez les objets et les êtres qui composent le voyage dans ce qu'il a de plus concret. Cela vous semble-t-il agréable ?

3. Relevez les adjectifs qui montrent l'état du voyageur dans la première strophe. Nerval évoque-t-il le voyage comme quelque chose de plaisant ?

L'émerveillement des voyages

4. Montrez que les vers 5 à 11 décrivent une toute autre réalité du voyage. À quel moment du voyage se situe-t-elle ?

5. La « vallée humide » est charmante pour le poète (v. 6) : quels éléments contribuent à faire de l'arrêt un moment délicieux ? Relevez les mots du poème.

6. Pourquoi Nerval utilise-t-il le pronom « on » dans ce poème ? Quel peut en être l'effet sur le lecteur ?

7. Quel est l'effet produit par le dernier vers ? À quel aspect et à quel moment du voyage ramène-t-il le lecteur (et le voyageur) ?

Bilan

8. Rapprochez ce poème de celui de Guillevic page 46. Ces deux poèmes vous semblent-ils contenir une idée du voyage similaire ? Laquelle ?

Activité — III.10

ÉCRITURE

L'équivalent contemporain du relais de poste serait-il… la station-service ? Dans une lettre à Gérard de Nerval, racontez-lui ce qu'est devenu le relais qu'il évoque dans son poème.

Si vous avez besoin d'aide

- **Décrivez précisément** la station-service. En quoi permet-elle, ou non, de rêver le voyage ou de se rattacher à l'idée que vous vous faites du voyage ?

- **Faites ici preuve d'humour :** il vous est par exemple possible, comme Nerval, de souligner l'opposition entre ce lieu banal, les activités qui s'y déroulent et le voyage !

Si vous avez besoin de mots

- **Vocabulaire de l'opposition :** en dépit de, quoique, malgré, même si, certes… mais.

- **Vocabulaire descriptif :** trivial, commun, banal, usuel, de tous les jours, extraordinaire, rare, unique, précieux.

▲ Le Voyage en diligence. Gravure d'Achille Beltrame, 1903.

Le rêve de partir

Texte **3**

C'est à une réflexion sur le voyage que se livre ici le poète Émile Verhaeren.

Émile Verhaeren (1855-1916)
Ce poète belge écrit des poèmes en vers libres. Il connaît la célébrité avec ses deux recueils *Les Campagnes hallucinées* (1893) et *Les Villes tentaculaires* (1895).

Le voyage

La mer est belle et claire et pleine de voyages.
À quoi bon s'attarder près des phares du soir
Et regarder le jeu tournant de leurs miroirs
Réverbérer au loin des lumières trop sages ?
5   La mer est belle et claire et pleine de voyages
Et les flammes des horizons, comme des dents,
Mordent le désir fou, dans chaque cœur ardent :
L'inconnu est seul roi des volontés sauvages.

Partez, partez, sans regarder qui vous regarde,
10 Sans nuls adieux tristes et doux,
Partez, avec le seul amour en vous
De l'étendue éclatante et hagarde[1].
Oh voir ce que personne, avec ses yeux humains,
Avant vos yeux à vous, dardés[2] et volontaires,
15 N'a vu ! Voir et surprendre et dompter un mystère
Et le résoudre et tout à coup s'en revenir,
Du bout des mers de la Terre,
Vers l'avenir,
Avec les dépouilles[3] de ce mystère
Triomphales, entre les mains !

1. **Hagarde :** l'air égaré.

2. **Dardés :** pointés comme des dards.

3. **Dépouilles :** les restes mortels.

Émile Verhaeren,
«Le Voyage»,
Les Forces tumultueuses,
1902.

▼ *Antibes*, Claude Monet, 1888. Peinture, Courtauld Institute Gallery, Londres.

Comprendre le texte　II.3

Le besoin de partir

 Où trouve-t-on des phares ? Pourquoi le poète trouve-t-il leurs lumières « trop sages » (v. 4) ? Plutôt que de rester près des phares, que préfère-t-il faire ?

② L'un des vers est répété à deux reprises dans la première strophe du poème, lequel ? Que nous dit-il sur le voyage ? En quoi la répétition renforce-t-elle le sens ?

③ « Le désir fou » (v. 7), « l'amour en vous » (v. 11) : à quoi est comparée ici l'envie de voyager ?

Découvrir l'inconnu

④ À qui parle le poète dans la seconde strophe ? Quel verbe est répété à trois reprises ? Pourquoi selon vous ?

⑤ Relevez, dans la seconde strophe, deux vers qui disent pourquoi il faut partir et deux qui disent pourquoi il faut revenir.

⑥ Aux vers 17 et 18 : « Du bout des mers de la Terre / Vers l'avenir » pourquoi le poète associe-t-il l'espace et le temps ?

Bilan

⑦ Qu'est-ce qui donne au poète le désir de voyager ?

▲ *Entrée du port de Honfleur*, Paul Signac, huile sur toile, 1899.

Activités　III.6

LANGUE

▶ Relevez le verbe conjugué à l'impératif. Conjuguez ensuite les verbes « voir », « surprendre », « dompter » et « revenir » aux trois personnes de l'impératif.

ÉCRITURE

Par groupes de quatre vous allez concevoir la brochure touristique d'un lieu qui vous fascine et trouver un slogan pour donner envie de le visiter.

 vous avez besoin d'aide

▶ **Faites tout d'abord une liste des qualités de l'endroit que vous allez décrire** : la beauté de ses paysages, ses sites exceptionnels, son intérêt culturel (ses monuments, ses fêtes traditionnelles), sa gastronomie, son isolement ou, au contraire, sa facilité d'accès.

▶ **Puis vous rédigerez votre présentation en créant différentes rubriques** (activités, visites, événements, etc.). Répartissez-vous les rubriques.

▶ **Enfin, vous résumerez en une seule phrase facile à retenir l'attrait de ce lieu.** Vous pourrez utiliser des mots et expressions du poème. Exemples : « *Madagascar, voyage au pays des cœurs ardents* », « *Venise, une ville mystérieuse, entre terre et mer* ». Cette phrase servira de titre à votre brochure.

 vous avez besoin de mots

▶ **Pensez aux termes qui vont susciter la curiosité ou le désir chez vos lecteurs** : *calme, exotisme, dépaysement, attraction, coloré, exploration, pionnier, etc.*

ACTIVITÉ NUMÉRIQUE　　III.6

Mettez en page sur traitement de texte chaque rubrique de votre brochure et insérez des images trouvées sur Internet. Puis intégrez votre production sur le blog de votre classe.

Votre professeur vous distribuera la fiche n° 1 pour guider votre travail.

PARTIE 2
Comment les poètes expriment-ils l'attrait du voyage ?

Groupement
de textes

Texte **4**

**Eugène Guillevic
(1907-1997)**
Écrivain français qui
écrit des poèmes
dans une langue simple
et dense.

Un voyage immobile

*C'est la tentation du voyage que le poète Eugène Guillevic a exprimée dans
ses poèmes. Ses textes très courts sont aussi un éloge de la simplicité.*

On pensait au voyage,
On rêvait de voyages.

On n'imaginait pas
Que plus tard, n'importe où,
5   Parmi les continents,

On ne serait jamais
Emporté aussi fort,
Aussi loin qu'ici même
Dans la prairie,

10   Rien qu'à voir les lumières
Qui traquaient l'horizon.

Eugène Guillevic, *Creusement*, 1987.

▼ *Vue de Schmiedebergerkamm,*
aquarelle, Caspar David Friedrich, 1837.

Comprendre le texte II.2

L'illusion du voyage

1 D'après vous, qui désigne le pronom « on » à travers le poème ?

2 Aux vers 5 et 9, relevez deux mots qui évoquent des lieux. En quoi s'opposent-ils ?

3 D'après vous, pourquoi le poème est-il écrit à l'imparfait ?

Le voyage immobile

4 Observez la longueur des strophes. En quoi correspond-elle au sentiment d'être « emporté » par le voyage imaginé ?

5 Pourquoi le fait d'observer l'horizon permet-il au poète de voyager en restant immobile ?

Bilan

6 Ce poème donne-t-il envie de voyager ? Justifiez votre réponse.

Activité I.2

ORAL

Présentez à la classe un lieu qui, comme la prairie de Guillevic, vous permet de voyager en restant immobile.

🐞 vous avez besoin d'aide

▶ Pensez à un lieu qui stimule votre imaginaire et votre envie d'évasion : une fenêtre située en hauteur, le sommet d'une montagne, une salle de cinéma, un restaurant exotique, une maison de votre quartier où vous aimeriez entrer, un magasin original…

▶ Vous décrivez d'abord ce lieu puis vous expliquez à vos camarades pourquoi il suscite en vous un voyage immobile.

🐞 vous avez besoin de mots

▶ Des adjectifs : *dépaysant, attirant, fascinant, étrange, lointain, merveilleux.*

▶ Des noms : *vue, vision, horizon, bruit, murmure, chant, bruissement.*

▶ Des verbes : *voir, apercevoir, découvrir, observer, distinguer, remarquer, explorer, goûter.*

Texte **5**

Des îles rêvées

Blaise Cendrars (1887-1961)
Cet auteur a mis son œuvre littéraire sous le signe du voyage et de l'aventure.

Dans son recueil Feuilles de route, *publié notamment à la suite de son voyage au Brésil en 1924, le poète Blaise Cendrars évoque la fascination qu'il éprouve pour les îles.*

Îles

Îles
Îles où l'on ne prendra jamais terre
Îles où l'on ne descendra jamais
Îles couvertes de végétations
5 Îles tapies comme des jaguars
Îles muettes
Îles immobiles
Îles inoubliables et sans nom
Je lance mes chaussures par-dessus bord car je voudrais
bien aller jusqu'à vous

Blaise Cendrars, *Feuilles de route*, 1924.

▼ Anonyme, *Vue de l'Île de Capri*, Peinture, 1830.

Comprendre le texte II.3

Rêver aux îles désertes

1. Expliquez l'expression « Îles où l'on ne prendra jamais terre » (v. 2). Les îles décrites par Cendrars sont-elles connues et explorées ? Relevez, dans les quatre premiers vers, les termes qui le montrent.

2. Quels termes associent les îles de Cendrars à l'idée d'une nature sauvage et vierge ?

3. Quel mot est répété au début de chaque vers ? Quel est l'effet ainsi produit ?

Aller vers les îles grâce à la poésie

4. Quels termes des vers 6 et 8 montrent qu'il est difficile de parler des îles ?

5. Comment le poète fait-il pour transmettre au lecteur sa fascination pour les îles ?

6. Le geste final du poète permet-il d'aller jusqu'à l'île ? Pourquoi ?

Bilan

7. Pourquoi les îles décrites par Cendrars sont-elles des îles où l'on n'ira jamais ? Quel est le seul moyen pour les connaître ?

Activité III.3

ÉCRITURE

Décrivez l'île de vos rêves.

si vous avez besoin d'aide

▶ **Imaginez son relief, son climat, sa végétation.**

▶ **Quel est l'aspect de l'île vue depuis la mer ?** Que trouve-t-on à l'intérieur (des fruits, des animaux, des habitants, des vestiges anciens…) ?

si vous avez besoin de mots

▶ **Le relief et le climat :** est-ce une île volcanique et escarpée ? un atoll tropical ? une île circulaire ou bien un archipel à la côte découpée ?

▶ **Le caractère :** l'île est-elle sauvage, hostile, accueillante, envoûtante ?

▶ **Les habitants :** la faune est-elle endémique (présente uniquement sur l'île) ou bien déjà connue de vous ? Quels habitants la peuplent ?

si vous avez fini d'écrire

Dessinez l'île de vos rêves.

▶ Représentation de l'île d'Ithaque.

PARTIE 3

Une exploration
romanesque
du pôle Sud
au XIXᵉ siècle

Présenter un exposé thématique

OBJECTIF

Vous allez apprendre (seul et en groupe) à préparer, structurer
présenter à l'oral, devant vos camarades, un exposé thématiqu

FICHE MÉTHODE

PRÉPARER UN EXPOSÉ

1 Cerner le sujet
- Choisir l'un des sujets proposés.
- Analyser le sujet.
De qui ou quoi parle le sujet (= le thème) ?
Quelle période est concernée ?
Quelle zone géographique est évoquée ?

Objectif : éviter le hors-sujet

3 Ordonner l'exposé
- Classez vos informations dans
un plan ordonné en 2 à 4 parties.
- Donnez des titres à vos parties.

Objectif : trier et classer l'information

4 Préparer les documents
- Sélectionnez des documents
variés à afficher ou faire circuler.

Objectif : sélectionner les documents pour illustrer

2 Faire des recherches
- Cherchez de la documentation dans des livres et des sites Internet.
- Vérifiez vos sources (sources fiables uniquement).
- Variez les sources.
- Commencez par chercher le plus d'informations possibles.
- Prenez des notes.
- Préparez des documents iconographiques pour illustrer votre exposé.

Objectif : rechercher et sélectionner l'information

5 Présenter l'exposé
- Notez au tableau le titre et le plan de votre exposé.
- Prenez la parole à tour de rôle selon la répartition établie.
- Ne lisez pas trop vos notes et regardez votre auditoire.
- Faites des pauses dans votre exposé
pour commenter les documents.

Objectif : faire une présentation orale vivante

PROJET 1•3

Présenter un exposé sur l'exploration des pôles

ÉTAPE 1 • **Choisir et cerner le sujet**

▌ **Choisissez l'un des sujets suivants :**

- L'expédition au pôle Sud de Roald Amundsen, Ernest Henry Shackleton et l'expédition Scott au pôle Sud.
- Les expéditions de Robert Peary et de Frederick Cook, explorateurs du pôle Nord.
- Wally Herbert
- Jean-Louis Étienne

▌ **Analysez le sujet.**

- Sur qui porte l'exposé ?
- Quel exploit a-t-il réalisé ?
- Quand et où cet exploit a-t-il eu lieu ?

ÉTAPE 2 • **Faire des recherches**

▌ **Rassemblez et consultez de la documentation sur le sujet.**

Voici des questions pour guider votre recherche :

- Qui était l'explorateur (dates, pays, métier) ?
- À quelle date a-t-il exploré le pôle ?
- Quel était son but de départ ?
- Quelles étaient les principales caractéristiques de son expédition (moyen de transport, composition de l'équipe, matériel, itinéraire) ?
- Quels objectifs a-t-il atteints ? Pourquoi a-t-il réussi ou échoué ?

ÉTAPE 3 • **Ordonner l'exposé**

▌ **Sélectionnez les informations utiles et classez-les dans un plan en 3 ou 4 parties.**

▌ **Assurez-vous que votre plan aborde bien les points suivants :**

- Présentation de l'explorateur choisi.
- Présentation de son expédition (lieu, date, contexte, déroulement de l'expédition…).
- Bilan de l'expédition.

ÉTAPE 4 • **Préparer les documents à montrer**

▌ **Choisissez un ou deux documents par partie à montrer.**

ÉTAPE 5 • **Présenter l'exposé**

▌ **Notez, au tableau, le titre de votre exposé et votre plan.**

▌ **Faites une présentation orale soignée et dynamique en alternant les prises de parole.**

Cet Irlandais fait partie de la première expédition de Scott vers le pôle Sud. En 1908, il s'y attaque une seconde fois et atteint 88°23', battant le record. En 1914-15, il dirige une expédition avec "l'Endurance" ; le navire ayant sombré, il réussit à ramener quelques membres de la mission sur un îlot (l'île de l'Éléphant) et à retourner chercher les autres à la Barrière de Ross.

Pour évaluer l'exposé, aidez-vous de cette grille.

Grille d'auto-évaluation		
	Excellent	Satisfaisant	À améliorer
L'exposé présente des informations intéressantes.			
L'exposé est clairement organisé.			
L'exposé fait découvrir à la classe des documents bien choisis.			
L'exposé permet à la classe de participer de façon vivante.			
L'élève parle lentement, articule bien, regarde la classe.			

PARTIE 3

Une exploration
romanesque
du pôle Sud
au XIXᵉ siècle

Parcours
de lecture

Pourquoi les lecteurs sont-ils séduits par les récits de voyage ?

Les Aventures d'Arthur Gordon Pym

Les Aventures d'Arthur Gordon Pym sont publiées en 1838 en Angleterre et aux États-Unis par l'écrivain américain Edgar Allan Poe qui fait croire à ses lecteurs qu'il s'agit d'un authentique récit de voyage. Le public est, à cette époque, passionné par les récits d'explorateurs et tout particulièrement par les expéditions polaires. James Cook se lance, dès 1773, à la conquête de l'Antarctique mais le premier homme qui atteindra le pôle Sud est le Norvégien Roald Amundsen, en 1911.

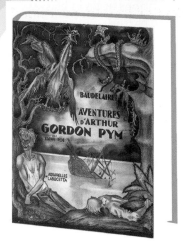

Extrait **1**

Une expédition scientifique

**Edgar Allan Poe
(1809-1849)**
est un poète,
romancier et
conteur américain que
l'on considère comme
l'inventeur du roman
policier.

Arthur Gordon Pym, fasciné par la vie de marin telle que la lui raconte son ami Auguste, décide de partir à l'aventure avec lui. Après plusieurs naufrages et sauvetages successifs, le héros se trouve recueilli sur la goélette Jane Guy, *qui sillonne les mers du Sud. Arthur Gordon Pym persuade le commandant d'aller jusqu'au pôle pour en percer le secret.*

Nous avions alors pénétré dans le sud de plus de huit degrés au delà des limites atteintes par tous les navigateurs précédents, et la mer s'étendait toujours devant nous parfaitement libre d'obstacles. Nous trouvions aussi que la variation diminuait régulièrement à
5 mesure que nous avancions, et que la température atmosphérique, et plus récemment celle de l'eau, s'adoucissaient graduellement. Le temps pouvait s'appeler un temps agréable, et nous avions une brise très douce mais constante, qui soufflait toujours de quelque point nord du compas[1]. Le ciel était généralement clair ; de temps
10 en temps une vapeur légère et ténue[2] apparaissait à l'horizon sud ; – mais, invariablement, elle était d'une très-courte durée. Nous n'apercevions que deux difficultés : nous étions à court de combustible, et des symptômes de scorbut[3] s'étaient déjà manifestés chez quelques hommes de l'équipage. Ces considérations commençaient
15 à agir sur l'esprit de M. Guy, et il parlait souvent de mettre le cap au nord. Pour ma part, persuadé, comme je l'étais, que nous allions bientôt rencontrer une terre de quelque valeur, en suivant toujours la même route, et que nous n'y trouverions pas le sol stérile[4] des hautes latitudes arctiques, j'insistais chaudement auprès de lui sur

1. Compas : rosace servant à indiquer la direction du navire.

2. Ténue : légère.

3. Scorbut : maladie grave due à la carence en vitamines d'un organisme. Les marins en étaient fréquemment atteints en raison de régimes alimentaires peu variés en mer.

4. Stérile : impropre à la culture.

5. Inopportunes : injustifiées.

20 la nécessité de persévérer, au moins pendant quelques jours encore, dans la direction suivie jusqu'alors. Une occasion aussi tentante de résoudre le grand problème relatif à un continent antarctique ne s'était encore présentée à aucun homme, et je confesse que je me sentais gonflé d'indignation à chacune des timides et inopportunes[5]

5. **Inopportunes** : injustifiées.

25 suggestions de notre commandant.

Edgar Allan Poe, *Les Aventures d'Arthur Gordon Pym*, 1838.

 vous avez fini de lire

Aimeriez-vous être l'explorateur de terres inconnues ? dans une région du globe particulière ? dans l'espace ? Donnez quelques-unes de vos raisons dans un paragraphe de cinq à dix phrases.

Comprendre le texte II.3

Une expédition scientifique vers des terres inconnues

1. Quelle est la signification des termes « Arctique » et « Antarctique » présents dans ce texte ? Où vont les explorateurs de la *Jane Guy* et Arthur Gordon Pym, que cherchent-ils précisément ?

2. Relevez, dans la fin du texte (lignes 19 à 25), trois expressions qui montrent la force du désir d'exploration du narrateur.

3. Citez la phrase qui montre que ce voyage est fait dans un but scientifique.

Un voyage périlleux

4. Quels obstacles s'opposent à la bonne réussite du projet ? Montrez que ceux-ci pourraient bien le faire échouer.

5. Quels phénomènes climatiques étranges surviennent alors que la *Jane Guy* descend de plus en plus vers le pôle Sud ?

Bilan

6. Comparez l'attitude de M. Guy et celle du narrateur.

Activités IV.3 / III.6

LANGUE

▶ Formez des noms communs à partir des adjectifs suivants : *clair – légère – timide*.

ORAL

Faites des recherches sur Internet et comparez vos résultats sur l'Arctique et l'Antarctique. Localisez ces deux territoires.

▶ Cherchez qui les habite et quels pays les occupent.

▶ Renseignez-vous sur les conditions climatiques dans ces régions du monde et sur les animaux qui les peuplent.

▶ Comparez vos informations avec celles de votre voisin(e).

PARTIE 3

Pourquoi les lecteurs sont-ils séduits par les récits de voyage ?

Parcours de lecture

La rencontre d'une étrange tribu

Arrivé à 87 degrés sud, l'équipage de la Jane Guy rencontre une centaine d'habitants des lieux. Ces hommes naviguent en pirogue et habitent une grande île appelée Tsalal. Ils sont entièrement noirs, des cheveux aux dents, sont vêtus de peaux elles aussi noires, et semblent avoir un grand mépris pour la couleur blanche. Ils demandent à visiter le navire.

Il était positivement évident qu'ils n'avaient jamais vu aucun individu de race blanche, – et d'ailleurs notre couleur semblait leur inspirer une singulière répugnance. Ils croyaient que la *Jane* était une créature vivante, et l'on eût dit qu'ils craignaient de la frapper
5 avec la pointe de leurs lances, qu'ils retournaient soigneusement. Il y eut un moment où tout notre équipage s'amusa beaucoup de la conduite de Too-wit[1]. Le coq[2] était en train de fendre du bois près de la cuisine, et, par accident, il enfonça sa hache dans le pont, où il fit une entaille d'une profondeur considérable. Le chef accourut
10 immédiatement, et, bousculant le coq assez rudement, il poussa un petit gémissement, presque un cri, qui montrait énergiquement combien il sympathisait avec les douleurs de la goélette[3] ; et puis il se mit à tapoter et à patiner[4] la blessure avec sa main et à la laver avec un seau d'eau de mer qui se trouvait à côté. Il y avait là un degré
15 d'ignorance auquel nous n'étions nullement préparés, et, pour mon compte, je ne pus m'empêcher de croire à un peu d'affectation[5].

Quand nos visiteurs eurent satisfait de leur mieux leur curiosité relativement au gréement[6] et au pont, ils furent conduits en bas, où leur étonnement dépassa toutes les bornes. Leur stupéfaction
20 semblait trop forte pour s'exprimer par des paroles, car ils rôdaient partout en silence, ne poussant de temps à autre que de sourdes exclamations. Les armes leur fournissaient une grosse matière à réflexions, et on leur permit de les manier à loisir. Je crois qu'ils n'en soupçonnaient pas le moins du monde l'usage, mais qu'ils les
25 prenaient plutôt pour des idoles[7], voyant quel soin nous en prenions et l'attention avec laquelle nous guettions tous leurs mouvements pendant qu'ils les maniaient. Les canons redoublèrent leur étonnement. Ils s'en approchèrent en donnant toutes les marques de la vénération et de la terreur la plus grande, mais ne voulurent pas les
30 examiner minutieusement. Il y avait dans la cabine deux grandes glaces, et ce fut là l'apogée[8] de leur émerveillement. Too-wit fut le premier qui s'en approcha, et il était déjà parvenu au milieu de la chambre, faisant face à l'une des glaces et tournant le dos à l'autre, avant de les avoir positivement aperçues. Quand le sauvage leva les
35 yeux et qu'il se vit réfléchi dans le miroir, je crus qu'il allait devenir

1. Too-wit est le chef des habitants des lieux rencontrés par Arthur Gordon Pym et l'équipage.

2. Coq : cuisinier à bord d'un navire.

3. Goélette : grand navire à deux mâts et fonctionnant à la voile.

4. Patiner : frotter.

5. Affectation : manque de sincérité.

6. Gréement : sur un bateau, ensemble des mâts, des voiles et des cordages.

7. Idoles : objets représentant des dieux.

8. Apogée : point le plus haut.

fou ; mais, comme il se tournait brusquement pour battre en retraite, il se revit encore faisant face à lui-même dans la direction opposée ; pour le coup je crus qu'il allait rendre l'âme.

Edgar Allan Poe, *Les Aventures d'Arthur Gordon Pym*, 1838.

---

si vous avez fini de lire

Dessinez le bateau. Vous montrerez l'extérieur et l'intérieur du *Jane Guy*.

Comprendre le texte   II.3

La rencontre d'un peuple étrange

1 Repérez, dans le deuxième paragraphe, les synonymes du mot « surprise ». Cette surprise est-elle uniquement le fait des habitants de l'île ? Justifiez votre réponse.

2 Quelles confusions sont faites par Too-wit et les siens concernant les objets qu'ils voient ?

3 Que signifient les termes « idole » (l. 25) et « vénération » (l. 29) ? En quoi les réactions des habitants de Tsalal à bord de la *Jane Guy* permettent-elles de percevoir leurs coutumes et leurs façons de penser ?

Une surprise de taille

4 Pourquoi Too-wit a-t-il tellement peur devant un miroir ?

5 Pourquoi est-ce « l'apogée de son émerveillement » (l. 31) ?

6 Pourquoi cette scène est-elle particulièrement captivante pour le lecteur ?

Bilan

7 Qu'est-ce qui fait de la rencontre avec un peuple inconnu un épisode central du récit de voyage ?

Activités   IV.4 / III.3

LANGUE

▶ Relevez les verbes pronominaux de la ligne 31 à la fin. Quelle est la classe grammaticale de « se » ?

ÉCRITURE

Imaginez le récit que ferait Too-wit en découvrant les armes.

si vous avez besoin d'aide

▶ **Too-wit ne connaît pas le nom des objets qu'il voit**. Il ne connaît pas non plus leur usage. Il doit donc **les décrire** dans leur forme, leur aspect et leur matière.

si vous avez besoin de mots

▶ **Des adjectifs pour décrire les armes :** *brillant, mat, translucide, poli, rugueux, froid, lisse, tranchant, doux, ferme, ovale, rectiligne, arrondi, effilé.*

▶ **Too-wit fait également des hypothèses sur la fonction des armes** dont il ne peut pas comprendre l'utilité véritable.

si vous avez fini d'écrire

Faites le portrait d'un des marins de la *Jane Guy* en adoptant le point de vue de Too-wit.

Indiens Nukka, lithographie, 1820.

PARTIE 3

Pourquoi les lecteurs sont-ils séduits par les récits de voyage ?

Parcours de lecture

La visite de l'île

Après avoir visité le navire, la tribu de Too-wit invite l'équipage à visiter son île.

1. Stratification : aspect de certaines pierres constituées de couches successives.

2. Prodigieux : incroyable.

3. Dissolution : action de diluer.

4. Gomme arabique : gomme végétale comestible, produite à l'origine en Arabie (d'où son nom).

5. Pourpre : couleur entre le rouge et le violet.

6. Chatoiements : reflets brillants et changeant selon la lumière.

À chaque pas que nous faisions dans le pays, nous acquérions forcément la conviction que nous étions sur une terre qui différait essentiellement de toutes celles visitées jusqu'alors par les hommes civilisés. Rien de ce que nous apercevions ne nous était familier.
5   Les arbres ne ressemblaient à aucun des produits des zones torrides, des zones tempérées, ou des zones froides du Nord, et différaient essentiellement de ceux des latitudes inférieures méridionales que nous venions de traverser. Les roches elles-mêmes étaient nouvelles par leur masse, leur couleur et leur stratification[1] ; et les cours d'eau,
10 quelque prodigieux[2] que cela puisse paraître, avaient si peu de rapport avec ceux des autres climats, que nous hésitions à y goûter, et que nous avions même de la peine à nous persuader que leurs qualités étaient purement naturelles. À un petit ruisseau qui coupait notre chemin (le premier que nous rencontrâmes), Too-wit et sa
15 suite firent halte pour boire. En raison du caractère singulier de cette eau, nous refusâmes d'y goûter, supposant qu'elle était corrompue […] elle ressemblait un peu, quant à la consistance, à une épaisse dissolution[3] de gomme arabique[4] dans l'eau commune. Mais cela n'était que la moins remarquable de ses extraordinaires qualités.
20 Elle n'était pas incolore ; elle n'était pas non plus d'une couleur uniforme quelconque, et tout en coulant elle offrait à l'œil toutes les variétés possibles de la pourpre[5], comme des chatoiements[6] et des reflets de soie changeante. Pour dire la vérité, cette variation dans la nuance s'effectuait d'une manière qui produisit dans nos esprits
25 un étonnement aussi profond que les miroirs avaient fait sur l'esprit de Too-wit.

Edgar Allan Poe, *Les Aventures d'Arthur Gordon Pym*, 1838.

 vous avez fini de lire

Proposez, en vous aidant du contexte, une explication du sens des mots et expressions suivants : « nous **acquérions** (verbe *acquérir*) forcément la **conviction** (de la famille de *convaincre*) que… », « **dissolution** » (de la famille du verbe *dissoudre*).

Comprendre le texte **II.3**

Une terre surprenante

1. Quels éléments de l'île surprennent particulièrement les compagnons de Pym ?

2. Relevez les phrases négatives. Que nous apprennent ces négations ?

L'émerveillement des compagnons de Pym

3. Que signifie le nom « pourpre » ? Quelles caractéristiques de cette eau intéressent particulièrement Pym dans sa description ?

4. D'après la dernière phrase de l'extrait, quelle est l'attitude du narrateur par rapport aux habitants de Tsalal ?

5. En quoi cet extrait fait-il écho au précédent ?

Bilan

6. Les récits de voyage comportent de nombreuses descriptions de paysages. À quoi servent-elles ?

ACTIVITÉ NUMÉRIQUE **III.6**

Réalisez un diaporama avec toutes les images de lieux d'exception collectées par la classe et créez une bande-son pour en accompagner la diffusion. Ajoutez un commentaire enregistré.

Votre professeur vous distribuera la fiche n° 2 pour guider votre travail.

Activités **IV.3 / I.2**

LANGUE

▶ Conjuguez les verbes « faire » et « pouvoir » au présent et à l'imparfait de l'indicatif.

ORAL

Décrivez un lieu réel avec précision.

▶ **Choisissez sur Internet ou au CDI une photographie d'un lieu réel** qui présente des caractéristiques hors du commun. Cela peut être une forêt, une grande ville, une montagne, un désert, une île ou tout autre paysage remarquable par ses formes.

▶ **Faites oralement à vos camarades une description** aussi précise que possible de ce lieu. Ils vous écoutent et dessinent le lieu que vous leur décrivez.

▶ **Montrez à vos camarades l'image retenue.** Votre description est-elle parvenue à leur donner une représentation précise de ce lieu ? Se l'étaient-ils imaginé autrement en vous écoutant ?

Les gagnants sont les deux élèves qui auront réussi à faire la description et le dessin les plus proches de la photographie choisie.

🔵 vous avez besoin d'aide

▶ **Structurez votre description :** commencez par les caractères généraux du lieu (la localisation, le type de relief, le climat) puis précisez les détails (végétation, minéraux, éventuellement immeubles et maisons). N'oubliez pas les adjectifs de forme et de couleur.

▶ **Parlez lentement** pour que vos camarades retiennent bien toutes les caractéristiques du lieu que vous décrivez.

🔵 vous avez besoin de mots

▶ **Le vocabulaire du relief :** *sommet, falaise, arête, rochers, formation géologique, dune, découpé, à pic, érodé, plage, plaine, marais, lagune...*

▶ **La végétation :** *luxuriante, dense, primaire, arbustive, chétive, désertique, floraison...*

▶ **Le vocabulaire urbain :** *gratte-ciel, maisons sur pilotis, quartiers, bourgade, tentes, uniformité, diversité...*

PARTIE 3

Pourquoi les lecteurs sont-ils séduits par les récits de voyage ?

Parcours de lecture

La fin de l'aventure

Le peuple rencontré sur l'île de Tsalal s'avère finalement agressif et massacre les marins du Jane Guy. *Arthur Gordon Pym et quelques survivants (dont Nu-Nu, un autochtone) prennent la fuite et continuent leur dérive seuls et sans vivres vers le pôle Sud, tandis que des événements étranges se produisent. Cet extrait est la fin du roman.*

1. **Indolence :** absence de réaction, fatigue.

2. **Cendreuse :** semblable à de la cendre.

3. **Cataracte :** chute d'eau.

4. **Ténèbres :** obscurité profonde.

5. **Vélocité :** rapidité.

6. **Livide :** extrêmement pâle.

7. **Sempiternel :** qui se produit sans cesse.

8. **Sur ces entrefaites :** à ce moment-là.

8 mars. – Ce jour-là, passa à côté de nous un de ces animaux blancs dont l'apparition sur la baie de Tsalal avait causé un si grand émoi parmi les sauvages. J'eus envie de l'accrocher au passage ; mais un oubli, une indolence[1] soudaine s'abattirent sur moi, et je n'y pensai
5 plus. La chaleur de l'eau augmentait toujours, et la main ne pouvait plus la supporter. Peters parla peu, et je ne savais que penser de son apathie. Nu-Nu soupirait, et rien de plus.

9 mars. – La substance cendreuse[2] pleuvait alors incessamment autour de nous et en énorme quantité. La barrière de vapeur au sud
10 s'était élevée à une hauteur prodigieuse au-dessus de l'horizon, et elle commençait à prendre une grande netteté de formes. Je ne puis la comparer qu'à une cataracte[3] sans limites, roulant silencieusement dans la mer du haut de quelque immense rempart perdu dans le ciel. Le gigantesque rideau occupait toute l'étendue de l'horizon sud.
15 Il n'émettait aucun bruit.

21 mars. – De funestes ténèbres[4] planaient alors sur nous ; mais des profondeurs laiteuses de l'océan jaillissait un éclat lumineux qui glissait sur les flancs du canot. Nous étions presque accablés par cette averse cendreuse et blanche qui s'amassait sur nous et sur le bateau,
20 mais qui fondait en tombant dans l'eau. Le haut de la cataracte se perdait entièrement dans l'obscurité et dans l'espace. Cependant, il était évident que nous en approchions avec une horrible vélocité[5]. […]

22 mars. – Les ténèbres s'étaient sensiblement épaissies et n'étaient plus tempérées que par la clarté des eaux, réfléchissant le rideau
25 blanc tendu devant nous. Une foule d'oiseaux gigantesques, d'un blanc livide[6], s'envolaient incessamment de derrière le singulier voile, et leur cri était le sempiternel[7] *Tekeli-li !* qu'ils poussaient en s'enfuyant devant nous. Sur ces entrefaites[8], Nu-Nu remua un peu dans le fond du bateau ; mais, comme nous le touchions, nous nous
30 aperçûmes que son âme s'était envolée. Et alors nous nous précipitâmes dans les étreintes de la cataracte, où un gouffre s'entr'ouvrit, comme pour nous recevoir. Mais voilà qu'en travers de notre route se dressa une figure humaine voilée, de proportions beaucoup plus vastes que celles d'aucun habitant de la terre. Et la couleur de la peau de l'homme était la blancheur parfaite de la neige.

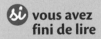 **vous avez fini de lire**

Faites la liste de tous les éléments extraordinaires et surnaturels qui se produisent au cours du trajet.

Edgar Allan Poe, *Les Aventures d'Arthur Gordon Pym*, 1838.

Comprendre le texte   II.3

Le récit d'une dérive

1 Calculez le temps écoulé entre les deux dates les plus extrêmes du récit. Se passe-t-il beaucoup d'événements durant cette durée ?

2 Quel est l'état des passagers sur l'embarcation qui dérive ? Justifiez votre réponse en relevant des mots du texte. Cela suscite-t-il des commentaires de la part du narrateur ? Relevez un mot qui explique pourquoi le narrateur est incapable de toute action.

Un voyage irréel

3 Commentez les expressions « averse cendreuse » (l. 19), « cataracte sans limites » (l. 12), « profondeurs laiteuses » (l. 17). Que se passe-t-il à ce moment du voyage ? Ces phénomènes sont-ils expliqués ?

4 Quelle est la valeur de la couleur blanche ? À quoi est-elle associée ?

5 À quoi peut faire penser la créature qui apparaît à la fin du texte ?

Bilan

6 Les premiers lecteurs du récit n'ont pas cru que ces aventures étaient authentiques. Ils ont trouvé particulièrement invraisemblable la vision qui est donnée du pôle Sud. Pourquoi, d'après vous ?

Activités   IV.1 / III.3

LANGUE

▶ Relevez les pronoms relatifs dans le dernier paragraphe.

ÉCRITURE

Rédigez un paragraphe qui pourrait constituer la fin du texte.

 vous avez besoin d'aide

▶ Quelles caractéristiques bénéfiques ou maléfiques donnez-vous à l'être qui apparaît à la fin ?

▶ Cet être va-t-il précipiter les héros dans le gouffre ou les sauver ?

▶ Où les emmène-t-il ?

vous avez fini d'écrire

Dessinez la créature qui apparaît à la fin du récit.

▼ Illustration d'André Collot (1930) réalisée pour *Les Aventures d'Arthur Gordon Pym*.

Réaliser une exposition sur le carnet de voyage

OBJECTIF

Vous allez constituer des groupes d'élèves pour réaliser des carnets de voyage imaginaires ou réels.

ACTIVITÉ 1 Groupe 1

⊙ Écrire un extrait de carnet de voyage à partir d'une photo

1. Vous, ou bien votre expédition, arrivez dans le lieu d'une des photographies ci-contre.
Donnez la description du lieu nouveau où vous arrivez. Vous mentionnerez :

– des **indications géographiques** : un désert, un littoral, une montagne, une plaine, une forêt...

– des **indications sur le climat** : désertique, tropical, tempéré, polaire…

– des **indications sur la végétation** : une végétation dense, clairsemée ou absente...

– des **indications sur le relief ou les spécificités du site** : des formations minérales, le résultat de l'érosion, une lagune, un lagon, une plage…

2. Faites également partager votre sentiment à la vue de ce lieu nouveau !

Vous êtes émerveillé, ému, enthousiaste, craintif...

3. Racontez, comme dans un carnet de voyage, l'installation de votre camp (ou de celui de votre expédition) dans le paysage choisi.

Votre récit apportera des réponses aux questions suivantes :

– Pour quelle raison l'expédition est-elle venue à cet endroit ? Quelle a été la durée du voyage ? A-t-il été long et éprouvant ?

– Quelles étapes sont nécessaires pour installer le campement (habitation, vivres, eau, organisation) ? Combien de temps cela prend-il ?

– Quelles ressources peuvent permettre à l'expédition de survivre ? Sont-elles aisées d'accès ? Que faut-il inventer ? Que faut-il se procurer ?

– Quels dangers vous guettent ? Comment se manifestent-ils ?

4. Décrivez l'un des repas de votre expédition, préparé avec les moyens du bord et les ressources disponibles.

ACTIVITÉ 2 Groupe 2

→ **Écrire un extrait de carnet de voyage à partir de plantes rares ou inconnues**

1. Vous, ou bien votre expédition, arrivez dans un lieu où poussent ces fruits étranges.

2. Sur une page de votre carnet, faites un dessin de l'un de ces fruits. Inventez l'endroit où il pousse.

– Donnez-en une description visuelle la plus précise et évocatrice possible pour quelqu'un qui ne le connaîtrait pas.
– Inventez son nom, décrivez sa saveur, son odeur.
– Inventez des préparations culinaires où il est utilisé.

3. Décrivez des animaux qui se nourrissent de ces fruits.

– Inventez des animaux comme si vous en étiez le découvreur, que vous les décriviez pour la première fois.
Vous les dessinerez et caractériserez leur habitat, leur alimentation, leurs relations avec les autres animaux, leur comportement face à l'homme.

ACTIVITÉ 3 Groupe 3 ···

⊙ **Écrire un extrait de carnet
de voyage à partir d'objets
dont vous inventerez la fonction**

1. **Inventez des objets inconnus.**

   Imaginez tous les objets inconnus que vous pourriez
   trouver au cours de votre voyage dans une contrée
   lointaine. Dessinez-les ! Vous pouvez aussi leur
   donner un nom en inventant des **mots-valises**,
   il faut dans ce cas ajouter une définition.

2. **Inventez également le contexte
imaginaire de leur utilisation !**

   Ex. : un **éventaille-barbe** (objet servant
   à se raser en toute discrétion, utilisé par
   les habitants des montagnes de l'Asie
   centrale), un **parasolitaire** (sorte de
   petit parasol à usage individuel, offert
   à la jeune mariée dans certaines tribus
   d'Amazonie), etc.

3. **À partir de ces objets, racontez
le mode de vie des habitants qui les
utilisent.**

ACTIVITÉ 4 Groupe 4

● Faire de sa vie quotidienne un voyage

1. Par écrit, racontez un trajet que vous faites régulièrement comme s'il s'agissait d'un voyage en terre inconnue.

2. Faites un dessin d'endroits, d'objets, de personnages que vous rencontrez.

Ajoutez à votre dessin une petite description. Vous pouvez aussi prendre des photographies et les coller dans votre carnet. Beaucoup d'auteurs de carnets de voyage utilisent aujourd'hui ces techniques mixtes.

3. Collez également dans votre carnet des objets qui participent de près ou de loin à votre expérience du voyage (ticket de transport, papiers d'emballage, prospectus, etc.).

Pourquoi les auteurs de carnets de voyage aiment-ils ainsi ajouter des éléments concrets à leur carnet ? Le texte de Christophe Colomb peut vous fournir une réponse....

Conseils

▶ Notez les horaires, les lieux et ce que vous observez.

▶ Précisez les moyens de transport utilisés.

▶ Les gens autour de vous ont leur importance. Décrivez-les !

▶ Même les éléments anodins ont leur importance : ils font partager votre expérience du monde.

Carnettiste,
Virginie Chapel.

PROJET V·6 **Organiser une exposition**

1. Regroupez tous les carnets de voyage réalisés par la classe et préparez-en la présentation au CDI.

2. Choisissez les pages que vous voulez montrer, réalisez un cartel pour chaque élément que vous allez exposer, c'est-à-dire un petit texte de présentation (avec le titre du carnet, le nom des auteurs, la date de réalisation), puis affichez certaines pages et disposez-en d'autres sur les tables du CDI.

3. Préparez un livre d'or sur lequel les élèves des autres classes pourront écrire leurs commentaires.

ꙮ Pour les amateurs de romans

Le Voyage de Christophe Colomb

Hélène Montardre et Glen Chapron, © Nathan

Ce court roman raconte comment le jeune Christophe Colomb, fils d'un tisserand génois, nourrit le rêve de traverser les mers. Installé au Portugal avec sa famille, il cherche à obtenir l'aide financière du roi pour monter son expédition. N'ayant pu convaincre le souverain, il se rend en Espagne où la reine Isabelle de Castille finit par se laisser convaincre par sa détermination.

Le Sang du serpent à plumes

Laurence Schaak, © Nathan

Après la colonisation de l'île de Cuba, une expédition espagnole composée de 11 navires, 500 soldats, 14 canons et 16 chevaux se lance à la conquête du Mexique, le 10 février 1519. Le capitaine de cette armée, Hernän Cortes, apprend l'existence du puissant empire maya. Il s'empare de la ville de Tabasco et reçoit des vaincus des vivres, des cadeaux et des femmes esclaves. Parmi elles, une jeune fille de dix-sept ans, Malinalli, qui va devenir l'interprète des conquistadors.

Par-delà l'horizon, l'enfance de Christophe Colomb

Anne Pouget, © Casterman

Du haut de ses douze ans, Cristoforo Colombo n'en démord pas : il est né pour arpenter les océans, pas pour tondre des moutons ! Même s'il faut tenir tête au monde entier, rien ne l'empêchera d'accomplir sa destinée.

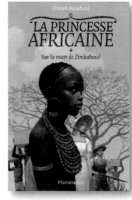

La Princesse africaine, Sur la route de Zimbaboué

Christel Mouchard, © Flammarion

La princesse Tchinza a été emmenée loin de sa mère et rêve de retourner dans son royaume. Un jour, un étranger arrive avec son expédition. Il cherche à gagner Zimbaboué, la légendaire ville de pierre. Tchinza va leur servir de guide. Le voyage peut commencer.

ꙮ Pour les amateurs de documentaires

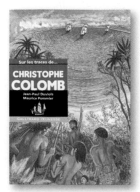

Sur les traces de Christophe Colomb,

Jean-Paul Duviols, © Gallimard jeunesse

Cet album documentaire vous fera partager les espoirs et les doutes de Christophe Colomb, parti sur des mers inconnues, à la découverte du Nouveau Monde.

Sur les traces des explorateurs du XVIIIᵉ siècle

**Dominique Lanni,
© Gallimard
jeunesse**

Près de trois siècles après Christophe Colomb, une nouvelle génération d'explorateurs, portés par la philosophie des Lumières, abordent des terres inconnues.
La Condamine, Bougainville, Cook, La Pérouse, Mungo Park et Humboldt sont de courageux voyageurs, d'excellents navigateurs mais aussi des esprits curieux et humanistes. Leurs explorations de l'océan Pacifique, de l'Amérique du Sud et de l'Afrique vont faire progresser les sciences naturelles et les sciences de l'homme.

⌒ Pour les cinéphiles

Master et commander

Peter Weir

À la tête de l'HMS Surprise, le capitaine Jack Aubrey poursuit un navire corsaire français qui l'entraîne jusqu'aux Îles Galapagos, terres semi explorées à l'époque. Le naturaliste du bord, Maturin y recueille des spécimens, étudie le relief, collecte, dessine des raretés nouvelles, tortues géantes, fleurs et insectes inconnus… avant que ne le rappelle, trop vite, le devoir de la guerre.

 PROJET

Organiser un goûter littéraire sur le thème du voyage

V.6

Les participants, (trois ou quatre groupes d'élèves) ont lu l'un des livres proposés. Ils font part de leur lecture à la classe.

➤➤ Préparez votre intervention

Chaque groupe d'élèves prépare son intervention en suivant la démarche suivante :
– Préparez d'abord un court résumé du début de l'ouvrage et d'une ou deux aventures.
– Prenez des notes sur les principaux personnages, le lieu du voyage, et, en partie seulement, la façon dont celui-ci se déroule.
– Préparez la lecture d'un passage de l'œuvre que vous avez particulièrement apprécié.
– Confrontez vos points de vue personnels sur l'œuvre (personnages, suspense, facilité de lecture…). Veillez à ce que chaque point de vue soit argumenté car il devra être compris par les élèves de la classe qui n'ont pas lu l'ouvrage.
– Préparez le portrait chinois de l'œuvre (si l'œuvre était une plante, une ville, un animal ?)
– Inventez des devinettes autour de l'œuvre ou d'un passage en particulier.
– Choisissez des objets évoquant l'œuvre que vous allez présenter et une spécialité culinaire d'un des lieux où se déroule l'histoire.

➤➤ Présentez votre travail et échangez avec la classe

– Disposez devant la classe les objets évoquant l'œuvre afin de susciter la curiosité de vos camarades.
– Commencez votre présentation par les devinettes ou par le portrait chinois.
– Faites le portrait des personnages principaux ; montrez sur une carte les lieux qu'ils vont explorer puis résumez l'histoire en insérant au moment opportun la lecture d'un extrait. Répartissez-vous la parole de façon à rendre votre présentation vivante. Concluez en donnant vos avis sur l'œuvre et répondez aux questions de la classe. Terminez par la dégustation d'une spécialité culinaire liée à la zone géographique explorée.

Ce que vous avez appris sur...

🕐 les récits de voyage et d'aventure

BILAN DU CHAPITRE

1. Dans quels lieux et dans quels pays avez-vous voyagé au cours de ce chapitre ?

2. Quels explorateurs et quels voyageurs avez-vous rencontrés ?

3. Pour quelles raisons ont-ils décidé d'aller vers l'inconnu ?

4. À quels risques ont-ils été confrontés ?

5. Quels éléments merveilleux avez-vous découverts ? Quels éléments étonnants ou curieux ?

6. Tous les récits de voyage que vous avez lus étaient-ils authentiques ? Lesquels étaient imaginaires ?

7. Selon vous, faut-il aller loin pour voyager ? Citez au moins un texte pour répondre à cette question.

EXPRIMER SON OPINION

Demandez-vous quel est votre texte préféré avant de compléter les phrases suivantes.

1. J'ai surtout aimé le récit de ......

2. On y découvre des choses étonnantes ou merveilleuses comme ......

3. Ce voyage présente aussi des dangers. En effet ......

4. Mais le voyageur ...... a de nombreuses qualités, comme ......

5. Il réussit à ......

6. Je me souviens de l'expression : « ......».

PROJET FINAL

Présenter les merveilles du monde

Vous organiserez une exposition sur les merveilles du monde.

ÉTAPE 1 ◐ **Choisissez une merveille**

Vous pouvez choisir...

- **Une merveille naturelle :** l'Amazonie ; la baie d'Halong ; les chutes d'Iguazu ; l'île de Jeju ; l'île de Komodo…
- **Une merveille antique :** la pyramide de Khéops à Giseh ; les jardins suspendus de Babylone ; la statue de Zeus à Olympie ; le temple d'Artémis à Éphèse ; le phare d'Alexandrie…
- **Une merveille moderne :** la Grande Muraille de Chine ; Pétra en Jordanie ; Le Machu Picchu ; Le Colisée de Rome ; Le Taj Mahal…

ÉTAPE 2 ◐ **Faites des recherches**

Vous ferez des recherches sur cette merveille, sur Internet ou dans des livres.

Votre professeur vous distribuera la fiche n°1 pour guider votre travail.

ÉTAPE 3 ◐ **Donnez vos impressions**

Vous expliquerez pourquoi vous avez choisi cette merveille.

Vous pouvez expliquer pourquoi elle vous a touché(e), ce à quoi elle vous fait penser, etc.

ÉTAPE 4 ◐ **Réalisez les panneaux**

En vous aidant de vos recherches, vous réaliserez un panneau présentant cette merveille.

- Vous écrirez gros, sur de grandes feuilles, blanches ou de couleur. Vous pouvez taper puis imprimer votre texte. Vous collerez les images. Votre panneau doit être beau et visible de loin.
- Vous pourrez exposer vos panneaux en classe ou au CDI.

ÉVALUEZ VOS COMPÉTENCES	Insuffisant	Fragile	Satisfaisant	Très bonne maîtrise
Je sais décrire un lieu imaginaire ou réel.				
Je sais rendre compte de mes impressions.				
Je sais utiliser des images pour rendre compte de ce que je décris.				
Je sais prendre en compte mon destinataire.				

67

Famille

1. Qui voit-on sur ces vignettes de BD ?
   Que font les personnages ?
   Caractérisez leur attitude.

2. D'où vient le comique de la situation ?
   De quoi la dessinatrice s'amuse-t-elle ?

Claire Bretécher,
Agrippine et les inclus,
Dargaud, 2008.

Ce que vous savez déjà sur...

la famille, les amis, les réseaux

1 Rassemblez vos connaissances

✓ **1.** Qu'est-ce qui différencie la famille des amis ?

2. Qu'est-ce qu'un réseau, selon vous ? Peut-on avoir plusieurs réseaux ?

3. Recopiez le schéma ci-dessous et complétez-le. Que remarquez-vous ?

4. En cas de problème, sur qui peut-on compter : sa famille, ses amis, ses réseaux ? Justifiez votre réponse.

5. Connaissez-vous des œuvres (littéraires, cinématographiques, etc.) dans lesquelles la famille, les amis ou les réseaux jouent un rôle important ?

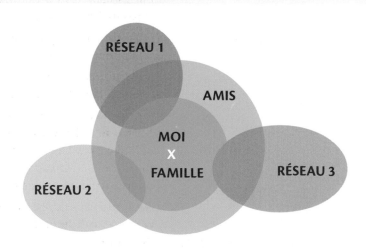

1. Complétez le tableau suivant avec votre voisin. Que remarquez-vous ?

Œuvres où la famille joue un rôle important	Œuvres où les amis jouent un rôle important	Œuvres où les réseaux jouent un rôle important

2. Pourquoi, la famille et les amis jouent-ils un rôle important dans les livres ou dans les films, selon vous ?

2 Découvrez une scène familiale

ARGAN – Voyez-vous la petite rusée ? Oh çà, çà, je vous pardonne pour cette fois-ci, pourvu que vous me disiez bien tout.

LOUISON – Oh ! oui, mon papa.

5 ARGAN – Prenez-y bien garde, au moins ; car voilà un petit doigt qui sait tout, et qui me dira si vous mentez.

LOUISON – Mais, mon papa, ne dites pas à ma sœur que je vous l'ai dit.

ARGAN – Non, non.

10 LOUISON – C'est, mon papa, qu'il est venu un homme dans la chambre de ma sœur comme j'y étais.

ARGAN – Eh bien ?

LOUISON – Je lui ai demandé ce qu'il demandait, et il m'a dit qu'il était son maître à chanter.

15 ARGAN – Hom ! hom ! voilà l'affaire. Eh bien ?

LOUISON – Ma sœur est venue après.

ARGAN – Eh bien ?

LOUISON – Elle lui a dit : « Sortez, sortez, sortez ! Mon Dieu, sortez ; vous me mettez au désespoir ! »

20 ARGAN – Eh bien ?

LOUISON – Et lui, il ne voulait pas sortir.

ARGAN – Qu'est-ce qu'il lui disait ?

LOUISON – Il lui disait je ne sais combien de choses.

ARGAN – Et quoi encore ?

25 LOUISON – Il lui disait tout ci, tout çà, qu'il l'aimait bien, et qu'elle était la plus belle du monde.

Molière, *Le Malade imaginaire*, Acte II, scène 8, 1673.

Mise en scène G. Bourdet, 2003.
P. Sejourne (Argan).

1. À quel genre ce texte appartient-il ? À quoi le voyez-vous ?

2. De quels personnages est-il question dans ce texte ? Quels liens existe-t-il entre eux ?

3. La famille d'Argan vous semble-t-elle unie ? Pourquoi ?

4. Pourquoi Argan interroge-t-il Louison plutôt que sa fille aînée ?

5. Comment peut-on qualifier l'attitude de Louison ? Pourquoi agit-elle ainsi ? Que peut-il se produire dans la suite de cette scène ? dans la suite de la pièce ?

6. Comment un spectateur peut-il réagir en voyant cette scène ? Pourquoi ?

3 Écrivez un dialogue

1. Observez l'image.

2. Qui peuvent être ces personnages ? Quels liens les unissent ? Comment en sont-ils arrivés là ?

3. Vous rédigerez trois répliques pour chacun d'eux.

La Cantatrice chauve, de Eugène Ionesco.
Monsieur et Madame Smith. Mise en scène de Nicolas Bataille, 2011.

Comment Molière nous fait-il rire par la représentation des conflits familiaux ?

LES FOURBERIES DE SCAPIN. COMEDIE. PAR I. B. P. MOLIERE.

Les Fourberies de Scapin (1671)

Cette comédie de Molière est inspirée d'une pièce de l'Antiquité, *Phormion*, de Terence (→ LCA p. 268). Les premières représentations sont un échec et Molière renonce à faire jouer la pièce.

Mais après sa mort, *Les Fourberies de Scapin*, sont devenues un des plus grands succès du théâtre français.

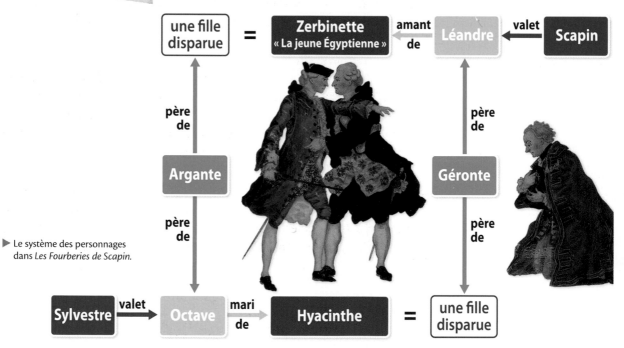

▶ Le système des personnages dans *Les Fourberies de Scapin*.

Les pères contre les fils

Extrait 1

Jean–Baptiste Poquelin, dit Molière (1622-1673) est un auteur qui a écrit des farces et des comédies pour peindre la société de son temps.

Dans la scène précédente, le jeune Octave a appris par son valet Sylvestre le retour de son père, le seigneur Argante, qui revient d'un long voyage. Argante revient avec l'intention de marier Octave avec la fille du seigneur Géronte.

OCTAVE, SILVESTRE, SCAPIN.

SCAPIN. – Qu'est-ce, Seigneur Octave, qu'avez-vous ? Qu'y a-t-il ? Quel désordre est-ce là ? Je vous vois tout troublé.

OCTAVE. – Ah ! mon pauvre Scapin, je suis perdu, je suis désespéré, je suis le plus infortuné[1] de tous les hommes.

1. Infortuné : malheureux.

5 SCAPIN. – Comment ?

OCTAVE. – N'as-tu rien appris de ce qui me regarde ?

SCAPIN. – Non.

OCTAVE. – Mon père arrive avec le seigneur Géronte, et ils me veulent marier.

10 SCAPIN. – Hé bien ! qu'y a-t-il là de si funeste² ?

OCTAVE. – Hélas ! tu ne sais pas la cause de mon inquiétude.

SCAPIN. – Non ; mais il ne tiendra qu'à vous que je la sache bientôt ; et je suis homme consolatif³, homme à m'intéresser aux affaires des jeunes gens.

15 OCTAVE. – Ah ! Scapin, si tu pouvais trouver quelque invention, forger quelque machine⁴, pour me tirer de la peine où je suis, je croirais t'être redevable de plus que de la vie. […] Tu sais, Scapin, qu'il y a deux mois que le seigneur Géronte, et mon père, s'embarquèrent ensemble pour un voyage qui regarde certain commerce où leurs

20 intérêts sont mêlés.

SCAPIN. – Je sais cela.

OCTAVE. – Et que Léandre et moi nous fûmes laissés par nos pères, moi sous la conduite de Silvestre, et Léandre sous ta direction.

SCAPIN. – Oui : je me suis fort bien acquitté de ma charge.

25 OCTAVE. – Quelque temps après, Léandre fit rencontre d'une jeune Égyptienne¹⁷ dont il devint amoureux.

SCAPIN. – Je sais cela encore. […]

OCTAVE. – Un jour que je l'accompagnais pour aller chez les gens qui gardent l'objet de ses vœux⁵, nous entendîmes dans une petite

30 maison d'une rue écartée, quelques plaintes mêlées de beaucoup de sanglots. Nous demandons ce que c'est. Une femme nous dit en

2. **Funeste** : tragique.

3. **Consolatif** : qui console.

4. **Machine** : machination.

5. **L'objet de ses vœux** : la femme qu'il aime.

▲ *Les Fourberies de Scapin.* Affiche, 1980.

Parcours
de lecture

PARTIE 1

Comment Molière nous fait-il rire par la représentation des conflits familiaux ?

soupirant, que nous pouvions voir là quelque chose de pitoyable[6] en des personnes étrangères ; et qu'à moins que d'être insensibles, nous en serions touchés.

35 SCAPIN. – Où est-ce que cela nous mène ?

OCTAVE – La curiosité me fit presser Léandre de voir ce que c'était. Nous entrons dans une salle, où nous voyons une vieille femme mourante, assistée d'une servante qui faisait des regrets, et d'une jeune fille toute fondante en larmes, la plus belle et la plus tou-
40 chante qu'on puisse jamais voir.

SCAPIN – Ah ! ah !

[…]

SILVESTRE. – Si vous n'abrégez ce récit, nous en voilà pour jusqu'à demain. Laissez-le-moi finir en deux mots[7]. Son cœur prend feu
45 dès ce moment. Il ne saurait plus vivre, qu'il n'aille[8] consoler son aimable affligée. Ses fréquentes visites sont rejetées de la servante, devenue la gouvernante par le trépas[9] de la mère ; voilà mon homme au désespoir. Il presse, supplie, conjure[10] : point d'affaire. On lui dit que la fille, quoique sans bien, et sans appui, est de famille honnête ;
50 et qu'à moins que de l'épouser, on ne peut souffrir ses poursuites[11]. Voilà son amour augmenté par les difficultés. Il consulte dans sa tête, agite, raisonne, balance[12], prend sa résolution : le voilà marié avec elle depuis trois jours.

SCAPIN. – J'entends.

55 SILVESTRE. – Maintenant mets avec cela le retour imprévu du père, qu'on n'attendait que dans deux mois ; la découverte que l'oncle a faite du secret de notre mariage, et l'autre mariage qu'on veut faire de lui avec la fille que le seigneur Géronte a eue d'une seconde femme qu'on dit qu'il a épousée à Tarente.

60 OCTAVE. – Et par-dessus tout cela, mets encore l'indigence[13] où se trouve cette aimable personne, et l'impuissance où je me vois d'avoir de quoi la secourir.

SCAPIN. – Est-ce là tout ? Vous voilà bien embarrassés tous deux pour une bagatelle[14]. C'est bien là de quoi se tant alarmer. N'as-tu point de honte, toi, de demeurer court[15] à si peu de chose ? Que diable !te
65 voilà grand et gros comme père et mère, et tu ne saurais trouver dans ta tête, forger dans ton esprit quelque ruse galante, quelque honnête petit stratagème, pour ajuster vos affaires ? Fi ! peste soit du butor[16] ! Je voudrais bien que l'on m'eût donné autrefois nos vieil-
70 lards à duper[17] ; je les aurais joués tous deux par-dessous la jambe[18] ; et je n'étais pas plus grand que cela, que je me signalais déjà par cent tours d'adresse jolis.

Molière, *Les Fourberies de Scapin*, Acte I, scène 2, 1671.

6. **Pitoyable :** attristant.

7. Sylvestre désigne Octave en s'adressant à Scapin.

8. **Qu'il n'aille :** s'il ne peut aller.

9. **Trépas :** mort.

10. **Conjure :** demande, réclame.

11. **Souffrir ses poursuites :** accepter qu'il la courtise.

12. **Balance :** hésite.

13. **Indigence :** pauvreté.

14. **Bagatelle :** chose sans importance.

15. **Demeurer court :** perdre ses moyens.

16. **Peste soit du butor :** maudit soit-il.

17. **Duper :** tromper.

18. **Jouer par-dessus la jambe :** abuser, leurrer.

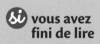 **vous avez fini de lire**

Nommez les personnages cités dans l'extrait et dites qui ils sont et quels sont leurs liens.

Comprendre le texte **II.1**

Une intrigue de comédie

1. Lisez l'encadré **À retenir**. Expliquez en quoi cette scène est une scène d'exposition.

2. « Je suis perdu, je suis désespéré, je suis le plus infortuné de tous les hommes » (l. 3) : la situation d'Octave mérite-t-elle une telle déclaration, selon vous ? Quel est l'effet recherché ?

3. Comment Scapin compte-t-il aider Octave ?

Scapin, seul rempart à l'autorité paternelle

4. Quel passage du texte nous montre que Scapin se place du côté du fils plutôt que du côté des pères ?

5. Comment Scapin réagit-il quand l'histoire d'Octave lui a été exposée (l. 63 à 72) ?

6. Entre les lignes 63 et 72 (réplique de Scapin), quel est le champ lexical dominant ? Qu'est-ce que cela indique sur le caractère du personnage ?

Bilan

7. D'après cette scène, quel est le sujet du conflit familial ?

▲ *Scapin et son épée*. Peinture, XIXe siècle.

Activités **IV.1 / III.1**

LANGUE

▷ Relevez les participes passés des lignes 17 à 23 et justifiez leur accord.

ÉCRITURE

Imaginez ce que Hyacinte, l'amante d'Octave, pourrait dire à Scapin afin de le convaincre de leur apporter son aide. Rédigez une réplique de cinq à dix lignes.

si vous avez besoin d'aide

▷ Hyacinte pourra tout d'abord dire ce qu'elle ressent pour Octave.

▷ Elle expliquera ensuite à quoi elle s'attend si Scapin n'intervient pas.

▷ Enfin, elle pourra vanter les qualités de Scapin qui lui font espérer qu'il pourra les sauver.

si vous avez besoin de mots

▷ **Des noms pour qualifier les sentiments de Hyacinte :** *amour, attachement, tendresse, inclination, affinité, trouble…*

▷ **Des adjectifs pour décrire les qualités de Scapin :** *ingénieux, astucieux, habile, inventif, avisé, malin, fin, subtil…*

si vous avez fini d'écrire

Imaginez ce que Scapin répondra à Hyacinte.

à retenir

La structure d'une pièce de théâtre
Une pièce de théâtre se divise en plusieurs parties que l'on appelle des **actes**.
Ces actes comportent des **scènes** qui commencent avec la sortie ou l'arrivée d'un nouveau personnage. Les premières scènes de l'acte I forment l'**exposition** d'une pièce, où l'on trouve des informations importantes sur les personnages et l'intrigue qui se met en place.

Comment Molière nous fait-il rire par la représentation des conflits familiaux ?

Compréhension orale

● Écouter un extrait de Molière
Les Fourberies de Scapin

Avant d'écouter

En l'absence de leurs pères, Octave et Léandre ont chacun rencontré une jeune fille... Octave a épousé en secret Hyacinthe. Il est serein : Scapin accepte de l'aider. Il lui trouvera de l'argent et, par un « tour d'adresse joli », il adoucira un peu la colère de son père.

Léandre, quant à lui, est furieux. Son père a appris son amour pour l'Égyptienne Zerbinette et ne veut pas en entendre parler. Léandre pense que Scapin l'a trahi.

ÉCOUTER ET COMPRENDRE — I.1

Écoutez attentivement la lecture de cet extrait, puis répondez aux questions.

❶ Ces déclarations sont-elles correctes ? Corrigez-les lorsqu'elles sont fausses.
a. Octave sauve Scapin.
b. La scène se passe en Espagne.
c. Scapin est un menteur.
d. Léandre est un menteur.
e. Des voleurs ont gravement blessé Scapin.
f. Léandre court toutes les nuits.
g. Le père de Léandre est un menteur.

❷ Quelles fourberies Scapin a-t-il commises ? (Plusieurs réponses sont possibles.)
a. Il a bu le vin de son maître.
b. Il lui a volé de l'argent.
c. Il lui a volé une montre.
d. Il a frappé son maître en se faisant passer pour un monstre.
e. Il l'a dénoncé à son père.
f. Il a séduit sa maîtresse.

❸ De quoi Scapin est-il qualifié dans cette scène ? (Plusieurs réponses possibles.)
a. Fripon.
b. Traître.
c. Fidèle serviteur.

❹ Donnez un synonyme du mot « perfidie ».
a. Trahison, méchanceté.
b. Fidélité.
c. Imperfection.

LA MISE EN VOIX DE LA SCÈNE — I.8

1. Comment le comédien montre-t-il la peur de Scapin ?
2. Cette scène vous semble-t-elle rapide ou lente ? Pourquoi ?
3. Vous souvenez-vous d'une réplique ? Laquelle ?

DU TEXTE À L'IMAGE — V.1

Quels personnages de la scène retrouvez-vous sur cette image ? Expliquez leurs attitudes.

LÉANDRE OCTAVE. SCAPIN.

▲ Gouache De Fesch et Whirsker, Bibliothèque de la Comédie-Française, XVIIIe siècle.

Un drôle de père

Scapin a accepté d'aider Octave et Hyacinte dans leur entreprise amoureuse mais également Léandre, qui s'est épris d'une jeune Égyptienne, Zerbinette, contre les projets de son père Géronte. Zerbinette est prisonnière de Bohémiens qui l'ont recueillie et elle n'aura sa liberté qu'à condition de payer une rançon. Léandre demande son aide à Scapin. Le valet décide alors de tromper le père de Léandre pour lui soutirer de l'argent.

GÉRONTE, SCAPIN.

1. **Civilités** : marques de politesse.

2. **Collation** : repas léger.

3. **Esquif** : barque.

4. **En Alger** : Au XVIIᵉ siècle, l'Empire ottoman, empire turc très puissant, s'étend jusqu'à l'Afrique du Nord et possède l'Algérie, où se situe la ville d'Alger.

5. **Fers** : chaînes qui le réduiront à l'esclavage.

▼ *Les Fourberies de Scapin*, mise en scène de Jacques Bachelier en 2011. Jacques Bachelier est Scapin et Frédéric Schalck est Géronte.

[…]

SCAPIN. – Monsieur, votre fils…

GÉRONTE. – Hé bien ! mon fils…

SCAPIN. – Est tombé dans une disgrâce la plus étrange du monde.

GÉRONTE. – Et quelle ?

5 SCAPIN. – Je l'ai trouvé tantôt tout triste, de je ne sais quoi que vous lui avez dit, où vous m'avez mêlé assez mal à propos ; et, cherchant à divertir cette tristesse, nous nous sommes allés promener sur le port. Là, entre autres plusieurs choses, nous avons arrêté nos yeux sur une galère turque assez bien équipée. Un jeune Turc de bonne mine

10 nous a invités d'y entrer, et nous a présenté la main. Nous y avons passé ; il nous a fait mille civilités¹, nous a donné la collation², où nous avons mangé des fruits les plus excellents qui se puissent voir, et bu du vin que nous avons trouvé le meilleur du monde.

15 GÉRONTE. – Qu'y a-t-il de si affligeant en tout cela ?

SCAPIN. – Attendez, Monsieur, nous y voici. Pendant que nous mangions, il a fait mettre la galère en mer, et, se voyant éloigné du port, il m'a fait mettre dans un esquif³, et m'envoie vous dire que

20 si vous ne lui envoyez par moi tout à l'heure cinq cents écus, il va vous emmener votre fils en Alger⁴.

GÉRONTE. – Comment, diantre ! cinq cents écus ?

SCAPIN. – Oui, Monsieur ; et de plus, il ne m'a donné pour cela que deux heures.

25 GÉRONTE. – Ah le pendard de Turc, m'assassiner de la façon !

SCAPIN. – C'est à vous, Monsieur, d'aviser promptement aux moyens de sauver des fers⁵ un fils que vous aimez avec tant de tendresse.

Parcours de lecture

PARTIE 1
Comment Molière nous fait-il rire par la représentation des conflits familiaux ?

30 GÉRONTE. – Que diable allait-il faire dans cette galère ?

SCAPIN. – Il ne songeait pas à ce qui est arrivé.

GÉRONTE. – Va-t'en, Scapin, va-t'en vite dire à ce Turc que je vais envoyer la justice après lui.

SCAPIN. – La justice en pleine mer ! Vous moquez-vous des gens ?

35 GÉRONTE. – Que diable allait-il faire dans cette galère ?

SCAPIN. – Une méchante destinée conduit quelquefois les personnes.

GÉRONTE. – Il faut, Scapin, il faut que tu fasses ici l'action d'un serviteur fidèle.

SCAPIN. – Quoi, Monsieur ?

40 GÉRONTE. – Que tu ailles dire à ce Turc, qu'il me renvoie mon fils, et que tu te mettes à sa place, jusqu'à ce que j'aie amassé la somme qu'il demande.

SCAPIN. – Eh ! Monsieur, songez-vous à ce que vous dites ? et vous figurez-vous que ce Turc ait si peu de sens, que d'aller recevoir un

45 misérable comme moi, à la place de votre fils ?

GÉRONTE. – Que diable allait-il faire dans cette galère ?

SCAPIN. – Il ne devinait pas ce malheur. Songez, Monsieur, qu'il ne m'a donné que deux heures.

GÉRONTE. – Tu dis qu'il demande…

50 SCAPIN. – Cinq cents écus.

GÉRONTE. – Cinq cents écus ! N'a-t-il point de conscience ?

SCAPIN. – Vraiment oui, de la conscience à un Turc.

GÉRONTE. – Sait-il bien ce que c'est que cinq cents écus ?

SCAPIN. – Oui, Monsieur, il sait que c'est mille cinq cents livres.

▶ *Les Fourberies de Scapin,*
décor, 1927.

55 Géronte. – Croit-il, le traître, que mille cinq cents livres se trouvent dans le pas d'un cheval ?

Scapin. – Ce sont des gens qui n'entendent point de raison.

Géronte. – Mais que diable allait-il faire à cette galère ?

Scapin. – Il est vrai ; mais quoi ? on ne prévoyait pas les choses. De **60** grâce, Monsieur, dépêchez.

Géronte. – Tiens, voilà la clef de mon armoire.

Scapin. – Bon.

Géronte. – Tu l'ouvriras.

Scapin. – Fort bien.

65 Géronte. – Tu trouveras une grosse clef du côté gauche, qui est celle de mon grenier.

Scapin. – Oui.

Géronte. – Tu iras prendre toutes les hardes[6] qui sont dans cette grande manne[7], et tu les vendras aux fripiers[8], pour aller racheter **70** mon fils.

Scapin, *en lui rendant la clef*. – Eh ! Monsieur, rêvez-vous ? Je n'aurais pas cent francs de tout ce que vous dites, et de plus, vous savez le peu de temps qu'on m'a donné.

Géronte. – Mais que diable allait-il faire à cette galère ?

75 Scapin. – Oh ! que de paroles perdues ! Laissez là cette galère, et songez que le temps presse, et que vous courez risque de perdre votre fils. Hélas ! mon pauvre maître, peut-être que je ne te verrai de ma vie, et qu'à l'heure que je parle on t'emmène esclave en Alger. Mais le Ciel me sera témoin que j'ai fait pour toi tout ce que j'ai pu ; **80** et que si tu manques à être racheté, il n'en faut accuser que le peu d'amitié[9] d'un père. […]

Molière, *Les Fourberies de Scapin*, Acte II, scène 7, 1671.

6. Hardes : vieux vêtements.

7. Manne : malle en osier.

8. Fripiers : marchands de vieux vêtements.

9. Amitié : sentiment.

Si vous avez fini de lire

Résumez en quelques phrases la ruse imaginée par Scapin.

◀ Géronte à Scapin : « Mais que diable allait-il faire dans cette galère ? ».

PARTIE 1

Comment Molière nous fait-il rire par la représentation des conflits familiaux ?

Parcours de lecture

Comprendre le texte II.1

Géronte, un père avare

1. Quelle est la première réaction de Géronte lorsqu'il apprend par Scapin la mésaventure de son fils ? Que pensez-vous de cette réaction ?

2. Quelles différentes solutions Géronte propose-t-il pour ne pas payer la rançon ?

3. Lisez la rubrique **À retenir**. Donnez des exemples de répliques où le comique de caractère est utilisé par Molière.

4. « Mais que diable allait-il faire dans cette galère ? » Combien de fois et à quel propos Géronte répète-t-il cette phrase ? Quel est l'effet produit ?

Scapin, un valet inventif

5. De « Est tombé dans une disgrâce … » (l. 3) à « votre fils en Alger » (l. 21) : quelle nouvelle Scapin veut-il apprendre à Géronte ? Quelle demande lui fait-il ? Pourquoi fait-il durer le récit si longtemps : pour épargner Géronte ou se moquer de lui ? pour donner de la vraisemblance à son récit ? pour que le spectateur rie ? Justifiez votre réponse.

6. Quels arguments Scapin oppose-t-il à Géronte à chaque fois que celui-ci trouve une façon de ne pas payer la rançon ?

7. Dans sa dernière réplique, à qui s'adresse Scapin successivement ? Quel effet recherche-t-il sur Géronte ?

8. « Hélas ! mon pauvre maître… » (l. 77 à 81) : sur quel ton Scapin prononce-t-il cette phrase ? Citez une expression pour justifier votre réponse.

Bilan

9. Quelle image Molière donne-t-il du père dans cette scène ? Dites ce qui rend ce personnage comique.

Activités IV.5 / III.3

LANGUE

▶ « Gentillesse », « galanterie », « génie », « gloire » : formez à partir de chacun de ces mots un adjectif et un adverbe.

ORAL

▶ **Par groupes de deux, préparez la lecture des lignes 26 à 66.**

▶ Vous lirez l'extrait une première fois en **mettant l'accent** sur la colère de Géronte. Puis, vous échangerez les rôles et c'est Scapin qui sera en colère. Géronte sera plaintif.

▶ Laquelle des deux lectures vous a paru la plus juste ? Échangez votre avis avec les autres groupes d'élèves.

à retenir

Les différentes formes de comiques

On parle de **comique de répétition** quand un même mot ou une même expression, un jeu de scène est répété jusqu'à déclencher le rire.

On parle de **comique de caractère** quand les défauts d'un personnage sont exagérés au point de devenir comiques.

On distingue également :
– le **comique de situation** : la scène repose sur un malentendu, une inversion des rôles, un rebondissement ;
– le **comique de mots** : accent, injures, jeux de mots ;
– le **comique de gestes** : bagarres, bastonnades, mime.

Extrait 3

Qui mène le jeu ?

Dans cette scène, Scapin mène une vengeance personnelle contre Géronte. Il fait craindre au vieillard la vengeance du frère de la jeune Hyacinte. Ce frère serait furieux parce que Géronte veut annuler le mariage de Hyacinte et d'Octave. Géronte désire en effet marier Octave avec sa propre fille. Scapin raconte à Géronte que le frère enragé le cherche pour le tuer et lui conseille de se cacher dans un grand sac.

GÉRONTE, SCAPIN.

▲ Scapin, gravure, 1875.

SCAPIN. – Cachez-vous. Voici un spadassin qui vous cherche. *(En contrefaisant[1] sa voix.)* « Quoi ? Jé n'aurai pas l'abantage dé tuer cé Géronte, et quelqu'un par charité né m'enseignera pas où il est ? » *(À Géronte*
5 *avec sa voix ordinaire.)* Ne branlez pas. *(Reprenant son ton contrefait.)* « Cadédis[2], jé lé trouberai, sé cachât-il au centre dé la terre. » *(À Géronte avec son ton naturel.)* Ne vous montrez pas. *(Tout le langage gascon est supposé de celui qu'il contrefait, et le reste de lui.)* « Oh, l'homme au
10 sac ! » Monsieur. « Jé té vaille un louis, et m'enseigne où put être Géronte. » Vous cherchez le seigneur Géronte ? « Oui, mordi[3] ! Jé lé cherche. » Et pour quelle affaire, Monsieur ? « Pour quelle affaire ? » Oui. « Jé beux, cadédis, lé faire mourir sous les coups de vaton. » Oh ! Monsieur, les coups de bâton ne se donnent point à des gens comme
15 lui, et ce n'est pas un homme à être traité de la sorte. « Qui, cé fat dé Géronte, cé maraut, cé velître ? » Le seigneur Géronte, Monsieur, n'est ni fat, ni maraud, ni belître[4], et vous devriez, s'il vous plaît, parler d'autre façon. « Comment, tu mé traites, à moi, avec cette hauteur ? » Je défends, comme je dois, un homme d'honneur qu'on
20 offense. « Est-ce que tu es des amis dé cé Géronte ? » Oui, Monsieur, j'en suis. « Ah ! Cadédis, tu es de ses amis, à la vonne hure. » *(Il donne plusieurs coups de bâton sur le sac.)* « Tiens. Boilà cé que jé té vaille pour lui. » Ah, ah, ah ! Ah, Monsieur ! Ah, ah, Monsieur ! Tout beau. Ah, doucement, ah, ah, ah ! « Va, porte-lui cela de ma part. Adiu-
25 sias[5]. » Ah ! diable soit le Gascon ! Ah ! *(En se plaignant et remuant le dos, comme s'il avait reçu les coups de bâton.)*

GÉRONTE, *mettant la tête hors du sac.* – Ah ! Scapin, je n'en puis plus !

SCAPIN. – Ah ! Monsieur, je suis tout moulu[6], et les épaules me font un mal épouvantable.

30 GÉRONTE. – Comment ? c'est sur les miennes qu'il a frappé.

SCAPIN. – Nenni, Monsieur, c'était sur mon dos qu'il frappait.

GÉRONTE. – Que veux-tu dire ? J'ai bien senti les coups, et les sens bien encore.

1. **En contrefaisant** : en modifiant. Scapin prend l'accent gascon dans cette tirade.

2. **Cadédis** : juron provençal.

3. **Mordi** : mordieu, juron.

4. **Belître** : injure.

5. **Adiusias** : « adieu » en provençal.

6. **Moulu** : endolori à cause des coups.

PARTIE 1

Comment Molière nous fait-il rire par la représentation des conflits familiaux ?

Parcours de lecture

SCAPIN. – Non, vous dis-je, ce n'est que le bout du bâton qui a été
35   jusque sur vos épaules.

GÉRONTE. – Tu devais donc te retirer un peu plus loin, pour m'épargner…

SCAPIN, *lui remet la tête dans le sac*. – Prenez garde. En voici un autre qui a la mine d'un étranger. (*Cet endroit est de même celui du Gascon,*
40   *pour le changement de langage, et le jeu de théâtre[7].*) « Parti ! Moi courir comme une Basque, et moi ne pouvre[8] point troufair de tout le jour sti tiable de Gironte ? » Cachez-vous bien. « Dites-moi un peu fous, monsir l'homme, s'il ve plaist, fous savoir point où l'est sti Gironte que moi cherchair ? » Non, Monsieur, je ne sais point où est Géronte.
45   « Dites-moi-le vous frenchemente, moi li foulir pas grande chose à lui. L'est seulemente pour li donnair un petite régale sur le dos d'un douzaine de coups de bastonne, et de trois ou quatre petites coups d'épée au trafers de son poitrine. » Je vous assure, Monsieur, que je ne sais pas où il est. « Il me semble que j'y foi remuair quelque
50   chose dans sti sac. » Pardonnez-moi, Monsieur. « Li est assurément quelque histoire là-tetans. » Point du tout, Monsieur. « Moi l'avoir enfie de tonner ain coup d'épée dans ste sac. » Ah ! Monsieur, gardezvous-en bien. « Montre-le-moi un peu fous ce que c'estre là. » Tout beau, Monsieur. « Quement ? tout beau ? » Vous n'avez que faire de
55   vouloir voir ce que je porte. « Et moi, je le foulir foir, moi. » Vous ne le verrez point. « Ahi que de badinemente ! » Ce sont hardes qui m'appartiennent. « Montre-moi fous, te dis-je. » Je n'en ferai rien. « Toi ne faire rien ? » Non. « Moi pailler de ste bastonne dessus les épaules de toi. » Je me moque de cela. « Ah ! toi faire le trole. » Ahi,
60   ahi, ahi ; ah, Monsieur, ah, ah, ah, ah ! « Jusqu'au refoir : l'estre là un petit leçon pour li apprendre à toi à parlair insolentemente. » Ah ! peste soit du baragouineux ! Ah !

GÉRONTE, *sortant sa tête du sac*. – Ah ! je suis roué.

---

7. Scapin reprend le même jeu de scène que pour le personnage du Gascon.

8. **Ne pouvre** : pouvoir.

SCAPIN. – Ah ! je suis mort.

65 GÉRONTE. – Pourquoi diantre faut-il qu'ils frappent sur mon dos ?

SCAPIN, *lui remettant sa tête dans le sac.* – Prenez garde, voici une demi-douzaine de soldats tout ensemble. *(Il contrefait plusieurs personnes ensemble.)* « Allons, tâchons à trouver ce Géronte, cherchons partout. N'épargnons point nos pas. Courons toute la ville. N'oublions aucun

70 lieu. Visitons tout. Furetons de tous les côtés. Par où irons-nous ? Tournons par là. Non, par ici. À gauche. À droit. Nenni. Si fait. » Cachez-vous bien. « Ah ! camarades, voici son valet. Allons, coquin, il faut que tu nous enseignes où est ton maître. » Eh ! Messieurs, ne me maltraitez point. « Allons, dis-nous où il est. Parle. Hâte-toi. Expé-

75 dions. Dépêche vite. Tôt. » Eh ! Messieurs, doucement. *(Géronte met doucement la tête hors du sac, et aperçoit la fourberie de Scapin.)* « Si tu ne nous fais trouver ton maître tout à l'heure, nous allons faire pleuvoir sur toi une ondée[9] de coups de bâton. » J'aime mieux souffrir toute chose que de vous découvrir mon maître. « Nous allons t'assommer. »

80 Faites tout ce qu'il vous plaira. « Tu as envie d'être battu. Ah ! tu en veux tâter ? Voilà… » Oh !

Comme il est prêt de frapper,
Géronte sort du sac, et Scapin s'enfuit.

GÉRONTE. – Ah, infâme ! ah, traître ! ah, scélérat ! C'est ainsi que tu m'assassines !

Molière, *Les Fourberies de Scapin*,
Acte III, scène 2, 1671.

9. **Ondée :** pluie.

vous avez fini de lire

Pensez-vous qu'il soit facile d'incarner le rôle de Scapin dans cette scène ? Quelles difficultés peut rencontrer l'acteur ? En quoi, malgré tout, peut-il prendre plaisir à jouer ce rôle ?

◄ *Les Fourberies de Scapin* avec Denis Lavant et Daniel Martin dans une mise en scène de Marc Paquien en 2015.

Parcours de lecture

PARTIE 1

Comment Molière nous fait-il rire par la représentation des conflits familiaux ?

Comprendre le texte II.5

Le théâtre dans le théâtre

1 Quels sont les différents rôles de Scapin dans cette scène ?

2 Comment Scapin s'y prend-il pour incarner les différents personnages ? Quel talent cela révèle-t-il chez ce personnage ?

3 À quel moment cesse-t-il de jouer la comédie ? Comment réagit-il alors ?

Une scène comique

4 Qu'a de comique pour le spectateur la situation de Géronte ?

5 Relevez trois expressions employées par Scapin qui font rire.

6 Lisez la rubrique À retenir , page 80. Donnez des exemples de comique de situation, de comique de mots et de comique de gestes.

Bilan

7 Le but de cette scène est-il plutôt de faire rire ou de faire avancer l'intrigue ?

à retenir

Le monologue théâtral

Lorsqu'un personnage est seul sur scène, il peut adresser un long discours aux spectateurs ou se parler à lui-même pour partager ses réflexions ou faire part de ses sentiments. On appelle ce discours, un **monologue**.

◀ *Géronte dans un sac et Scapin,* illustration datant de 1843.

Activités IV.4 / III.3

LANGUE

▶ Relevez six phrases à l'impératif :
– deux à la deuxième personne du singulier ;
– deux à la première personne du pluriel ;
– deux à la deuxième personne du pluriel.

▶ Menez la recherche de ces formes avec votre voisin(e) en vous répartissant le travail.

ÉCOUTE

▶ **Écoutez l'enregistrement de la scène. Comment le comédien qui joue le rôle de Scapin donne-t-il à entendre les deux voix dans ses répliques ?**

ÉCRITURE

Géronte se retrouve seul après la scène du sac. Lisez la rubrique À retenir puis écrivez le monologue qu'il pourrait alors prononcer.

si vous avez besoin d'aide

▶ Prenez en compte **les sentiments du personnage** à ce moment de la pièce.

▶ Introduisez des **procédés comiques** de différentes sortes.

si vous avez besoin de mots

▶ **Des adjectifs pour exprimer ce que ressent Géronte :** *humilié, bafoué, outragé, offensé, mortifié…*

▶ **Des noms pour décrire les actes qu'il pourrait envisager :** *vengeance, revanche, représailles, punition, rétorsion, châtiment…*

si vous avez fini d'écrire

Insérez dans votre monologue, des didascalies pour indiquer les gestes, les déplacements ou le ton du personnage.

Analyse d'image — Observer une image de mise en scène

▲ *Les Fourberies de Scapin* avec Philippe Torreton dans une mise en scène de Jean-Louis Benoit à la Comédie-Française, en 1997.

La scène donne aux comédiens qui l'interprètent l'occasion de montrer leur talent comique. La mise en scène fait partie des moyens pour renforcer la drôlerie de la situation.

À PREMIÈRE VUE

1• À quelle scène des *Fourberies de Scapin* cette image correspond-elle selon vous ? Justifiez votre réponse.

DESCRIPTION

2• Décrivez précisément la situation : position des personnages, décor, costumes, accessoires.

3• Caractérisez l'expression et l'attitude de chacun des personnages.

4• L'image correspond-elle à ce que vous aviez imaginé lors de votre lecture de la scène ? Justifiez votre réponse.

INTERPRÉTATION

5• La pièce est-elle située à l'époque de Molière ou est-elle transposée à notre époque ? Justifiez votre réponse.

6• Si vous aviez dû jouer cette scène, l'auriez-vous interprétée de la même façon ? Justifiez votre réponse.

RECHERCHE I.7

7• Au CDI ou sur Internet, faites une recherche sur les différents métiers de la scène : le metteur en scène, le scénographe, le costumier, le régisseur, le plasticien, le comédien. Réalisez une fiche pour chaque métier.

ÉCRITURE III.3

8• Supposez que le personnage dans le sac soit pris au piège et ne puisse plus en sortir. Écrivez le monologue qu'il fera pour tenter de convaincre l'autre personnage de le libérer.

PARTIE 1

Comment Molière nous fait-il rire par la représentation des conflits familiaux ?

Parcours de lecture

L'harmonie retrouvée

Au fil des scènes précédentes, les personnages se sont tous rencontrés. Zerbinette s'est moquée de Géronte en ne sachant pas qui il était et Argante a découvert que son fils, en se mariant avec Hyacinte, a épousé sans le savoir la fille de Géronte. Mais Octave ne sait rien encore de cet heureux dénouement…

SILVESTRE, GÉRONTE, ARGANTE, NÉRINE,
HYACINTE, OCTAVE, ZERBINETTE.

ARGANTE. – Venez, mon fils, venez vous réjouir avec nous de l'heureuse aventure de votre mariage. Le Ciel…

OCTAVE, *sans voir Hyacinte*. – Non, mon père, toutes vos propositions de mariage ne serviront de rien. Je dois lever le masque avec vous, et
5 l'on vous a dit mon engagement.

ARGANTE. – Oui ; mais tu ne sais pas…

OCTAVE. – Je sais tout ce qu'il faut savoir.

ARGANTE. – Je veux te dire que la fille du seigneur Géronte…

OCTAVE. – La fille du seigneur Géronte ne me sera jamais de rien

10 GÉRONTE. – C'est elle…

OCTAVE. – Non, Monsieur, je vous demande pardon, mes résolutions sont prises.

SILVESTRE. – Écoutez…

OCTAVE. – Non, tais-toi, je n'écoute rien.

15 ARGANTE. – Ta femme…

OCTAVE. – Non, vous dis-je, mon père, je mourrai plutôt que de quitter mon aimable Hyacinte. *(Traversant le théâtre pour aller à elle.)* Oui, vous avez beau faire, la voilà celle à qui ma foi est engagée ; je l'aimerai toute ma vie, et je ne veux point d'autre femme.

20 ARGANTE. – Hé bien ! c'est elle qu'on te donne. Quel diable d'étourdi, qui suit toujours sa pointe[1] !

HYACINTE. – Oui, Octave, voilà mon père que j'ai trouvé, et nous nous voyons hors de peine.

GÉRONTE. – Allons chez moi, nous serons mieux qu'ici pour nous
25 entretenir.

HYACINTE. – Ah ! mon père, je vous demande par grâce, que je ne sois point séparée de l'aimable personne que vous voyez : elle a un mérite qui vous fera concevoir de l'estime pour elle, quand il sera connu de vous.

30 GÉRONTE. – Tu veux que je tienne chez moi une personne qui est aimée de ton frère, et qui m'a dit tantôt au nez mille sottises de moi-même ?

1. **Qui suit toujours sa pointe :** entêté, qui ne suit que son idée.

ZERBINETTE. – Monsieur, je vous prie de m'excuser. Je n'aurais pas parlé de la sorte, si j'avais su que c'était vous, et je ne vous connaissais que de réputation.

GÉRONTE. – Comment, que de réputation ?

HYACINTE. – Mon père, la passion que mon frère a pour elle, n'a rien de criminel, et je réponds de sa vertu.

GÉRONTE. – Voilà qui est fort bien. Ne voudrait-on point que je mariasse mon fils avec elle ? Une fille inconnue, qui fait le métier de coureuse.

▶ *Les Fourberies de Scapin*, mise en scène de Marc Paquieu en 2015.

Scène 11
SILVESTRE, GÉRONTE, ARGANTE, NÉRINE,
HYACINTE, OCTAVE, ZERBINETTE, LÉANDRE.

2. Sans naissance : d'origine modeste.

LÉANDRE. – Mon père, ne vous plaignez point que j'aime une inconnue, sans naissance[2] et sans bien. Ceux de qui je l'ai rachetée, viennent de me découvrir qu'elle est de cette ville, et d'honnête famille ; que ce sont eux qui l'y ont dérobée à l'âge de quatre ans ; et voici un bracelet qu'ils m'ont donné, qui pourra nous aider à trouver ses parents.

ARGANTE. – Hélas ! à voir ce bracelet, c'est ma fille que je perdis à l'âge que vous dites.

GÉRONTE. – Votre fille ?

ARGANTE. – Oui, ce l'est, et j'y vois tous les traits qui m'en peuvent rendre assuré. Ma chère fille…

HYACINTE. – Ô Ciel ! que d'aventures extraordinaires !

Molière, *Les Fourberies de Scapin*, Acte III, scène 10, 1671.

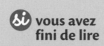 **vous avez fini de lire**

Êtes-vous d'accord avec la dernière réplique de Hyacinte ? Justifiez votre réponse.

Comment Molière nous fait-il rire par la représentation des conflits familiaux ?

Comprendre le texte II.2

Reconnaissances et coups de théâtre

1 Pourquoi Octave et son père s'opposent-ils au début de la scène ? Quel est l'effet produit ?

2 Lisez la rubrique **À retenir**. Expliquez pourquoi on peut dire que le comique de la scène 10 est fondé sur le quiproquo.

3 Quel autre coup de théâtre se produit dans la scène 11 ?

4 Comment Géronte considère-t-il la jeune femme avant cette scène de reconnaissance ? Relevez une expression du texte pour appuyer votre réponse.

5 La reconnaissance de Zerbinette vous paraît-elle vraisemblable ? À quoi sert-elle dans l'action de la pièce ?

L'équilibre des relations

6 Quels mariages vont être célébrés ?

7 Expliquez quels seront les liens familiaux après ces mariages.

Bilan

8 Pourquoi peut-on dire que ces scènes marquent le triomphe de l'amour sur l'autorité paternelle ?

à retenir

Quiproquo, coup de théâtre et reconnaissance

Le mot « **quiproquo** » vient du latin *qui pro quo* signifiant « quelque chose pour quelque chose ». Il désigne une méprise, un malentendu faisant prendre une personne, une chose pour une autre.
Le **coup de théâtre** est un rebondissement qui déclenche la surprise des personnages ou du spectateur.
La **reconnaissance** est la révélation de la véritable identité d'un personnage.
Ces procédés sont très fréquents dans les comédies.

Activités IV.3 / III.1

LANGUE

▶ Donnez, pour chacun de ces adjectifs du texte, un synonyme et un antonyme : « heureuse » (l. 1), « aimable » (l. 17), honnête (l. 44), « extraordinaires » (l. 53).

ÉCRITURE

En vous inspirant des coups de théâtre des scènes précédentes, imaginez une révélation concernant Scapin.

si vous avez besoin d'aide

▶ Rappelez-vous la dernière scène où vous avez vu Scapin. Comment se terminait-elle ?

▶ **Inventez un événement** qui surprendra tout le monde.

▶ **Rédigez la réplique** d'un des personnages de la pièce qui dévoile cette nouvelle surprenante.

si vous avez besoin de mots

▶ **Des adjectifs pour qualifier cette annonce :** *incroyable, stupéfiante, extraordinaire, ahurissante…*

▶ **Des expressions pour capter l'attention :** « *Prêtez l'oreille à mes propos.* », « *Je dois vous mettre au fait d'une nouvelle stupéfiante !* », « *Écoutez mon récit.* »

▶ **Des mots pour dire l'incrédulité :** *fariboles, contes, divagations…*

si vous avez fini d'écrire

Vous êtes metteur en scène. Rédigez vos directives pour chacun des acteurs sur scène. Quels seront leurs gestes, l'expression de leur visage quand ils entendront la révélation que vous avez imaginée ?

Scapin face au groupe

Extrait **5**

Cette scène est la dernière de la pièce. Les conflits sont résolus. Néanmoins, Argante n'a toujours pas pardonné à Scapin les coups de bâton que celui-ci lui a infligés dans la scène du sac.

CARLE, GÉRONTE, ARGANTE, etc. et SCAPIN.

SCAPIN, *apporté par deux hommes, et la tête entourée de linges, comme s'il avait été blessé.* – Ahi, ahi. Messieurs, vous me voyez… Ahi, vous me voyez dans un étrange état. Ahi. Je n'ai pas voulu mourir, sans venir demander pardon à toutes les personnes que je puis avoir offensées.
5 Ahi. Oui, Messieurs, avant que de rendre le dernier soupir, je vous conjure de tout mon cœur, de vouloir me pardonner tout ce que je puis vous avoir fait, et principalement le seigneur Argante, et le seigneur Géronte. Ahi.

ARGANTE. – Pour moi, je te pardonne ;
10 va, meurs en repos.

SCAPIN. – C'est vous, Monsieur, que j'ai le plus offensé, par les coups de bâton que…

GÉRONTE. – Ne parle point davantage, je
15 te pardonne aussi.

SCAPIN. – Ç'a été une témérité bien grande à moi, que les coups de bâton que je…

GÉRONTE. – Laissons cela.

20 SCAPIN. – J'ai en mourant, une douleur inconcevable des coups de bâton que…

GÉRONTE. – Mon Dieu ! tais-toi.

SCAPIN. – Les malheureux coups de bâton que je vous…

25 GÉRONTE. – Tais-toi, te dis-je, j'oublie tout.

SCAPIN. – Hélas ! quelle bonté ! Mais est-ce de bon cœur, Monsieur, que vous me pardonnez ces coups de bâton
30 que…

GÉRONTE. – Eh ! oui. Ne parlons plus de rien ; je te pardonne tout, voilà qui est fait.

SCAPIN. – Ah ! Monsieur, je me sens tout
35 soulagé depuis cette parole.

GÉRONTE. – Oui ; mais je te pardonne, à la charge[1] que tu mourras.

▲ **Eugène Deveria**, *La Scène finale des Fourberies de Scapin.* Huile sur toile, XIXᵉ siècle.

Comment Molière nous fait-il rire par la représentation des conflits familiaux ?

SCAPIN. – Comment, Monsieur ?

GÉRONTE. – Je me dédis de ma parole, si tu réchappes².

40 SCAPIN. – Ahi, ahi. Voilà mes faiblesses qui me reprennent.

ARGANTE. – Seigneur Géronte, en faveur de notre joie, il faut lui pardonner sans condition.

GÉRONTE. – Soit.

ARGANTE. – Allons souper ensemble, pour mieux goûter notre plaisir.

45 SCAPIN. – Et moi, qu'on me porte au bout de la table, en attendant que je meure.

Molière, *Les Fourberies de Scapin*, Acte III, scène 13, 1671.

 vous avez fini de lire

Ce dénouement vous a-t-il surpris(e) ?
Justifiez votre réponse.

▲ *Les Fourberies de Scapin*, mise en scène de Marc Paquieu en 2015.

Comprendre le texte I.2

Une dernière tromperie

1. Dans quel état, physique et moral, semble se trouver Scapin dans cette scène ? Quel sentiment est-il censé déclencher chez les autres personnages ?

2. À quel mode verbal s'exprime Géronte dans la plupart des répliques qu'il adresse à Scapin ? Qu'est-ce que cela révèle sur son état d'esprit ?

3. Lisez les lignes 11 à 30 :
   – Pourquoi Scapin ne termine-t-il pas ses phrases ? Que risque-t-il de révéler ?
   – Quel est l'effet produit sur le spectateur dans ce passage ? Grâce à quels procédés ?

Un second dénouement

4. Quelles sont les deux raisons qui poussent Géronte à accorder son pardon à Scapin ?

5. Pensez-vous que le pardon de Géronte soit sincère ? Pourquoi ?

6. Que révèle la dernière réplique ?

7. Lisez la rubrique **À retenir**. Dites quelle partie du dénouement a eu lieu avant cette scène, et quelle partie se produit ici.

Bilan

8. Quels éléments font de Scapin à la fois un exclu du groupe et le héros de la pièce ?

à retenir

Le dénouement

Le **dénouement** est le moment de la pièce où l'intrigue se résout. Le dénouement d'une comédie est souvent heureux : les jeunes amoureux peuvent se marier et les personnages se réconcilient

Activités III.4

LANGUE

▶ Terminez la phrase que Scapin laisse inachevée (l. 13). Puis remplacez « coups de bâton » par « gifles » et faites l'accord du participe passé.

ORAL

Imaginez que cette pièce se joue dans votre collège prochainement. Présentez-la à la classe pour inciter vos camarades à aller la voir puis faites le programme qui sera distribué.
Vous pouvez aussi créer l'affiche de la pièce.

💡 vous avez besoin d'aide

▶ **Faites un plan** pour savoir de quels éléments vous allez parler à vos camarades : personnages, intrigue…

▶ **Choisissez une scène** que vous trouvez particulièrement drôle et expliquez pourquoi la représentation en sera amusante.

▶ *Les Fourberies de Scapin*. Illustration de Maurice Leloir.

Jouer une scène de théâtre

OBJECTIF

Vous allez apprendre à jouer la scène 7 de l'acte II des *Fourberies de Scapin*.

FICHE MÉTHODE

4 Se mettre dans la peau du personnage
- **Effectuez des choix de gestuelle et d'attitude.**
Pour cela, appuyez-vous sur ce que vous savez du personnage : caractère, humeur générale, fonction dans la pièce, etc.
- **Entraînez-vous en adoptant la gestuelle choisie.**
- **Réunissez les accessoires et les costumes nécessaires.**
Objectif : ne faire qu'un avec le personnage

1 Échauffer son corps
- **Avant tout jeu, procédez à un échauffement corporel en variant les exercices.**
- **Pour tout échauffement, procédez en douceur et respirez profondément.**
Objectif : mettre le corps en condition

3 Échauffer sa voix
- **Pratiquez différents exercices de lecture à voix haute.**
- **Variez les tonalités, le rythme et l'intensité de la voix.**
Objectif : mettre la voix en condition

JOUER UNE SCÈNE

5 Incarner son personnage dans une scène
- **Lisez la scène à plusieurs reprises pour en comprendre les enjeux :** place dans la pièce, personnages en présence, rapports entre eux, indications fournies par les didascalies.
- **Attardez-vous sur votre personnage :** quelle est son attitude dans cette scène ? Son état d'esprit ? Quelle va être la tonalité de son discours ?
- **Répétez la scène plusieurs fois, sans vous aider du texte, jusqu'à ce que cela vous semble satisfaisant.**
Objectif : comprendre le rôle de son personnage

2 Travailler sa diction
- **L'échauffement passe aussi par   un entraînement à l'articulation.**
- **Variez les exercices de diction, en vous concentrant sur l'articulation et non sur l'interprétation.**
Objectif : faciliter l'élocution

6 Comprendre ce qu'on interprète
- **Assurez-vous que vous ne faites pas de contresens.**
- **Adoptez le ton juste (dans le ton et les expressions) en fonction de la tonalité du texte :** faut-il faire rire ? émouvoir ? provoquer ?
Objectif : comprendre le sens de son jeu

PROJET • Jouer une scène des *Fourberies de Scapin* 1•8

ÉTAPE 1 • Échauffer son corps

▶ **Remuez doucement chacune des parties de votre corps en procédant de haut en bas puis l'inverse :** la tête, les épaules, les bras, les poignets, les doigts, le bassin, les genoux, les chevilles, les orteils.

▶ **Marchez en variant le rythme :** marche normale, la plus lente possible comme un cosmonaute, la plus rapide possible sans courir.

▶ **Inventez d'autres façons de vous déplacer :** le saut à pieds joints, à cloche-pied, en rampant…

ÉTAPE 2 Travailler sa diction

▶ **Répétez cinq fois, en articulant et de plus en plus vite, chacune des phrases suivantes :**

a. Petit pot de beurre, quand te dépetit pot de beurreriseras-tu ? Je me dépetit pot de beurreriserai quand tous les petits pots de beurre se dépetit pot de beurreriseront.
b. La grosse cloche sonne, la grosse cloche sonne, la grosse cloche sonne.
c. Trois très gros, gras, grands rats gris grattent.

ÉTAPE 3 • Échauffer sa voix

▶ **Lisez à voix haute la tirade de Sylvestre (l. 43-53) p. 74.**

▶ Lisez d'abord en crescendo.

▶ Procédez ensuite en decrescendo ; finissez en chuchotant.

ÉTAPE 4 • Se mettre dans la peau du personnage

▶ **Choisissez l'un des deux personnages de la scène 7 de l'acte II et imaginez ses caractéristiques corporelles.**

- **Sa façon de se tenir :** droit, courbé, gracieux…
- **Sa démarche :** lente, rapide, assurée, hésitante…
- **Ses manies :** un rire, un tic…

ÉTAPE 5 • Incarner son personnage dans une scène

▶ **Jouez un extrait de la scène 7 de l'acte II sans prononcer une seule parole.**
De « Monsieur, votre fils », jusqu'à « va-t'en Scapin, va-t'en dire à ce Turc que je vais envoyer la justice après lui ».

▶ **Le public doit reconnaître la scène et votre personnage.**

ÉTAPE 6 • Comprendre ce qu'on interprète

▶ **Avec votre partenaire de jeu, jouez la deuxième partie de l'extrait de la scène 7 de l'acte II,** de « va-t'en Scapin, va-t'en dire à ce Turc que je vais envoyer la justice après lui » jusqu'à la fin, en remplaçant le texte par vos propres mots. Vous pouvez utiliser le vocabulaire d'aujourd'hui.

ÉTAPE 7 • Faire une proposition de jeu

▶ **Vous pouvez à présent jouer la scène 7 de l'acte II. Votre groupe doit comporter un metteur en scène et deux comédiens.**

Pour évaluer l'exposé, aidez-vous de cette grille.

Grille d'auto-évaluation			
	Excellent	Satisfaisant	À améliorer
Les acteurs parlent suffisamment fort en articulant bien.			
Les déplacements des acteurs sont judicieux			
Les attitudes et les mimiques des acteurs sont expressives.			
La scène est bien rythmée.			

PARTIE 2

L'amitié
dans les récits
d'adolescence

Groupement
de textes

Quelle est la place de l'amitié dans les premiers apprentissages ?

Texte **1**

Un ami fascinant

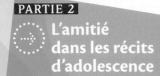

Alain-Fournier (1886-1914) est un écrivain qui n'est l'auteur que d'un seul roman, *Le Grand Meaulnes*.

François Seurel, le narrateur, vit avec ses parents à la campagne, au début du XXᵉ siècle. Son père est l'instituteur du village. Augustin Meaulnes est un nouvel élève.

L'arrivée d'Augustin Meaulnes, qui coïncida avec ma guérison, fut le commencement d'une vie nouvelle.

Avant sa venue, lorsque le cours était fini, à quatre heures, une longue soirée de solitude commençait pour moi. Mon
5 père transportait le feu du poêle de la classe dans la cheminée de notre salle à manger ; et peu à peu les derniers gamins attardés abandonnaient l'école refroidie où roulaient des tourbillons de fumée. Il y avait encore quelques jeux, des galopades¹ dans la cour ; puis la nuit venait ; les
10 deux élèves qui avaient balayé la classe cherchaient sous le hangar leurs capuchons² et leurs pèlerines³, et ils partaient bien vite, leur panier au bras, en laissant le grand portail ouvert…

Alors, tant qu'il y avait une lueur de jour, je restais au
15 fond de la mairie⁴, enfermé dans le cabinet des archives plein de mouches mortes, d'affiches battant au vent, et je lisais assis sur une vieille bascule, auprès d'une fenêtre qui donnait sur le jardin.

Lorsqu'il faisait noir, que les chiens de la ferme voisine
20 commençaient à hurler et que le carreau de notre petite cuisine s'illuminait, je rentrais enfin. Ma mère avait commencé de préparer le repas. Je montais trois marches de l'escalier du grenier ; je m'asseyais sans rien dire et, la tête appuyée aux barreaux froids de la rampe, je la regardais allumer son
25 feu dans l'étroite cuisine où vacillait la flamme d'une bougie.

Mais quelqu'un est venu qui m'a enlevé à tous ces plaisirs d'enfant paisible. Quelqu'un a soufflé la bougie qui éclairait pour moi le doux visage maternel penché sur le repas du soir. Quelqu'un a éteint la lampe autour de laquelle nous étions une famille heureuse, à la nuit,
30 lorsque mon père avait accroché les volets de bois aux portes vitrées. Et celui-là, ce fut Augustin Meaulnes, que les autres élèves appelèrent bientôt le grand Meaulnes.

▲ Illustration de Claude Delannay, 1952.

1. **Galopades** : courses précipitées.

2. **Capuchons** : vêtements amples qui peuvent recouvrir la tête ou se rabattre dans le dos.

3. **Pèlerines** : manteaux.

4. La mairie et l'école occupent le même bâtiment.

Dès qu'il fut pensionnaire chez nous, c'est-à-dire dès les premiers jours de décembre, l'école cessa d'être désertée le soir, après quatre
35 heures. Malgré le froid de la porte battante, les cris des balayeurs et leurs seaux d'eau, il y avait toujours, après le cours, dans la classe, une vingtaine de grands élèves, tant de la campagne que du bourg[5], serrés autour de Meaulnes. Et c'étaient de longues discussions, des disputes interminables, au milieu desquelles je me glissais avec
40 inquiétude et plaisir.

Meaulnes ne disait rien ; mais c'était pour lui qu'à chaque instant l'un des plus bavards s'avançait au milieu du groupe, et, prenant à témoin tour à tour chacun de ses compagnons, qui l'approuvaient bruyamment, racontait quelque longue histoire de maraude[6], que
45 tous les autres suivaient, le bec ouvert, en riant silencieusement.

Assis sur un pupitre, en balançant les jambes, Meaulnes réfléchissait. Aux bons moments, il riait aussi, mais doucement, comme s'il eût réservé ses éclats de rire pour quelque meilleure histoire, connue de lui seul. Puis, à la nuit tombante, lorsque la lueur des carreaux de la
50 classe n'éclairait plus le groupe confus de jeunes gens, Meaulnes se levait soudain et, traversant le cercle pressé :

– Allons, en route ! criait-il.

Alors tous le suivaient et l'on entendait leurs cris jusqu'à la nuit noire, dans le haut du bourg…

Alain-Fournier, *Le Grand Meaulnes*, 1913.

5. Bourg : gros village à la campagne.
6. Maraude : vol de fruits ou de légumes.

 vous avez fini de lire

Repérez les deux grandes parties du texte et donnez-leur un titre. Justifiez votre réponse.

▲ *Le Grand Meaulnes*, film réalisé par Jean Daniel Verhaeghe en 2006. Nicolas Duvauchelle interprète Augustin Meaulnes.

Quelle est la place de l'amitié dans les premiers apprentissages ?

Comprendre le texte   II.2

Un enfant solitaire

1. Qui est le narrateur de ce récit ?

2. Que fait le narrateur après quatre heures ? Relevez ses attitudes successives dans les paragraphes 2, 3 et 4. Est-il plutôt actif ou passif selon vous ?

3. Relevez, aux lignes 5, 27 et 29, les expressions associées aux actions des parents et qui évoquent la lumière.

4. En reprenant vos réponses aux questions 2 et 3, dites ce que représentent ses parents pour François. Est-il heureux ?

L'arrivée d'un personnage extraordinaire

5. Qu'est-ce qui change dans la vie de l'école avec l'arrivée de Meaulnes ? Comment les élèves se rendent-ils intéressants aux yeux d'Augustin ? Relevez des expressions du texte à l'appui de votre réponse.

6. Qui trouve le surnom d'Augustin ? Que signifie l'emploi de l'adjectif « grand » dans ce surnom ?

7. Relevez des expressions qui décrivent le comportement de Meaulnes. Expliquez comment son attitude peut être attirante pour les élèves. Commentez en particulier le sens de son exclamation à la fin.

Une « vie nouvelle »

8. Quel mot répété aux lignes 27 à 29 désigne Meaulnes avant qu'il ne soit nommé ? Quel effet cela produit-il ?

9. Relevez aux lignes 27 à 29 l'expression qui décrit l'attitude de François. Expliquez le double sentiment qu'il éprouve.

Bilan

10. Quel est le rôle joué par l'ami dans cet extrait ? Selon vous, qui est le personnage principal du roman ? Pourquoi ?

Activités   IV.4 / III.3

LANGUE

▶ Relevez les verbes à l'imparfait dans le deuxième paragraphe et dites s'ils servent à décrire ou à rapporter des actions habituelles.

ÉCOUTE

▶ Écoutez la lecture du texte par un comédien. Comment met-il en valeur l'annonce de la venue de Meaulnes ?

ÉCRITURE

Un nouvel élève arrive dans votre classe en cours d'année. Racontez son arrivée en mettant en avant ses qualités ou ses défauts et en exprimant vos sentiments à son égard.

si vous avez besoin d'aide

▶ **Précisez quand arrive le nouveau** (matin, soir, date…) et dans quelles circonstances (cours, situation des élèves…).

▶ **Décrivez son aspect physique**, son âge, son comportement.

▶ **Énumérez ses actions**, les réactions des élèves, vos propres sentiments.

si vous avez fini d'écrire

Observez l'image du film, page précédente et répondez aux questions.
– À quel passage du texte cette scène correspond-elle ?
– Qu'est-ce qui laisse penser que Meaulnes aura un ascendant sur la classe ?

Compréhension orale

● **Écouter une fable de La Fontaine**
« Les Deux Amis »

Avant d'écouter

Cette fable a été écrite en 1678. Comme dans la plupart de ses fables,
Jean de La Fontaine raconte une histoire qui se conclut par une morale.

ÉCOUTER ET COMPRENDRE — **I.1**

Écoutez attentivement la lecture de
cette fable, puis répondez aux questions.

**❶ Que font les deux amis au début
de la fable ?**
a. Ils dorment.
b. Ils jouent aux dés.
c. Ils courent.

**❷ À quoi voit-on que le deuxième
personnage est un vrai ami ?**
(Plusieurs réponses possibles.)
a. Il peut lui prêter de l'argent.
b. Il peut l'héberger.
c. Il peut dormir à ses côtés.

❸ Pourquoi son ami l'a-t-il réveillé ?
a. Il faisait déjà soleil.
b. Il avait rêvé de lui.
c. Pour qu'il coure avec lui.

**❹ Entourez les mots qui riment
dans le poème.**
a. Sommeil – soleil – conseil.
b. Belle – querelle – appelle.
c. Peur – cœur – pudeur.

**❺ Que faut-il préférer, d'après Jean
de La Fontaine ?**
a. L'amour.
b. L'amitié.
c. L'argent.

❻ Entourez l'expression manquante.
« Qu'un ami véritable est…
a. une douce chose ».
b. une chose utile ».
c. une grande chose ».

LA MISE EN VOIX DE LA FABLE — **I.8**

1. Quels mots le comédien a-t-il mis en
valeur ? Pourquoi ?
2. Le comédien marque-t-il une pause entre
chaque vers ? Pourquoi ?
3. Avez-vous retenu un vers ? Lequel ?

DU TEXTE À L'IMAGE — **V.2**

Quel moment de la fable cette gravure
de Gustave Doré illustre-t-elle ?

▲ *Les Deux Amis*, Fable de La Fontaine, gravure de Gustave Doré, 1868.

PARTIE 2

Quelle est la place de l'amitié dans les premiers apprentissages ?

Texte écho

La naissance d'une amitié

Fred Uhlman (1901-1985) est un écrivain et peintre anglais d'origine allemande. Il publie son autobiographie romancée, *L'Ami retrouvé*, en 1971.

Conrad von Hohenfels, issu d'une famille de nobles allemands, arrive en cours d'année dans la classe de Hans. Il impressionne les autres élèves et les professeurs. Hans espère qu'ils vont devenir amis.

Trois jours plus tard, le 15 mars – je n'oublierai jamais cette date –, je rentrais de l'école par une douce et fraîche soirée de printemps. Les amandiers étaient en fleur, les crocus avaient fait leur apparition, le ciel était bleu pastel et vert d'eau, un ciel nordique avec un soupçon
5 de ciel italien. J'aperçus Hohenfels devant moi. Il semblait hésiter et attendre quelqu'un. Je ralentis le pas – j'avais peur de le dépasser – mais il me fallait continuer mon chemin, car ne pas le faire eût été ridicule et il eût pu se méprendre sur mon hésitation. Quand je l'eus presque rattrapé, il se retourna et me sourit. Puis, d'un geste étrange-
10 ment gauche et encore indécis, il serra ma main tremblante. « C'est toi, Hans ! » dit-il, et, tout à coup, je me rendis compte, à ma joie, à mon soulagement et à ma stupéfaction, qu'il était aussi timide que moi et, autant que moi, avait besoin d'un ami.

Je ne puis guère me rappeler ce que Conrad me dit ce jour-là ni
15 ce que je lui dis. Tout ce que je sais est que, pendant une heure, nous marchâmes de long en large comme deux jeunes amoureux, encore intimidés, mais je savais en quelque sorte que ce n'était là qu'un commen- cement et que, dès lors, ma vie ne serait plus morne
20 et vide, mais pleine d'espoir et de richesse pour tous deux.

Quand je le quittai enfin, je courus sur tout le chemin du retour. Je riais, je parlais tout seul, j'avais envie de crier, de chanter, et je trouvai très diffi-
25 cile de ne pas dire à mes parents combien j'étais heureux, que toute ma vie avait changé et que je n'étais plus un mendiant, mais riche comme Crésus.

Fred Uhlman, *L'Ami retrouvé*, 1978.

▲ Adaptation cinématographique du roman par Jerry Schatzberg, 1989.

Comprendre le texte II.2

1 Comment la joie de Hans se manifeste-t-elle ? Relevez le vocabulaire qui exprime ses sentiments.

2 Durant quelle saison se déroule cette rencontre ? Pourquoi est-ce important ?

3 Pourquoi Hans n'est-il pas tenté de raconter à ses parents ce qui s'est passé ?

4 Pourquoi se sent-il riche comme Crésus ?

ACTIVITÉ NUMÉRIQUE II.5

Cherchez sur Internet des représentations de l'école à différentes époques et créez un diaporama pour montrer l'évolution.

📄 **Votre professeur vous distribuera la fiche n° 3 pour guider votre travail.**

Activité III.3

ÉCRITURE

Lisez l'extrait du roman de Jules Vallès page 104. Imaginez que le héros de Jules Vallès fasse la connaissance d'un garçon qui devient son ami et que cette rencontre change sa vie au collège.

🌀 vous avez besoin d'aide

▶ Vous imaginez les **circonstances de cette rencontre** (arrivée d'un nouvel élève, réaction d'un élève de la classe qui fait part au narrateur de son indignation devant l'injustice, par exemple).

▶ Vous **construisez votre récit** en racontant d'abord les circonstances dans lesquelles la scène prend place (lieu, moment, personnages). Vous pourrez introduire des **dialogues** dans votre texte.

▶ **Relisez votre texte** en faisant attention à sa disposition sur la page et à la ponctuation.

🌀 vous avez besoin de mots

▶ **Des adjectifs pour décrire ce nouvel ami :** *discret, silencieux, fascinant, drôle, chahuteur, sûr de lui, attentif, généreux…*

Écrire une page de journal intime

Vocabulaire des émotions et des sentiments IV.5

1 Des noms pour exprimer des émotions et des sentiments

1. Classez les noms suivants selon qu'ils désignent un sentiment positif ou négatif. Aidez-vous d'un dictionnaire si nécessaire.

a. déception ; b. joie ; c. bonheur ; d. frustration ; e. honte ; f. jalousie ; g. envie ; h. admiration.

2. Pour chacun de ces noms, donnez un adjectif appartenant à la même famille de mots.

Orthographe

Mémorisez l'orthographe et le sens de ces noms et de ces adjectifs.

2 Des verbes pour exprimer des sentiments

Classez les verbes suivants du sens le plus négatif au sens le plus positif.

a. aimer ; b. apprécier ; c. détester ; d. haïr ; e. mépriser ; f. adorer ; g. admirer ; h. idolâtrer ; i. honnir.

Conjugaison

Conjuguez les verbes « apprécier » et « haïr » aux trois personnes du singulier, au présent de l'indicatif. Mémorisez ces formes.

3 Des niveaux de langue pour parler des relations

Classez les noms suivants selon leur niveau de langue, du plus familier au plus soutenu.

a. ami, pote, copain, poto.
b. parents, darons, géniteurs, vieux.
c. frère, frangin, frérot.
d. papy, aïeul, grand-père.

4 Des noms pour expliquer les liens familiaux

Dessinez un arbre généalogique expliquant les liens entre les personnes désignées par les noms suivants. Le point de départ de votre arbre sera : l'enfant. Les autres noms devront être compris en fonction de ce point de départ.

père, mère, grand-père, grand-mère, grand-tante, oncle par alliance, demi-sœur, beau-frère, belle-mère, frère par alliance, cousin germain, petite cousine.

5 Des abréviations et des pictogrammes pour écrire pour soi

Traduisez chaque abréviation et pictogramme par des expressions du langage courant.

a. mdr ; b. lol ; c. ☺ ; d. je t'❤ e. @+ ; f. slt ; g. stp ; h. dsl.

6 Des verbes pour rapporter des paroles

Remplacez le verbe « dire » par un autre verbe. Vous emploierez à chaque fois un verbe différent.

a. « Je te soutiendrai toujours » m'a dit ma sœur.
b. « Puis-je t'ajouter dans ma liste d'amis ? » dit mon voisin.
c. « Tu es formidable ! » dit ma meilleure amie.
d. « Vous devriez vous réconcilier » me dit mon frère.

Grammaire pour écrire un journal intime IV.1

7 Transposer au présent un texte écrit au passé

Recopiez le texte en changeant l'époque à laquelle se passe l'action du texte. Vous la transposerez au présent. Vous commencerez par : « Aujourd'hui… »
Ce jour-là, je compris ce qui n'allait pas. Notre amitié avait pâti de cette dispute. Il fallait que je lui parlasse le lendemain de ce qui me contrariait. J'étais sûr qu'il comprendrait.

8 Accorder correctement le participe passé

Recopiez les phrases suivantes en accordant comme il convient les participes passés.
a. Il a trahi sa meilleure amie mais il lui a présenté ses excuses.
b. Ils ont été accepté dans le même groupe puis sont devenu très amis.
c. Elles ont promis qu'elles s'entraideraient, et elles ont tenu cette promesse.
d. Elle a demandé à son amie de venir et elle lui a gardé une place.

9 Formuler des phrases interrogatives directes

Formulez les phrases interrogatives auxquelles les phrases suivantes répondraient. Vous pouvez proposer plusieurs solutions.

Exemple : Elle a agi ainsi par jalousie.
→ Pourquoi a-t-elle agi ainsi ?

a. Cela faisait trois jours qu'il ne me parlait plus.
b. Mon frère était responsable de la situation.
c. En présentant mes excuses, je pourrais sauver notre amitié.
d. Elle était rentrée chez elle.

Écriture III.2

➔ Écrire une page de journal intime

Je suis en quatrième et, évidemment, j'ai pris japonais deuxième langue. Le prof de japonais n'est pas terrible, il mange les mots en français et passe son temps à se gratter la tête d'un air perplexe mais il y a un manuel qui n'est pas trop mal et, depuis la rentrée, j'ai fait de gros progrès. J'ai l'espoir, dans quelques mois, de pouvoir lire mes mangas préférés dans le texte. Maman ne comprend pas qu'une petite-fille-aussi-douée-que-toi puisse lire des mangas. Je n'ai même pas pris la peine de lui expliquer que « manga » en japonais, ça veut seulement dire « bande dessinée ».

Muriel Barbery, *L'Élégance du hérisson*, 2006.

Poursuivez le journal intime de Paloma, l'adolescente qui aime les mangas.
Elle racontera une dispute qu'elle a eue avec sa mère, qui lui reproche de ne pas lire de « vraie littérature ».

Étape 1
Réfléchissez à ce qui s'est passé entre la mère et la fille.
– Cette mère et cette fille s'entendent-elles bien d'habitude ?
– Cherchez les arguments que la mère de la narratrice peut formuler pour condamner la lecture des mangas et les arguments que la fille lui opposera.

Étape 2
Rédigez la dispute comme si elle était racontée dans un journal intime, principalement au passé composé et au présent. Relisez-vous. Vérifiez que la langue n'est ni trop familière ni trop soutenue, écrivez naturellement et simplement comme dans un journal intime.

Étape 3
Décorez la page à la manière d'un journal intime : dessins, collages, smileys…

Découvrir un roman numérique

OBJECTIF

Vous allez lire un roman dont l'histoire est racontée par deux adolescents, dont vous ferez le profil numérique.

Yaël Hassan est née en 1952. Elle a écrit de très nombreux romans dans lesquels elle aborde le thème des relations familiales.

Rachel Hausfater est née en 1955. Ses romans abordent les thèmes de l'adolescence et de la découverte amoureuse.

Rachel Hausfater
et Yaël Hassan
DE SACHA À MACHA

Flammarion jeunesse

De Sacha à Macha, 2014

De : Sacha < sacha@intercom.fr>
À : macha@intercom.fr
Date : 21 mars

Message :
Il y a quelqu'un ?

De : Macha<macha@intercom/fr>
À : sacha@intercom.fr
Date : 21 mars

Message :
Bien sûr qu'il y a quelqu'un puisque je suis là, moi ! Quelqu'un ou plutôt quelqu'une.

Avant la lecture

❶ Observez la couverture. D'après vous, quelle forme va prendre le livre ? Combien d'auteurs l'ont écrit ? Selon vous, pourquoi l'un des deux personnages seulement est-il identifiable ?

❷ Lisez les premières lignes du roman. Comment les deux personnages échangent-ils ? Se connaissent-ils ?

LECTURE CURSIVE

lire l'œuvre　**II.2**

ACTIVITÉ 1　⊙ **Inventer une adresse numérique**

Relisez les pages 7 à 11 du roman.

❶ Montrez que les noms des personnages se font écho.

❷ Quelle autre remarque pouvez-vous faire sur les prénoms des personnages principaux ?

❸ À votre tour, imaginez d'autres destinataires auxquels Sacha aurait pu s'adresser en reprenant ce jeu d'échos sonores.

❹ Vous enverrez par courriel à votre professeur une liste d'adresses ainsi conçues.

ACTIVITÉ 2　⊙ **Établir un profil numérique pour les personnages**

Sacha aurait pu rechercher sa mère sur un réseau social.

❺ Réalisez le profil numérique de chaque personnage : Macha, Sacha et le père de Sacha.

❻ Indiquez les informations dont vous avez connaissance (date et lieu de naissance, lieu de vie, statut familial, activité professionnelle ou associative).

❼ Choisissez des images pour leur profil et pour leur mur. Vous justifierez vos choix en vous appuyant sur le texte.

❽ Ajoutez une citation, imaginez les pages auxquelles les personnages seraient abonnés, etc.

ACTIVITÉ 3　⊙ **Créer un mur d'enquêteur**

❾ À la manière des enquêteurs de police, rassemblez les informations sur la fugue de Sacha.
Vous pourrez ensuite les mettre en commun avec les autres élèves sur un mur dont le professeur vous donnera l'adresse.

❿ À la manière des enquêteurs de police, rassemblez les informations obtenues sur la mère de Sacha.
Vous pourrez ensuite les mettre en commun avec les autres élèves sur un mur dont le professeur vous donnera l'adresse.

ACTIVITÉ NUMÉRIQUE　　**III.6**

 Votre professeur vous distribuera la fiche n° 4 pour guider ces activités.

⬢ **PROJET**　**II.1**

Rédiger une critique du livre

ÉTAPE 1

⊙ Donner son point de vue

Voici quelques questions pour vous aider :
– Avez-vous aimé votre lecture ?
– Souhaitez-vous la conseiller ou la déconseiller à vos camarades ? Pourquoi ?

ÉTAPE 2

⊙ Préparer ses arguments

Vous fonderez votre avis sur des arguments en évoquant les éléments suivants :
– Les personnages principaux sont-ils attachants ?
– L'action est-elle captivante ?
– La forme « numérique » du texte vous plaît-elle ?
– La question des relations en ligne est-elle un bon sujet de roman ?
– Cette question est-elle bien traitée dans ce roman ?

ÉTAPE 3

⊙ Rédiger sa critique

– Commencez par donner des renseignements sur les auteures du livre.
– Racontez l'histoire sans dévoiler le dénouement.
– Donnez votre avis sur les personnages, l'action, le thème du roman.
– Donnez un titre à votre article.
– Relisez-vous et faites-vous relire par votre voisin(e).

PARTIE 3

Amis et ennemis
dans les récits
d'adolescence

Groupement
de textes

Comment les récits nous font-ils réfléchir aux relations dans un groupe ?

Texte **1**

Une place à trouver

Jules Vallès (1832-1885) est un écrivain, journaliste et homme politique, auteur d'une trilogie romanesque dont *L'Enfant* est le premier tome.

L'Enfant est un récit autobiographique. Le père de l'écrivain est professeur. Son fils est dans sa classe. L'enfant est assis près de la porte, à côté d'un élève indiscipliné.

Chaque fois que je le voyais préparer une farce, je tremblais ; car s'il ne se dénonçait pas lui-même par quelque imprudence, et si sa culpabilité ne sautait pas aux yeux, c'était moi qui la gobais[1] ; c'est-à-dire que mon père descendait tranquillement de sa chaire et venait me tirer
5 les oreilles, et me donner un ou deux coups de pied, quelquefois trois. Il fallait qu'il prouvât qu'il ne favorisait pas son fils, qu'il n'avait pas de préférence. Il me favorisait de roulées magistrales et il m'accordait la préférence pour les coups de pied au derrière. Souffrait-il d'être obligé de taper ainsi sur son rejeton ?
10 Peut-être bien, mais mon voisin, le farceur, était fils d'une autorité. – L'accabler de pensums[2], lui tirer les oreilles, c'était se mettre mal avec la maman, une grande coquette qui arrivait au parloir avec une longue robe de soie qui criait, et des gants à trois boutons, frais comme du beurre.
15 Pour se mettre à l'aise, mon père feignait de croire que j'étais le coupable, quand il savait bien que c'était l'autre. Je n'en voulais pas à mon père, ma foi non ! je croyais, je sentais que ma peau lui était utile pour son commerce, son genre d'exercice, sa situation – et j'offrais ma peau. – Vas-y, papa !
20 Ces roulées publiques me rendaient service ; on ne me regardait pas comme un ennemi, on m'aurait plaint plutôt, si les enfants savaient plaindre ! Mon apparence d'insensibilité d'ailleurs ne portait pas à la pitié ; je me garais des horions[3] tant bien que mal et pour la forme ; mais
25 quand c'était fini, on ne voyait pas trace de peur ou de douleur sur ma figure. Je n'étais de la sorte ni un *pâtiras* ni un pestiféré ; on ne me fuyait pas, on me traitait comme un camarade moins chançard qu'un autre et meilleur que beaucoup, puisque jamais je ne répondais : « Ça n'est pas moi. » Puis j'étais fort, les luttes avec Pierrouni
30 m'avaient aguerri[4], j'avais du *moignon*, comme on disait en raidissant son bras et faisant gonfler son bout de biceps. Je m'étais battu – *j'y avais fait* avec Rosée qui était le plus fort de la cour des petits. On appelait cela *y faire*. « Veux-tu *y faire*, en sortant de classe ? »

▲ *Une classe*, Géo Geoffroy, 1920. Peinture.

1. **Gobais** : supportais.
2. **Pensums** : devoirs supplémentaires.
3. **Je me garais des horions** : j'évitais les coups.
4. **Aguerri** : habitué et endurci.

Cela voulait dire qu'à dix heures cinq ou à quatre heures cinq, on se
35 proposait de se flanquer une trépignée dans la cour du Lion-Rouge,
une auberge où il y avait un coin dans lequel on pouvait se battre
sans être vu.

Jules Vallès, *L'Enfant*, 1878.

Comprendre le texte   I.2

Une situation difficile

1 Quels sont les trois personnages (l'un d'entre eux est un groupe) qui représentent un danger pour le narrateur ?

2 Quelle est la particularité de la situation de l'enfant dans la classe ? En relisant les lignes 7 à 10, expliquez pourquoi le père punit son fils.

3 Recopiez la phrase qui commence par « Ces roulées publiques » (l. 20). Expliquez pourquoi le fait d'être puni par son père rend service au narrateur. Que pensez-vous de cette réaction des autres élèves ?

4 Que font les enfants après l'école ? Les adultes sont-ils au courant ? En quoi cela semble-t-il être un facteur d'intégration dans le groupe ?

Une apparente insensibilité

5 Choisissez, parmi les expressions suivantes, celle qui correspond le mieux aux sentiments qu'éprouve le narrateur : la peur, le sentiment de l'injustice, la colère contre son père, l'acceptation de la situation.
Comprenez-vous sa façon de réagir ?

6 Ce texte est autobiographique, c'est-à-dire que l'auteur raconte sa propre enfance. Jules Vallès a-t-il été un enfant heureux ? Justifiez votre réponse.

7 À propos de quoi le narrateur écrit-il : « – Vas-y, papa ! » (l. 19) ? L'enfant pensait-il cela ou est-ce Jules Vallès adulte qui s'exprime ici ?

Bilan

8 En quoi l'attitude de l'enfant lui permet-elle de s'intégrer au groupe ? Quelles sont les trois qualités qui lui sont reconnues ? Vous citerez le texte à l'appui de votre réponse.

Activités   IV.3 / I.1 / III.2

LANGUE

▶ Relevez les comparatifs et les superlatifs dans l'avant-dernier paragraphe du texte.

ÉCOUTE

▶ **Écoutez la lecture du texte par un comédien.** Comment lit-il les deux passages qui sont entre guillemets ?

ORAL

Vous avez été témoin ou victime d'une injustice. Racontez ce qui s'est passé et faites comprendre ce que vous avez ressenti.

si **vous avez besoin d'aide**

▶ **Indiquez le cadre de l'incident** : milieu scolaire, familial, loisir, vacances.

▶ **Faites comprendre ensuite les relations entre les personnages** concernés.

▶ **Racontez enfin le déroulement des faits** en décrivant vos réactions.

si **vous avez fini d'écrire**

Écrivez un paragraphe pour dire quelles ressemblances et quelles différences vous constatez entre l'école de l'époque de Jules Vallès (vers 1840) et celle d'aujourd'hui.

à retenir

Le récit autobiographique
Dans un **récit autobiographique**, une personne réelle évoque sa propre vie.

PARTIE 3

Comment les récits nous font-ils réfléchir aux relations dans un groupe ?

L'amitié contre le groupe

Texte 2

**Henri Troyat
(1911-2007)**
a quitté la Russie en
1917 pour s'installer
en France. Il publie son
premier roman en 1935.

*La Première Guerre mondiale a commencé en 1914 ; la France et la Russie
étaient dans le même camp. En 1917, la Russie a cessé de participer à la
guerre et la France a perdu un allié. Alexis fait partie des réfugiés russes
et vit à Paris. Au lycée, il rencontre Thierry, un élève handicapé. Les deux
adolescents, plutôt solitaires, deviennent amis.*

▶ *Bagarre dans une cour,*
xxᵉ siècle, Denise Bellon.
Photographie.

1. **Métaphysique** : philosophique.

2. **Bolchevik** : communiste

3. **Russe blanc** : en France, on appelait
« Russes blancs » les réfugiés qui
rejetaient la révolution.

4. Les Russes cessent de se battre
en 1917 parce que le gouvernement
révolutionnaire ne voulait plus
participer à la guerre.

5. **Rouges** : en France, qualifiait ceux
qui approuvaient la révolution.

6. **Steppes** : grandes plaines d'Asie
centrale.

7. **Débonnaire** : complaisant,
conciliant.

– Tu réfléchis souvent à la mort ?

– Oui. Et toi ?

– Moi aussi, affirma Alexis avec élan.

En vérité, il [Thierry] n'y songeait guère mais il éprouvait le besoin

5 de se mettre au diapason de son ami. Ils restèrent un moment silencieux, savourant le plaisir du désespoir métaphysique¹ au milieu
de la gaminerie générale. Leurs camarades jouaient, plus loin, au
foot. Soudain, un grand de première, une brute nommée Neyrat,
intercepta le ballon et, en s'enfuyant, bouscula Thierry Gozelin,

10 qui perdit l'équilibre et tomba lourdement sur le gravier de la cour.
Immédiatement, Alexis se jeta à la poursuite de Neyrat et, le saisis-
sant par le bras, lui cria en pleine face :

– Tu ne peux pas faire attention, espèce de salaud ?

Neyrat se dégagea d'un coup sec et planta son poing sous le nez

15 d'Alexis.

– Toi, le bolchevik², tu vas fermer ta gueule si tu ne veux pas que je
t'écrase comme une punaise !

– Je ne suis pas un bolchevik ! hurla Alexis, indigné. Je suis un Russe blanc[3] !

20 – Tous les Russes sont des traîtres ! rétorqua Neyrat. Ils nous ont bien laissés choir en 17[4] !

– Les Rouges[5] vous ont laissés choir, pas les Blancs ! Les Blancs, au contraire, voulaient continuer la guerre avec vous !

– Rouges, Blancs, je les mets dans le même sac, moi ! Vous êtes
25 de sales étrangers, voilà tout ! Allez, fous-moi le camp, morveux ! Retourne dans tes steppes[6] !

Et il repoussa rudement Alexis, tandis qu'un surveillant s'approchait à pas comptés.

– Pas de bagarre ! Dispersez-vous ! dit le pion débonnaire[7].

30 Neyrat donna un coup de pied dans le ballon et s'éloigna en roulant des épaules. Thierry Gozelin s'était relevé et époussetait ses vêtements. Il avait une égratignure à la joue.

– C'est très chic d'avoir pris ma défense, murmura-t-il. Mais ça n'en valait pas la peine. J'ai entendu ce que disait cet abruti. Personne ne
35 pense comme lui. Tous les gens sensés font la différence entre nos alliés de Russie et ceux qui nous ont lâchés.

Henri Troyat, *Aliocha*, 1991.

si vous avez fini de lire

Relisez l'introduction et les notes. Quels sont les deux événements historiques importants qui y sont mentionnés ? Quelles personnes étaient appelées « Russes blancs » ? Qui désignait-on comme des « Rouges » ?

Comprendre le texte II.3

La cour de récréation, un lieu de violence et d'injustice

1. Écrivez les noms des personnages jouant les rôles suivants : le justicier, la victime, la brute, le gardien de l'ordre. Pour chacun d'eux, relevez une phrase qui met en évidence son rôle.

2. Commentez la phrase de l'adulte. Selon vous, cette attitude est-elle la bonne ?

3. Pourquoi les autres élèves ne sont-ils pas mentionnés ? Imaginez leur attitude.

4. Relevez la phrase d'Alexis où l'on voit qu'il se sent victime d'une injustice.

Deux amis solidaires

5. Recopiez la phrase qui commence par : « Ils restèrent… » et finit par « générale » (l. 5 à 7). Soulignez les mots qui montrent que les deux amis se sentent différents des autres. Cette différence est-elle ici une source de souffrance ou de plaisir ? Justifiez votre réponse en citant le texte.

6. Quelle progression dans les sentiments d'Alexis les deux verbes introduisant ses paroles nous montrent-ils ?

7. Pourquoi Alexis se jette-t-il à la poursuite de Neyrat ? Que pensez-vous de son attitude ?

8. De quelle façon Thierry montre-t-il qu'il est solidaire d'Alexis ? Citez le texte pour répondre.

Bilan

9. Quelle particularité de chacun des deux héros les rend différents des autres ? Pourquoi cela les rapproche-t-il ? Sont-ils, selon vous, de véritables amis ? Justifiez votre réponse.

Comment les récits nous font-ils réfléchir aux relations dans un groupe ?

Activités I.1

LANGUE

▶ Relevez les compléments circonstanciels aux lignes 4 à 12. Quelle circonstance expriment-ils ?

ÉCOUTE

▶ Écoutez la lecture du texte par un comédien. Comment fait-il entendre l'agressivité des élèves et la placidité du pion ?

Conseils

▶ **Parlez de l'espace et de son organisation**, de l'attitude des différentes catégories d'élèves, de la présence et du rôle des adultes.

▶ **Vous pouvez dessiner un plan de la cour idéale**, qui, par sa disposition, favoriserait une bonne entente entre les élèves.

▶ **Échangez vos idées par petits groupes** de 3 ou 4 élèves, puis désignez un rapporteur pour en rendre compte à la classe.

ORAL

Pensez-vous que la cour soit un espace où tout le monde (filles, garçons, grands, petits) jouit des mêmes droits ? Est-ce un endroit aussi violent que ce que montre le texte ? Que faudrait-il faire pour que la cour soit un lieu de vie agréable ?

ÉCRITURE

Reprenez les rôles évoqués dans la question 1 : le justicier, la victime, la brute, le gardien de l'ordre. Transposez la scène dans un cadre imaginaire. Par exemple, votre justicier pourra être un chevalier du Moyen Âge.

Si vous avez besoin d'aide

▶ Dans quel **lieu** et à quelle **époque** l'action se situe-t-elle ?

▶ Qui sont les quatre **personnages** (donnez-leur un nom) ? Qu'ont-ils en commun ?

▶ Relevez dans le texte cinq mots qui vous semblent utiles pour écrire le vôtre (verbes d'action, verbes introducteurs de dialogue, termes exprimant des sentiments).

▶ **Relisez votre écrit** en vérifiant l'emploi des temps. Avez-vous choisi de raconter au présent ou au passé ?

▶ S'il y a des **dialogues**, vérifiez la ponctuation : tirets, passages à la ligne. Sait-on qui parle ?

Si vous avez besoin de mots

▶ **Des verbes :** *faire irruption, se précipiter, parvenir, répliquer, bondir, parer un coup, s'exclamer, ordonner...*

▶ **Des adjectifs :** *agressif/ve, soulagé(e), courageux/se, hardi, effrayé(e)...*

Si vous avez fini d'écrire

Dessinez l'un des quatre personnages (le justicier, la victime, la brute ou le gardien de l'ordre) tel que vous l'avez imaginé.

◀ Robert Doisneau, *La Récréation*, 1956.

Un ami virtuel

Manu Causse est né en 1972. Il écrit des nouvelles et des pièces de théâtre mais aussi des romans, français et bilingue.

Juliette est nouvelle dans son village et son établissement. Son professeur d'anglais a mis en place un échange avec un collège anglais. La jeune fille s'est liée d'amitié avec son correspondant à qui elle écrit en dehors des cours.

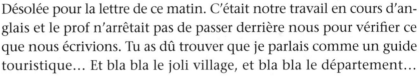

De : juliette@homenet.fr
À : markhemp@netmail.co.uk
Date : 17 janv., 23:07
Objet : Un peu plus que ce matin…

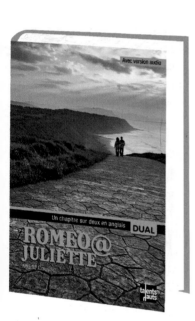

5   Très cher Mark,

Désolée pour la lettre de ce matin. C'était notre travail en cours d'anglais et le prof n'arrêtait pas de passer derrière nous pour vérifier ce que nous écrivions. Tu as dû trouver que je parlais comme un guide touristique… Et bla bla le joli village, et bla bla le département…
10 C'est vraiment nul.
Tu as vu le programme : nous ne nous verrons pas beaucoup, à peine trois soirs. Sébastien, mon voisin, a proposé de t'héberger chez lui, avec son correspondant, mais j'ai fait remarquer qu'il y avait une chambre libre chez mes parents et que j'avais envie de te recevoir
15 moi-même. Tout le monde m'a regardée, et je suis devenue toute rouge. Mais ça m'est complètement égal.
Je me demande tout de même comment ce sera de nous rencontrer en vrai. Avec les lettres que nous avons échangées, j'ai l'impression de bien te connaître, comme un ami, mais j'ai peur que nous n'arri-
20 vions pas à nous parler.
Pour me préparer, je regarde les films américains et anglais en VO sous-titrée ; mes parents n'aiment pas trop ça, mais je leur dis que c'est pour le collège. De toute façon, je suis presque toujours seule pour regarder les DVD. Du coup, mes notes en anglais ont un peu
25 progressé. Je trouve même souvent les leçons ennuyeuses, puisque, à force de chercher dans le dictionnaire, je connais des tas de mots et d'expressions que les autres ne comprennent pas…
Bref, j'espère que cela suffira pour que nous nous comprenions. J'ai très envie de parler avec toi. Ce que tu m'as dit sur le divorce de tes
30 parents et sur la façon dont tu te sentais maintenant, m'a beaucoup touchée. Je crois que je sais exactement ce que tu ressens.
C'est tout de même étrange d'avoir autant de points communs alors que nous ne nous sommes jamais vus. Ici, au collège, je n'ai toujours pas de vrais amis. Les filles passent leur temps à parler de télé et de
35 vêtements ; quant aux garçons, ce n'est même pas la peine de discuter avec eux. Si tu savais comme ils sont… je ne trouve pas de mots

PARTIE 3

Comment les récits nous font-ils réfléchir aux relations dans un groupe ?

Groupement de textes

pour ça, en tout cas pas de mots que tu pourrais chercher dans ton dictionnaire ! Je me sens seule. Sauf quand je reçois tes lettres.

40 Puisque tu insistes, je t'envoie une photo. Elle date de l'année dernière, et je pense que j'ai un peu changé depuis, mais je l'aime beaucoup car elle a été prise à Toulouse, au bord de la Garonne, dans un très bel endroit qu'on appelle la Prairie des Philtres. Avec mes amies, nous y allions souvent en sortant du collège. Il y a beaucoup de gens qui viennent s'asseoir pour prendre le soleil, jouer ou faire de

45 la musique. J'espère que nous ferons la visite de Toulouse avec vous. Comme ça, je pourrai te montrer tous les endroits que j'aime, et en particulier celui-ci…

Dans trois mois, jour pour jour, nous nous rencontrerons.

Je t'embrasse.

50 Juliette

P. S. Il y a un passage de ton dernier mail que je n'ai pas bien compris : est-ce que tu ne te trouves pas assez beau pour jouer Roméo ? Cela me paraît bizarre car, sur ta photo, même si on ne voit pas tes yeux, tu as l'air plutôt mignon (malgré ton maillot de foot !)…

Manu Causse, *Romeo@Juliette*, 2006.

 vous avez fini de lire

Donnez la définition de « *post-scriptum* ».
Relisez le *post-scriptum* de ce mail. En quoi éclaire-t-il le titre du roman ?

Un échange virtuel

1 Relevez les informations concernant l'émetteur, le récepteur et la date d'envoi du message. Où les avez-vous trouvées ?

2 Relevez l'objet du mail. Que révèle-t-il sur l'état d'esprit de Juliette concernant l'échange en classe ?

3 Que constate Juliette à propos de ses notes en anglais ? Comment l'explique-t-elle ?

4 Donnez au moins deux raisons pour lesquelles Juliette envoie cette photo à Mark.

Partager ses souffrances

5 Quel sujet douloureux Mark a-t-il partagé avec Juliette ? Comment le lecteur l'apprend-il ?

6 Relevez des indices montrant que Juliette est souvent seule chez elle.

7 Recopiez l'extrait où Juliette exprime son sentiment de solitude au collège.

8 Qu'est-ce qui aide Juliette à vaincre son sentiment de solitude ?

Bilan

9 En quoi un ami « virtuel » permet-il d'échapper au sentiment de solitude ?

LANGUE

▶ Conjuguez les verbes « croire », « voir », « sentir », « venir » à la première personne de l'indicatif, au présent, au futur et à l'imparfait.

ÉCRITURE

Rédigez le mail suivant de Juliette à Mark. Juliette s'est disputée avec son père ou sa mère.

si **vous avez besoin d'aide**

▶ Quel jour et à quelle heure Juliette rédige-t-elle ce mail ?

▶ Dressez une liste de mots évoquant le sentiment de solitude de Juliette.

▶ Quelle(s) nouvelle(s) Juliette demande-t-elle à Mark ?

si **vous avez fini d'écrire**

Vous pouvez ajouter un *post-scriptum* au mail sur le sujet de votre choix.

Amis et ennemis dans les récits d'adolescence

Écrire une saynète de théâtre

OBJECTIF

Vous allez créer une très courte pièce de théâtre. Vous travaillerez en groupes.

Découverte du sujet

Un adolescent, passionné de voyage, annonce à son groupe d'amis sa volonté de partir pour découvrir le monde. Cette décision divise le groupe.

Vous pouvez imaginer qu'il y a dans le groupe l'amoureuse du héros et qu'elle apprend la nouvelle du voyage en même temps que les autres parce qu'il n'a pas osé le lui dire lorsqu'il était seul avec elle.

Maquette Liliam,
L. C. Colin.

ACTIVITÉ 1 ⟩ Groupe 1

➋ Créer le décor

1. Imaginez le décor de votre saynète.

– Où les amis ont-ils l'habitude de se retrouver ?

– Quelle est la particularité essentielle de ce décor (un grenier plein d'objets anciens, une cabane aménagée, un local assez dépouillé prêté par une association, un parc, un jardin) ?

– Décrivez ce lieu et son atmosphère, ainsi que les objets, les meubles s'il y en a, les couleurs, etc.

2. Une fois votre description rédigée, représentez (par un dessin, un montage, une maquette…) le décor décrit.

Vous pouvez vous inspirer des maquettes de décor de la page.

Groupe 2

➲ Caractériser le personnage principal

Rédigez le portrait du personnage principal.

Faites le **portrait** du personnage principal de votre saynète.

– Évoquez **ses activités**, **ses liens avec les autres** personnages du groupe.

– Parlez de **ses goûts** vestimentaires, de son attitude corporelle, de sa façon de parler, etc.

– Vous écrirez **ce portrait à la première personne** du singulier.

Conseils

▶ Pour vous aider, vous pouvez relire des textes du groupement, comme l'extrait du *Grand Meaulnes*.

ACTIVITÉ 3 Groupe 3

➲ Caractériser les autres personnages

Faites, sous forme de notations, le portrait de tous les autres personnages qui vont intervenir dans votre saynète.

Conseils

▶ Vous pouvez vous aider de la présentation des personnages que fait le dramaturge Beaumarchais pour sa pièce, *Le Barbier de Séville*.

Le Comte Almaviva : grand d'Espagne, amant inconnu de Rosine, paraît, au premier acte, en veste et culotte de satin ; il est enveloppé d'un grand manteau brun, ou cape espagnole.
Bartholo : médecin, tuteur de Rosine : habit noir court, boutonné, grande perruque.
La Jeunesse : vieux domestique de Bartholo.
L'Éveillé : autre valet de Bartholo, garçon niais et endormi. Tous deux habillés en Galiciens.

partie 3

Amis et ennemis
dans les récits
d'adolescence

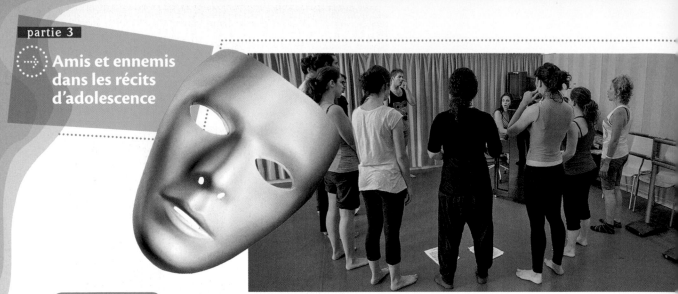

ACTIVITÉ 4 Groupe 4

⊙ Créer la trame de la saynète et les jeux de scène

1. Réfléchissez à la manière dont le héros va faire son annonce :

Sera-t-il embarrassé, enthousiaste, calme ? Imaginez des jeux de scène correspondant à sa prise de parole.

2. Pour chacun des rôles créés par le groupe 3, exprimez par le jeu une réaction précise à l'annonce que fait le héros.

Des greffiers notent ce qu'ils jugent intéressant dans cette improvisation.

ACTIVITÉ 5 Groupe 5

⊙ Écrire le dialogue

Chaque personnage va argumenter, c'est-à-dire donner des raisons valables, en faveur ou en défaveur du départ de leur ami : rédigez cette argumentation.

– Choisissez les personnages qui vont soutenir la décision du départ et ceux qui sont contre.

– Pour cela, servez-vous de la série de portraits réalisés par le groupe 3. Insérez dans vos répliques des éléments de ces portraits.

– Mettez en avant les liens familiaux et amicaux.

– Le texte doit être vivant : les personnages doivent s'affronter et s'exprimer de diverses manières avant de trouver une issue à la situation.

ACTIVITÉ 6 — Classe entière

● Attirer le public

Rédigez l'argument de votre pièce, c'est-à-dire quelques lignes qui en donnent le sujet.

On peut donner ainsi l'argument des _Fourberies de Scapin_ :

Un valet, génie de la ruse, aide son maître Léandre à épouser la jeune fille qu'il aime et à tromper Géronte, père de Léandre.

Sa ruse aide aussi Octave, autre jeune amoureux, à se marier avec celle qu'il aime.

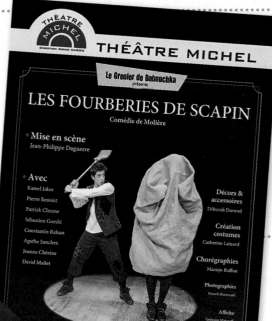

Photo : Franck Harscouët.
Compagnie : Le grenier de Babouchka.
Mise en scène : J.-P. Daguerre.
Comédien : Kamel Isker dans le rôle de Scapin.

 PROJET I•4 / V•6 **Jouer et mettre en scène la saynète**

1. Une fois la saynète rédigée, des élèves prennent les différents rôles et en font la lecture à voix haute ; cela permettra de voir si l'ensemble est cohérent.

– Y a-t-il une vraie fin ?

– Y a-t-il une évolution entre le début et la fin ?

– La parole est-elle bien répartie ?

– Le texte est-il expressif ?

2. Vous pourrez ensuite mettre en scène votre travail en vous aidant de la page Oral « Jouer une scène de théâtre ».

∽ Pour les amateurs de romans

La Seule Façon de te parler
Cathy Ytak, © Nathan

Nine n'aime pas le collège. La seule chose qui la réjouisse c'est de voir Ulysse, le surveillant. Amoureuse de lui, elle est trop timide pour lui parler. Pour s'en rapprocher, elle décide de s'intéresser à Noah, le petit frère d'Ulysse, collégien comme elle. Mais Noah est sourd. Nine va donc apprendre le langage des signes. Cet apprentissage donne du sens à ses journées et lui permet d'entrer en contact avec Noah. Un roman sensible, sur la difficulté d'être collégien mais aussi sur la richesse de l'amitié, de l'acceptation de la différence.

Quatre sœurs, Enid,
**Malika Ferdjoukh
© L'école des loisirs**

Enid est la plus jeune des cinq sœurs Verdelaine. Elle grandit auprès d'une aînée très sérieuse, Charlie, de Bettina, toujours accompagnée de sa bande d'amies, de la discrète Geneviève et d'Hortense, absorbée par son journal intime. Si vous vous passionnez pour la vie loufoque des cinq orphelines, vous pourrez retrouver cette sympathique tribu dans les tomes suivants de la série qui racontent l'histoire des Verdelaine en adoptant à chaque fois le point de vue d'une sœur différente.

Les Secrets de Faith Green
Jean-François Chabas et Christophe Blain, © Casterman

Faith Green, l'arrière-grand-mère de Mickey, a quitté sa maison des bois du Montana pour venir vivre à New York, chez les parents de Mickey. Leurs relations sont difficiles jusqu'à ce que Mickey trouve le journal intime de la vieille dame, daté des années 1920. Mickey découvre alors que Faith a vécu une jeunesse tumultueuse pendant la Prohibition.

Le Fils de Belle Prater
Ruth White, © Thierry Magnier

Belle Prater a disparu un matin. Woodrow, son fils de 12 ans, quitte alors son père et le quartier de la mine pour vivre chez ses grands-parents, tout près de sa cousine Gypsy, la narratrice. Woodrow louche mais il est malicieux. Gypsy, elle, est tourmentée par des cauchemars. Tous deux deviennent très complices et découvrent des secrets de famille.

Simple
Marie-Aude Murail, © L'école des loisirs

C'est l'histoire de deux frères, Simple et Kléber. À 22 ans, Simple a 3 ans d'âge mental. Kléber lui, est en terminale. Il est courageux mais très fatigué de s'occuper de Simple. Lorsque leur père décide de placer Simple dans une institution, où le jeune homme handicapé dépérit immédiatement, Kléber tente l'impossible pour l'en faire sortir.

Pour les amateurs de bandes dessinées

Le Jardin de Minuit

Edith, © Soleil

Été. Angleterre, xxᵉ siècle. Tom Long doit passer ses vacances chez son oncle et sa tante, car son frère a la rougeole. Ils habitent un appartement, situé dans un immeuble sur cour. L'ennui s'installe... Quand soudain, une nuit, un événement étrange se produit : l'horloge du hall sonne treize coups ! La cour a laissé place à un immense jardin... Tom s'y risque, il y devient invisible sauf aux yeux d'une petite fille de son âge, Hatty, vêtue d'une tenue du siècle dernier.

Pour les cinéphiles

La Famille Bélier

Éric Lartigau

Dans la famille Bélier, seule Paula, 16 ans n'est pas sourde. Elle est indispensable à ses parents qu'elle aide à tenir l'exploitation familiale. Lorsqu'elle se découvre un don pour le chant et décide de se présenter au concours de Radio France, elle est confrontée à un choix douloureux. Comment concilier sa vocation et son devoir vis-à-vis de sa famille ?

PROJET — # Écrire une critique et la mettre en ligne **V.6**

> Vous allez rédiger une critique de livre que vous mettrez en ligne sur le blog de votre collège.

➼ Choisissez un livre et prenez des notes

Parmi les livres présentés ci-contre et que vous avez lus, sur lequel pourriez-vous écrire une critique ?
– Qu'avez-vous particulièrement aimé à la lecture de ce livre ? Ou, à l'inverse, pourquoi vous a-t-il déçu ?
– Qu'est-ce qui vous a touché (e), intéressé (e), étonné (e) à la lecture de ce livre ?
– Pour quelles raisons pourriez-vous conseiller ou déconseiller ce livre à des lecteurs de votre âge ?

➼ Cherchez des arguments

Pour préciser vos arguments, répondez aux questions suivantes en justifiant vos réponses et en citant à chaque fois au moins un exemple.
– Les personnages principaux sont-ils attachants ?
– L'action est-elle captivante ?
– Le thème du roman est-il traité de façon intéressante ?
– La fin est-elle surprenante ?

➼ Rédigez votre critique

À l'aide du travail préparatoire ci-dessus, rédigez votre critique. Relisez-vous attentivement et saisissez votre travail sur un logiciel de traitement de textes. Servez-vous du correcteur orthographique. Assurez-vous que votre texte est clair en le faisant relire par un camarade.

Conseils

– Votre critique ne doit pas être trop longue mais vous pouvez citer un court passage pour mettre votre lecteur en appétit.
– Variez le vocabulaire (termes péjoratifs ou mélioratifs). Ex. : « Un coup de cœur ! » « Une grande déception ! ».
– Ne divulguez pas la fin du livre.

Ce que vous avez appris sur...

🕐 la famille, les amis, les réseaux

1. Quels points communs et quelles différences y a-t-il entre la famille, les amis et les réseaux ?

2. Pour quelles raisons des amis ou des parents se sont-ils affronté(e)s dans les œuvres que vous avez étudiées ?

3. Comment ont-ils réussi à se réconcilier ?

4. Pourquoi met-on souvent en scène des conflits familiaux au théâtre ? Pourquoi ce genre littéraire se prête-t-il bien à ce type de situation ?

5. Avez-vous étudié des histoires mettant en scène des familles harmonieuses ? Lesquelles ?

6. Avez-vous étudié des histoires d'amitié heureuses ? Précisez lesquelles et expliquez sur quoi repose la force de l'amitié dans ces récits ?

7. Quel(s) texte(s) et quelle(s) imagez avez-vous préférés ? Pourquoi ?

8. Qu'est-ce qu'Internet, les échanges de mail, les communautés virtuelles modifient dans les relations familiales et entre amis ?

9. Comment les romanciers intègrent-ils les échanges virtuels à leurs récits ?

10. Pourquoi aime-t-on lire des histoires mettant en scène des relations amicales ou familiales ?

EXPRIMER SON OPINION

Demandez-vous quel est votre texte préféré avant de compléter les phrases suivantes.

1. J'ai surtout été touché(e) par le texte ......

2. Dans ce texte ...... s'opposait à sa famille.

3. Son problème était ......

4. Il a pu se réconcilier grâce à ......

5. Je me souviens de l'expression « ...... ».

PROJET FINAL

Organiser un débat

Vous organiserez un débat à partir de la question suivante : selon vous, peut-on grandir sans s'opposer à sa famille ?

ÉTAPE 1 ⊙ Formez votre opinion (individuellement)

Que répondriez-vous spontanément à cette question ?

À quoi cela sert-il ? Cela comporte-t-il des inconvénients ou des risques ?

Vous êtes-vous déjà opposé(e) à votre famille ? Était-ce une bonne chose ?

ÉTAPE 2 ⊙ Approfondissez vos intuitions (par petits groupes)

Parcourez les œuvres étudiées lors de la séquence.

Votre professeur vous distribura la fiche n° 2 pour guider votre travail.

ÉTAPE 3 ⊙ Débattez (en classe entière)

Échangez votre point de vue avec ceux de vos camarades.

Ne leur coupez pas la parole, mais attendez qu'ils aient fini de parler.

Ne lisez pas vos notes, mais parlez naturellement.

Conseil : un élève établit au tableau un tour de parole, et note, au fur et à mesure, le nom des élèves qui sont intervenus.

ÉVALUEZ VOS COMPÉTENCES	Insuffisant	Fragile	Satisfaisant	Très bonne maîtrise
Je sais exprimer mon point de vue de manière claire.				
Je sais donner des exemples tirés de mon quotidien ou de ma culture.				
Je sais prendre en compte les avis de mes interlocuteurs.				
Je sais rendre compte d'un débat.				

Imagir

1 Que représente cette image ? Décrivez les différents bâtiments.

2 À quoi voit-on que ce lieu est imaginaire ?

Cité végétale en lotus, réalisation de l'architecte Luc Schuiten, 2009.

Ce que vous savez déjà sur...

🕐 les univers nouveaux

1 Rassemblez vos connaissances

✓ **1.** Que signifie le mot « univers », selon vous ?
Vous pouvez proposer plusieurs hypothèses.

2. Dans quels genres de livres ou de textes peut-on découvrir des univers différents du nôtre ?

3. Les aventures de ces personnages se passent-elles dans le monde réel ou dans un univers imaginaire ?
Oliver Twist, Harry Potter, Peter Pan, Gavroche, Robinson Crusoé.

Avec votre voisin, faites une liste de tous les livres que vous connaissez qui se passent dans un monde imaginaire.

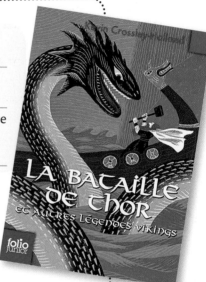

Alice au Pays des Merveilles, film de Tim Burton, 2010.

2 Découvrez un univers imaginaire

MIRAGE

Je n'ai jamais su s'il existait vraiment,
Ce monde perdu flottant mollement sur les courants du temps
Et encore je le vois souvent, d'un mystérieux violet,
Et chatoyant[1] à l'arrière d'un vague rêve
5 Il y avait là d'étranges tours et de curieuses rivières clapotantes,
Labyrinthes merveilleux, et basses voûtes lumineuses
Et les branches traversaient le ciel de flammes, comme celles
[qui tremblotent,
Magiquement juste avant une nuit d'hiver.

De vastes landes conduisant à des rives bordées de joncs
[et dépeuplées,
10 Où des grands oiseaux voletaient, tandis que sur une colline
[balayée par le vent,
Il y avait un village, ancien et aux clochers blancs,
Avec ses carillons[2] du soir que je restais à écouter
Je ne savais pas quel pays c'était – ou oser
Demander quand ni pourquoi j'y étais.

Howard Phillips Lovecraft, *Fungi de Yuggoth*, 1929-1930.

1. **Chatoyant** : reflétant la lumière.
2. **Carillons** : cloches.

1. Le monde décrit dans ce poème ressemble-t-il au nôtre ?
2. Quels sentiments peut-on éprouver en découvrant ce monde ?
3. Comment comprenez-vous le titre du poème ?

3 Écrivez le portrait d'un personnage

Faites le portrait d'un personnage qui vit dans cette ville imaginaire.

Pourquoi les univers merveilleux sont-ils fascinants ?

Un monde enchanté

Extrait 1

La Boule de cristal

Jacob et Wilhelm Grimm (1785-1863 et 1786-1860)
Ces deux frères allemands étudient les origines des langues européennes. Leurs travaux les conduisent à recueillir de nombreux contes traditionnels, qu'ils rédigent pour garder une trace de ces traditions.

1. **Se défiait :** se méfiait.
2. **Ravir :** voler.

Il était une fois une enchanteresse qui avait trois fils, et tous les trois s'aimaient beaucoup et s'entendaient fort bien ; mais leur mère se défiait[1] d'eux et avait dans l'idée qu'ils voulaient lui ravir[2] ses pouvoirs. Alors elle changea en aigle son fils aîné, qui s'en fut demeu-
5 rer sur un pic rocheux, et qu'on voyait parfois planer dans le ciel tantôt plus haut, tantôt plus bas, en faisant de grands cercles. Son deuxième fils, elle le changea en baleine qui vivait au profond de la mer sans qu'on vît plus rien d'elle, sinon le jet puissant qu'elle projetait en l'air de temps en temps. Ils ne reprenaient leur forme
10 humaine, l'un et l'autre, que pendant deux heures par jour. Redou- tant d'être changé à son tour en bête sauvage, en ours ou en loup peut-être, le troisième fils quitta la maison en secret et s'en alla au loin. Mais comme il avait entendu dire qu'il y avait une princesse enchantée au château du soleil d'or, qui attendait sa délivrance, et
15 qu'il fallait risquer sa vie pour cela, et que déjà vingt-trois jeunes hommes y avaient trouvé une triste mort, de sorte que l'aventure ne pourrait plus être tentée que par un seul, qui serait le dernier ; et comme il avait un cœur qui ignorait la peur, il décida de partir en quête de ce château du soleil d'or.
20 Après avoir longtemps couru le monde sans rien trouver, il finit par entrer un jour dans une immense forêt, dont il ne savait plus comment sortir ; soudain, il vit de loin deux géants qui lui faisaient signe d'approcher avec de grands gestes et quand il arriva près d'eux, ils lui expliquèrent :
25 – Nous nous disputons un chapeau, mais comme nous sommes de la même force, ni l'un ni l'autre ne peut l'emporter ; alors c'est toi qui vas trancher la querelle, puisque les petits humains ont plus de jugeote que nous autres.
– À quoi bon vous quereller pour un vieux chapeau ? fit le jeune
30 homme.
– Tu parles comme cela parce que tu ignores le pouvoir qu'il a, répondit le géant. C'est un chapeau magique et celui qui le met sur sa tête n'a qu'à souhaiter aller où il lui plaît, n'importe où que ce soit, il s'y trouve instantanément.

35 – Donnez-moi le chapeau, leur dit-il. Je vais m'éloigner un peu, et quand je vous appellerai, vous ferez la course : le premier qui arrivera l'aura.

Il coiffa le chapeau et s'éloigna ; mais comme il ne pensait qu'à la princesse, il en oublia les géants et poursuivit sa marche sans appeler
40 personne et s'éloigna de plus en plus. À un moment donné, toujours plongé dans ses pensées, il soupira du fond du cœur : « Ah ! si sculement je pouvais être au château du soleil d'or ! » Il avait encore les mots sur les lèvres quand il se vit sur une haute montagne, debout devant la porte même du château.

Jacob et Wilhelm Grimm, «La Boule de cristal»,
Contes de l'enfance et du foyer, 1812.

 vous avez fini de lire

Citez d'autres contes dans lesquels les personnages n'ont pas de nom mais sont désignés par un surnom ou un nom commun.

Comprendre le texte   V.3

Un pays merveilleux

1 Que signifie la formule « Il était une fois » ?

2 Quelles informations apprend-on sur les personnages du conte ?

3 Quels personnages appartiennent à l'univers du conte merveilleux ? Citez des personnages de contes que vous connaissez et qui peuvent être comparés à ceux de ce récit.

4 Relevez les noms de lieux. Montrez qu'ils appartiennent à un pays imaginaire.

5 À quoi pourrait ressembler le château du soleil d'or ? Émettez des hypothèses puis dessinez-le.

Les pouvoirs de la magie

6 Quels sont les pouvoirs de l'enchanteresse ? En fait-elle bon usage ?

7 Comment le chapeau déclenche-t-il son pouvoir ? Quel trait de caractère du héros se manifeste dans cet épisode ?

8 Pourquoi ce début de conte peut-il donner envie au lecteur de lire la suite ?

Bilan

9 Lisez la rubrique **À retenir**. Dites pourquoi on peut affirmer que ce texte est le commencement d'un conte merveilleux. Citez d'autres récits qui sont des contes merveilleux. Justifiez votre réponse.

à retenir

Les contes merveilleux

Dans les **contes merveilleux**, les lieux, les personnages et les actions surnaturelles ne surprennent pas le lecteur. Il les attend après la formule : « Il était une fois… ». Son plaisir vient du fait que, dans l'univers merveilleux, tous les désirs impossibles peuvent être réalisés : voler, devenir invisible, se transformer, etc. Pourtant, les contes sont des récits très bien construits, où l'on retrouve souvent les mêmes éléments. Ainsi, le chiffre 3 revient fréquemment : on peut avoir trois personnages, trois épisodes.

Activités   IV.4 / V.3 / V.5

LANGUE

▶ Pouvez-vous conjuguer « il était une fois » aux autres personnes ? Pourquoi ?

ÉCOUTE

▶ **Écoutez la lecture du comédien.**
Comment fait-il sentir que l'univers de ce conte est extraordinaire (soyez attentif aux pauses, au ton, à la force de la voix) ?

ORAL

Discutez à deux pour imaginer la suite du récit en utilisant vos connaissances sur le conte merveilleux.

ÉCRITURE

Imaginez un objet magique. Vous décrirez ses pouvoirs en quelques lignes.

si **vous avez besoin d'aide**

▶ Vous pouvez choisir un objet banal en apparence : bottes, bracelet, sac, ceinture.

▶ Expliquez qui l'a fabriqué et pourquoi.

▶ Trouvez des pouvoirs en rapport avec la fonction première de l'objet : des bottes auront un pouvoir en lien avec les mouvements.

si **vous avez besoin de mots**

▶ **Quelques pouvoirs magiques :** *invisibilité, ubiquité, célérité, vol, respiration aquatique, métamorphose, téléportation, agrandissement.*

si **vous avez fini d'écrire**

Imaginez que le héros du conte trouve cet objet. Comment s'en servira-t-il ?

Un chapeau bavard

Texte écho

J. K. Rowling (1965-)
Cette romancière britannique a nourri son imagination à plusieurs sources : des contes et des mythes, des romans, mais surtout la très riche littérature pour enfants de son pays : l'Angleterre.

Harry Potter, onze ans, est admis en première année à l'École des Sorciers de Poudlard. Lors de la cérémonie de rentrée, un professeur pose un chapeau pointu sur un tabouret, qui se met alors à chanter.

◀ *Harry Potter et la pierre philosophale*, J.K. Rowling, 1997. Illustration de Jim Kay.

« Mettez-moi donc sur votre tête
Pour connaître votre maison.
Si vous allez à Gryffondor
Vous rejoindrez les courageux,
5 Les plus hardis et les plus forts
Sont rassemblés en ce lieu.
Si à Poufsouffle vous allez,
Comme eux vous s'rez juste et loyal
Ceux de Poufsouffle aiment travailler
10 Et leur patience est proverbiale.
Si vous êtes sage et réfléchi
Serdaigle vous accueillera peut-être
Là-bas, ce sont des érudits
Qui ont envie de tout connaître.
15 Vous finirez à Serpentard
Si vous êtes plutôt malin,
Car ceux-là sont de vrais roublards
Qui parviennent toujours à leurs fins.
Sur ta tête pose-moi un instant
20 Et n'aie pas peur, reste serein
Tu seras en de bonnes mains
Car je suis un chapeau pensant ! »

J. K. Rowling,
Harry Potter à l'École des Sorciers, 1997.

Comprendre le texte II.7

1 Quels sont les pouvoirs du chapeau ?
2 Selon quel principe les nouveaux élèves sont-ils affectés aux quatre maisons de Poudlard ?
3 Quel rapport existe-t-il entre le nom des maisons et les qualités de leurs membres ?
4 Pourquoi peut-on dire que J. K. Rowling s'est inspirée des contes merveilleux en écrivant ce texte ?

Activité I.4

ORAL
1 Si vous étiez un(e) élève de Poudlard, dans quelle maison le chapeau vous aurait-il envoyé(e), selon vous ?
2 Apprenez par cœur la chanson du chapeau puis récitez-la devant la classe.

Une quête magique

Extrait 2

Il y pénétra, passa successivement dans toutes les chambres jusqu'à la dernière, où il découvrit la princesse. Mais quelle horreur ! Son visage était cendreux et tout ridé, elle avait les yeux chassieux[1] et des cheveux rouges !
5 « Est-ce vous la princesse dont le monde entier célèbre la beauté ? » lui demanda-t-il. « Hélas ! Ce n'est pas là mon vrai visage, lui dit-elle, et les yeux des hommes ne peuvent me voir que sous cette horrible apparence ; mais pour savoir de quoi j'ai l'air, regarde-moi dans le miroir :
10 il ne se laisse pas tromper, et il te montrera mon image telle qu'elle est en réalité. » Elle lui mit le miroir dans la main et ce qu'il y vit, c'était le visage de la jeune fille la plus belle du monde, et la plus émouvante aussi, car il voyait également les larmes de son chagrin lui rouler sur
15 les joues.

– Que faut-il faire pour te délivrer ? dit-il. Je ne recule devant aucun danger.

– Celui qui pourra conquérir la boule de cristal et qui la tiendra devant l'enchanteur, celui-là anéantira son
20 pouvoir, et je retrouverai ma véritable forme, dit-elle. Mais, hélas ! il y en a déjà tellement qui ont perdu la vie ! Et toi, si jeune, cela me fendrait le cœur que tu affrontes de si grands périls !

– Rien ne pourra m'en empêcher, affirma le jeune
25 homme. Dis-moi seulement ce qu'il faut que je fasse.

– Tu sauras tout, répondit la princesse. Si tu descends de la montagne qui porte ce château, tu trouveras, en bas, près d'une source, un auroch[2] indomptable que tu devras combattre. Et si tu as la chance de le tuer, il en
30 sortira un oiseau de feu qui recèle dans son corps un œuf ardent, et cet œuf, en guise de jaune, contient la boule de cristal. Mais l'oiseau ne lâchera son œuf que si tu l'y contrains, et si jamais l'œuf venait à tomber par terre, outre qu'il brûlerait tout à la ronde, il se consumerait
35 lui-même en faisant fondre la boule de cristal, et tu te serais donné toute cette peine pour rien.

Jacob et Wilhelm Grimm, «La Boule de cristal»,
Contes de l'enfance et du foyer, 1812.

1. **Chassieux** : sales.
2. **Auroch** : bovin proche du taureau.

si vous avez fini de lire

La quête que la princesse demande au héros d'accomplir vous semble-t-elle réalisable ?

Comprendre le texte   II.2 / V.2

Une quête merveilleuse

1. Faites la liste des différentes épreuves que devra affronter le héros pour sauver la princesse.

2. Quels éléments appartiennent au merveilleux parmi les épreuves à affronter ?

3. Avec quels moyens la princesse avertit-elle le héros du danger de sa quête ?

4. De quelles qualités le héros devra-t-il faire preuve ?

5. Quelle est la cause de l'apparence de la princesse ?

Une rencontre magique

6. Quels mots sont employés pour décrire la princesse, aux lignes 3 et 4 ?

7. Pourquoi le conteur emploie-t-il des phrases exclamatives, aux lignes 1 à 4 ? Aidez-vous de la rubrique **À retenir**.

8. « La plus belle du monde, et la plus émouvante (l. 13) : par quel moyen le conteur fait-il un portrait positif de la princesse ? À quoi s'oppose ce portrait ?

Bilan

9. Lisez la rubrique **À retenir**. Puis, en utilisant vos réponses 5 à 8, travaillez la lecture orale de certains passages dans lesquels on peut faire entendre la voix d'un conteur.

à retenir

L'oralité des contes merveilleux

Les contes sont, à l'origine, un **genre oral** : on les racontait souvent lors de la veillée, avant d'aller dormir. En transcrivant les contes à l'écrit, les frères Grimm ont tenté de conserver une trace de cette dimension orale pour rappeler la figure du conteur.

Activité   III.4

ÉCOUTE

▶ **Écoutez la lecture d'un comédien.**
À quels moments fait-il bien sentir que les contes sont un genre de l'oral, à l'origine ?

Activités   IV.3 / III.3 / I.4

LANGUE

▶ Comment appelle-t-on les mots comme « hélas » (l. 6 et l. 21) ?

ORAL

Par groupe de deux, improvisez la rencontre du héros avec l'auroch.

Relisez la fin du texte depuis : « Tu sauras tout » (l. 26) jusqu'à « pour rien ». Les premiers mots qui suivent sont : « Le jeune homme descendit… » Discutez, improvisez une suite d'au moins trois phrases. Impressionnez votre public !

ÉCRITURE

Racontez l'épisode de la métamorphose de la belle princesse en femme hideuse avant qu'elle ne rencontre le héros de « La Boule de cristal ». Votre récit comptera au moins une quinzaine de lignes.

si vous avez besoin d'aide

▶ **Essayez d'introduire des éléments du conte de Grimm :** l'enchanteur, le château du soleil d'or…

▶ **Introduisez des marques d'oralité**, à l'aide de phrases expressives.

si vous avez besoin de mots

▶ **Quelques formules de conteur :** «*Jamais vous n'avez entendu pareille histoire…* », «*Savez-vous ce qui arriva la princesse ?* », «*Vous ne croirez jamais ce que fit l'enchanteur…* ».

si vous avez fini d'écrire

Décrivez la chambre dans laquelle est enfermée la princesse. Vous déciderez d'en faire un lieu féerique ou effrayant.

Une fin heureuse

Extrait **3**

Le jeune homme descendit jusqu'à la source où l'auroch, qui soufflait bruyamment, se mit à beugler férocement en le voyant. Après une lutte prolongée, le jeune homme lui perça le corps de son épée et le coucha mort sur le sol. À l'instant même, il en sortit un
5 oiseau de feu qui allait s'envoler, quand l'aigle, qui n'était autre que son frère, fondit sur lui du haut des nuages et le chassa jusqu'à la mer en le perçant de coups de bec, l'obligeant finalement à lâcher son œuf, dans son affolement et sa détresse. Mais l'œuf ne tomba point dans la mer : il vint choir sur le rivage et tomba sur une cabane
10 de pêcheur, qui se prit à fumer aussitôt et qui allait être la proie des flammes, quand monta de la mer un énorme remous, dont les vagues puissantes noyèrent la cabane et éteignirent le feu. C'était le second frère, celui qui avait été changé en baleine, qui avait provoqué cette poussée des eaux en se ruant jusque-là de toutes ses
15 forces. L'incendie éteint, le jeune homme rechercha l'œuf, qu'il eut la chance de trouver : il n'avait pas eu le temps de se consumer et de fondre, mais sa coquille avait éclaté sous l'effet du brusque refroidissement, de sorte qu'il n'eut aucune peine à en retirer la boule de cristal, encore parfaitement intacte.
20 Lorsqu'il arriva devant l'enchanteur et lui présenta la boule de cristal, le magicien lui dit : « Mon pouvoir est anéanti et tu es désormais le roi du château du soleil d'or, ce qui te permet, en outre, de rendre à tes frères leur véritable aspect humain ! »

Le jeune homme se hâta de rejoindre la princesse, qu'il trouva
25 dans sa chambre, sous son air véritable, éblouissante de beauté. Et tous deux, au comble du bonheur, échangèrent leurs bagues.

Jacob et Wilhelm Grimm, « La Boule de cristal »,
Contes de l'enfance et du foyer, 1812.

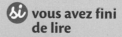 **vous avez fini de lire**

Vous attendiez-vous à cette fin ? Pourquoi ?

Comprendre le texte II.3

Un combat héroïque

1. Relevez les verbes d'action au passé simple. Quel rythme donnent-ils au récit ?

2. Quelle aide le héros trouve-t-il dans cette épreuve ?

3. Quelles qualités ont été nécessaires pour surmonter l'épreuve ?

Une fin heureuse

4. Que gagne le héros en conquérant la boule de cristal ?

5. Comment le héros a-t-il évolué par rapport au début du conte ?

6. Comment comprenez-vous la dernière phrase du conte ?

Bilan

7. Si vous deviez faire la liste des caractéristiques d'un univers de conte merveilleux, quels seraient-elles ? Proposez-en au moins cinq.

Activité III.4

ÉCOUTE

▶ **Écoutez la lecture d'un comédien.**
Comment fait-il sentir la dimension héroïque de l'épreuve traversée par le héros ?

Activités IV.4 / III.10

LANGUE

▶ Conjuguez le verbe « descendre » à toutes les personnes au passé simple.

ÉCRITURE

Imaginez que les deux géants de l'extrait 1 finissent par retrouver le héros pour lui réclamer le chapeau magique. Comment le héros parviendra-t-il à les vaincre, maintenant que ses frères sont redevenus humains ? Racontez leur rencontre.

si vous avez besoin d'aide

▶ **Employez de nombreux verbes d'action** au passé simple pour donner un rythme vif à votre histoire.

▶ **Ses frères peuvent peut-être l'aider**, même s'ils sont redevenus humains. Et la princesse également !

▶ **La boule de cristal possède** peut-être des **pouvoirs inconnus**, donnant un avantage au héros.

si vous avez besoin de mots

▶ **Les qualités du héros :** *courage, cœur, vaillance, ruse, ténacité, vivacité, agilité, prestesse, dextérité…*

▶ **Les défauts des géants :** *lourdeur, lenteur, maladresse, bêtise, couardise…*

si vous avez fini d'écrire

En utilisant votre réponse à la question 7, proposez la recette d'un bon conte merveilleux. Employez les verbes habituels dans ce type de texte : *prenez, ajoutez, mélangez…* Vous pouvez introduire dans la recette des éléments magiques qui permettent la réussite du « plat ». N'oubliez pas les sentiments des personnages et du lecteur.

Compréhension orale

• Écouter un conte
Le Prince Dragon

Avant d'écouter

Le Prince Dragon est un conte norvégien de Peter Christen Asbjørnsen et Jørgen Moe écrit en 1852 et traduit en français en 1995.

ÉCOUTER ET COMPRENDRE | **I.1**

Écoutez attentivement la lecture de cet extrait, puis répondez aux questions.

❶ **Quel est le problème initial ?**
a. La reine et le roi veulent un garçon.
b. La reine et le roi ne peuvent pas avoir d'enfants.
c. La reine et le roi veulent adopter un dragon.

❷ **Qui la reine rencontre-t-elle ?**
a. Une sorcière
b. Une fée
c. Un dragon.

❸ **Combien de roses la reine a-t-elle trouvées ?**
a. Une.
b. Deux.
c. Trois.

❹ **Quelle erreur la reine a-t-elle commise ?**
a. Elle n'a mangé qu'une seule rose.
b. Elle a mangé les deux roses.
c. Elle a refusé de manger les roses.

❺ **Quelle en est la conséquence ?**
a. Elle accouche d'une enfant malade.
b. Elle accouche de jumeaux dont un dragon.
c. Elle ne parvient pas à avoir d'enfant.

❻ **La troisième épouse du dragon parvient à vaincre la malédiction : remettez les étapes en ordre.**
a. Fouetter le dragon.
b. Demander au dragon de se dépouiller de ses peaux.
c. Revêtir 10 chemises blanches.
d. Serrer fort le dragon.
e. Tremper les fouets dans l'eau de lessive.
f. Laver le dragon avec du lait.

LA MISE EN VOIX DU CONTE | **I.8**

1. Comment le conteur imite-t-il la voix de la vieille femme ? Et du dragon ?
2. Comment la voix du conteur permet-elle d'entraîner l'auditeur dans un monde imaginaire ?

DU TEXTE À L'IMAGE | **V.1**

1. Quel passage du conte a été illustré ?
2. Quels éléments vous l'indiquent ?

▲ **Kay Nielsen,** illustration pour *Le Prince Dragon*, 1919.

Analyse d'image — Découvrir l'univers d'un peintre

▲ **Max Ernst,** *L'Œil du silence*, huile sur toile, 1943-1945.

Max Ernst est un peintre et sculpteur allemand qui a vécu au début du xxᵉ siècle.

À PREMIÈRE VUE

1• Comment qualifieriez-vous l'atmosphère de ce tableau ? Soyez attentif à vos propres émotions et sentiments.

DESCRIPTION

2• Pourriez-vous dire où se trouve cet endroit ?

3• De quelle(s) matière(s) sont constitués les éléments du décor selon vous ? Justifiez vos hypothèses en décrivant avec précision le tableau et ses formes.

4• Cherchez l'habitant de ce lieu dans le tableau. Caractérisez ce personnage à l'aide de trois adjectifs.

5• Quels éléments peuvent donner l'impression que ce personnage n'est pas seul dans le tableau ?

INTERPRÉTATION

6• Pourquoi peut-on dire que Max Ernst crée un univers nouveau dans cette toile ?

RECHERCHE V.5

7• Sur Internet, cherchez ce qu'est la décalcomanie en peinture, puis expliquez comment Max Ernst a peint cette toile.

ORAL I.4

8• Imaginez qu'un marin échoue à cet endroit. Il pose trois questions à la femme du tableau. Par groupes de deux, inventez le dialogue entre les personnages, puis jouez-le devant la classe.

Créer un palais merveilleux

Vocabulaire du conte merveilleux IV.5

1 Des comparaisons pour émerveiller

I. Observez la phrase suivante :

Le prince était gracieux comme un félin.

À quoi sert l'élément souligné ?

2. Avec les associations de mots suivantes, construisez des phrases introduisant des comparaisons merveilleuses. À vous d'imaginer à quoi peut être comparé chaque élément !

a. musique – douce – …

b. oiseaux – resplendissants – …

c. bijoux – étincelants – …

d. tapis – moelleux – …

e. parfums – envoûtants – …

3. Cette fois-ci, inventez des comparaisons effrayantes.

a. musique – stridente – …

b. oiseaux – déplumés – …

c. bijoux – ternis – …

d. tapis – effilochés – …

e. parfums – écœurants – …

Orthographe

Mémorisez l'orthographe des adjectifs de la liste.

2 Des noms pour décrire un décor merveilleux

Classez les mots suivants selon qu'ils désignent un végétal, un oiseau ou un élément architectural.

a. palmier ; b. ibis ; c. acacia ; d. kiosque ; e. bassin ; f. jacinthe ; g. ara ; h. colibri ; i. jonquille ; j. cariatide ; k. treille ; l. paon ; m. glycine.

Orthographe

Mémorisez l'orthographe et le sens de ces noms.

3 Des noms pour décrire des matières précieuses

I. Classez les noms suivants selon qu'ils désignent des minéraux, des tissus, des boiseries.

a. soie ; b. marbre ; c. ébène ; d. acajou ; e. albâtre ; f. grès ; g. velours ; h. cachemire ; i. palissandre.

2. À partir de chacun de ces noms désignant des matières, créez des groupes nominaux contenant un complément du nom.

Exemple : des rideaux en soie, un rideau de velours.

4 Des verbes pour émerveiller

I. Parmi les verbes suivants, lesquels sont des verbes d'état ?

a. sembler ; b. étinceler ; c. paraître ; d. resplendir ; e. être ; f. embaumer ; g. demeurer ; h. fasciner ; i. devenir.

2. Employez chaque verbe dans une phrase au présent. Vous pouvez vous aider des mots appris dans les exercices I et 2.

Orthographe

Comment ces verbes se conjuguent-ils à la troisième personne de l'imparfait, au singulier et au pluriel ?

5 Des verbes pour explorer un décor merveilleux

Complétez chaque infinitif par un complément de votre choix.

Exemple : entrer → entrer dans une salle.

a. pénétrer ; b. monter ; c. gravir ; d. parcourir ; e. traverser ; f. ouvrir ; g. découvrir ; h. passer

Grammaire — pour décrire un lieu merveilleux — IV.1

6 **Former des comparaisons**

I. Observez la phrase suivante :

Ces pierres étaient <u>aussi</u> **précieuses** <u>que l'émeraude</u> et plus **brillantes** <u>que les diamants</u>.

2. Quelle est la classe grammaticale des mots en gras ? À quoi servent-il ?

3. À quoi servent les mots soulignés ?

4. Écrivez cinq phrases en utilisant des comparatifs d'égalité et de supériorité, à l'aide des mots suivants. Attention aux accords !

– **Noms comparés :** tissu ; ton ; parfum ; tintement ; couleur.

– **Adjectifs :** mélodieux ; chatoyant ; capiteux ; éclatant ; vif.

– **Comparants :** chant d'oiseau ; rubis ; soie ; soleil ; nectar.

7 **Employer les temps du passé**

Conjuguez les verbes entre parenthèses à l'imparfait ou au passé simple, selon ce qui convient.

a. Il (traverser) la cour quand il (voir) un magnifique oiseau.

b. Il (humer) les fleurs qui (embaumer).

c. Elle (apercevoir) une fontaine qui (sembler) tarie.

d. Dans ce jardin, il (découvrir) des paons qui (se pavaner) pendant que les pinsons (chanter).

8 **Des liens pour écrire une description**

Complétez le texte ci-dessous grâce aux connecteurs suivants :

tout d'abord ; enfin ; ensuite ; également ; et ; puis.

Il aperçut un immense lit. Il vit un secrétaire en acajou, une fauteuil en osier. Le sol était recouvert de tapis. Il entra, regarda le plafond. Il trouva la lucarne qu'il cherchait.

Écriture collective — III.2

❂ Décrire un palais

Par groupes de deux, imaginez que les deux personnages de l'illustration ci-contre explorent le palais représenté à l'arrière-plan. Vous décrirez ce lieu merveilleux selon le regard de ces deux personnages.

Votre texte comptera au moins une vingtaine de lignes.

Étape 1

Faites la liste des pièces que les personnages exploreront et notez ce qu'ils y trouveront.

Étape 2

Rédigez votre texte en employant les temps du passé.

Étape 3

Relisez-vous et essayez d'enrichir votre description à l'aide des procédés vus dans les exercices précédents.

▲ **Virginie Frances Sterrett,** illustration pour *Les Nouveaux Contes de fées de la Comtesse de Ségur* en 1856.

Lire et bruiter un texte pour faire peur

OBJECTIF

Vous allez apprendre à lire un texte de façon expressive et à le bruiter.

FICHE MÉTHODE

2 Lire le texte à voix haute

- **Lisez le texte à voix haute en cherchant à mettre le ton.**
Ne lisez pas trop vite. Marquez des pauses.
Accentuez les termes qui le nécessitent.
- **Enregistrez votre lecture pour vous écouter et la faire écouter aux autres.**

Objectif : lire un texte en mettant le ton

3 Écouter une autre lecture du texte

- **Écoutez la lecture du texte par un comédien.**
- **Analysez sa lecture.**
Quel ton adopte-t-il ? Que fait-il ressortir ?
Quel effet cherche-t-il à produire sur l'auditeur ?

Objectif : décrypter l'interprétation d'un comédien

LIRE UN TEXTE

1 Prendre connaissance du texte

- **Lisez le texte à voix basse.**
- **Analysez la tonalité du texte.**
Quels sentiments suscite le texte chez le lecteur ?
Quels éléments du texte (vocabulaire, figures de style, etc.)
provoquent ces sentiments ?
- **Recherchez les éléments du texte se prêtant au bruitage.**

Objectif : comprendre le texte

4 Imaginer des bruitages

- **À l'aide des étapes précédentes, cherchez une bande son pour accompagner votre lecture.**
Quel type de son (musique, bruits d'objets, bruits de la nature, craquements…) vous faut-il ?
Avec quoi (instruments, objets, voix…) pourriez-vous les réaliser ?
- **Répartissez ces sons dans l'ordre souhaité.**
- **Enregistrez la bande son.**

Objectif : réaliser une bande son adaptée au texte

PROJET I • 4 / V • 6

Lire et bruiter un extrait de roman

ÉTAPE 1 • **Prendre connaissance du texte**

▶ **Lisez le texte ci-contre à voix basse.**

- Quels sentiments suscite-t-il chez vous ? Quels mots créent ces sentiments ?
- Relevez les adjectifs qualificatifs caractérisant les lieux : sont-ils positifs ou négatifs ?
- À son réveil, grâce à quels sens Yin perçoit-il ce qui se passe autour de lui ?

▶ **Relevez tous les passages du texte qui évoquent des sons et des bruits.**

ÉTAPE 2 • **Lire le texte à voix haute**

▶ **Lisez ce texte à voix haute en faisant sentir son caractère inquiétant.**

- Enregistrez votre lecture.
- Ménagez des pauses ou accentuez certains mots.

ÉTAPE 3 • **Écouter une autre lecture du texte**

▶ **Écoutez la lecture du comédien.**

- Quels mots met-il en valeur ?
- Quel effet cela produit-il sur l'auditeur ?

ÉTAPE 4 • **Imaginer des bruitages**

▶ **Cherchez les bruitages adaptés et de quoi les réaliser. Enregistrez-les.**

Il était une fois, dans la ville de Li Cheng, une vaste et belle maison abandonnée. Personne ne l'habitait. L'herbe folle poussait sur le seuil, sa façade se délabrait. Son propriétaire, maître Tsang, était pourtant un des notables[1] les plus fortunés
5 de la région. Mais il n'aurait vécu dans cette maison pour rien au monde : ses couloirs et ses chambres étaient hantés par des fantômes que l'on disait terrifiants mais que nul n'avait jamais vus.

Or, un soir, un jeune étudiant nommé Yin, festoyant avec
10 quelques camarades, buvant sec, bavardant, se met à parler de la maison hantée, la bouche un peu pâteuse. Ses compagnons discutent ferme : les uns croient aux spectres, les autres pas. L'un d'eux, enfin, à bout d'arguments dit :

– Moi, je suis prêt à payer un festin à celui qui osera passer
15 la nuit dans cette maison.

Aussitôt, Yin, le jeune étudiant, répond :

– Je veux bien, moi, y dormir. J'espère seulement que les rats ne m'incommoderont pas trop.

Il se lève. Ses camarades l'escortent jusqu'à la grille du jardin
20 de la maison hantée. À la lueur de la lune, il regarde la façade pâle, haute et lézardée[2], puis il traverse le jardin envahi par les mauvaises herbes. Il pousse la porte grinçante. Le voilà dans une grande pièce obscure qui sent la poussière et le moisi. À tâtons il va jusqu'à la fenêtre, butant contre des meubles,
25 des chaises éparses[3]. Il ouvre les volets. Il regarde les étoiles, se couche là, sur le plancher baigné par la lumière douce et l'air frais de la nuit, et il s'endort.

Il est réveillé en sursaut par un bruit de savates[4] dans un escalier. Il ne bouge pas,
30 il écoute, les yeux entrouverts. Il devine la lueur d'une lanterne. Il entend une voix qui dit :

– Il y a un étranger, là, devant la fenêtre.

Henri Gougaud, *L'Arbre à soleil*, 1979.

1. **Notables** : personnes importantes.
2. **Lézardée** : couverte de petites fissures.
3. **Éparses** : dispersées dans la pièce.
4. **Savates** : chaussures.

Pour évaluer l'exposé, aidez-vous de cette grille.

	Grille d'auto-évaluation		
	Excellent	Satisfaisant	À améliorer
La bande son donne bien à entendre tous les bruits évoquées dans le texte.			
La lecture est expressive.			
Les attitudes et les mimiques des acteurs sont expressives.			
La synchronisation de la lecture et du bruitage est réussie.			

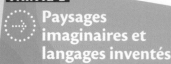

Paysages imaginaires et langages inventés

Comment la poésie invente-t-elle des mondes nouveaux en jouant sur les mots ?

Le monde à l'envers

Texte **1**

Théophile de Viau s'intéresse aux illusions, à ce que les sens ont du mal à percevoir. Ce poème en est un exemple.

Théophile de Viau (1590-1626)
Connu pour la liberté et la fantaisie de sa poésie, il refuse de se plier à des règles trop strictes.

Un Corbeau devant moi croasse,
Une ombre offusque¹ mes regards,
Deux belettes et deux renards
Traversent l'endroit où je passe :
5   Les pieds faillent² à mon cheval,
Mon laquais³ tombe du haut mal⁴,
J'entends craqueter le tonnerre,
Un esprit se présente à moi,
J'ois⁵ Charon⁶ qui m'appelle à soi,
10 Je vois le centre de la terre.

Ce ruisseau remonte en sa source,
Un bœuf gravit sur un clocher,
Le sang coule de ce rocher,
Un aspic⁷ s'accouple d'une ourse⁸,
15 Sur le haut d'une vieille tour
Un serpent déchire un vautour,
Le feu brûle dedans la glace,
Le Soleil est devenu noir,
Je vois la Lune qui va choir⁹,
Cet arbre est sorti de sa place.

Théophile de Viau,
«Un Corbeau devant moi croasse», 1621.

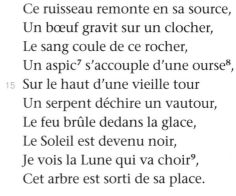

1. **Offusque :** gêne.
2. **Faillent :** font défaut.
3. **Laquais :** serviteur.
4. **Haut mal :** épilepsie, maladie nerveuse qui cause des évanouissements et des tremblements incontrôlables.
5. **J'ois :** j'entends.
6. **Charon :** passeur des Enfers dans la mythologie grecque.
7. **Aspic :** vipère.
8. **Ourse :** femelle de l'ours.
9. **Choir :** tomber.

▲ **Daniel Richter,** *Trevelfast,* 2004. Peinture.

Comprendre le texte II.3

Un monde inquiétant

1. Dressez la liste de tous les animaux qui apparaissent dans le poème. Lesquels constituent une menace pour l'homme ?

2. Relevez, dans la première strophe, trois phénomènes inquiétants. Ces phénomènes sont-ils expliqués ?

3. Qui est Charon ? Où le poète semble-t-il entraîné à la fin de la première strophe ?

Un monde imaginaire

4. Quelle évolution observez-vous entre les deux strophes par rapport aux événements décrits ?

5. En quoi la seconde strophe montre-t-elle un monde à l'envers ? Relevez trois exemples.

6. Relevez les verbes conjugués à la première personne aux vers 7, 9, 10 et 19. À quel champ lexical appartiennent-ils ?

7. Selon vous, le poète décrit-il ce qu'il a vécu ou ce qu'il a imaginé ? Justifiez votre réponse.

Bilan

8. Pourquoi la poésie se prête-t-elle bien à l'évasion vers un monde imaginaire ?

à retenir

Le champ lexical

Un **champ lexical** désigne l'ensemble des mots d'un texte appartenant à un même thème. Par exemple, « frayeur », « effrayant » et « terrorisé » appartiennent au champ lexical de la peur ; « violon », « note » et « mélodie » au champ lexical de la musique.

ACTIVITÉ NUMÉRIQUE III.6

Dans cette activité, vous allez apprendre à enregistrer un poème avec un accompagnement musical approprié à l'ambiance du texte, à transférer le fichier audio et à l'intégrer sur le blog de votre classe.

 Votre professeur vous distribuera la fiche n° 5 pour guider votre travail.

Activités I.4 / III.1 / III.7

ORAL

À deux, préparez chacun la lecture d'une strophe du poème, que vous lirez ensuite devant la classe.

si vous avez besoin d'aide

▶ **Marquez des pauses** aux rimes pour créer l'attente de vos auditeurs.

▶ **Faites sentir l'évolution** entre les deux strophes, en lisant la première lentement et la seconde plus vite.

▶ Vous pouvez même apprendre votre strophe par cœur.

ÉCOUTE

▶ **Écoutez la lecture du texte par un comédien.** À quels moments de sa lecture le comédien accélère-t-il ? Quel est l'effet recherché ?

LANGUE

▶ Recopiez les quatre premiers vers du poème, soulignez les mots sur lesquels vous pensez qu'on peut faire des fautes d'orthographe.

▶ Mémorisez ces mots.

▶ Faites-vous dicter ces vers par votre voisin.

▲ Île mystérieuse peuplée d'animaux étranges. Miniature arabe d'AL-Hariri, XIIIᵉ siècle.

PARTIE 2

Comment la poésie invente-t-elle des mondes nouveaux en jouant sur les mots ?

Groupement
de textes

Un poème sans fin

Texte écho

*Ce poème est caractéristique de l'univers poétique de Jacques Prévert,
où l'enfance joue un rôle important.*

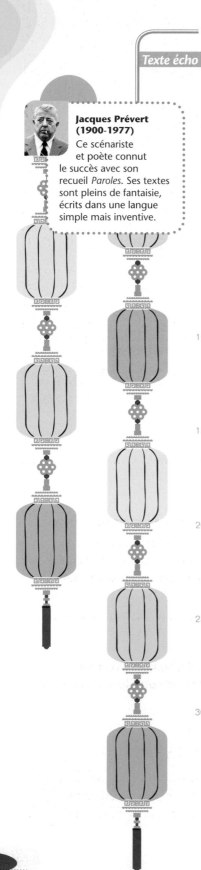

**Jacques Prévert
(1900-1977)**
Ce scénariste
et poète connut
le succès avec son
recueil *Paroles*. Ses textes
sont pleins de fantaisie,
écrits dans une langue
simple mais inventive.

CHANSON POUR CHANTER À TUE-TÊTE ET À CLOCHE-PIED

Un immense brin d'herbe
Une toute petite forêt
Un ciel tout à fait vert
Et des nuages en osier
5   Une église dans une malle
La malle dans un grenier
Le grenier dans une cave
Sur la tour d'un château
Le château à cheval
10   À cheval sur un jet d'eau
Le jet d'eau dans un sac
À côté d'une rose
La rose d'un fraisier
Planté dans une armoire
15   Ouverte sur un champ de blé
Un champ de blé couché
Dans les plis d'un miroir
Sous les ailes d'un tonneau
Le tonneau dans un verre
20   Dans un verre à Bordeaux
Bordeaux sur une falaise
Où rêve un vieux corbeau
Dans le tiroir d'une chaise
D'une chaise en papier
25   En beau papier de pierre
Soigneusement taillé
Par un tailleur de verre
Dans un petit gravier
Tout au fond d'une mare
30   Sous les plumes d'un mouton
Nageant dans un lavoir
À la lueur d'un lampion
Éclairant une mine

Une mine de crayons
35   Derrière une colline
Gardée par un dindon
Un gros dindon assis
Sur la tête d'un jambon
Un jambon de faïence
40   Et puis de porcelaine
Qui fait le tour de France
À pied sur une baleine
Au milieu de la lune
Dans un quartier perdu
45   Perdu dans une carafe
Une carafe d'eau rougie
D'eau rougie à la flamme
À la flamme d'une bougie
Sous la queue d'une horloge
50   Tendue de velours rouge
Dans la cour d'une école
Au milieu d'un désert
Où de grandes girafes
Et des enfants trouvés
55 Chantent chantent sans cesse
À tue-tête à cloche-pied
Histoire de s'amuser
Les mots sans queue ni tête
Qui dansent dans leur tête
60   Sans jamais s'arrêter

Et on recommence
Un immense brin d'herbe
Une toute petite forêt...

etc., etc., etc.

Jacques Prévert,
«Chanson pour chanter à tue-tête et à cloche-pied», 1963.

Comprendre le texte II.7

1. À quel type de textes enfantins ce poème vous fait-il penser ? Justifiez votre réponse en mentionnant, notamment, le titre de ce texte.

2. En quoi l'atmosphère de ce poème diffère-t-elle de celle du texte de Théophile de Viau ?

3. De quelle manière passe-t-on d'une image à l'autre ? Pourquoi peut-on parler d'un texte et d'un monde sans fin ?

4. Lisez à voix haute la fin du poème à partir de : « Dans la cour d'une école » (v. 51). Selon vous, qui voit toutes ces images ?

5. D'après ce poème, pourquoi peut-on dire que les poètes créent des univers ?

Bilan

6. En utilisant votre réponse à la question 3, montrez que, dans le texte de Prévert, comme dans celui de Théophile de Viau, le poète a une idée, un système qui dirige toute l'écriture du poème.

▲ **Marc Chagall**, *Les Plumes en Fleurs*, 1943, Centre Pompidou, Paris.

Une carafe d'eau rougie
D'eau rougie à la flamme
A la flamme d'une bougie

▲ Illustration des vers de Jacques Prévert.
Collage de Laurence Folie, 2009.

Activités I.4 / V.6

ORAL

Préparez une récitation collective du poème.

Chaque élève de la classe apprend trois vers. Puis vous récitez le poème dans son intégralité, tous les élèves récitent leurs trois vers à tour de rôle.

ÉCRITURE

À partir du vers 49, écrivez cinq vers qui poursuivent le poème et complètent cet univers fantaisiste.

🖊 vous avez fini d'écrire

Comparez votre texte avec celui de votre voisin. À deux, inventez deux vers entre vos deux textes pour essayer de les relier.

PARTIE 2
Comment la poésie invente-t-elle des mondes nouveaux en jouant sur les mots ?

Groupement
de textes

Une apparition fantastique

Texte **2**

**Aloysius Bertrand
(1807-1841)**
Ce poète romantique
a inventé la forme
du poème en prose :
un genre entre la poésie,
le conte et la nouvelle,
sans vers ni rimes.

1. **Mornes** : tristes.

2. **Moire** : tissu chatoyant.

3. **Coassante** : faisant le bruit
d'une grenouille.

4. **Aulne** : espèce d'arbre.

5. **Caduc** : âgé.

6. **Giboulées** : averses de pluie
et de grêle.

Les ondines sont des créatures imaginaires de la mythologie germanique. Elles vivent dans les rivières, les cascades, les étangs. On les représente souvent assises au bord d'une fontaine, peignant leurs longs cheveux couleur d'or. Elles ont inspiré les conteurs, les musiciens et les poètes.

ONDINE

– « Écoute ! – Écoute ! – C'est moi, c'est Ondine qui frôle de ces gouttes d'eau les losanges sonores de ta fenêtre illuminée par les mornes[1] rayons de la lune ; et voici en robe de moire[2], la dame châtelaine qui contemple à son balcon la belle nuit étoilée et le beau
5 lac endormi.

« Chaque flot est un ondin qui nage dans le courant, chaque courant est un sentier qui serpente vers mon palais, et mon palais est bâti fluide, au fond du lac, dans le triangle du feu, de la terre et de l'air.

10 « Écoute ! – Écoute ! – Mon père bat l'eau coassante[3] d'une branche d'aulne[4] verte, et mes sœurs caressent de leurs bras d'écume les fraîches îles d'herbes, de nénuphars et de glaïeuls, ou se moquent du saule caduc[5] et barbu qui pêche à la ligne ! »

*

Sa chanson murmurée, elle me supplia de recevoir son anneau
15 à mon doigt pour être l'époux d'une Ondine, et de visiter avec elle son palais pour être le roi des lacs.

Et comme je lui répondais que j'aimais une mortelle, boudeuse et dépitée, elle pleura quelques larmes, poussa un éclat de rire, et s'évanouit en giboulées[6] qui ruisselèrent blanches le long de mes vitraux bleus.

Aloysius Bertrand, « Ondine », *Gaspard de la nuit*, 1842.

> ***si* vous avez fini de lire**
>
> L'Ondine représentée à la page ci-contre
> vous semble-t-elle correspondre à celle
> du poème ? Justifiez votre réponse.

Comprendre le texte II.3

L'invitation vers un monde imaginaire

1. À qui s'adresse Ondine ? Dans quel but ?

2. De quel élément le monde décrit par Ondine est-il principalement constitué ? Relevez un champ lexical pour justifier votre réponse.

3. Qui sont les autres habitants du monde d'Ondine ?

Le rêve d'un poète

4. Selon vous, pourquoi le poète emploie-t-il de nombreux mots avec les sons [s] ou [f] dans les trois premiers paragraphes ? Relevez des exemples.

5. De quel phénomène naturel le poète s'est-il inspiré pour créer le personnage d'Ondine ?

6. Pourquoi le poète refuse-t-il la demande d'Ondine ? Quelle est la conséquence de ce refus ?

Bilan

7. Pourquoi peut-on dire qu'Aloysius Bertrand transforme la réalité grâce à son poème ?

Activité V.2

ÉCOUTE MUSICALE

▶ Cherchez sur Internet l'*Ondine* de Maurice Ravel.

a. Quel instrument de musique reconnaissez-vous ?

b. Quel genre de lieu ou de paysage cette musique vous évoque-t-elle ? Pourquoi ?

c. Selon vous, pourquoi le rythme de la musique varie-t-il au cours du morceau ?

d. Trouvez-vous que la musique corresponde bien au texte d'Aloysius Bertrand ? Pourquoi ? Nous transporte-t-elle dans un univers nouveau ?

Activités IV.4 / I.4

LANGUE

▶ Conjuguez les verbes « écouter », « fuir » et « prendre » au présent de l'impératif.

ORAL

Lisez la chanson murmurée par Ondine.

▶ **La classe est divisée en trois groupes : A, B et C.**

▶ **Chaque élève lit en murmurant** selon les consignes suivantes :
– le groupe A lit les lignes 1 à 13 ;
– à partir de la ligne 6, le groupe B se joint au groupe A pour lire les lignes 6 à 13 ;
– à partir de la ligne 10, le groupe C se joint aux groupes A et B pour lire les lignes 10 à 13.

▶ **Comparez** la lecture chorale de la classe avec l'*Ondine* de Maurice Ravel.

▲ **John William Waterhouse**, *Ondine*, 1872.

PARTIE 2

Comment la poésie invente-t-elle des mondes nouveaux en jouant sur les mots ?

Groupement
de textes

La magie de l'eau

Texte écho

**Henri Michaux
(1899-1984)**
Ce poète belge
naturalisé français
était un grand
voyageur : il a ainsi
parcouru l'Amérique
du Sud et l'Asie. Nourrie
de ces expériences,
sa poésie met en place
des mondes imaginaires
et raconte des voyages
intérieurs.

1. **Spontanéité** : apparition
soudaine.

2. **Ne souffre** : ne supporte,
n'accepte.

Au pays de la magie est une partie du recueil intitulé Ailleurs. *Dans ce livre, l'auteur décrit des lieux, des peuples, des modes de vie et des langages inventés.*

Sur une grande route, il n'est pas rare de voir une vague, une vague toute seule, une vague à part de l'océan.

Elle n'a aucune utilité, ne constitue pas un jeu.

C'est un cas de spontanéité[1] magique.

5 Marcher sur les deux rives d'une rivière est au contraire un exercice, d'ailleurs pénible.

Assez souvent l'on voit ainsi un homme (étudiant en magie) remonter un fleuve, marchant sur l'une et l'autre rive à la fois ; fort préoccupé, il ne vous voit pas. Car ce qu'il réalise est délicat et ne
10 souffre[2] aucune distraction. Il se retrouverait bien vite, seul, sur une rive et quelle honte alors !

Henri Michaux, *Ailleurs, Au pays de la magie*, 1948.

▲ **Hokusaï,** *L'Arc de la vague au large de Kanagawa,*
musée Guimet, 1830, Paris.

Comprendre le texte II.7

1 Ce que décrit le poète est-il possible dans la réalité ?

2 Quel élément naturel assure une cohérence entre les images du poème ?

3 En employant l'expression « étudiant en magie » (l. 7), l'auteur incite le lecteur à imaginer d'autres éléments de l'univers qu'il invente. Proposez deux de ces éléments. À quel célèbre roman peut-on penser ?

4 Comment comprenez-vous le titre *Ailleurs. Au pays de la magie* ? Quel est son lien avec ce texte ? Émettez des hypothèses.

5 Proposez un titre pour ce poème.

Comparer les textes

6 Quel est l'élément commun (au sens des quatre éléments) au poème d'Aloysius Bertrand et à celui d'Henri Michaux ?

7 Choisissez des adjectifs de la liste suivante pour décrire chacun des textes : *beau, fantaisiste, imagé, fantastique, ironique, féerique, triste, gai, surprenant, imaginatif, émouvant.*

8 Lequel des deux poèmes préférez-vous ? Justifiez votre réponse en citant les textes.

Activité III.10

ÉCRITURE

Imaginez à votre tour un poème magique, à la manière de Michaux.
Votre texte comptera environ cinq lignes ou vers.

si vous avez besoin d'aide

▸ **Vous pouvez commencer** comme lui par : « Sur une grande route, il n'est pas rare de voir… »

▸ **Décrivez ensuite un élément naturel** dont la présence au bord d'une route semblerait étrange : *une tempête, un canyon, une jungle, une barrière de corail, une lune…*

▸ **Décrivez enfin cet élément en le rendant presque magique**, comme dans le poème de Michaux.

▸ *Le lion ayant faim se jette sur l'antilope*, Douanier Rousseau, 1905.

◀ Mystérieux phénomène à la frontière entre Maroc et Mauritanie. Photographie et peinture de Philippe Frutier.

Groupement de textes

PARTIE 2

Comment la poésie invente-t-elle des mondes nouveaux en jouant sur les mots ?

Un étrange paysage

Texte **3**

Jean Cocteau (1889-1963)
Ce poète et romancier a aussi écrit pour le théâtre et réalisé des films.

Le fond de la mer a ses saisons. Comme sur la terre, le printemps est une des plus belles. Le corail bourgeonne et les éponges respirent l'eau bleue à pleins poumons. Une forêt de cerfs rouges écoute un bruit d'hélice. Il arrive de très haut dans les cieux de la mer. Quel-
5 quefois un aéronaute tombe des cieux de la mer. Il tombe lentement et se roule dans le sable. Les fleurs dorment debout et il y en a une foule qui disent adieu. Les poissons manchots se posent dessus. Ils donnent de gros baisers à la mer. À cause de l'éclairage et du décor on se croirait souvent chez le photographe. Un panache de globules
10 gazouille dans le coin. Il s'échappe du petit robinet qui change l'eau salée.

Jean Cocteau, « Le printemps au fond de la mer », 1920.

▼ **Simon Hilary,** *Tropical Coral*, 1993.

Comprendre le texte **III.8**

Un monde imaginaire ?

1 Relevez dans le poème les mots et les expressions qui désignent des animaux et des végétaux que l'on ne trouve pas dans la mer.

2 Lisez la rubrique **À retenir**. Recopiez trois expressions qui désignent des éléments du paysage par une personnification (vous pouvez recopier l'exemple donné).

3 Pourquoi le poète désigne-t-il le corail par l'expression «une forêt de cerfs rouges»?

4 En vous aidant de vos réponses aux questions précédentes, expliquez comment le poète crée un monde imaginaire.

Une réalité déguisée

5 Quels objets cités dans le poème ne s'attend-on pas à trouver dans la mer ?

6 Pourquoi le poète parle-t-il d'«éclairage» ? Où se passe cette scène en réalité ?

7 À quoi sert le «petit robinet qui change l'eau salée» ?

8 De quelle manière le regard du poète a-t-il transformé un objet réel en univers imaginaire ?

Bilan

9 Diriez-vous que ce poème est sérieux, amusant ou fantaisiste ? Justifiez votre réponse.

à retenir

Le procédé de personnification
Quand on utilise le **procédé de personnification**, on évoque des objets, des animaux ou des éléments de la nature comme s'ils étaient des personnes.
Exemple : «Les fleurs dorment debout.»

Activités **I.4 / III.2**

ORAL

Apprenez à révéler le sens d'un texte par la lecture.
Préparez une lecture orale à deux.
L'un(e) de vous lira les passages qui décrivent un monde imaginaire.
L'autre lira uniquement ceux où l'auteur donne des indices de ce qu'est en réalité cet univers.

ÉCRITURE

Évoquez de manière poétique le contenu de votre trousse : vous en ferez un paysage naturel ou urbain.

▶ **Observez les objets** que contient votre trousse et, pour chacun, cherchez un élément de la nature qui lui ressemble. Notez ces rapprochements.

▶ **Réfléchissez au paysage d'ensemble** que vous pouvez créer.

si vous avez besoin d'aide

▶ **Vous pouvez commencer**, comme Jean Cocteau, par une affirmation.

▶ **Vous pouvez reprendre certains procédés du texte :** la personnification, le rapprochement de plusieurs éléments dans une même expression : «Une forêt de cerfs rouges écoute un bruit d'hélice.»

▶ **Vous pouvez, comme Cocteau, donner une tonalité amusante** à votre poème : «Ils donnent de gros baisers à la mer.»

▶ Essayez de ne pas dévoiler trop tôt qu'il s'agit d'une trousse.

Conseils

▶ Ne vous sentez pas tenu(e) de proposer un univers fermé (comme une trousse) : décidez que la trousse est ouverte si cela vous arrange mais expliquez-le au lecteur dans le texte.

▶ Pensez au fait que certains objets produisent des sons si on les fait bouger (clés, trombones dans une boîte).

PARTIE 2

Comment la poésie invente-t-elle des mondes nouveaux en jouant sur les mots ?

Le langage de la ville

Texte écho

**Robert Massin
(né en 1925)**
Ce typographe est chargé de réaliser des maquettes de livres pour des éditeurs comme Gallimard. Il fréquente ainsi de grands poètes français.

1. **Oriflammes** : bannières, drapeaux.
2. **Labels** : marques, logos.

La Lettre et l'Image est un essai dans lequel Robert Massin fait l'histoire des représentations des lettres de notre alphabet vues comme des images.

La ville est un grand livre ouvert, d'une écriture anonyme. Il suffit de regarder : les images vous parlent.

Les stations services hérissées de mâts, de piliers, d'oriflammes[1] dont les labels[2] géants claquent au soleil.

5 Les affiches du métro penchées au-dessus des voyageurs endormis.

Les murs qui parlent et font des bulles, les ballons qui emportent la parole dans le ciel où des avions capricieux tracent des messages.

Robert Massin, *La Lettre et l'Image*, 1970.

▲ *Les affiches à Trouville*, Raoul Duffy, 1906.

Comprendre le texte — II.3

1. Expliquez comment les deux premières phrases établissent un rapprochement qui dirige tout le texte.

2. Quels éléments du texte font de la ville un monde poétique ?

3. Aux lignes 5 à 8, quel procédé d'écriture donne à la ville un aspect vivant ?

4. Écoutez les sonorités du texte. Que remarquez-vous ? Pourquoi peut-on le comparer à un poème ?

Comparer les textes

5. Quels points communs peut-on trouver entre ce texte et le poème de Jean Cocteau ?

Activité — III.10

ÉCRITURE

Poursuivez le texte en décrivant d'autres éléments urbains poétiques et personnifiés.

▶ Vous pouvez décrire les bus, les automobiles, les vitrines, les kiosques, les squares, etc. Votre texte comptera au moins cinq lignes.

Compréhension orale

Écouter un poème de Boris Vian
« Terre-Lune »

Avant d'écouter

« Terre-Lune » est un poème de l'écrivain Boris Vian, écrit en 1955.

ÉCOUTER ET COMPRENDRE I.1

Écoutez attentivement la lecture de ce poème, puis répondez aux questions.

❶ Quels mots sont plusieurs fois répétés en début de strophe ?
a. Terre Soleil.
b. Terre Lune.
c. Terre Ciel.

❷ Quelles raisons incitent le poète à partir ?
a. La solitude et la peur.
b. Les morts et les guerres.
c. L'obscurité et la faim.

❸ Quel mot rime avec « cœur » ?
a. Peur.
b. Douceur.
c. Douleurs.

❹ À quoi le poète se compare-t-il ?
a. à un météore.
b. à une étoile.
c. à la Lune.

❺ Que reproche le poète aux autres hommes ?
a. Leur inconscience.
b. Leur stupidité et leur sauvagerie.
c. Leur ignorance.

❻ Que signifie le mot « perclus » d'après le contexte du poème ?
a. Paralysé.
b. Vide.
c. Assoiffé.

LA MISE EN VOIX DU TEXTE I.7

1. Comment le lecteur fait-il entendre le début et la fin des vers ? Et des strophes ?
2. Quels sentiments le lecteur veut-il transmettre ? De quelle manière ?
3. De quelle(s) manière(s) le lecteur prononce-t-il « Terre Lune » ? Pourquoi ce choix ? Auriez-vous lu de la même manière ?

DU TEXTE À L'IMAGE V.2

Quels liens pouvez-vous établir entre ce tableau et le poème de Boris Vian ?

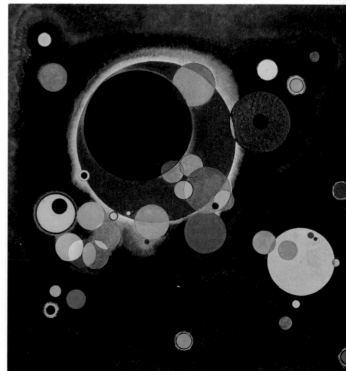

▶ *Esquisse pour plusieurs cercles*, Vassily Kandinsky, 1926. Peinture.

Lire deux voyages initiatiques

objectif

Vous allez lire les voyages de Cornélius et de Ziyara et rendre compte de votre découverte dans un carnet de lecture.

François Place (né en 1957)
Illustrateur et auteur de romans jeunesse, il publie en 1996 et 2000 les trois tomes de l'*Atlas des géographes d'Orbae* qui seront prolongés en 2010 par *Le Secret d'Orbae*.

François Place

LE SECRET D'ORBÆ

Le Secret d'Orbæ

« Je viens d'un pays de sable et de brumes, un pays de reflets qui dérivent sous de grands cieux changeants. Je n'imaginais pas qu'on puisse gravir des sentiers sur des corniches aussi vertigineuses, à l'ombre formidable des sommets orgueilleux. Pourtant j'en étais là, à peiner et à me maudire. Les vallées s'empilaient sous nos pieds, toujours plus hautes, et chaque col franchi n'était rien d'autre qu'une marche conduisant au suivant. Pour la première fois de ma vie, je marchai dans les nuages… »

Avant la lecture

❶ Quelles aventures s'attend-on à lire lorsqu'on observe la couverture du livre ?

❷ Lisez l'incipit du roman (c'est-à-dire les premières lignes).
a. Qui raconte l'histoire, d'après vous ?
b. Quels indices indiquent que le lecteur va découvrir un univers nouveau ?

LECTURE CURSIVE

Lire l'œuvre 1.2

ACTIVITÉ 1 ❯ **Premier rendez-vous de lecture**

Lisez le roman jusqu'à ce que Cornélius entende parler de Ziyara.

1 Qui est Cornélius ? Quel est son métier ?

2 Qu'est-ce que la toile à nuages ? Où en trouve-t-on ?

3 Citez trois éléments du roman qui montrent que l'histoire se déroule dans un univers imaginaire.

4 Citez au moins trois villes traversées par Cornélius.

5 Citez trois épreuves ou lieux dangereux traversés par Cornélius.

6 Citez deux créatures étranges que l'on trouve dans cet univers.

ACTIVITÉ 2 ❯ **Deuxième rendez-vous de lecture**

Lisez le roman jusqu'à la fin du voyage de Cornélius.

7 Qui est Ziyara ? Quel est son métier ?

8 Quels animaux sont les amis de Ziyara ?

9 Quel objet relie Cornélius à Ziyara ?

10 Quel peuple produit les cocons de toile à nuages ? Où ce peuple vit-il ?

11 Quelle est la véritable nature de la Montagne bleue ?

12 Finalement, qu'a gagné Cornélius à la fin de son voyage ?

ACTIVITÉ 3 ❯ **Troisième rendez-vous de lecture**

Lisez le voyage de Ziyara.

13 Dans quel genre de famille Ziyara est-elle née ?

14 Que signifie le prénom de Ziyara ?

15 Que trouve Ziyara dans sa part du pain des Vieillards ?

16 Quels sont les pouvoirs du dauphin d'ivoire ?

17 Quel événement oblige Ziyara à quitter Candaâ ? Pour quelles raisons ?

18 Pourquoi Ziyara veut-elle devenir femme-cartographe ?

19 Quels sont les pouvoirs de la Carte-Mère ?

20 Où Ziyara et Cornélius décident-ils finalement de vivre ? Pourquoi ce choix, selon vous ?

  PROJET **V.4**

Créer un carnet de lecture

ÉTAPE 1

❯ **Premier itinéraire : explorateurs novices**

Lisez la première partie du roman : « Le voyage de Cornélius ».
– relevez le nom des pays, des villes ou des îles où il passe ; décrivez en une phrase chacun de ces lieux ;
– décrivez en quelques mots les peuples qu'il rencontre ;
– décrivez en une phrase les créatures étranges qu'il découvre lors de ses voyages ;
– notez les noms des amis qu'il se fait et décrivez-les en quelques mots.

ÉTAPE 2

❯ **Second itinéraire : explorateurs experts**

Lisez l'histoire de Ziraya et complétez votre carnet.
– Sous la forme d'une frise, résumez les grandes étapes de sa vie, depuis son enfance jusqu'à la fin du livre.
– Notez les noms des amis qu'elle se fait, et décrivez-les en quelques mots : peuple auquel ils appartiennent, apparence, qualités, aide qu'ils apportent à Ziraya.
– Recopiez trois phrases qui vous ont plu et pourraient donner envie aux explorateurs novices de lire ses aventures.

ÉTAPE 3

❯ **Rédiger une conclusion**

Avez-vous aimé découvrir le monde de Cornélius et Ziraya ? Expliquez pourquoi, en cinq à dix lignes. Insérez votre texte à la fin de votre carnet de lecture.

PARTIE 3

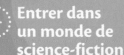

Entrer dans
un monde de
science-fiction

Parcours
de lecture

Des univers parallèles existent-ils ?

Chroniques martiennes

Chroniques martiennes est un recueil de nouvelles publiées
à l'origine dans des magazines. Ces nouvelles racontent
la colonisation de la planète Mars par les humains alors que
la civilisation martienne semble avoir disparu depuis longtemps.

Le charme de Mars

Extrait 1

**Ray Bradbury
(1920-2012)**
Ce romancier
américain est
un auteur de science-
fiction. Ses œuvres
offrent indirectement
une réflexion sur la
société de son époque,
après la Seconde Guerre
mondiale.

*Tomás est un jeune Terrien récemment arrivé sur Mars. Il s'arrête à une
station-service et discute avec le vieil homme qui le sert.*

« Comment vous trouvez Mars, papy ?

– Très bien. Toujours du neuf. Quand je suis venu ici, l'année
dernière, j'étais décidé à ne rien attendre, ne rien demander, ne
m'étonner de rien. Il faut qu'on oublie la Terre et comment c'était
5 là-bas. Il faut regarder ce qu'on a ici, et à quel point c'est *différent*.
Je m'amuse comme un petit fou rien qu'avec la météo. Une météo
vraiment *martienne*. Une chaleur de tous les diables le jour, un froid
de tous les diables la nuit. Je me régale avec les fleurs, différentes, et
la pluie, différente elle aussi. Je suis venu sur Mars pour y prendre ma
10 retraite, et pour ça, la retraite, je voulais du changement. Les vieux
ont besoin de changement. Les jeunes n'ont pas envie de leur causer,
les autres vieux les ennuient à mort. Alors je me suis dit que le mieux
pour moi, c'était un endroit tellement différent qu'il n'y aurait qu'à
ouvrir les yeux pour avoir de la distraction. J'ai cette station-service.
15 Si les affaires s'emballent, j'irai me réinstaller sur une vieille route
moins fréquentée où je pourrai gagner juste de quoi vivre et continuer d'avoir le temps de profiter de tout ce qu'il y a de *différent* ici.

– Vous avez bien raison, papy », dit Tomás, ses mains basanées
négligemment posées sur le volant. Il se sentait bien. Il venait de
20 travailler dix jours d'affilée à l'une des nouvelles colonies et saisissait
à présent l'occasion de deux jours de congé pour se rendre à une
petite fête.

« Plus rien ne me surprend, dit le vieil homme. Je me contente de
regarder. De ressentir. Si on n'est pas capable d'accepter Mars comme
25 elle est, autant retourner sur la Terre. Tout est fou ici, le sol, l'air, les
canaux, les indigènes (j'en ai encore jamais vu, mais il paraît qu'il
y en a dans les environs), les horloges. Même celle que j'ai se com-

porte bizarrement. Même le *temps* est fou ici. Des fois, j'ai l'impression d'être tout seul ici, sans personne d'autre sur toute cette fichue
30 planète. J'en mettrais ma main à couper. Des fois, j'ai l'impression d'avoir huit ans, d'avoir rapetissé et de tout trouver grand. Bon sang, c'est l'endroit rêvé pour un vieux. Ici, je suis toujours gaillard et content. Vous savez ce qu'est Mars ? C'est comme un truc que j'ai eu à Noël il y a de ça soixante-dix ans – j'sais pas si vous en avez jamais
35 eu un –, on appelait ça un kaléidoscope, des cristaux, des morceaux de tissu, des perles et de la verroterie. On tournait ça vers le jour, on regardait dedans et c'était à couper le souffle. Tous ces motifs ! Eh bien, c'est Mars. Profitez-en. Ne lui demandez rien d'autre que ce qu'elle est. Bon sang, vous savez que cette route, là, a été construite
40 par les Martiens il y a plus d'une quinzaine de siècles et qu'elle est toujours en bon état ? Ça fait un dollar cinquante, merci et bonne nuit. »

Tomás reprit la vieille route avec un petit rire de gorge.

Ray Bradbury, *Chroniques martiennes*, 1950,
traduit de l'américain par J. Chambon et A. Robillot.

vous avez fini de lire

Si une planète habitable était découverte, aimeriez-vous quitter la Terre pour l'explorer ? Justifiez votre réponse.

▲ **Edward Hopper**, *Gas*, 1940. Peinture, New York, Musée d'art moderne.

Comprendre le texte II.3

Un monde nouveau

1. Pourquoi le propriétaire de la station-service s'est-il installé sur Mars ?

2. En quoi cette planète est-elle différente de la Terre ? Relevez une accumulation qui énumère ce qu'il y a d'étonnant sur cette planète.

3. Quelle comparaison est utilisée par le gérant pour décrire Mars ? Comment l'expliquez-vous ?

Un miroir de la Terre

4. Le vieil homme vous semble-t-il vivre une vie extraordinaire sur cette planète lointaine ?

5. Quels sont les centres d'intérêt des deux personnages, d'après le texte ? Sont-ils différents des habitants de la Terre ?

6. Selon vous, pourquoi Tomás rit-il en quittant la station-service ?

Bilan

7. Cette planète Mars est-elle si différente de notre Terre, finalement ?

▲ Mars en 2536. Peinture.

Activités III.1 / III.3

LANGUE

▶ « Tout est fou ici, le sol, l'air, les canaux, les indigènes. » Ajoutez à cette phrase quatre expansions du nom : deux adjectifs qualificatifs et deux propositions relatives.

ÉCRITURE

Imaginez le premier jour de Tomás dans la nouvelle colonie où il travaille.
Vous décrirez son étonnement face à ce nouveau monde. Vous pouvez commencer par : « En descendant de la fusée, Tomás fut immédiatement surpris par… »

si vous avez besoin d'aide

▶ **Reprenez dans le texte** les éléments qui diffèrent de la Terre, et intégrez-les à votre description.

▶ **Pensez aux contraintes imposées** par la planète : comment se protéger des températures extrêmes, des extraterrestres…

▶ **Pensez à décrire l'architecture** de la colonie.

si vous avez besoin de mots

▶ **Les bâtiments :** *une bâtisse, un édifice, une construction, un immeuble, un gratte-ciel…*

▶ **Les éléments techniques :** *la tuyauterie, les systèmes de chauffage, d'aération, de réfrigération, de purification, de recyclage…*

▶ **Les matériaux :** *le métal, l'acier, le verre, la brique, le plastique…*

si vous avez fini d'écrire

Tomás envoie un message à sa famille, restée sur Terre, pour la rassurer. Rédigez ce message en quelques lignes.

Une rencontre du troisième type

Sur la route, Tomás fait la rencontre d'un être étrange conduisant un véhicule inconnu. Les deux personnages s'arrêtent et se regardent, surpris.

« Qui êtes-vous ? interrogea Tomás dans sa langue.

– Qu'est-ce que vous faites ici ? » En martien : les lèvres de l'étranger bougeaient.

« Où allez-vous ? » demandèrent-ils ensemble. Et ils parurent tout
5 désorientés.

« Je m'appelle Tomás Gomez.

– Je m'appelle Muhe Ca. »

Ni l'un ni l'autre ne comprit, mais ils avaient accompagné leurs paroles d'une petite tape sur leur poitrine et tout devint clair.

10 Alors le Martien éclata de rire. « Attendez ! » Tomás eut l'impression qu'on lui touchait la tête, mais nulle main ne l'avait touché. « Là ! dit le Martien dans la langue de Tomás. C'est mieux comme ça !

– Avec quelle vitesse vous avez appris ma langue !

– Un jeu d'enfant ! »

15 Gênés par un nouveau silence, ils regardèrent le café qui n'avait pas quitté la main de Tomás.

« Nouveau ? » dit le Martien en lorgnant Tomás et le café – et en se référant peut-être aux deux.

« Puis-je vous offrir quelque chose à boire ? proposa Tomás.

20 – Volontiers. »

Le Martien glissa à bas de sa machine.

Une deuxième tasse fut produite et remplie de café fumant. Tomás la tendit.

Leurs mains se rencontrèrent et – comme de la
25 brume – se traversèrent.

« Bon sang ! » s'écria Tomás. Et il lâcha la tasse.

« Par tous les dieux ! s'exclama le Martien dans sa propre langue.

– Vous avez vu ça ? » murmurèrent-ils ensemble.

30 Ils étaient soudain glacés de terreur.

Le Martien se baissa pour toucher la tasse mais n'y parvint pas.

« Sapristi ! fit Tomás.

– C'est le mot. » Le Martien essaya encore et encore
35 de saisir la tasse. Peine perdue. Il se redressa, réfléchit un moment, puis tira un couteau de sa ceinture.

« Hé là ! cria Tomás.

– Vous vous méprenez, attrapez ! » Et le Martien lui lança le couteau. Tomás mit ses mains en coupe. Le
40 couteau tomba à travers la chair et heurta le sol. Tomás

udson (à droite) dans *Chroniques martiennes*
hael Anderson, 1979.

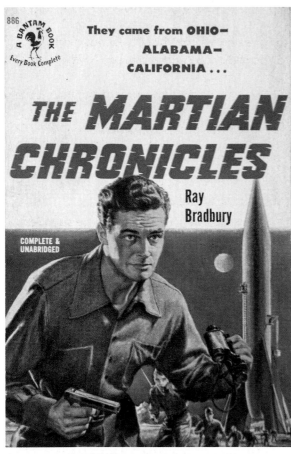

They came from OHIO—
ALABAMA—
CALIFORNIA ...

886

A BANTAM BOOK
Every Book Complete

THE MARTIAN CHRONICLES

Ray Bradbury

COMPLETE & UNABRIDGED

▲ Couverture, première édition, 1950.

se baissa pour le ramasser, mais il ne parvint pas à le toucher. Il recula, parcouru de frissons.

Il regarda alors le Martien qui se découpait sur le ciel.

45 «Les étoiles ! dit-il.

– Les étoiles !» dit le Martien en regardant Tomás à son tour.

Les étoiles étaient visibles, nettes et blanches, à travers la chair du Martien, dans 50 laquelle elles semblaient cousues telles des paillettes en suspension dans la fine membrane phosphorescente de quelque créature marine gélatineuse. On les voyait scintiller comme des yeux violets dans le ventre et la poitrine 55 du Martien et comme des bijoux à travers ses poignets.

«Je vois à travers vous ! dit Tomás.

– Et moi à travers vous !» dit le Martien en reculant d'un pas.

60 Tomás tâta son propre corps et, percevant sa chaleur, se sentit rassuré. *Je* suis bien réel, se dit-il.

Le Martien se toucha le nez et les lèvres. «*Je* sens ma chair, dit-il presque à haute voix. *Je* 65 suis vivant.»

Tomás regarda fixement l'étranger. «Et si *je* suis réel, c'est que *vous* devez être mort.

– Non, vous !

Ray Bradbury, *Chroniques martiennes*, 1950, traduit de l'américain par J. Chambon et A. Robillot.

 vous avez fini de lire

Avez-vous déjà communiqué avec quelqu'un ne parlant pas votre langue ? Comment avez-vous fait ? Qu'avez-vous ressenti ?

Comprendre le texte II.3

Une étrange rencontre

1. Pourquoi les personnages ont-ils du mal à se comprendre au début du texte ? Comment comprennent-ils cependant leurs prénoms ?

2. Selon vous, comment le Martien apprend-il aussi vite la langue de Tomás ?

3. À partir de quel moment les deux personnages commencent-ils à prendre confiance ? Quel événement remet en cause cette confiance ?

4. Pourquoi le Martien lance-t-il un couteau à Tomás ?

La peur de l'autre

5. Pourquoi Tomás prend-il peur dans la deuxième partie du texte ?

6. Le Martien réagit-il différemment de Tomás ? Pourquoi ?

7. Quel type de phrases est employé pour exprimer la peur des personnages ? Citez deux exemples.

8. À part leur langage, y a-t-il d'autres éléments qui soulignent la différence entre les deux personnages ?

9. Peut-on deviner lequel des deux personnages ment ou a tort, selon vous ? Pourquoi ?

Bilan

10. La peur que les personnages éprouvent l'un pour l'autre est-elle justifiée ? Développez votre réponse dans un paragraphe de cinq lignes environ.

Activités IV.1 / III.3

LANGUE

▶ Relevez les phrases qui se terminent par un point d'exclamation. Vous direz si ces phrases sont exclamatives ou impératives.

ÉCRITURE

Imaginez qu'un adolescent rencontre un jour par hasard un extraterrestre sur Terre. Racontez la scène.
Vous raconterez d'abord leur étonnement mutuel, puis ce qu'ils se disent. Vous finirez en expliquant comment ils se quittent (entre dix et quinze phrases).

si vous avez besoin d'aide

▶ Insérez des **passages dialogués**.

▶ Réfléchissez à la manière dont les personnages vont communiquer.

▶ **Décrivez les sentiments** de l'adolescent lors de cette rencontre extraordinaire.

si vous avez besoin de mots

▶ **Des noms décrivant leur réaction :** *curiosité, crainte, étonnement, doute, peur...*

▶ **Des adjectifs décrivant leur attitude :** *respectueux, suspicieux, admiratif...*

si vous avez fini d'écrire

Faites le portrait physique de l'extraterrestre en quelques lignes puis dessinez-le.

◀ *Rencontres du troisième type,* Steven Spielberg, 1977.

Comprendre l'autre

Extrait **3**

Après avoir dépassé leurs craintes respectives, Tomás et Muhe Ca tentent d'expliquer pourquoi ils ne peuvent se toucher.

Le Martien ferma les yeux et les rouvrit. «Je ne vois qu'une seule explication. Ça a à voir avec le Temps. Oui. Vous êtes une vision du Passé !

– Non, c'est vous qui venez du Passé», dit le Terrien, qui avait eu

5 le temps de retourner la question dans sa tête.

«Vous êtes bien sûr de vous. Comment pouvez-vous prouver qui vient du Passé, qui vient du Futur ? En quelle année sommes-nous ?

– En 2033 !

– Qu'est-ce que cela signifie pour *moi* ?»

10 Tomás réfléchit et haussa les épaules. «Rien.

– C'est comme si je vous disais que l'on est en 4 462 853 S.E.C. Ce n'est rien et ce n'est pas rien ! Où est l'horloge qui va nous montrer quelle est la position des étoiles ?

– Mais les ruines le prouvent ! Elles prouvent que *je* représente le

15 futur, que *je* suis vivant et *vous* mort !

– Tout en moi affirme le contraire. Mon cœur bat, mon ventre a faim, ma bouche a soif. Non, non, l'un comme l'autre, nous ne sommes ni morts ni vivants. Plutôt vivants, quand même. Plus exactement, entre les deux. Deux étrangers qui passent dans la nuit, voilà

20 tout. Deux étrangers qui passent. Des ruines, dites-vous ?

– Oui. Cela vous fait peur ?

– Qui a envie de voir le Futur, est-ce *seulement* imaginable ? On peut faire face au Passé, mais songer… les colonnes *écroulées*, dites-vous ? Et la mer vide, les

25 canaux à sec, les jeunes filles mortes, les fleurs flétries ?» Le Martien se tut, puis il regarda devant lui. «Mais tout ça est *là*. Je le *vois*. N'est-ce pas suffisant pour moi ? Tout ça m'attend, peu importe ce que vous pouvez dire.»

Tomás, *lui*, était attendu par les fusées, là-bas, par la

30 ville et les femmes de la Terre. «Impossible de se mettre d'accord, dit-il.

– Alors soyons d'accord sur notre désaccord. Peu importe qui représente le Passé ou le Futur, si nous sommes tous deux vivants, car ce qui doit suivre suivra,

35 demain ou dans dix-mille ans. Qu'est-ce qui vous assure que ces temples ne sont pas ceux de votre propre civilisation d'ici une centaine de siècles, en ruine, brisés ? Vous n'en savez rien. Alors ne vous posez pas de ques-

▲ *Rencontres du troisième type,*
Steven Spielberg, 1977.

tions. Mais la nuit est courte. Voilà les feux du festival qui montent
40 dans le ciel, et les oiseaux. »

Tomás tendit sa main. Le Martien l'imita.

Leurs mains ne se touchèrent point ; elles s'interpénétrèrent.

« Nous reverrons-nous ?

– Qui sait ? Peut-être une autre nuit.

Ray Bradbury, *Chroniques martiennes*, 1950,
traduit de l'américain par J. Chambon et A. Robillot.

 vous avez fini de lire

À quoi reconnaît-on qu'il s'agit d'une histoire
de science-fiction ?

Comprendre le texte   II.3

Une tentative d'explication

1 Comment le Martien explique-t-il que Tomás
et lui ne peuvent se toucher ?

2 Aux lignes 1 à 5, observez les types de phrases
majoritairement employés par chaque
personnage. Que constatez-vous ?
Que peut-on déduire de leurs attitudes
respectives ?

3 Dans le dialogue, quel personnage semble avoir
les arguments les plus convaincants, selon
vous ?

Deux êtres semblables

4 À quoi correspondent les dates 2033 et
4 462 853 S.E.C. ? Pourquoi n'ont-elles pas
de sens, selon le Martien ?

5 Qu'est-ce qui permet au Martien d'avoir
le sentiment qu'ils existent bien tous les deux ?

6 Qu'ont en commun Tomás et le Martien,
finalement ?

Bilan

7 Qu'ont appris Tomás et le lecteur grâce à cette
rencontre, selon vous ?

Activités   IV.1 / III.9 / III.8

LANGUE

▶ Relevez les phrases interrogatives. Pour chacune
de ces phrases, dites à qui la question est posée.

ÉCRITURE

À quoi servent les histoires de science-fiction ?
Dans un paragraphe de cinq à six lignes, proposez
deux fonctions différentes de la science-fiction et
illustrez-les d'un exemple.

 vous avez besoin d'aide

▶ Vous pouvez vous servir du parcours
de lecture comme exemple.

▶ **Cherchez d'autres exemples** en littérature,
en BD, au cinéma.

▶ **Pensez à tous les types d'histoires de science-
fiction :** celles qui se passent sur Terre,
sur d'autres planètes, dans l'espace ; celles
qui se déroulent dans un futur proche ou,
au contraire, très lointain…

 vous avez fini d'écrire

Vérifiez, en faisant lire votre texte à votre
voisin, que vos explications sont claires
pour lui.

Créer un univers de science-fiction

Star Wars, Un nouvel espoir
George Lucas, 1977

La première trilogie *Star Wars* raconte l'histoire d'un groupe de rebelles, mené par la princesse Leïa, en lutte contre l'Empire Galactique, dans une galaxie lointaine. Luke Skywalker va être malgré lui impliqué dans ce conflit.

La princesse Leia confie à R2-D2 les plans de l'Étoile noire avant d'être arrêtée par Darth Vader.

Un monde nouveau 1

C-3PO et R2-D2 détiennent les plans de l'Étoile noire, recherchés par les troupes de Darth Vader.

Une planète de science-fiction

1 Quelles sont les caractéristiques du paysage de cette planète ?

2 Quels éléments du décor évoquent un univers de science-fiction ?

3 Quel est l'intérêt du plan large, pour transporter le spectateur dans cet univers ?

Des robots de science-fiction

4 Décrivez les deux robots, en insistant sur leurs différences. À quel genre de récit ou de film les robots sont-ils associés ?

5 Selon vous, quels effets spéciaux ont rendu leur création possible ?

ÉCRITURE V.6

Inventez la notice explicative des deux robots, rédigée par leurs créateurs ! Vous décrirez leurs fonctionnalités, leur utilité, mais aussi leur personnalité. Un schéma ou un dessin peuvent accompagner les explications

Un monde dangereux 2

Une créature effrayante

1 Décrivez l'homme des sables. Quel sentiment peut-il produire chez le spectateur ?

2 A-t-on l'impression d'être dans un monde futuriste ? Pourquoi ?

Un héros en danger

3 Dans quelle posture se trouve Luke ? Quel sentiment peut-on éprouver pour lui ?

4 Observez la composition de l'image : comment souligne-t-elle la situation délicate dans laquelle se trouve Luke ?

ÉCRITURE

Racontez la scène du combat entre Luke et l'homme des sables.

Luke est confronté à un homme des sables de Tatooine.

Une planète artificielle 3

L'Étoile noire est l'arme la plus puissante de l'Empire.

Une planète de métal

1 À quoi ressemble la base de Darth Vader ? Pourquoi peut-on l'opposer à Tatooine ?

2 Comment comprenez-vous le nom de cette base ?

Une guerre spatiale

3 Comparez la taille des vaisseaux des rebelles et de l'Étoile noire : qui a l'avantage ?

4 D'après l'image, le spectateur est-il du côté des rebelles ou de l'Empire ?

ÉCRITURE III.10

Imaginez que vous êtes un pilote rebelle : racontez la bataille de l'Étoile noire selon votre point de vue.

ORAL V.3

À quel type de personnages littéraires les héros de ce film vous font-il penser ?

Inventer les mots et le mode de vie d'un monde inconnu

OBJECTIF

Dans cet atelier, vous allez inventer les mots d'un monde nouveau et les utiliser pour raconter la journée d'un habitant d'une planète lointaine.

ACTIVITÉ 1 Toute la classe

⊙ Inventer une planète

**Vous atterrissez sur une planète inconnue.
Donnez-lui un nom.**

– Définissez son climat :

glacial ? tempéré ? tropical ? désertique ?...

– L'atmosphère :

Est-elle respirable pour les hommes ? Peuvent-ils y vivre sans l'aide de la technologie ?

ACTIVITÉ 2 Groupe 1

⊙ Inventer des noms de plantes imaginaires

1. Voici des noms de plantes réelles. Sans chercher dans le dictionnaire, essayez de deviner pourquoi on les a appelées ainsi.

Vérifiez vos hypothèses dans le dictionnaire ou sur Internet.

– Le désespoir du singe.
– Le désespoir du peintre.
– L'herbe aux verrues.
– Le casque de Jupiter.
– Le casse-lunettes.

2. Inventez trois noms de plantes imaginaires qui pousseraient sur votre planète, et expliquez-les.

Puis vous dessinerez ces plantes imaginaires.

ACTIVITÉ 3 — Groupe 2

❍ Inventer une créature

Décrivez une créature vivant sur votre planète et donnez-lui un nom.

Ses caractéristiques doivent être adaptées à son environnement, au climat. Expliquez si les autres habitants la chassent de la planète, l'apprivoisent, la craignent… Puis dessinez-la.

Vous pouvez préciser :
– son aspect (à quoi elle ressemble) : repoussant, effrayant, étonnant, magnifique…
– les sons qu'elle émet : rugissement, beuglement, chant, ronronnement…
– son odeur : fétide, écœurante, désagréable, suave, entêtante…
– la texture de son pelage, ses écailles, ses plumes… : rêche, douce, visqueuse…
– son goût (si elle se mange !) : amer, acide, piquant, douceâtre…

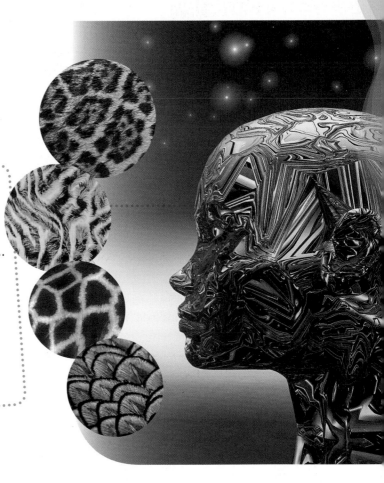

ACTIVITÉ 4 — Groupe 3

❍ Inventer des peuples inconnus

Inventez et décrivez les habitants de votre planète, puis donnez-leur un nom. S'agit-il d'extraterrestres ?

Vous pouvez préciser :
– leur aspect physique ;
– ce qu'ils mangent ;
– ce qu'ils font de leur journée : chasse, agriculture, loisirs, arts…

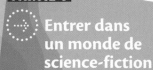

Entrer dans un monde de science-fiction

ACTIVITÉ 5 Groupe 4 ·····························

◗ Inventer des habits étranges

1. Imaginez les ressources de votre planète permettant aux habitants de se vêtir.

Créez cinq groupes nominaux, en associant un vêtement avec une matière et une couleur. Choisissez la bonne préposition : « en » ou « de » et accordez correctement les adjectifs !

Ex. : des culottes de laine arc-en-ciel.

2. Inventez des noms pour désigner des vêtements qui n'existent pas sur Terre.

Vêtements	Matières	Couleur
bonnets, chapeaux, casques, bottes, cothurnes, sandales, chausses, pantalons, culottes, surcots, gilets, robes, jupes, cotillons, capes, manteaux…	laine, cuir, peau, coton, fibres, soie, velours, bure, fourrure, écailles, plumes…	vert, rouge, bleu azur, orange, arc-en-ciel, marron, doré, cuivré, gris, beige, noir, blanc, brun…

ACTIVITÉ 6 Groupe 5 ·····························

◗ Inventer la politesse

Inventez des périphrases qui serviraient de formules de politesse aux habitants de cette planète.

Par exemple :

« Bonne nuit » pourrait se dire :

« Que vos tentacules se reposent bien. » ;

« Bon appétit » pourrait se dire :

« Que vos trois estomacs soient satisfaits. »

– Je vous salue.

– Bonne journée.

– Merci beaucoup.

– Je suis désolé.

– À bientôt.

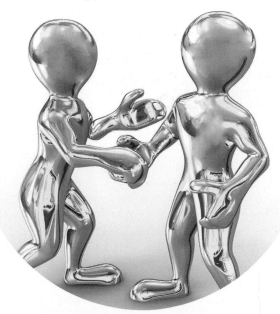

ACTIVITÉ 7 Groupe 6

➲ Inventer des modes de transport

Imaginez comment se déplaceraient les extraterrestres.

Écrivez trois phrases décrivant chacune un mode de transport différent.
Employez à chaque fois la bonne préposition : « à » ou « en » ?
(On voyage en voiture mais à moto, selon qu'on est à l'intérieur
du véhicule ou non).

– Vous pouvez penser à des bêtes que l'on monte
(inventez leur nom et leur description !).

– Vous pouvez inventer des véhicules (motos volantes,
aéroglisseurs…).

– Vous pouvez créer des technologies
permettant de se déplacer plus vite
(chaussures spéciales,
ailes bioniques…).

ACTIVITÉ 8 Groupe 7

➲ Inventer une ville

**Décrivez la capitale de cette planète lointaine,
en une dizaine de phrases, puis donnez-lui un
nom.**

– Réfléchissez aux contraintes de la planète :
comment les bâtiments permettent-ils de se
protéger de son climat et de ses dangers ?
Quelle est la place de la technologie ?

– Si vous n'avez pas d'inspiration, aidez-vous de
l'image ci-contre.

PROJET III • 10 Raconter une journée sur votre planète lointaine

1. Après avoir mis en commun les éléments inventés par toute la classe, chaque groupe écrira une journée de la vie d'un habitant de la planète en utilisant le plus grand nombre possible de ces éléments.

2. Chaque groupe raconte à la classe cette journée dans ce monde imaginaire.

DES LIVRES ET DES FILMS

ᥫ᭡ Pour les amateurs de romans

Tobie Lolness
**Timothée de Fombelle,
© Folio Junior**

Pour ceux qui aiment
les univers fantaisistes
et la nature.
Tobie Lolness mesure un
millimètre et demi et vit
dans le grand chêne avec
sa famille. Son grand-père
a refusé de livrer au Grand
Conseil une invention permettant d'exploiter la
sève de l'arbre : toute la famille Lolness est alors
contrainte à l'exil dans les Basses-Branches…

Terrienne
**Jean-Claude Mourlevat,
© Gallimard Jeunesse**

Pour ceux qui aiment les
récits haletants, dans des
mondes de science-fiction.
Anne reçoit un message de
sa sœur, disparue depuis
un an. Pour la retrouver, elle
passe « de l'autre côté », un
monde parallèle dépourvu
d'humanité. Elle devra risquer sa vie pour espérer
sauver sa sœur…

Le Livre des étoiles : Qadehar le sorcier
**d'Érik L'Homme,
© Folio Junior**

Pour les amateurs
d'aventures et de magie.
Ys est une île entre deux
mondes : le nôtre et le
Monde incertain. Guillemot,
douze ans, manifeste des
pouvoirs magiques qui intéressent la guilde des
sorciers. Mais Agathe, sa pire ennemie, est enlevée
par des Gommons, monstres du Monde incertain.

ᥫ᭡ Pour les amateurs de bandes dessinées

L'Autre monde
**Rodolphe, illustré
par Florence Magnin,
© Dargaud**

Pour ceux qui aiment
les mondes oniriques.
Jan, aviateur, se réveille
un jour dans une chambre
d'hôpital. Il comprend
progressivement qu'un
accident l'a transporté dans un univers très
différent du nôtre. Mais ce monde merveilleux est
sur le point de disparaître, une fissure dans le ciel
menaçant de tout engloutir. Avec ses nouveaux
amis, il part explorer ce monde pour essayer de
le sauver.

ᥫ᭡ Pour les amateurs de fantasy

Le Hobbit
J. R. R Tolkien, © Bourgois

Pour ceux qui aiment les
grandes épopées.
Bilbo est un hobbit, un
petit homme aux pieds
velus qui vit dans le confort
de sa maison creusée sous
une colline. Mais un jour,
treize nains et un magicien
s'invitent chez lui, pour
lui proposer une mission des plus périlleuses :
reconquérir la Montage solitaire, royaume que les
nains ont fui depuis l'attaque de Smaug le dragon.

Pour les cinéphiles

Willow
Ron Howard

Le règne de la sorcière Bavmorda est menacé par une prophétie : une princesse naîtra bientôt qui la renversera. Toutes les femmes enceintes sont emmenées au château. L'une d'elles accouche et parvient à confier l'enfant à la rivière. Le bébé est recueilli par Willow, un nelwyn (un homme de petite taille), qui devra ramener l'enfant dans son pays et affronter des nombreuses épreuves.

Avatar
James Cameron

Pour les cinéphiles amateurs de science-fiction. Sur Pandora vivent les Na'vis, peuple pacifiste proche de la nature. Mais leur monde contient des richesses convoitées par les Humains. Jake Sully, soldat terrien, est choisi pour se faire passer pour un Na'vi et négocier avec eux. Mais sa rencontre avec Neytiri va changer son opinion à propos de cette mission.

PROJET

Réaliser un carnet de lecture

V.6

Pour garder une trace de votre lecture, vous pouvez créer un carnet de lecture.
Il vous permettra d'écrire ce que vous avez compris et pensé du livre.

➤➤ Préparez votre carnet

Après la lecture de chaque chapitre, vous pouvez :
– résumer ce que vous avez compris de l'histoire.
– noter ce que vous n'avez pas compris : vous poserez plus tard la question à un camarade ou au professeur.
– noter certains mots que vous ne connaissiez pas et qui vous semblent importants, pour chercher leur définition dans un dictionnaire.
– noter ce que vous avez aimé dans chaque chapitre, et ce que vous n'avez pas aimé.

➤➤ Décorez votre carnet

– vous pouvez chercher des images en rapport avec ce que vous avez lu, pour les coller dans votre carnet. Ces images peuvent évoquer un personnage, un lieu, un objet du livre. Elles peuvent aussi représenter les émotions, les sentiments que vous avez éprouvés en lisant chaque chapitre.
– vous pouvez coller de petits objets qui évoquent l'histoire : une feuille d'arbre ramassée par terre, un emballage de bonbon, un bout de ficelle... ou dessiner si vous préférez !

Conseils

– Vous pouvez ensuite échanger votre carnet avec celui d'un camarade ayant lu le même livre, pour comparer ce que vous avez compris et apprécié.
– Vous pouvez aussi regarder le carnet d'un camarade ayant lu un autre livre : peut-être cela vous donnera-t-il envie de le lire à votre tour !
– Vous pouvez faire le même travail sur un film, en proposant un résumé pour chaque scène importante.

Ce que vous avez appris sur...

🕐 Les univers nouveaux

BILAN DU CHAPITRE

1. Quels univers nouveaux avez-vous découverts dans ce chapitre ? Pourquoi étaient-ils différents du nôtre ?

2. Quelles créatures étranges avez-vous croisées ?

3. Qu'est-ce qui caractérise les contes merveilleux ?

4. Par quels moyens la poésie nous entraîne-t-elle dans des univers imaginaires ?

5. Comment la poésie peut-elle créer des univers nouveaux dans la réalité ?

5. Comment définiriez-vous un univers de science-fiction ?

6. Quel(s) texte(s) et quelle(s) image(s) avez-vous préférés ? Pourquoi ?

7. Pourquoi, selon vous, peut-on aimer explorer des univers nouveaux d'après ce chapitre ?

EXPRIMER SON OPINION

Demandez-vous quel est votre texte préféré dans ce chapitre avant de compléter les phrases suivantes.

1. J'ai surtout aimé le monde de ......

2. Il est différent du nôtre car ......

3. On y rencontre des personnages étonnants comme ......

4. J'ai aimé les paysages ou les lieux décrits comme ......

5. Je me souviens de l'expression : « ...... ».

PROJET FINAL

Présenter un monde imaginaire

Vous vous documenterez, par groupe de trois, sur un univers imaginaire et vous le présenterez à la classe.

ÉTAPE 1 ➲ **Choisissez un univers**

- Le Pays imaginaire de Peter Pan, inventé par J. M. Barrie ;
- Les Cités obscures, inventées par Schuiten et Peeters ;
- La terre du milieu, inventée par J. R. R Tolkien ;
- L'École de magie de Poudlard, inventée par J. K. Rowling.

ÉTAPE 2 ➲ **Cherchez des informations**

- Dans quel(s) livre(s) trouve-t-on cet univers ?
- De quel genre d'univers s'agit-il : merveilleux ? de fantasy ? de science-fiction ?...
- Pourquoi est-il différent du nôtre ?
- Quels éléments le rapprochent cependant de notre monde ?
- Quels héros, quelles créatures imaginaires le peuplent ?

ÉTAPE 3 ➲ **Cherchez des images**

Votre professeur vous distribuera la fiche n° 3 pour guider votre travail.

ÉTAPE 4 ➲ **Préparez votre présentation**

- Écrivez de façon très lisible ce que vous allez expliquer à vos camarades.
- Répartissez-vous la parole et décidez qui montrera les images et à quel moment.
- Entraînez-vous à lire de façon expressive votre texte en prenant la parole à tour de rôle.

ÉVALUEZ VOS COMPÉTENCES	Insuffisant	Fragile	Satisfaisant	Très bonne maîtrise
Je sais faire une recherche sur Internet à partir de requêtes précises.				
Je sais organiser et utiliser les informations que j'ai obtenues.				
Je sais travailler en équipe sur un projet.				
Je sais présenter mon travail face à un auditoire.				

Agir sur le monde

es héros et des héroïnes

❶ **Quel personnage occupe le centre de l'image ? Qu'est-ce qui le rend menaçant ?**

❷ **Comment le héros vient-il à bout de son adversaire ? Quel est le rôle du personnage à gauche de l'image ?**

Saint Georges et le Dragon, Ucello, 1439.

Ce que vous savez déjà sur...

🕐 les héros et les héroïnes

1 Rassemblez vos connaissances

✓

1. Quels héros ou héroïnes connaissez-vous ? Dans quels livres ou films les avez-vous rencontré(e)s ?

2. Par quelles qualités se distingue une personnalité héroïque ?

3. Dans quels domaines peut-on se montrer héroïque ?

1. Choisissez deux héros parmi ceux que vous avez cités, ou en piochant parmi la liste suivante, et trouvez deux adjectifs pour les qualifier :

Ulysse, Achille, Énée, Spiderman, Batman, Ironman, Princesse Mononoké, Chihiro, Harry Potter, Lyra Belacqua…

2. Ulysse, Saint Georges, Nelson Mandela, Usain Bolt : connaissez-vous ces quatre personnalités ?

À quelle occasion en avez-vous entendu parler ? Sont-elles réelles ou imaginaires ? Quel exploit chacune d'entre elles a-t-elle réalisé ? Pour chacune d'entre elles, peut-on parler d'héroïsme ?

3. Pour chaque type d'exploit correspondant aux personnages de la question 2, trouvez une personnalité féminine qui a accompli une action comparable.

Princesse Mononoké,
film de Hayoo Miyazaki, 1997.

2 Découvrez une héroïne

Juillet 1429. Jeanne d'Arc aide Charles VII à rejoindre Reims, où il doit être couronné. Parvenues à Auxerre, les troupes de Jeanne d'Arc se heurtent au refus des habitants de leur ouvrir les portes de la ville…

La Pucelle[1], venant alors frapper à la porte du conseil, assura que dans trois jours on pourrait entrer dans la ville. «Nous en attendrions bien six, dit le chancelier, si nous étions sûrs que vous dites vrai.»
5 – «Six ? Vous entrerez demain !» Elle prend son étendard ; tout le monde la suit aux fossés ; elle y jette tout ce qu'on trouve, fagots, portes, tables, solives[2]. Et cela allait si vite que les gens de la ville crurent qu'en un moment il n'y aurait plus de fossés. Les Anglais com-
10 mencèrent à s'éblouir, comme à Orléans ; ils croyaient voir une nuée de papillons blancs qui voltigeaient autour du magique étendard.

Jules Michelet, *Jeanne d'Arc*, 1841.

1. **La Pucelle** : surnom de Jeanne d'Arc.
2. **Solives** : poutres.

Jeanne D'Arc, musée Dobrée, Nantes.

1. En quoi les propos de Jeanne d'Arc sont-ils marquants ?
2. Quelles qualités héroïques sont révélées par cet épisode ?
3. Qualifiez l'impression que fait Jeanne d'Arc à ceux qui la voient.

3 Écrivez une scène héroïque

Décrivez la scène en trois ou quatre phrases selon le point de vue d'un habitant d'Auxerre qui voit Jeanne d'Arc combler les fossés au pied des remparts avec tout ce qu'elle trouve sur son chemin.

Comment héros et héroïnes se distinguent-ils par leurs actes et leurs paroles ?

Une vengeance sanglante

Texte **1**

Homère
(VIIIᵉ siècle av. J.-C.)
Ce poète grec est considéré comme l'auteur de l'*Iliade* et l'*Odyssée*. Ces deux livres fondateurs racontent la guerre de Troie puis le long et difficile retour du guerrier Ulysse sur son île.

1. **Héphaïstos** : dieu forgeron qui a fabriqué les armes d'Achille.
2. **Aigrette** : bouquet de plumes d'ornement.
3. **Ignominieusement** : de façon humiliante.

▼ Achille tuant Hector devant Troie. Lithographie, 1832.

Dans l'Iliade, Homère raconte la guerre entre les Achéens, venus de Grèce, et les Troyens. Le chef de l'armée troyenne, Hector, a tué le Grec Patrocle. Pendant ce combat, Patrocle portait les armes de son cousin et ami Achille, un guerrier redoutable. Fou de colère et de chagrin, Achille s'élance dans la bataille pour venger son ami.

Ayant ainsi parlé, il tira le glaive acéré qui, grand et fort, s'allongeait sous son flanc ; puis, se ramassant sur lui-même, il s'élança comme l'aigle qui, volant du haut des airs, fond dans la plaine à travers les nuées ténébreuses pour se saisir d'une tendre agnelle ou
5 d'un lièvre blotti. De la même façon s'élança Hector, en brandissant son glaive acéré. Achille prit aussi son élan, le cœur empli d'une sauvage ardeur. Par devant, il se couvrait la poitrine avec son beau bouclier habilement ouvragé ; son casque étincelant, à quatre bossettes, s'inclinait sur sa tête, et les beaux brins d'or, qu'Héphaïstos¹
10 avait étirés en grand nombre tout autour de l'aigrette², ondoyaient en tous sens. Tel l'astre qui s'avance au milieu d'autres astres au plus fort de la nuit : Vesper, le plus bel astre qui ait sa place au ciel ; telle luisait la lance bien aiguisée qu'Achille bran-
15 dissait de sa droite, en méditant la perte du divin Hector, et en cherchant sur sa belle chair l'endroit où elle serait le plus pénétrable. Or, les belles armes de bronze dont il avait, après l'avoir tué, dépouillé par violence
20 le vigoureux Patrocle, garantissaient sa chair de toutes parts ; elle n'apparaissait qu'au seul point où les clavicules séparent le col des épaules, au creux de la gorge, là où se perd le plus rapidement le souffle de la vie. Ce fut
25 donc là que le divin Achille poussa sa pique contre l'ardent Hector. Son cou délicat fut de part en part traversé par la pointe ; mais la pique de frêne, alourdie par le bronze, ne trancha point la trachée ; elle permit à Hector
30 de dire quelques mots de réponse à Achille. Hector tomba dans la poussière, et le divin

▲ **Peter Paul Rubens,** *Achille défaisant Hector*, 1630-1632. Pau, musée des Beaux-Arts. Huile sur bois.

Achille exultant s'écria :

— Hector, tu te disais sans doute, en dépouillant Patrocle, que tu serais indemne, et tu n'étais pas en garde contre moi qui restais à
35 l'écart, insensé ! Mais loin d'ici, en arrière et près des vaisseaux, se tenait un vengeur beaucoup plus fort que lui : c'était moi qui viens de rompre tes genoux. Toi, les chiens et les rapaces te déchireront ignominieusement³, tandis qu'à Patrocle, les Achéens rendront les honneurs funèbres.

Homère, *Iliade*, chant XXII, VIIIᵉ s. av. J.-C. traduction de M. Meunier.

 vous avez fini de lire

Relevez les mots qui désignent l'équipement du héros. Expliquez ensuite quelles parties du corps sont protégées en vous aidant, si vous le souhaitez, d'un dessin.

Groupement de textes

PARTIE 1

Comment héros et héroïnes se distinguent-ils par leurs actes et leurs paroles ?

Comprendre le texte   II.3

La beauté des guerriers

1. Relevez les adjectifs qualifiant les armes et les armures des deux guerriers. Proposez un synonyme pour chacun d'eux.

2. À quoi est comparée la lance d'Achille (l. 12-13) ? En quoi cette comparaison est-elle étonnante ?

3. Relevez les adjectifs qui qualifient les noms des héros. Dites sur quel aspect du héros insiste chacun d'eux.

4. Quel sentiment la description des guerriers cherche-t-elle à provoquer chez le lecteur ?

Une démonstration de force

5. À quoi Achille est-il comparé lorsqu'il s'élance pour frapper Hector (l. 2 à 5) ? Quels autres animaux donneraient une impression semblable ?

6. Qu'explique Homère au sujet de l'armure d'Hector ? D'après vous, quel effet cela produit-il sur Achille ?

7. Expliquez pourquoi Achille prend la parole à la fin du texte. Que nous révèlent ses propos au sujet de sa personnalité ?

8. Lisez la définition de l'*hybris*, rubrique **À retenir**, et expliquez ce qui, dans le texte, montre qu'Achille est excessif.

Bilan

9. Les paroles vous semblent-elles aussi importantes que les actes dans cette scène de combat ? Justifiez votre réponse.

à retenir

L'hybris

En grec, **l'hybris** désigne le caractère excessif des passions humaines. Achille incarne ainsi un guerrier excessivement coléreux : son désir de vengeance est tel que, non seulement, il tue Hector, mais il va jusqu'à accrocher le corps de ce dernier à son char pour le traîner et le déchiqueter.

Activités   IV.5 / III.3 / V.4

LANGUE

▶ Réécrivez la première phrase du texte au pluriel : « Ayant ainsi parlé, ils tirèrent les glaives… »

ÉCOUTE

▶ **Écoutez la lecture du texte par un comédien.** Comment donne-t-il à entendre la colère d'Achille lorsqu'il s'adresse à Hector ?

ÉCRITURE

Au moment où Achille s'apprête à frapper Hector, le fantôme de Patrocle apparaît devant lui et le persuade de ne pas se venger. Racontez cette scène en mêlant récit et dialogue.

si **vous avez besoin d'aide**

▶ D'abord, décrivez l'apparition du fantôme et l'effet qu'il produit sur Achille.

▶ Puis imaginez les raisons que Patrocle peut invoquer pour convaincre Achille de ne pas mener à bien sa vengeance.

▶ Vous pouvez commencer par : «*Achille levait le bras pour frapper Hector au cou lorsqu'une vision extraordinaire lui apparut…* »

si **vous avez besoin de mots**

▶ **Des adjectifs pour exprimer les sentiments d'Achille :** *surpris, joyeux, triste, réconforté, heureux, frappé, ému.*

▶ **Des valeurs que Patrocle peut invoquer :** *compassion, pardon, générosité, loyauté, courage.*

si **vous avez fini d'écrire**

Imaginez et rédigez une comparaison pour montrer la force et l'élan d'Hector au combat. Vous commencerez par : «Comme… » et continuerez par : «Ainsi, Hector… »

Compréhension orale

● **Écouter un extrait d'épopée**
La mort d'Achille

Avant d'écouter

Ce texte est extrait des *Combats d'Achille* de Mano Gentil, paru dans la collection
« Histoires noires de la mythologie », chez Nathan jeunesse.
Achille a vaincu Hector et les Grecs vont livrer contre leurs adversaires la dernière
bataille, celle qui va les rendre maîtres de la ville de Troie. Au moment
du dénouement, les dieux veillent.

ÉCOUTER ET COMPRENDRE   I.1

Écoutez attentivement la lecture de
cet extrait, puis répondez aux questions.

❶ Quel Dieu protège les Troyens ?
  a. Apollon.
  b. Dionysos.
  c. Éole.

**❷ Qui a prédit qu'Achille n'entrerait pas
dans Troie ?**
  a. Hector.
  b. Priam.
  c. Calchas.

**❸ Quelle arme Pâris utilise-t-il contre
Achille ?**
  a. Une épée.
  b. Un arc et des flèches.
  c. Une lance.

❹ Où Achille est-il atteint par la flèche ?
  a. Au coude.
  b. À l'épaule.
  c. Au talon.

❺ Contre qui Achille dirige-t-il sa colère ?
  a. Pâris.
  b. Les soldats ennemis.
  c. Athéna.

**❻ Que fait la déesse Athéna après la mort
d'Achille ?**
  a. Elle frotte le corps d'ambroisie.
  b. Elle recouvre le corps de terre.
  c. Elle asperge le corps de parfum.

LA MISE EN VOIX DU RÉCIT   I.8

1. Comment le comédien montre-t-il
la rage d'Achille ?
2. Comment le comédien fait-il entendre le
caractère solennel des funérailles d'Achille ?

DU TEXTE À L'IMAGE   V.1

1. Quel moment du récit le tableau de
Rubens illustre-t-il ?
2. À quoi voit-on qu'Achille a été frappé en
plein combat ?
3. Qui les animaux du premier plan (le renard
et l'aigle) représentent-ils ?

▲ **Pierre-Paul Rubens**, *La Mort d'Achille*, 1630.
Londres, The Courtauld Gallery.

PARTIE 1

Comment héros et héroïnes se distinguent-ils par leurs actes et leurs paroles ?

Groupement
de textes

Texte **2**

Le sage et le vaillant

La Chanson de Roland est une chanson de geste du XIIe siècle dont on ne connaît pas l'auteur. Elle raconte l'affrontement entre l'armée de Charlemagne et les Sarrasins, venus d'Afrique du Nord. Tandis que l'empereur et son armée retournent en France, Roland et Olivier, restés seuls avec une poignée d'hommes, voient s'approcher l'ennemi.

83

Olivier dit : « Les païens[1] viennent en force,
et nos Français, il me semble qu'ils sont bien peu.
Roland, mon compagnon, sonnez donc votre cor :
Charles l'entendra et l'armée reviendra. »
5 Roland répond : « Ce serait une folie !
En douce France j'en perdrais ma gloire.
Aussitôt, de Durendal, je frapperai de grands coups ;
sa lame en saignera jusqu'à la garde d'or.
Les païens félons[2] ont eu tort de venir aux cols ;
10 je vous le jure, tous sont condamnés à mort. »
[…]

87

Roland est vaillant et Olivier est sage :
tous deux sont de merveilleux vassaux[3].
Une fois sur leurs chevaux et en armes,
Jamais, dussent-ils mourir, ils n'esquiveront la bataille.
15 Les comtes sont braves et leurs paroles fières.
Les païens félons, furieusement, chevauchent.
Olivier dit : « Roland, en voici quelques-uns !
Ceux-ci sont près de nous, mais Charles est trop loin.
Votre olifant[4], vous n'avez pas daigné le sonner.
20 Le roi présent, nous n'aurions pas de pertes.
Regardez là-haut, vers les cols d'Espagne.
Vous pouvez le voir : l'arrière-garde est à plaindre.
Qui en est aujourd'hui ne sera d'aucune autre. »
Roland répond : « Ne dites pas ces folies !
25 Maudit le cœur qui dans la poitrine prend peur !
Nous tiendrons ferme ici sur place :
Nous porterons les coups et ferons la mêlée. »

Chanson de Roland, XIIe siècle,
traduction de Jean Dufournet, 1993.

▲ Roland.

1. **Païens** : non-chrétiens.
2. **Félons** : traîtres.
3. **Vassaux** : chevaliers.
4. **Olifant** : cor.

si vous avez
fini de lire

Pourquoi le héros
donne-t-il un nom
à son épée ? Justifiez
votre réponse.

▶ Olivier.

Comprendre le texte II.2

Un combat imminent

1. Selon Olivier, le combat se déroulera-t-il comme le prévoit Roland ?

2. Relevez les verbes conjugués au futur dans les interventions de Roland. Quel effet ce discours produit-il sur le lecteur ?

3. Quel changement de personne remarquez-vous entre la première et la seconde intervention de Roland ? Pourquoi ce changement a-t-il lieu ?

Le courage en question

4. Pour quelle raison Olivier souhaite-t-il obtenir le secours de Charlemagne ?

5. Pourquoi Roland refuse-t-il de sonner le cor ? Quels traits de caractère lui découvre-t-on ?

6. Relevez les mots par lesquels Roland désigne les propos d'Olivier. Expliquez chacun de ces jugements.

7. Aux vers 11 et 15, quels adjectifs qualifient les deux chevaliers. Quel est le rôle de ces précisions ?

Bilan

8. Quels sont les deux types de héros que ce dialogue entre Olivier et Roland permet de montrer ? Lequel des deux préférez-vous ? Justifiez votre réponse.

Activité III.4

ÉCOUTE

▶ **Écoutez la lecture du texte par un comédien.** Comment rend-il perceptibles les différences entre les deux héros ?

à retenir

Les chansons de geste

Au Moyen Âge, les **chansons de geste** étaient de longs poèmes récités par des jongleurs, qui contaient les courageux exploits de chevaliers. Ces chansons s'agrémentaient de nouveaux passages au fil du temps, suivant l'imagination des jongleurs. Elles sont constituées de séquences de vers de tailles variables appelées « laisses », identifiées par un même son final (une assonance).

Activités IV.5 / IV.7 / I.3

LANGUE

▶ Aux vers 11 à 15, remplacez les adjectifs « vaillant », « sage », « merveilleux », « braves », « fières » par des synonymes. Puis formez un nom à partir de chacun de ces adjectifs et de leurs synonymes.

ÉCRITURE

Relisez la rubrique À retenir puis lisez l'extrait ci-dessous, qui est le texte original de la première strophe du texte.

> #### LXXXIII
> Dist Olivier : « Paien unt grant esforz ;
> De nos Franceis m'i semblet aveir mult poi !
> Cumpaign Rollant, Kar Sunez vostre cors ;
> Si l'orrat Carles, si returnerat l'ost. »
> Respunt Rollant : « Jo fereie que fols !
> En dulce France en perdreie mun los.
> Sempres ferrai de Durendal granz colps ;
> Sanglant en ert li branz entresqu'a l'or.
> Felun païen mar i vindrent as porz :
> Jo vos plevis, tuz sunt jugez a mort. »

▶ Relevez trois expressions ressemblantes et trois différentes entre le texte ancien et son adaptation en français moderne.

▶ Expliquez pourquoi on peut dire que le texte appartient bien au genre de la chanson de geste.

ORAL

Qu'auriez-vous fait à la place de Roland : auriez-vous suivi le conseil d'Olivier, ou vous seriez-vous fié(e) à votre seul courage ?

▶ Échangez avec votre voisin(e). Présentez ensuite vos arguments à la classe.

▶ Débattez de façon organisée en justifiant votre point de vue. Votre argumentaire devra mettre en valeur votre vision du courage.

Une bataille éclatante

Texte **3**

Roland, aidé des chevaliers de l'arrière-garde de l'armée de Charlemagne, combat vaillamment les Sarrasins.

1. **Hampe** : long manche de bois auquel l'arme est fixée.
2. **Escarboucles** : pierres précieuses d'ornement.
3. **Jointure** : épine dorsale.
4. **Drue** : abondante, fournie.
5. **Pairs** : compagnons.
6. **Se pâment** : s'évanouissent.

▼ Illustration de la bataille de Ronceveaux en 778, dans *Les Chroniques de France ou de Saint-Denis*, 1325-1350. British Library.

104

La bataille fait rage et devient générale.
Le comte Roland ne fuit pas le danger.
Il frappe de l'épieu tant que résiste la hampe[1] ;
après quinze coups il l'a brisée et détruite.
5 Il dégaine Durendal, sa bonne épée,
il éperonne son cheval et va frapper Chernuble,
il lui brise le casque où brillent des escarboucles[2],
lui tranche la tête et la chevelure,
lui tranche les yeux et le visage,
10 et la cuirasse blanche aux fines mailles,
et tout le corps jusqu'à l'enfourchure.
À travers la selle plaquée d'or,
l'épée atteint le corps du cheval,
lui tranche l'échine sans chercher la jointure[3],
15 et il l'abat raide mort dans le pré sur l'herbe drue[4].

105

Le comte Roland par le champ chevauche,
il tient Durendal qui tranche et taille bien.
Des Sarrasins il fait un affreux carnage.
Ah ! si vous l'aviez vu jeter les morts l'un sur l'autre,
20 le sang clair répandu sur la place !
Il en a ensanglanté sa cuirasse et ses bras,
et son bon cheval à l'encolure et aux épaules.
Et Olivier, pour frapper, n'est pas en retard,
les douze pairs[5] ne méritent aucun reproche
25 et les Français frappent à coups redoublés.
Les païens meurent, d'autres se pâment[6].
L'archevêque s'écrie : « Bénis soient nos barons ! »
Il crie « Monjoie », c'est le cri de guerre de Charles.

106

Et Olivier chevauche parmi la mêlée ;
30 de sa lance brisée, il n'a plus qu'un tronçon.
Il va frapper un païen, Malsaron,
lui brise son bouclier couvert d'or et de fleurs,
lui fait de la tête sauter les deux yeux

◄ Roland.
Illustration de
Malo-Renault,
1938.

et la cervelle lui tombe jusqu'aux pieds.
35 Il l'abat mort avec sept cents des leurs.
Puis il a tué Turgis et Esturgot.
Sa lance se brise et se fend jusqu'aux poings.
Roland lui dit : « Compagnon, que faites-vous ?
Dans une telle bataille, je ne veux pas d'un bâton ;
40 le fer et l'acier doivent prévaloir.
Où est donc votre épée qui se nomme Hauteclaire ?
La poignée en est d'or, le pommeau de cristal.
– Je n'ai pu la tirer, lui répond Olivier,
car, à frapper, j'avais tant de besogne ! »

Chanson de Roland, traduction de Jean Dufournet, 1993.

Comprendre le texte II.3

Un récit spectaculaire

1 À quel temps ce récit est-il écrit ?
Quelle est ici la valeur de ce temps ?

2 Au vers 19, à qui s'adresse le narrateur ?
Quel effet cette phrase produit-elle ?

Un combat invraisemblable

3 Relevez les verbes appartenant au champ lexical
du combat. Quel verbe est répété ?

4 En quoi le meurtre de Chernuble, dans la
première laisse, est-il invraisemblable ? Justifiez
votre réponse en citant le texte.

5 Combien d'ennemis sont tués par les Français ?
Que pensez-vous de ce nombre ?

Horreur ou merveille ?

6 Relevez les matériaux qui forment les armes et
ornent les armures. Quelle image des chevaliers
ces matériaux donnent-ils ?

7 Qu'arrive-t-il aux corps humains dans les
combats racontés ? Quels effets ces notations
produisent-elles sur le lecteur ?

8 Après avoir lu la rubrique À retenir , dites
pourquoi on peut affirmer que ce texte est
de style épique.

Bilan

9 Le lecteur peut-il prendre du plaisir à ce type
de récit ? Justifiez votre réponse.

 vous avez fini de lire

Quels aspects du combat
l'image illustre-t-elle ?

Activités IV.1 / I.4

LANGUE

▶ Transposez l'avant-dernier vers du poème
au discours indirect. Vous commencerez par
« Olivier répond à Roland qu'il... », puis « Olivier
répondit qu'il... ».

ORAL

Récitez les laisses 105 et 106 à plusieurs.

Chaque élève mémorise un vers puis, l'un après
l'autre, les élèves disent le vers qu'ils ont appris.

à retenir

Le style épique
Un combat **épique** est marqué par des répétitions
et des accumulations de verbes exprimant la
violence (« trancher », « frapper », « abattre »...).
Les exagérations permettent d'insister sur le
caractère extraordinaire des prouesses accomplies.

PARTIE 1
Comment héros et héroïnes se distinguent-ils par leurs actes et leurs paroles ?

Groupement de textes

Une mort héroïque

Épuisé par le combat, Roland sent que sa dernière heure est arrivée.

171

Roland sent qu'il a perdu la vue,
il se redresse et fait tous ses efforts.
Son visage a perdu sa couleur.
Devant lui il y a une roche grise.
5 Il y frappe dix coups, de chagrin et de dépit.
L'acier grince, mais il ne se brise ni ne s'ébrèche.
« Ah ! dit le comte, sainte Marie, aide-moi !
Ah ! Durendal, ma bonne épée, quel malheur pour vous !
Puisque je suis perdu, de vous je perds la charge.
10 Combien de batailles par vous j'ai remportées,
combien j'ai conquis de terres immenses,
que tient Charles, dont la barbe est chenue[1] !
Ne soyez pas à quelqu'un qui fuit devant un autre !
Un valeureux vassal vous a longtemps tenue ;
15 jamais il n'en sera de pareille à vous dans la sainte France. »

175

Roland sent que son temps est fini.
Il est tourné vers l'Espagne[2] sur un mont escarpé.
D'une main il s'est frappé la poitrine :
« Dieu, pardon, par toute ta puissance,
20 pour mes péchés, les grands et les menus,
que j'ai commis depuis l'heure que je suis né
jusqu'à ce jour où je suis terrassé !
Il a tendu vers Dieu son gant droit.
Des anges du ciel descendent jusqu'à lui.

176

[...]
25 Sur son bras il tenait sa tête inclinée ;
les mains jointes, il est allé à sa fin.

Chanson de Roland, traduction de Jean Dufournet, 1993.

▲ La mort de Roland, miniature des *Grandes Chroniques de France*, xive siècle.

1. **Chenue** : blanche.
2. Charlemagne y a mené une expédition contre les Sarrasins en 778.

 vous avez fini de lire

Quelle est l'attitude de Roland face à la mort ? Justifiez votre réponse.

Comprendre le texte II.3

La mort d'un guerrier

1. Quels signes physiques prouvent que Roland va mourir ?

2. Aux vers 8 à 15, à qui s'adresse Roland ? Qu'est-ce que ce discours lui permet de rappeler ?

3. Cherchez la définition de « vassal » (v. 14). De qui Roland est-il le vassal ?

4. Pourquoi Roland frappe-t-il une roche avec son épée ?

Un moment de recueillement face à Dieu

5. Quel est le sens du geste rapporté dans la laisse 175 : « Il s'est frappé la poitrine » ?

6. Dans quelle position Roland meurt-il ? Faites un dessin pour l'expliquer. Sur quelle dimension de la personnalité du héros l'auteur insiste-t-il ?

Bilan

7. Pourquoi peut-on dire que nous assistons ici à la mort d'un héros ? Donnez plusieurs éléments de réponse en citant le texte.

Activité IV.4

LANGUE

▶ Réécrivez les cinq premiers vers au passé. Vous serez amené(e) à employer le passé simple, l'imparfait et le plus-que-parfait.

Activité III.2

ÉCRITURE

Roland est mort, un Sarrasin s'empare de Durendal et retourne au combat. Mais l'épée du héros est enchantée et se refuse à servir l'ennemi…
Racontez cet épisode en développant les conséquences de ce vol.

🆘 vous avez besoin d'aide

▶ Quel genre de soldat est le Sarrasin : un guerrier courageux ? un lâche ? Pourquoi vole-t-il l'épée ?

▶ Qu'espère-t-il en s'emparant de l'épée de Roland ?

▶ Quels pouvoirs l'épée possède-t-elle ? Comment se manifeste son refus d'être utilisée par un ennemi de Roland ?

▶ Vous pouvez commencer ainsi :
« Depuis longtemps, Mano a entendu parler de la merveilleuse épée Durendal et il rêve de la tenir en main. »

🆘 vous avez fini d'écrire

Faites un portrait du héros Roland en utilisant ce que vous avez retenu de la lecture et de l'étude des textes dans lesquels il apparaît.

◀ Roland sonne le cor à Ronceveaux.

PARTIE 1
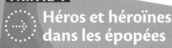
Héros et héroïnes
dans les épopées

Raconter un combat épique

Vocabulaire de l'action et du combat IV.5

1 Des noms pour équiper un chevalier

Classez les mots suivants selon qu'ils désignent une arme offensive ou un équipement défensif. Aidez-vous d'un dictionnaire !

a. une masse d'armes ; b. un bouclier ; c. un arc ;
d. une cotte de mailles ; e. une hache d'armes ;
f. une visière ; g. une rondache, h. un fléau.

Orthographe

Mémorisez l'orthographe de ces noms.

2 Des noms pour décrire un dragon

I. Placez les noms désignant les parties du dragon au bon endroit.

a. le poitrail ; b. les griffes ; c. la gueule ;
d. la langue ; e. la queue ; f. les nasaux ; g. le flanc.

2. Associez chacun de ces noms à l'un des adjectifs suivants, que vous accorderez :
a. acéré ; b. écailleux ; c. déployé ; d. enflammé ;
e. pointu ; f. fourchu ; g. fulminant ; h. gonflé.

Orthographe

Mémorisez l'orthographe de ces noms et de ces adjectifs.

3 Des verbes d'action pour raconter un combat

I. Classez les verbes suivants selon qu'ils désignent une action offensive ou une action défensive.

a. parer ; b. frapper ; c. esquiver ; d. entailler ;
e. éviter ; f. cogner ; g. détourner ; h. encaisser ;
i. mutiler ; j. percer

2. Associez un COD à chacun de ces verbes.

Exemple : parer un coup.

Conjugaison

Conjuguez ces verbes à la troisième personne du singulier au passé simple.

4 Des adverbes pour raconter de manière épique

I. À partir des adjectifs suivants, formez des adverbes se terminant par « -ent ».

Exemple : courageux → courageusement.

a. frénétique ; b. vaillant ; c. énergique ; d. brave ;
e. dangereux ; f. fougueux ; g. soudain

2. Associez chacun des adverbes ainsi formés à un verbe de votre choix.

Exemple : courageux → courageusement → bondir courageusement.

5 Des groupes nominaux pour éviter les répétitions

Remplacez chaque mot souligné par un groupe nominal pour éviter les répétitions. Vous ne devez pas employer deux fois le même mot !

Lancelot vit le dragon au loin. Le dragon était immense. Cependant, Lancelot ne tremblait pas car le dragon n'était pas en mesure de vaincre Lancelot.

Grammaire | pour raconter un combat | IV.1

6 Conjuguer au passé simple

Conjuguez les verbes entre parenthèses au passé simple.
a. Il (s'élancer) et (brandir) son bouclier.
b. Il (être) le seul à oser l'affronter.
c. Le monstre (voit) le coup arriver et (esquiver) l'attaque.
d. Il (finir) par s'envoler et ne (revenir) jamais.
e. Lancelot (vaincre) le dragon et (sauver) les habitants.

7 Délimiter des phrases

Recopiez le texte en délimitant les phrases par une majuscule et un point.
le chevalier harnarcha le cheval qui se trouvait dans l'écurie il avait revêtu sa plus belle armure elle lui avait été offerte par un ami mort lors d'une joute.

8 Coordonner des phrases

Recopiez le texte en le complétant avec des conjonctions de coordination.
Le cheval se cabra, ... le cavalier ne chuta pas ... il avait anticipé ce mouvement. Il put ... poursuivre le combat. Il devrait vaincre ... mourir. Il serra le pommeau de son épée ... la poignée de son écu.

9 Accorder l'attribut du sujet

Recopiez les phrases, soulignez les adjectifs attributs du sujet et accordez-les correctement.
a. Ils se tenaient droit face à leurs ennemis, qui semblaient féroce.
b. Elle revint victorieux, elle qui était peu estimé par sa famille.
c. Elles demeuraient admiratif de leur sœur, qui était devenue adroit aux armes.

Écriture collective | III.2

↪ Raconter un combat épique

Racontez le combat de ce chevalier contre le dragon en une vingtaine de lignes.

Étape 1

Avec votre voisin, réfléchissez au déroulement du combat. Introduisez un retournement de situation (par exemple, le chevalier pourra, dans un premier temps, subir et esquiver avant de porter un coup fatal au dragon). Écrivez un premier jet de votre récit au brouillon.

Étape 2

Soulignez les verbes d'action. Sont-ils variés et bien conjugués ?

Étape 3

Encadrez les conjonctions de coordination. Ajoutez-en s'il en manque.

Étape 4

Vérifiez l'accord des adjectifs dans votre texte.

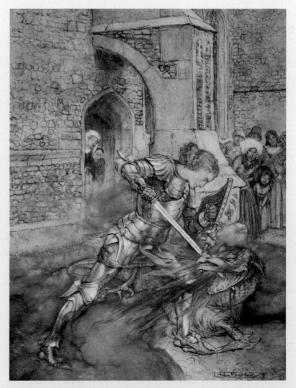

▲ **Arthur Rackham,** illustration pour *The Romance of King Arthur,* 1920.

PARTIE 2

Les héroïnes
épiques
de la Fantasy

Groupement
de textes

Comment les héroïnes font-elles la preuve de leur vaillance ?

Une merveilleuse héroïne

Texte

John Ronald Reuel Tolkien (1892-1973)
Ce professeur de langue et de littérature anglaise à l'université d'Oxford (en Angleterre) est notamment l'auteur du *Seigneur des anneaux*. Il s'est inspiré des légendes anglo-germaniques de l'époque médiévale pour écrire cette trilogie.

1. Éowyn est la nièce de Theoden.

2. Les Nazgûl sont des spectres corrompus par le pouvoir de l'Anneau, qui les a asservis à Sauron, le Seigneur des Ténèbres.

3. Le heaume du secret : l'apparence de Dernhelm, sous laquelle Éowyn s'était dissimulée.

▼ Peter Jackson adapte au cinéma à partir de 2001 *Le Seigneur des anneaux*. En 2003, sort l'épisode 3, « Le Retour du roi ».

Le royaume de Rohan est attaqué par les armées du Seigneur des Ténèbres. Lors de la bataille, le roi du Rohan est aidé de Dernhelm et du jeune hobbit, Merry. Devant eux, se dresse l'un des Nazgûl : ce sont d'anciens rois morts que l'Anneau a corrompus.

Une lame résonna, sortant du fourreau. « Fais ce que tu veux ; mais je ferai tout pour l'entraver, si je peux. »

« M'entraver, moi ? Pauvre fou. Aucun homme vivant ne le peut ! »

5 Merry perçut alors, de tous les sons entendus en cette heure, le plus étrange. Il semblait que Dernhelm riait, et sa voix claire était comme un tintement d'acier. « Je suis en vie, mais non un homme ! Tu as devant toi une femme. Je suis Éowyn[1], fille d'Éomund. Tu te dresses entre moi et mon seigneur et parent. Va-t'en, si tu n'es

10 pas immortel ! Car, vivant ou mort-vivant, je te frapperai si tu le touches. »

La créature ailée cria après elle, mais le Spectre de l'Anneau[2] ne fit aucune réponse, et il se tint silencieux, comme soudain assailli d'un doute. Pendant un instant, la plus totale stupéfaction eut raison

15 de la peur de Merry. Il ouvrit les yeux et constata que sa vue n'était plus obscurcie. La grande créature était ramassée à quelques pas de lui ; tout semblait noir autour d'elle, et le Seigneur des Nazgûl se dressait au-dessus, telle une ombre de désespoir. Un peu à gauche, leur faisant face, se tenait celle qu'il avait appelée Dernhelm. Mais

20 le heaume du secret était tombé[3] de son front, et sa claire chevelure, délivrée de ses liens, versait un chatoiement d'or pâle sur ses épaules. Ses yeux d'un gris de mer étaient durs et implacables, pourtant des larmes coulaient sur sa joue. Une épée luisait

25 dans sa main, et son bouclier était levé contre l'horreur, l'horreur des yeux de son ennemi.

C'était Éowyn et en même temps Dernhelm. Car Merry revit en un éclair le visage qu'il avait remarqué au départ de Dunhart : le

30 visage d'un désespéré, partant en quête de la mort. Son cœur s'emplit de pitié, d'émerveillement aussi ; et soudain s'éveilla en lui le lent

courage de son espèce. Il serra le poing. Elle ne devait pas mourir, si belle, si désespérée ! Du moins elle ne mourrait pas seule, sans
35 assistance.

La face de leur ennemi n'était pas tournée vers lui, mais il osait à peine bouger, craignant que le regard mortel ne se portât sur lui. Lentement, lentement il se traîna sur le côté ; mais le Noir Capitaine, son doute et sa malveillance tout entiers dirigés vers la femme
40 devant lui, ne lui fit pas plus attention qu'à un ver rampant dans la boue.

Soudain, la grande créature battit de ses horribles ailes, qui dégagèrent un vent fétide⁴. D'un bond, elle s'éleva de nouveau dans l'air et, avec un cri strident, se jeta sur Éowyn à grands coups de bec et
45 de serres.

Mais toujours Éowyn restait impassible : fille des Rohirrim, enfant des rois, mince comme un fil d'épée, belle mais terrible. Elle porta un rapide coup, sûr et mortel. Sa lame trancha le cou tendu, et la tête tomba comme une pierre. D'un bond elle recula, tandis que
50 l'immense forme périclitait, ses vastes ailes déployées, s'écrasant sur la terre ; et lors de sa chute, l'ombre passa. Une lumière descendit sur Éowyn, et ses cheveux brillèrent dans le soleil levant.

Au milieu du naufrage se dressa le Cavalier Noir, haut et menaçant, bien au-dessus d'elle. Avec un hurlement de haine qui brûlait
55 les oreilles comme du venin, il abattit sa masse. Le bouclier d'Éowyn vola en éclats, et son bras fut brisé ; elle tomba à genoux. Comme un nuage, il fondit sur elle, et ses yeux étincelèrent ; il leva sa masse pour tuer.

Mais soudain, lui aussi tomba en avant avec un cri d'atroce
60 douleur, et son coup dévia de sa cible, se fichant dans le sol. L'épée de Merry l'avait frappé par-derrière, déchirant le manteau noir, et, montant sous le haubert, avait percé le tendon derrière son puissant genou.

« Éowyn ! Éowyn ! » cria Merry. Alors, chancelante, elle se releva
65 avec peine, et de ses dernières forces, elle plongea son épée entre la couronne et le manteau tandis que les grandes épaules se penchaient sur elle. La lame jeta des étincelles et se brisa en maints fragments. La couronne roula sur le sol avec un bruit métallique. Éowyn tomba en avant sur la dépouille de son adversaire. Mais voici ! Manteau et
70 haubert étaient vides. Ils gisaient sur le sol en une masse informe, chiffonnés et lacérés ; et un cri monta dans l'air frémissant, bientôt réduit à une plainte aiguë, emportée par le vent : une voix maigre et désincarnée qui, noyée, s'éteignit, pour ne plus jamais être entendue au cours de cet âge du monde.

J. R. R. Tolkien, *Le Seigneur des Anneaux* – Tome 3 : « Le retour du roi ». Nouvelle traduction de Daniel Lauzon. © Christian Bourgois éditeur, 2016.

4. Fétide : écœurant.

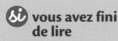 **vous avez fini de lire**

Quels sentiments successifs Éowyn éprouve-t-elle au fil de l'extrait ? Justifiez votre réponse.

Comment les héroïnes font-elles la preuve de leur vaillance ?

Comprendre le texte II.3

L'apparition d'une héroïne

1. Sur quels sons l'auteur insiste-t-il dans les lignes 1 à 10 ? Qu'annoncent-ils ?

2. En quoi l'apparition d'Éowyn est-elle une surprise ? Comment cette surprise est-elle préparée par l'auteur ?

3. Lisez à haute voix les passages dans lesquels Éowyn apparaît à la fois comme une femme et comme un guerrier.

4. Montrez qu'Éowyn est associée à la lumière et le Nazgûl à l'obscurité. Relevez et classez les expressions qui les désignent ou les caractérisent dans un tableau à deux colonnes.

5. Lisez la rubrique **À retenir** puis expliquez en quoi Éowyn est un personnage d'heroic fantasy.

Des héros complémentaires

6. Quel effet l'apparition d'Éowyn a-t-elle sur Merry ?

7. En quoi le coup porté par Merry diffère-t-il de celui d'Éowyn ?

8. Que se serait-il passé si Merry n'avait pas attaqué le Nazgûl ? De quoi Merry a-t-il profité pour lancer son attaque ?

Bilan

9. Qu'est-ce qui rend héroïque chacun des deux personnages principaux ?

à retenir

« L'heroic fantasy »

Le terme « *heroic fantasy* », emprunté à l'anglais, désigne un genre littéraire qui raconte les aventures de héros dans un univers merveilleux.
Des phénomènes et des créatures surnaturels (animaux imaginaires – telle la créature ailée du texte –, magiciens…) s'y rencontrent. L'imaginaire médiéval est l'une des sources d'inspiration de « *l'heroic fantasy* » (l'épée, le heaume, le cheval sont des éléments empruntés aux romans de chevalerie).

Activités IV.3 / I.1 / III.2

LANGUE

▶ Réécrivez les lignes 42 à 45 en mettant « la créature » au pluriel : « Soudain, les grandes créatures… »

ÉCOUTE

▶ **Écoutez la lecture du texte par un comédien.** À quels moments ménage-t-il des pauses dans sa lecture ? Quel est l'effet recherché ?

ÉCRITURE

Racontez la scène du point de vue de Merry, à la première personne du singulier.

 vous avez besoin d'aide

Vous insisterez successivement sur :

▶ **la peur** qu'inspire le Nazgûl ;

▶ **la surprise** que crée la métamorphose de Dernhelm en Éowyn et le ravissement que provoque sa présence ;

▶ **le regain de courage** de Merry et son déplacement pour frapper le Nazgûl.

 vous avez fini d'écrire

Faites un portrait-collage de l'ennemi en utilisant des expressions du texte. Tous les mots et expressions de votre texte seront pris dans celui de Tolkien.

ACTIVITÉ NUMÉRIQUE III.7

Héros et héroïnes de « *l'heroic fantasy* »
Créez un dictionnaire illustré des personnages de fantasy à l'aide d'un document partagé en ligne.

📄 **Votre professeur vous distribuera la fiche n° 6 pour guider votre travail.**

Compréhension orale   ···· Écouter un extrait du *Seigneur des anneaux*
Le pont de Khazad-Dûm

Avant d'écouter

Dans cet épisode du *Seigneur des Anneaux*, le magicien Gandalf protège les héros de l'attaque d'une horde d'orques, créatures monstrueuses, et d'un Balrog, immense démon enveloppé tantôt de flammes, tantôt de ténèbres.

ÉCOUTER ET COMPRENDRE I.1

Écoutez attentivement la lecture de cet extrait, puis répondez aux questions.

❶ Où se situe cette scène ?
  a. Dans une caverne.
  b. Sur un pont.
  c. Dans la forêt.

❷ Quel type de scène raconte ce passage ?
  a. Une scène d'amour
  b. Une scène de combat
  c. Une scène de rupture.

❸ Quel instrument utilise Boromir pour tenter d'effrayer ses ennemis ?
  a. Un cor.
  b. Une trompette.
  c. Un tambour.

❹ Quelle arme possède le Balrog ?
  a. Une épée.
  b. Un fouet.
  c. Un revolver.

❺ Quel conseil donne Gandalf à ceux qu'il accompagne ?
  a. De rester immobiles.
  b. De fuir par le pont.
  c. De se cacher derrière les rochers.

❻ Diriez-vous de Gandalf qu'il est :
  a. Lâche.   b. Héroïque.   c. Drôle.

DU TEXTE À L'IMAGE V.2

Quel est le personnage représenté sur cette affiche de film ?

▲ Affiche du film de Peter Jackson, 2003.

LA MISE EN VOIX DU TEXTE I.7

1. Comment le comédien fait-il ressentir l'horreur inspirée par le Balrog ?

2. Le comédien adopte-t-il toujours le même rythme de lecture ? À quels moments accélère-t-il ou ralentit-il sa lecture ? Marque-t-il des pauses ?

3. Comment la dernière réplique de Gandalf est-elle lue ? L'auriez-vous lue de la même façon ?

4. Quelles émotions la lecture fait-elle naître chez l'auditeur, au fil du texte ?

Une héroïne en devenir

Texte écho

George R. R. Martin (né en 1948)
Auteur de fantasy et de science-fiction, il est connu pour sa saga *Game of Thrones* (*Le Trône de fer*), adaptée à la télévision depuis 2011.

Arya, fille de lord Stark, est cantonnée aux travaux de broderie. Mais, avec la complicité de son frère Jon, elle demande au forgeron de leur père de lui forger une épée, qu'elle appelle Aiguille et cache à sa famille. Un jour, elle manque de respect à septa Mordane, sa gouvernante, et se réfugie dans sa chambre. Son père vient alors la chercher, voit l'épée et la confisque.

«Comment se fait-il que tu aies une épée, Arya ? D'où la tiens-tu ?»

5 Elle se mordilla les lèvres sans répondre. Elle ne trahirait pas Jon. Même avec Père.

– Au bout d'un moment, il reprit : «Il n'importe guère, à la vérité.» Il contemplait pensivement l'épée. «Tout sauf un jouet. À plus forte raison pour une fille. Que dira septa[1] Mordane si elle
10 savait que tu t'amuses avec ça ?

– Je ne m'amusais pas, grommela-t-elle. Je déteste septa Mordane.

– Il suffit.» Le ton s'était durci. «La septa ne fait que son devoir et les dieux savent combien tu lui donnes de fil à retordre. Ta mère et
15 moi lui avons confié la gageure[2] de te donner des manières de dame.

– Je ne veux pas être une dame ! flamba-t-elle.

– Tu mériterais que je brise ce joujou sur mon genou. Cela mettrait un point final à toute cette absurdité.

– Aiguille ne se briserait pas, riposta-t-elle d'un air de défi que démentait son timbre anxieux.

– Ah…, parce qu'elle a un nom ? soupira-t-il. Oh, Arya, Arya, tu as du sang de sauvage au corps, mon enfant.

George R. R. Martin, *Le Trône de fer*, 1996,
traduit de l'américain par Jean Sola, 1998.

1. «Septa» est un titre religieux dans l'univers du Trône de fer, équivalent à «sœur» dans notre monde.

2. **Gageure** : tâche difficile.

Comprendre le texte II.3

1. Que reproche lord Stark à sa fille ? Aurait-il agi de la même manière si elle avait été un garçon ?

2. «Je ne veux pas être une dame !» : que refuse exactement Arya ?

3. Admirez-vous Arya ? Pourquoi ?

4. Quels points communs Arya partage-t-elle avec Eowyn, l'héroïne du *Seigneur des anneaux* ?

Activité I.3

ORAL

▶ Avec votre voisin, faites une liste d'héroïnes, dans la réalité ou dans la fiction, qui se sont illustrées dès leur enfance ou leur adolescence.

▶ Puis présentez un de ces personnages à la classe.

Analyse d'image

étudier la représentation d'une héroïne épique

▲ **Walter Crane (1845-1915)**, *Britomart*, aquarelle sur papier, 1900.

Britomart est une jeune guerrière. Elle est l'héroïne de l'épopée *La Reine des fées*, que le poète anglais Edmund Spencer publia en 1590.

À PREMIÈRE VUE

1• Quelle partie de l'image attire votre regard ?

DESCRIPTION

2• Caractérisez le décor. Quels paysages distingue-t-on ?

3• Observez le personnage au premier plan : sa posture, son attitude, la direction de son regard, l'expression de son visage. Notez vos observations.

4• Décrivez la tenue et l'équipement de la jeune femme.

INTERPRÉTATION

5• Qu'y a-t-il d'inattendu dans cette image ? Aidez-vous de vos réponses aux questions 2, 3 et 4.

6• Qu'est-ce qui fait de cette jeune guerrière une héroïne ?

RECHERCHE  II.5 V.2

7• Le personnage de Britomart est inspiré d'une autre guerrière, Bradamante, l'héroïne du *Roland furieux* (un poème épique italien composé par l'Arioste en 1516). Cherchez sur Internet l'histoire de Bradamante et résumez-la en cinq lignes.

ORAL V. I.2

8• Quels points communs peut-on trouver entre cette représentation de Britomart et le personnage d'Eowyn tel qu'il nous est décrit page 187 ? Échangez vos idées avec votre voisin puis présentez-les à la classe.

Réaliser une boîte de lecture

OBJECTIF

Vous allez présenter à l'oral un livre que vous avez choisi parce qu'il met en scène des héros et des héroïnes qui accomplissent des actions audacieuses et courageuses. Pour rendre votre présentation plus dynamique, vous allez réaliser une boîte de lecture.

FICHE MÉTHODE

2 Constituer sa boîte de lecture

- **Prenez un livre de votre choix et lisez-le attentivement.**
- **Relevez tous les éléments qui vous semblent importants au fil de l'histoire :** personnages, accessoires, lieux, animaux, habits…
- **Cherchez tous les détails qui pourraient représenter ces éléments dans la boîte :** dessins, photographies, vêtements, figurines, etc.
- **Choisissez un type de boîte adapté.**
- **Rassemblez les éléments à placer dans la boîte.**

Objectif : se constituer sa boîte de lecture

3 Décorer sa boîte de lecture

- **Imaginez une décoration de votre boîte en lien avec l'histoire.** Vous pouvez dessiner, effectuer des collages, des découpes…
- **Vous pouvez décorer l'extérieur et l'intérieur.**

Objectif : décorer sa boîte de lecture

BOITE DE LECTURE

1 Comprendre ce qu'est une boîte de lecture

- **Une boîte de lecture rassemble des objets (réels ou en miniature), des dessins, des photographies…** en lien avec l'histoire du livre choisi.
- **Le format de cette boîte peut varier (boîte à chaussures, boîte d'allumettes, etc.).**
- **Le contenu de la boîte peut être présenté pour accompagner une fiche de lecture orale.**

Objectif : comprendre le rôle d'une boîte à histoire

4 Utiliser sa boîte de lecture pour sa présentation orale

- **Réfléchissez à la façon d'utiliser votre boîte durant votre présentation orale.** Comme un petit théâtre ? Comme un coffre d'où vous sortirez les objets ? Comme un élément du décor ?
- **Présentez votre livre à l'oral en illustrant votre présentation à l'aide de votre boîte et des objets qu'elle contient.**

Objectif : animer sa présentation orale

PROJET I • 6 / V • 6

Réaliser une boîte de lecture sur un livre de son choix

ÉTAPE 1 • **Comprendre ce qu'est une boîte de lecture**

▶ **Lisez l'étape 1 page de gauche.**

ÉTAPE 2 • **Constituer sa boîte de lecture**

▶ **Choisissez un livre que vous avez lu.**

▶ **Cherchez les éléments qui vous semblent importants :** personnage, accessoires, objets, animaux, armes, habits…

▶ **Notez, sur une feuille, les épisodes où ces éléments apparaissent** et demandez-vous quels objets pourraient les représenter.

▶ **Choisissez un type de boîte qui pourrait vous convenir.**

▶ **Cherchez des objets pour compléter votre boîte. Variez les types d'objets.**

Pour évoquer l'histoire de Lancelot, par exemple, vous pourriez placer dans la boîte :

- des petits personnages pour figurer Lancelot, Gauvain, Guenièvre, Méléagant…
- l'image d'une charrette à suppliciés pour expliquer en quoi il est humiliant pour Lancelot d'être monté dessus ;
- une grande épée que vous découperez dans du carton et que vous colorierez ;
- deux chevaux miniatures pour figurer le duel final entre Lancelot et Méléagant.

ÉTAPE 3 • **Décorer sa boîte de lecture**

▶ **Décorez votre boîte en fonction du livre choisi.**

Vous pouvez en faire un petit théâtre ou un coffre dans lequel les objets que vous avez choisis sont rangés…

Par exemple, pour évoquer l'histoire de Lancelot, la boîte pourrait ressembler au château fort où Gauvain et Lancelot se restaurent au début du livre. Quand on l'ouvre, on y découvrirait le décor d'une des scènes du livre en insérant une longue épée en carton permettant de rejouer le passage du Pont de l'Épée.

ÉTAPE 4 • **Utiliser sa boîte de lecture pour sa présentation orale**

▶ **Vous êtes prêt(e) à présenter le roman choisi.**

▶ **Annoncez le titre du livre et l'auteur.**

▶ **Résumez l'histoire du livre** sans lire vos notes.

▶ **N'oubliez pas d'illustrer** votre discours à l'aide des objets de votre boîte.

▶ **Terminez en donnant votre avis.**
Qu'avez-vous préféré ?
Qu'avez-vous moins aimé, et pourquoi ?

Pour évaluer l'exposé, aidez-vous de cette grille.

	Grille d'auto-évaluation		
	Excellent	Satisfaisant	À améliorer
La présentation est claire, fait bien comprendre l'histoire du livre.			
La boîte est bien décorée.			
La décoration de la boîte et le choix des objets aident à comprendre l'histoire.			
La présentation donne envie de lire le livre.			

Découvrir la quête d'une héroïne

Philip Pullman (né en 1946)
Cet écrivain britannique est un spécialiste de la littérature anglaise. Il a notamment enseigné à l'université d'Oxford. On lui doit les séries de romans *À la croisée des mondes* et *Sally Lockhart*.

objectif

Vous allez lire le roman dont l'héroïne est Lyra. Cette dernière rencontre de nombreux personnages que vous allez faire vivre en imaginant l'interview qu'ils pourraient vous donner.

Philip Pullman
Les Royaumes du Nord
À la croisée des mondes, I

À la croisée des mondes (I) – Les Royaumes du Nord, 2007

Première partie
Oxford
1. La carafe de Tokay

Lyra et son daemon traversèrent le Réfectoire où grandissait l'obscurité, en prenant bien soin de rester hors de vue des Cuisines. Les trois longues tables qui occupaient toute la longueur du Réfectoire étaient déjà dressées, l'argenterie et les verres réfléchissaient la lumière déclinante, et les longs bancs étaient tirés, prêts à accueillir les convives. Les portraits des anciens Maîtres étaient accrochés au mur, tout là-haut dans la pénombre.

Avant la lecture

❶ De quel mot « croisée » est-il le synonyme ? Que suggère l'expression « la croisée des mondes » ?

❷ Lisez les premières lignes du roman : êtes-vous capable d'identifier les personnages ? Dans quelle situation la jeune fille est-elle ? À quoi voit-on qu'elle est bien dans *Les Royaumes du Nord* ?

LECTURE CURSIVE

Lire l'œuvre **II.2**

ACTIVITÉ 1 ➲ **Partir à la découverte de Lyra**

❶ Quel instrument de musique a donné son prénom à l'héroïne ?

❷ Que signifie le mot italien *acqua* ? Proposez une explication/traduction du nom de famille de l'héroïne.

❸ Rédigez un portrait physique de Lyra en cinq ou six phrases.

ACTIVITÉ 2 ➲ **Imaginer le journal de Lyra**

❹ Le professeur vous attribue un chapitre. Résumez en quelques phrases ce qu'a vécu Lyra. Écrivez à la première personne en insistant sur les sentiments que font naître en vous les événements successifs : étonnement, curiosité, peur… Écrivez les questions qu'elle se pose, les découvertes qu'elle fait.

❺ Les textes écrits par chaque élève pour chacun des chapitres sont regroupés. En lisant le journal écrit par la classe, on doit comprendre comment a évolué la quête de Lyra au fil du livre.

ACTIVITÉ 3 ➲ **Élaborer un questionnaire pour chaque personnage**

❻ Pour chacun des personnages ci-dessous, proposez une fiche indiquant :
– son âge ;
– le lieu où il vit lorsqu'il rencontre Lyra pour la première fois ;
– la forme que prend son daemon s'il en possède un ;
– son principal trait de caractère ;
– son rôle dans la quête de Lyra ;

Liste des personnages :
L'intendant (M. Cawson) – Tony Makarios – Mme Lonsdale – Tony Costa – Adèle Starminster. Vous pouvez mener cette activité à plusieurs en vous répartissant les personnages.

PROJET III.7

Interviewer les personnages du roman

ÉTAPE 1

➲ Poser des questions sur Lyra aux personnages du roman

Lyra Belacqua rencontre de nombreux personnages au fil de son aventure, à commencer par celui qui s'occupe d'elle au Jordan College, le Maître, et son ami Roger Parslow. Viennent ensuite Lord Asriel, Mme Coulter, Ma Costa et John Faa. Que peuvent-ils bien penser de Lyra Belacqua ?

Formez six groupes de quatre élèves, un par personnage. Puis posez des questions aux personnages pour savoir ce qu'ils ont à dire sur Lyra Belacqua.

ÉTAPE 2

➲ Rédiger les réponses des personnages

– Proposez la réponse de chaque personnage en quelques phrases. Selon le lien qu'ils entretiennent avec Lyra, les personnages s'exprimeront de façon plus ou moins sympathique : à vous de leur donner un ton particulier. Leurs réponses doivent aussi faire apparaître toutes les facettes du personnage de Lyra.
– Vous pouvez enfin enregistrer les interviews en audio ou en vidéo.

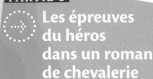

PARTIE 3
Les épreuves
du héros
dans un roman
de chevalerie

**Parcours
de lecture**

Quelles sont les différentes formes de l'héroïsme dans les aventures de Lancelot ?

> **Lancelot ou le Chevalier de la charrette (1176-1181)**
> Au Moyen Âge, dans les romans de chevalerie, les héros traversent des épreuves difficiles pour montrer aussi bien leur courage physique que leur valeur morale.

L'appel de l'aventure

Extrait 1

**Chrétien de Troyes
(XIIᵉ siècle)**
Il est l'un des auteurs français les plus connus du Moyen Âge. Les personnages principaux de ses romans (Lancelot, Perceval, Yvain) illustrent l'idéal chevaleresque de cette époque (courage physique et moral).

1. Bière : cercueil.

Le chevalier Gauvain est parti à la recherche de la reine Guenièvre, épouse du roi Arthur, qui a été enlevée. Sur sa route, il fait la connaissance d'un chevalier qui est promené sur une charrette de suppliciés, et dont on ignore encore le nom – on apprendra plus tard qu'il s'agit de Lancelot. Les deux hommes s'arrêtent dans un château pour passer la nuit.

Le lendemain matin, au lever du jour, la demoiselle de la tour, qui leur avait fait préparer une messe, les fit réveiller et se lever. Quand on eut chanté la messe, le chevalier mélancolique (celui qui s'était assis sur la charrette) vint aux fenêtres donnant sur la prairie, et il
5 regarda en bas vers les prés. À la fenêtre voisine s'était installée la jeune fille, et monseigneur Gauvain s'était entretenu avec elle un bon moment, dans un coin, de je ne sais quoi. Je ne sais vraiment pas le sujet de leur conversation. Mais ils étaient restés appuyés à la fenêtre pendant un certain temps quand ils virent en bas par les
10 prés, le long de la rivière, emporter une bière[1] ; il y avait dedans un chevalier, et à côté trois demoiselles menaient grand deuil très bruyamment. Derrière la bière ils voient venir un cortège précédé d'un chevalier de grande taille qui emmenait à sa gauche
15 une belle dame. De sa fenêtre notre chevalier la reconnut : c'était la reine. Il la suivit constamment du regard, fasciné, ravi, le plus longtemps possible. Et quand il lui fut impossible de la voir encore, il voulut se laisser
20 tomber, son corps basculant dans le vide. Il avait déjà le corps à moitié hors de la fenêtre quand monseigneur Gauvain l'aperçut. Il le tira en arrière et lui dit : « Par pitié, seigneur, tenez-vous tranquille ; par Dieu, vous n'avez
25 aucune raison de haïr votre vie. [...] »

▼ **Le Livre de Messire Lancelot du lac.**
Enluminure.

Devant l'insistance des deux chevaliers, la jeune fille qui les a hébergés se décide à leur expliquer ce qui est arrivé à Guenièvre.

«Je vais donc tout vous dire», fait la demoiselle qui commence alors à leur raconter : «Ma foi, seigneurs, Méléagant, un chevalier très fort et de très haute taille, fils du roi de Gorre, s'est emparé de la reine et il la retient au royaume dont nul étranger ne retourne,
30 mais où il se trouve contraint à passer ses jours dans la servitude et l'exil.» Alors notre chevalier lui demande à son tour : «Demoiselle, où se trouve cette terre ? Où chercher le chemin qui y conduit ? – Vous le saurez bientôt, répondit la demoiselle, mais, sachez-le, vous y rencontrerez beaucoup d'obstacles et de passages dangereux, car
35 on n'y entre pas facilement sans l'autorisation du roi ; le roi s'appelle Bademagu. On peut entrer, cependant, par deux itinéraires périlleux et deux passages effrayants. L'un s'appelle le Pont Immergé, parce que ce pont passe entre deux eaux, à égale distance de la surface et du fond, avec ni plus ni moins d'eau de ce côté que de l'autre, et il
40 n'a qu'un pied et demi de large, et autant en épaisseur. Il y a de quoi refuser cette perspective et encore est-ce la moins périlleuse. Et il y a beaucoup d'autres aventures entre ces deux chemins, dont je ne parle pas. L'autre pont, de loin le plus difficile et le plus périlleux, n'a en effet jamais été franchi par un homme. Il est tranchant comme
45 une épée et pour cette raison les gens l'appellent le Pont de l'Épée. Je vous ai conté toute la vérité qu'il est en mon pouvoir de vous dire.» […] Alors chacun s'en va de son côté. L'homme de la charrette est plongé dans sa méditation en homme sans force et sans défense envers Amour qui le gouverne. Et sa méditation est telle qu'il en
50 oublie qui il est : il ne sait s'il est ou s'il n'est pas, il ne sait son nom, il ne sait s'il est armé ou non, il ne sait où il va ni d'où il vient. Il ne se souvient de rien sauf d'une seule personne, et c'est pour elle qu'il a oublié tout le reste ; c'est à elle seule qu'il pense si intensément qu'il n'entend, ne voit ni ne comprend rien.

Chrétien de Troyes, *Lancelot ou le Chevalier de la charrette*,
v. 1180, traduction de Daniel Poirion, 1994.

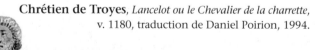

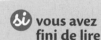
**vous avez
fini de lire**

À quoi s'attend le lecteur après ce début de récit ? Justifiez votre réponse.

Quelles sont les différentes formes de l'héroïsme dans les aventures de Lancelot ?

Comprendre le texte II.3

Une contemplation amoureuse

1 Quel sens est le plus utilisé dans les lignes 4 à 14 ? Formez le champ lexical correspondant.

2 Relevez les adjectifs qualifiant Lancelot quand il voit la reine. Que lui arrive-t-il alors ?

3 Par quoi est tenté Lancelot après avoir vu la reine ? Comment cette réaction s'explique-t-elle ?

4 Dans quel état Lancelot se trouve-t-il à la fin du passage ? Quelle expression est répétée dans les cinq dernières lignes du texte ?

De terribles épreuves

5 Quel est le premier objet que voient les personnes accoudées à la fenêtre ? Quelle attente cela fait-il naître dans l'esprit du lecteur ?

6 Quelles expressions désignent les deux chemins que l'on peut emprunter pour rejoindre le pays de Gorre (l. 35 à 44) ? Dans quel ordre ces deux chemins sont-ils cités ? Pourquoi, selon vous ?

7 Quel est le point commun aux deux épreuves annoncées par la jeune fille ?

Bilan

8 Qu'est-ce qui entraîne Lancelot dans l'aventure ? Peut-il résister à cet appel ? Justifiez vos réponses en citant le texte.

Activités IV.1 / III.10

LANGUE

▶ Relevez les compléments circonstanciels de temps dans les premières lignes du texte.

ÉCRITURE

Imaginez la suite du texte sous la forme d'un dialogue entre Gauvain et Lancelot.

▶ Leur conversation portera d'abord sur l'état dans lequel se trouve Lancelot, puis sur ce qu'il décide de faire.

▶ Les deux chevaliers se vouvoient et s'appellent « Seigneur ».

👁 vous avez besoin d'aide

▶ Cherchez d'abord ce que Lancelot va décider de faire.

▶ Imaginez ensuite ce que Gauvain peut lui donner comme conseils ou lui proposer comme aide.

▶ Gauvain lui-même va-t-il se lancer dans l'aventure ?

👁 vous avez fini d'écrire

Ce début de récit vous paraît-il annoncer un roman d'aventures ou un récit merveilleux ? Vous pouvez faire une réponse nuancée. Citez le texte à l'appui de votre réponse.

◀ *Lancelot passant sur le pont sur l'Épée. Détail d'une miniature du XVe siècle. Bibliothèque nationale de France.*

Le Pont de l'Épée

Extrait 2

Gauvain et Lancelot ont chacun pris un chemin différent pour tenter de délivrer la reine Guenièvre. Lancelot arrive près du Pont de l'Épée.

1. **Charpenté :** construit.
2. **De propos délibéré :** volontairement.

À l'entrée de ce pont, qui était si terrible, ils descendirent de leur cheval et regardèrent l'eau traîtresse, noire, bruyante, rapide et chargée, si laide et épouvantable que l'on aurait dit le fleuve du diable ; elle était si périlleuse et profonde que toute créature de ce
5 monde, si elle y était tombée, aurait été aussi perdue que dans la mer salée. Et le pont qui la traversait était bien différent de tous les autres ponts ; on n'en a jamais vu, on n'en verra jamais de tel. Si vous voulez savoir la vérité à ce sujet, il n'y a jamais eu d'aussi mauvais pont, fait d'une aussi mauvaise planche : c'était une épée aiguisée et
10 étincelante qui formait ce pont jeté au-dessus de l'eau froide ; l'épée, solide et rigide, avait la longueur de deux lances. De part et d'autre il y avait un grand pilier de bois où l'épée était clouée. Personne n'avait à craindre qu'elle se brise ou qu'elle plie, car elle avait été si bien faite qu'elle pouvait supporter un lourd fardeau. Mais ce qui achevait de
15 démoraliser les deux compagnons qui étaient venus avec le chevalier, c'était l'apparition de deux lions, ou deux léopards, à la tête du pont de l'autre côté de l'eau, attachés à une borne en pierre. L'eau, le pont et les lions leur inspiraient une telle frayeur qu'ils tremblaient de peur et disaient : « Seigneur, écoutez un bon conseil sur ce que vous
20 voyez, car vous en avez grand besoin. Voilà un pont mal fait, mal assemblé, et bien mal charpenté¹. Si vous ne vous repentez pas tant qu'il en est encore temps, après il sera trop tard pour le faire. Il faut montrer de la circonspection en plus d'une circonstance. […] Mais allons, ayez pitié de vous-même, et restez avec nous ! Vous seriez
25 coupable envers vous-même si vous vous mettiez si certainement en péril de mort, de propos délibéré². » Alors il leur répondit en riant : « Seigneurs, je vous sais gré de vous émouvoir ainsi pour moi ; c'est l'affection et la générosité qui vous inspirent. Je sais bien que vous ne souhaiteriez en aucune façon mon malheur ; mais ma foi en Dieu
30 me fait croire qu'Il me protégera partout : je n'ai pas plus peur de ce pont ni de cette eau que de cette terre dure, et je vais risquer la traversée et m'y préparer. Plutôt mourir que faire demi-tour ! » Ils ne savent plus que dire, mais la pitié les fait pleurer et soupirer tous deux très durement. Quant à lui, il fait de son mieux pour se prépa-
35 rer à traverser le gouffre. Pour cela, il prend d'étranges dispositions, car il dégarnit ses pieds et ses mains de leur armure : il n'arrivera pas indemne ni en bon état de l'autre côté ! Mais ainsi, il se tiendra bien sur l'épée plus tranchante qu'une faux, de ses mains nues, et débar-rassé de ce qui aurait pu gêner ses pieds : souliers, chausses et avant-
40 pieds. Il ne se laissait guère émouvoir par les blessures qu'il pourrait

Quelles sont les différentes formes de l'héroïsme dans les aventures de Lancelot ?

se faire aux mains et aux pieds ; il préférait se mutiler que de tomber du pont et prendre un bain forcé dans cette eau dont il ne pourrait jamais sortir. Au prix de cette terrible douleur qu'il doit subir, et d'une grande peine, il commence la traversée ; il se blesse aux mains, aux
45 genoux, aux pieds, mais il trouve soulagement et guérison en Amour qui le conduit et le mène, lui faisant trouver douce cette souffrance. S'aidant de ses mains, de ses pieds et de ses genoux, il fait tant et si bien qu'il arrive sur l'autre rive. Alors lui revient le souvenir des deux lions qu'il pensait avoir vus quand il était encore de l'autre côté ; il
50 cherche du regard, mais il n'y avait pas même un lézard, ni aucune créature susceptible de lui faire du mal.

Chrétien de Troyes, *Lancelot ou le Chevalier de la charrette*, v. 1180, traduction de Daniel Poirion, 1994.

Comprendre le texte II.3

Une dangereuse épreuve

1 Relevez les adjectifs qui qualifient le pont et l'eau dans les douze premières lignes du texte. Quel sentiment le narrateur veut-il provoquer chez le lecteur ?

2 En quoi l'épée qui forme le pont est-elle différente des épées ordinaires ?

Un valeureux chevalier

3 Comparez l'attitude des compagnons et de Lancelot face à l'épreuve. Que constatez-vous ?

4 Pourquoi est-il écrit que Lancelot prend « d'étranges dispositions » (l. 36) ? Comment Lancelot justifie-t-il ce choix ?

Une épreuve morale

5 Qu'est-ce qui aide Lancelot dans cette épreuve ?

6 En quoi Amour est-il un personnage à part entière dans les lignes 45 et 46 ?

7 Quel adjectif qualifie la souffrance de Lancelot à la ligne 46 ? Que nous apprend cet adjectif sur l'état d'esprit du héros ?

8 Comment peut-on comprendre l'absence des lions de l'autre côté du pont ?

Bilan

9 Quelle image de Lancelot ce texte donne-t-il ?

Activités IV.1 / III.3

LANGUE

▶ Réécrivez les six dernières lignes du texte à la première personne, comme si Lancelot parlait : « M'aidant de mes mains… »

ÉCRITURE

L'un des deux compagnons veut imiter Lancelot et tente à son tour de franchir le Pont de l'Épée, mais il ne connaît pas le même succès. Racontez sa tentative.

Si **vous avez besoin d'aide**

▶ C'est son compagnon resté sur la rive qui raconte ce qu'il a vu. Relisez le texte et notez rapidement les éléments que vous devrez reprendre.

Si **vous avez besoin de mots**

▶ **Des adjectifs pour exprimer le danger :**
périlleux, vertigineux, hostile, menaçant, risqué, acrobatique…

▶ **Des adjectifs pour exprimer la difficulté :**
insurmontable, inhumain, infranchissable…

Si **vous avez fini d'écrire**

Décrivez les deux lions terrifiants qui sont attachés à la borne en pierre.

Une entrevue secrète

Extrait 3

Guenièvre a donné un rendez-vous nocturne à Lancelot. Celui-ci s'approche de la chambre où elle est enfermée.

Quand Lancelot vit la reine incliner sa tête à la fenêtre armée de gros barreaux de fer, il l'honora d'un salut très tendre, qu'elle lui rendit aussitôt, car tous les deux étaient sous l'empire[1] du
5 désir, lui d'elle et elle de lui. Il n'y eut entre eux ni de vilaines paroles ni d'ennuyeux débats. Ils se rapprochèrent le plus possible l'un de l'autre et tous deux purent alors se tenir par la main. Qu'il leur fût impossible de se rejoindre leur
10 était insupportable, et ils maudissaient les barreaux. Mais Lancelot se fit fort, si cela convenait à la reine, d'entrer chez elle : ce ne sont pas les barreaux qui l'arrêteraient. La reine lui répondit : « Ne voyez-vous pas que ces barreaux sont
15 trop rigides pour être pliés et trop solides pour être brisés ? Et vous aurez beau les agripper, les tirer vers vous, les secouer, vous ne pourrez pas les arracher. – Madame, dit-il, ne vous inquiétez pas ! Je ne pense pas qu'un barreau de fer puisse
20 être de quelque importance. Aucun obstacle, sauf venant de vous, ne peut m'empêcher de parvenir jusqu'à vous. Si vous m'en octroyez la permission, la voie est libre ; si au contraire cela ne vous est pas tout à fait agréable, alors il y a là un obstacle insurmontable que rien ne me fera franchir.
25 – Certainement, dit-elle, je le veux bien ce n'est pas ma volonté qui vous retiendra. Mais il vous faut attendre que je sois couchée dans mon lit pour éviter qu'il ne vous arrive malheur à cause du bruit. Ce ne serait ni amusant ni drôle si le sénéchal[2] qui dort ici était réveillé par quelque bruit venant de nous. Aussi est-il raisonnable que je m'en
30 aille, car il n'aurait pas bonne impression s'il me voyait ici, debout. – Madame, dit-il, il est donc temps de partir, mais n'ayez crainte, je ne ferai pas de bruit. Je pense extraire les barreaux en douceur, sans avoir trop d'effort, et sans réveiller personne. »
Alors la reine s'éloigne et lui se prépare, prenant ses dispositions
35 pour venir à bout de la fenêtre. Il saisit les barreaux, les secoue, les tire si bien qu'il les fait plier et les arrache de leur scellement. Mais le fer était si coupant qu'il se fit une entaille à la première phalange du petit doigt jusqu'aux nerfs, et qu'il se trancha complètement la première articulation du doigt voisin. Mais ni des gouttes de sang qui en
40 tombent, ni d'aucune blessure il n'a conscience, car il a une tout autre

▲ *Vanity*, F. Cadogen Cowper, 1907.

1. **Empire :** influence.
2. **Sénéchal :** officier d'intendance.
3. **Keu :** le sénéchal a pour fonction de servir le roi. Il dort dans la chambre royale.

Quelles sont les différentes formes de l'héroïsme dans les aventures de Lancelot ?

préoccupation. La fenêtre est loin d'être basse, et pourtant Lancelot y passe très rapidement et lestement. Il trouve Keu[3] endormi dans son lit et puis il arrive au lit de la reine. Il reste en adoration en s'inclinant devant elle, car c'est le corps saint auquel il croit le plus. Alors la reine
45 lui tend les bras, les passe autour de lui, et puis le serre étroitement sur sa poitrine. Ainsi elle l'a attiré dans son lit, lui réservant le meilleur accueil qu'elle puisse jamais lui faire. Car c'est Amour et son cœur qui lui dictent sa conduite, c'est inspiré par Amour qu'elle lui fait fête. Mais si elle éprouve pour lui un grand amour, lui éprouve pour elle
50 un amour cent mille fois plus grand, car Amour n'a rien fait avec tous les autres cœurs en comparaison de ce qu'il a fait avec le sien. Dans son cœur Amour a repris force, si exclusivement que dans les autres cœurs on n'en voit qu'une pauvre image.

Chrétien de Troyes, *Lancelot ou le Chevalier de la charrette*, v. 1180, traduction de Daniel Poirion, 1994.

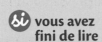
vous avez fini de lire

Qualifiez cette aventure à l'aide de trois adjectifs puis justifiez votre réponse.

Comprendre le texte II.3

Une passion puissante

1. Donnez un synonyme du mot « empire » (l. 3). Sur quelle dimension du désir l'auteur insiste-t-il ?

2. Pourquoi Lancelot ne sent-il pas la douleur de ses blessures ? Quel autre épisode de l'histoire cela vous rappelle-t-il ?

3. Aux lignes 42-43, montrez que l'amour devient un personnage à part entière.

Un héros courtois

4. Quel est le seul « obstacle » qui pourrait empêcher Lancelot de rejoindre Guenièvre ?

5. Quel adjectif qualifie le corps de Guenièvre ? À quel lexique ce mot appartient-il ?

6. Que fait Lancelot quand il est parvenu devant Guenièvre ? Que révèle cette attitude à propos du chevalier ?

7. Lisez la rubrique **À retenir** puis dites ce qui fait de Lancelot, dans cet extrait, un parfait amant courtois.

Bilan

8. En quoi consiste l'héroïsme de Lancelot dans cet épisode ?

Activités IV.4 / I.8

LANGUE

▶ Réécrivez la phrase des lignes 35 et 36 au passé composé et au féminin pluriel : « Elles ont saisi les barreaux… »

ORAL

Proposez cinq adjectifs pour décrire la conception du sentiment amoureux que ce roman présente. Vous paraît-elle belle ? Vous paraît-elle actuelle ?

vous avez besoin d'aide

▶ **Argumentez** en rappelant des épisodes du roman qui vous ont frappé(e).

▶ **Vous pouvez comparer** cet extrait de *Lancelot* à la façon dont l'amour est aujourd'hui représenté dans d'autres arts, au cinéma par exemple.

à retenir

L'amour courtois
Dans l'univers médiéval, l'**amour courtois** désigne les comportements à adopter par un chevalier envers sa dame. Il s'agit d'un mélange de respect et de dévotion. Un chevalier se doit d'obéir à toutes les volontés de sa dame, même au prix de sa vie.

L'ultime combat

Pour achever de secourir Guenièvre, Lancelot affronte son ravisseur, Méléagant. Le combat a lieu en présence du père de ce dernier, Bademagu, le roi du pays de Gorre.

▲ Fresque d'inspiration médiévale.

Alors Lancelot fonça vers Méléagant de tout son élan, comme transporté par la haine. Mais avant de le frapper il lui cria d'une voix haute et farouche :
5 « Avancez par ici, je vous lance un défi ! Et sachez bien que je ne vous épargnerai pas ! » Puis il éperonna son cheval, le ramenant en arrière pour prendre du champ à environ une portée d'arc. Ils
10 se précipitèrent alors l'un vers l'autre de toute la vitesse de leurs chevaux. Ils ont d'abord frappé sur leurs écus, que malgré leur solidité ils transpercent sans cependant se blesser ni s'atteindre
15 dans leur chair, ni l'un ni l'autre pour cette fois. Ils se sont croisés rapidement mais reviennent au galop de leurs chevaux frapper sur leurs écus solides et résistants. Ils ont encore montré leur
20 force, en chevaliers courageux et vaillants portés par des chevaux robustes et rapides. La force de leurs coups appliqués sur les écus pendus à leur cou a fait traverser leurs lances sans qu'elles se fendent ni se brisent, si bien qu'elles ont atteint cette fois leur chair mise à nu. Chacun a poussé de toutes ses forces, jetant l'autre à terre sans
25 qu'aient pu résister poitrails, sangles ni étriers pour les empêcher de vider leur selle et de tomber sur la terre nue. Les chevaux affolés partirent dans tous les sens ; ruant ou mordant, ils cherchaient aussi à s'entretuer. Après leur chute les chevaliers se relevèrent le plus vite possible, tirant leurs épées où étaient gravées leurs devises. Tenant
30 l'écu à hauteur du visage pour se protéger, ils cherchèrent désormais une ouverture pour faire mal avec leur épée d'acier tranchant. Lancelot n'avait pas peur car il était deux fois plus habile que Méléagant au maniement de l'épée, l'ayant appris dès son enfance. Ils se donnent tous les deux de grands coups sur leurs écus et sur les
35 heaumes lamés d'or, si bien qu'ils les ont fendus et bosselés. Mais Lancelot presse son adversaire de plus en plus, et voilà qu'il lui assène puissamment un grand coup sur le bras droit que l'écu a laissé à découvert, et malgré le fer qui le protège il le tranche net. Se sentant mutilé, Méléagant dit qu'il lui vendra cher sa main droite

Parcours de lecture

PARTIE 3
Quelles sont les différentes formes de l'héroïsme dans les aventures de Lancelot ?

40 ainsi perdue. Si l'occasion s'en présente, il n'hésitera pas, rien ne le retiendra. En fait, il éprouve une telle douleur, une telle colère, une telle rage qu'il n'est pas loin de devenir fou ; il se tient pour méprisable s'il ne réserve pas à son adversaire un mauvais coup de sa façon. Il court vers lui, pensant le surprendre, mais Lancelot est
45 sur ses gardes. Du tranchant de son épée, il lui a fait une telle brèche et entaille que l'autre ne s'en remettra pas avant que ne passent avril et mai ; car le coup qu'il lui donne sur le nasal le lui fait rentrer dans les dents, dont trois se brisent dans sa bouche. La fureur de Méléagant est telle qu'il ne peut plus parler ni dire un mot, et il ne daigne
50 pas demander grâce, car la folie de son cœur lui donne un mauvais conseil dont il reste prisonnier et ligoté. Lancelot s'approche, il lui délace son heaume et lui tranche la tête. Celui-là ne pourra plus lui échapper : il est tombé mort, c'en est fait de lui. Je peux vous dire que personne dans l'assistance à ce spectacle n'éprouve de pitié pour
55 lui. Le roi et tous ceux qui sont là manifestent une grande joie. Alors Lancelot est désarmé par les plus enthousiastes, et il est promené en triomphe.

Chrétien de Troyes, *Lancelot ou le Chevalier de la charrette*,
v. 1180, traduction de Daniel Poirion, 1994.

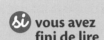 **vous avez fini de lire**

Le narrateur vous semble-t-il prendre parti pour l'un des deux combattants ? Justifiez votre réponse.

▲ Edmud Blair Leighton, *Vaincu*. Collection privée.

Comprendre le texte II.3

L'évolution du combat

1. En quoi consiste le premier geste de Lancelot ? Pourquoi fait-il demi-tour ?

2. Montrez qu'aucun chevalier ne domine la première partie du combat. Appuyez-vous sur les lignes 6 à 18 pour justifier votre réponse.

3. Quel événement change le cours du combat ? Qui prend le dessus ensuite ?

4. À partir de la ligne 11, quel changement remarquez-vous dans l'emploi des temps ? Quel effet cela produit-il ?

Une supériorité physique et morale

5. Combien de coups faut-il à Lancelot pour tuer Méléagant ?

6. Quels traits de caractère de Méléagant sont montrés aux lignes 39 à 44 ?

7. Que nous révèle la réaction du roi et de l'assistance après la mort de Méléagant ?

Bilan

8. Lisez la rubrique **À retenir**. Dites quel est le rôle de Méléagant dans la mise en valeur de l'héroïsme de Lancelot.

à retenir

Les valeurs chevaleresques

Le duel est l'occasion de mettre en scène non seulement un conflit de chevaliers puissants, mais aussi la confrontation de valeurs morales. En éliminant Méléagant, Lancelot montre la supériorité des vraies valeurs de la chevalerie : **la courtoisie** et **la générosité** l'emportent sur l'égoïsme et l'orgueil.

Activités IV.7 / I.4

LANGUE

▶ Les noms suivants : « écu », « lance », « épée », « heaume », « nasal » désignent-ils des armes ou des éléments d'armure ? Classez-les.

ORAL

Proposez une lecture chorale des lignes 1 à 30.

Par groupes de cinq, préparez une mise en voix du combat de Lancelot. Répartissez-vous le texte.

si vous avez besoin d'aide

▶ **Aidez-vous de l'écoute** de la lecture du texte par un comédien.

▶ **Apprenez par cœur** le passage au discours direct pour le dire de façon expressive.

▶ **Insistez sur les verbes d'action** importants : foncer, frapper, asséner, etc.

ÉCOUTE

Écoutez la lecture du texte par un comédien.

Comment donne-t-il à entendre l'intensité du combat ?

▶ **Franck Cadogen Cowper,** *Rosamund*. Collection privée.

Lecture d'extraits d'une œuvre intégrale

LES TROIS MOUSQUETAIRES D'ALEXANDRE DUMAS, 1844.

AXES DE LECTURE

À travers la lecture de ces épisodes des *Trois Mousquetaires*, vous allez découvrir :
– comment un personnage acquiert progressivement le statut de héros par ses apprentissages et par des aventures où ses qualités sont mises à l'épreuve et l'obligent à se surpasser dans de véritables exploits ;
– comment cette quête et ces aventures captivent le lecteur qui s'interroge sur ce qu'auraient été ses propres réactions dans les situations décrites ;
– comment l'héroïsme du personnage transmet certaines valeurs morales, dont l'amitié qui le lie à d'autres personnages héroïques dans une solidarité à toute épreuve.

L'auteur

Alexandre Dumas écrit d'abord pour le théâtre, dès 1819, puis il publie des romans historiques : *Les Trois Mousquetaires* (1844), *Vingt ans après* (1845), *La Reine Margot* (1845), *Le Comte de Monte-Cristo* (1844-1846).

Présentation de l'œuvre

Le roman des *Trois Mousquetaires* est le fruit d'une collaboration avec le professeur d'histoire Auguste Maquet, qui s'est chargé de la documentation (même si le roman prend bien des libertés avec la vérité des faits !). Dumas a conçu l'idée de son livre en lisant les *Mémoires de M. D'Artagnan*, censés être les souvenirs rédigés par le mousquetaire lui-même, alors qu'il s'agit en réalité d'un roman paru en 1700.

Pour vous mettre en appétit…

D'Artagnan, nouveau mousquetaire du roi, se trouve par hasard mêlé à une intrigue menée par le cardinal de Richelieu et dans laquelle une jeune femme, Constance Bonacieux, a été enlevée. Plutôt que de protéger le mari de celle-ci, D'Artagnan le laisse arrêter par les gardes du Cardinal, sous les yeux stupéfaits des trois mousquetaires…

– Mais quelle diable de vilenie avez-vous donc faite là ? dit Porthos lorsque l'alguazil en chef eut rejoint ses compagnons, et que les quatre amis se retrouvèrent seuls. Fi donc ! quatre mousquetaires laisser arrêter au milieu d'eux un malheureux qui crie à l'aide ! Un gentilhomme trinquer avec un recors !

– Porthos, dit Aramis, Athos t'a déjà prévenu que tu étais un niais, et je me range de son avis. D'Artagnan, tu es un grand homme, et quand tu seras à la place de M. de Tréville, je te demande ta protection pour me faire avoir une abbaye.

– Ah çà ! je m'y perds, dit Porthos ; vous approuvez ce que d'Artagnan vient de faire ?

– Je le crois parbleu bien, dit Athos ; non seulement j'approuve ce qu'il vient de faire, mais encore je l'en félicite.

– Et maintenant, messieurs, dit d'Artagnan sans se donner la peine d'expliquer sa conduite à Porthos, tous pour un, un pour tous ; c'est notre devise, n'est-ce pas ?

– Cependant, dit Porthos.

– Étends la main et jure ! s'écrièrent à la fois Athos et Aramis. Vaincu par l'exemple, maugréant tout bas, Porthos étendit la main, et les quatre amis répétèrent d'une seule voix la formule dictée par d'Artagnan :

« Tous pour un, un pour tous. »

Analyse d'image

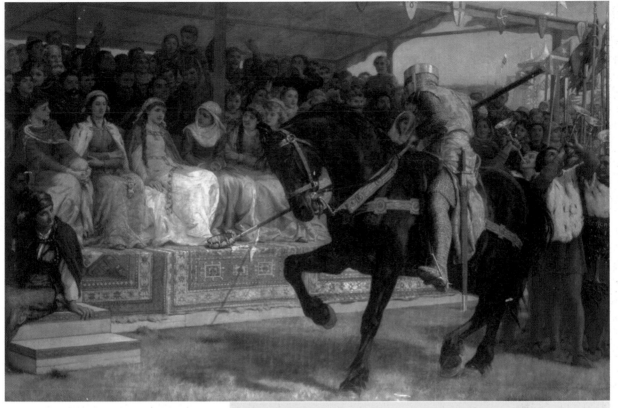

▲ Frank William Warwick Topham, *La Reine du tournoi : Ivanhoé*, huile sur toile, XIXᵉ siècle.

Le peintre Frank William Warwick Topham a représenté de nombreuses scènes célèbres de la littérature anglaise. Dans *La Reine du tournoi*, il illustre le combat du chevalier Ivanhoé.

À PREMIÈRE VUE

1• Qui est Ivanhoé, dans ce tableau ?

2• Qu'est-il en train de faire ? Comment comprenez-vous le titre du tableau : *La Reine du tournoi* ?

DESCRIPTION

3• Comment le peintre met-il en valeur Ivanhoé ?

4• Quelle femme est sa « reine » ? À quoi le voyez-vous ? Quelle est l'attitude des autres femmes ?

5• Observez les autres personnages. Que sont-ils en train de faire ?

6• Quelle couleur le peintre utilise-t-il principalement dans ce tableau ? Pour quelles raisons selon vous ?

INTERPRÉTATION

7• Pourquoi Ivanhoé n'enlève-t-il pas son casque ? Émettez au moins deux hypothèses.

8• Ivanhoé vous semble-t-il héroïque ? Justifiez votre réponse.

RECHERCHE II.5

9• Sur Internet, cherchez un résumé du roman *Ivanhoé*, de Walter Scott.
a. Pourquoi Ivanhoé a-t-il participé à un tel tournoi ?
b. Pour quelles raisons s'est-il déguisé ?
c. Qui a-t-il choisi pour « reine du tournoi » ?

ÉCRITURE III.2

10• Imaginez le dialogue entre Ivanhoé et sa « reine ».

Un héros d'aventure

Indiana Jones et la Dernière croisade

■ Steven Spielberg, 1989

La série de quatre films *Indiana Jones* met en scène les aventures d'un archéologue amené à lutter contre des bandits menaçant des trésors du passé. Dans le troisième épisode de la série, Indiana Jones et son père partent à la recherche du Graal, dont les nazis menacent de s'emparer.

Harrison Ford (Indiana Jones) et Sean Connery (le père d'Indiana) se partagent la vedette dans ce troisième volet.

Un film d'action 1

1 Quels éléments architecturaux forment le cadre de cette affiche ? Qu'est-ce que cela nous fait imaginer ?

2 Par quoi le héros est-il poursuivi ? Quel type d'aventures s'attend-on à voir ?

3 À quoi reconnaît-on qu'Indiana Jones est un aventurier ?

L'affiche du film

Les deux visages du héros **2**

À gauche, le professeur Jones devant ses étudiants.
À droite, Indiana Jones sur le terrain.

① Dans quel lieu se trouve le héros, dans chacune de ces images ? Qu'est-il en train de faire ?

② En comparant son costume et son attitude dans chacune des images, dites quels sont les différents aspects du héros que nous découvrons.

③ Comment le héros est-il cadré dans chaque image ? Quel cadrage permet de concentrer l'attention sur le héros ? Quel cadrage permet de concentrer l'attention sur l'action ? Pourquoi ces deux façons de cadrer sont-elles complémentaires ?

Le saut de la foi **3**

Indiana Jones à l'épreuve de ses croyances au moment de traverser le pont du saut de la foi.

① Quelles sont les caractéristiques du décor ? Décrivez-les. En quoi accentuent-elles l'intensité de la scène ?

② Quelle est l'orientation de la caméra, quand Indiana Jones s'apprête à franchir le saut de la foi ? Quelle émotion ressent le spectateur, à cet instant ? Où le cinéaste aurait-il pu aussi placer sa caméra (faites trois propositions) ? Quel aurait été l'effet obtenu ?

ORAL III.10

① À quel épisode de l'histoire de Lancelot peut-on comparer le saut de la foi ? Justifiez votre réponse.

② En quoi l'aventure d'Indiana Jones ressemble-t-elle à celle des chevaliers dans les romans du Moyen Âge ? En quoi s'en différencie-t-elle ?

Réaliser un dictionnaire des héros

OBJECTIF

Vous allez rédiger des portraits de héros sous différentes formes, puis vous choisirez vos préférés et les mettrez en page avec des illustrations.

ACTIVITÉ 1 · Groupe 1

● Réaliser des cartes d'identité de héros à partir de leur représentation

Rédigez la fiche d'identité de chacun de ces héros.

Imaginez pour chacun :
– un nom ;
– le lieu et l'époque où il a vécu ;
– ses points forts et ses faiblesses ;
– les exploits qu'il a accompli ;
– ce que la légende raconte à son sujet.

Héros
CARTE D'IDENTITÉ

Portrait

Nom ....
Époque ....
Points forts ....
Faiblesses ....
Exploits ....
Légende ....

Un samouraï.

La Reine Guenièvre.

ACTIVITÉ 2 Groupe 2

⊙ Réaliser des portraits de héros en acrostiche

1. Voici le portrait en acrostiche d'Achille :

A(gile) – C(oléreux) – H(ardi) – I(ndomptable) – L(este) – L(ibre) – E(nergique).

2. Faites à votre tour un portrait en acrostiche des héros suivants :

Perceval, Lancelot, Gauvain, Roland, Guillaume, Olivier.

 Conseils

▶ Vous pouvez donner à votre acrostiche la forme d'un manuscrit médiéval, en ornant particulièrement les initiales de chaque adjectif.

gile

oléreux

La mort d'Hector.

ACTIVITÉ 3 Groupe 3

⊙ Créer des héros ou des héroïnes à partir d'adjectifs

1. Voici une série d'adjectifs pouvant qualifier un personnage héroïque :

audacieux, bouillonnant, brave, brutal, décidé, explosif, fiévreux, fougueux, hardi, impétueux, impitoyable, impulsif, intraitable, intrépide, irascible, orageux, résolu, sage, violent, galant.

2. Regroupez ces adjectifs en quatre groupes de cinq mots, en veillant à introduire dans chaque ensemble au moins un défaut.

3. À partir des ensembles ainsi formés, imaginez les quatre héros ou héroïnes qui présentent cette association de qualités et de défauts.

Vous donnerez un nom à chacun et rédigerez une de ses aventures. Puis vous l'illustrerez.

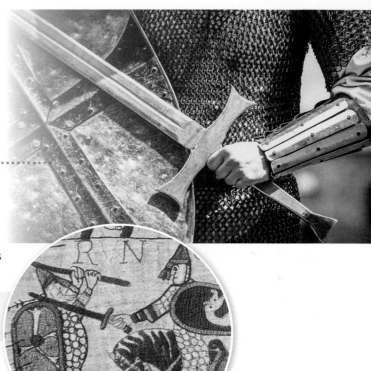

ACTIVITÉ 4 Groupe 4 ·············

➲ **Créer des héros ou
des héroïnes à partir
de leur épée**

1. Voici des noms d'épées présents dans
La Chanson de Roland **:**

Durandal, Merveilleuse, Sauvagine,
Tranchera, Flamberge.

**2. Quelles qualités chacune
de ces épées possède-t-elle d'après vous ?**

**3. Quelles qualités et quels défauts
pourraient caractériser le héros qui
possède chacune de ces épées ?**

**4. Faites le portrait des cinq héros qui
détiennent ces épées puis dessinez-les,
leur épée à la main.**

ACTIVITÉ 5 Groupe 5 ·············

➲ **Créer des héros ou des héroïnes
à partir d'une épreuve**

**1. Une des épreuves qu'affronte Lancelot est
celle du pont de l'épée.
Proposez à votre tour cinq noms d'épreuves
en associant un nom de lieu (maison, porte,
passage, etc.) à un complément qui suggère
la difficulté de l'épreuve.**

Ex. : la porte aux mille poignards, la chambre sans
issue…

**2. Expliquez en trois phrases quelle est la nature
exacte de chacune des épreuves.**

**3. Puis imaginez qui pourrait être le héros qui
surmonte chacune des épreuves**
(ses caractéristiques physiques, ses qualités, son
équipement, son armement).

**4. Enfin, faites le portrait de chacun des héros au
moment où il surmonte l'épreuve et dessinez la
scène.**

ACTIVITÉ 6 Groupe 6

⊘ Créer des héros ou des héroïnes à partir d'une citation

**1. Rédigez trois portraits de héros en action en vous aidant
des citations suivantes :**

– « À cœur vaillant, rien d'impossible. »

– « De l'audace, encore de l'audace, toujours de l'audace. »

– « Encore une victoire comme celle-ci, et nous sommes perdus ! »

– « Et le combat cessa, faute de combattants. »

– « Accepter l'idée d'une défaite, c'est être vaincu. »

– « Quand on veut, on peut, quand on peut, on doit. »

– « Un cheval ! mon royaume pour un cheval ! »

**2. Choisissez une citation pour chacun de vos trois héros,
puis décrivez-les en action et faites-leur prononcer la phrase
choisie au moment le plus opportun.**

3. Illustrez chaque portrait à l'aide d'un dessin ou d'un collage.

ACTIVITÉ 7 Groupe 7

⊘ Faire le portrait du héros ou de l'héroïne idéal(e)

**1. Si vous deviez composer le héros ou l'héroïne idéal(e),
de quels héros existants vous inspireriez-vous ?**

Rusé comme l'Ulysse d'Homère et savante comme l'Hermione
de la série *Harry Potter* ?

**2. À vous de composer un héros parfait à partir de cinq héros
ou héroïnes de votre choix.**

– Faites la liste de ces personnages et notez toutes les qualités
que vous allez leur emprunter pour créer le héros idéal.

– Imaginez une histoire dans laquelle les cinq qualités de votre héros
sont mises à l'épreuve et rédigez-la.

– Illustrez votre portrait.

 PROJET III • 10 / V • 6 **Créer un dictionnaire des héros**

1. Rassemblez les portraits de héros qui ont été
réalisés par chaque groupe d'élèves.
Choisissez-en douze selon des critères tels que :
la précision du portrait, la qualité de la mise en
page, la réussite de l'illustration.

2. Retravaillez chacun de ces portraits en vérifiant
la syntaxe et l'orthographe, en améliorant la mise
en page et l'illustration. Classez-les par ordre
alphabétique.

3. Imprimez-les ou mettez-les en ligne sur le site
du collège.

DES LIVRES ET DES FILMS

〜 Pour les amateurs de romans

Jason et le défi de la Toison d'or

Nadia Porcar, © Nathan

Jason, fils du roi d'Iolcos, a été dépossédé du trône par son oncle Pélias. Adolescent fougueux, il décide de reprendre le royaume de son père. Le fourbe Pélias accepte de lui rendre le trône en échange d'une faveur : Jason devra lui rapporter la Toison d'or, gardée précieusement par le roi de Colchide.

Merlin

Anne-Marie Cadot-Colin, © Le Livre de poche

Magicien et devin, Merlin l'enchanteur de Bretagne est un personnage mystérieux qui peut changer d'apparence à tout instant, un sage qui connaît les secrets du passé et de l'avenir. Il protège les rois de Bretagne et incite Arthur à fonder la Table ronde.

Matilda

Roald Dahl, © Folio junior

Matilda Verdebois adore lire et possède une grande intelligence. Mais ses parents sont des êtres méchants et insensibles. Les talents de Matilda sont remarqués par une institutrice, Mlle Candy, qui propose de la faire passer dans une classe supérieure. La directrice, la détestable Mlle Legourdin, refuse… Mais Matilda se découvre des pouvoirs magiques…

Seeker (trilogie Nobles guerriers, tome 1),

William Nicholson, © Gallimard jeunesse

Sur l'île d'Anacréa, la confrérie des Nobles Guerriers, défend la justice et la paix. Seeker, Étoile de l'Aube et Sauvage, trois adolescents en quête d'eux-mêmes, souhaiteraient rejoindre la confrérie. Ils déjouent un complot du royaume de Radiance, qui souhaite anéantir la confrérie des Nobles Guerriers.

Saba, ange de la mort,

Moira Young, © Gallimard jeunesse

Dans un futur proche, Saba vit avec son frère jumeau, son père et sa petite sœur à côté d'un lac asséché. Leur vie est monotone jusqu'à ce que des cavaliers viennent enlever son frère. Son père est tué au cours de cet enlèvement. Commence alors pour Saba et sa petite sœur une longue route semée d'épreuves pour retrouver leur frère.

Tristan et Iseut,

Béroul, © Gallimard

Tristan, orphelin depuis sa naissance, est élevé par son oncle Marc, roi de Cornouailles. Blessé par le Morholt, un géant qu'il tue au combat, il est soigné par la reine d'Irlande, la mère d'Iseut. C'est le début d'une tragique histoire d'amour.

Pour les amateurs de bandes dessinées

Tiffany (2 tomes)
Yann et Herval, © Delcourt

Tiffany d'Arc est une escrimeuse hors pair qui possède aussi la capacité d'entendre les pensées des autres. Lorsque son frère, détective privé, lui demande de l'aide pour ses enquêtes, elle ne peut pas la lui refuser…

Pour les cinéphiles

Last Action Hero
John McTiernan

Grâce à un billet de cinéma magique, Danny, un jeune garçon, parvient à entrer dans l'univers imaginaire du héros qu'il adore : Jack Slater. Il l'accompagne donc dans ses aventures, mais un jour, Danny et Jack retournent tous les deux dans le monde réel… Cette fois-ci, le héros fictif est complètement désorienté…

PROJET Réaliser une affiche V.6

Afin de faire connaître le livre que vous avez lu, vous allez réaliser une affiche qui en mettra en valeur les éléments principaux.

➤➤ Rassemblez les éléments indispensables

– Le titre, le nom de l'auteur et de l'éditeur.
– Une illustration frappante qui retiendra l'attention de vos camarades.
– Une phrase d'accroche qui renforcera l'effet de l'image.

➤➤ Réalisez une illustration

– Il peut s'agir du portrait des personnages principaux. Vous pouvez les dessiner dans une mise en scène qui annonce le thème de l'ouvrage.
– Vous pouvez aussi dessiner une scène du livre. Surprenez vos camarades en représentant un moment de grand suspense du récit. Et pourquoi pas sous la forme de vignettes de bande dessinée…
– Votre illustration peut aussi donner à voir un objet du livre. Si vous lisez l'histoire d'un chevalier parti en quête du Graal, vous pouvez représenter cet objet précieux.

➤➤ Trouvez une phrase d'accroche

– Il peut s'agir de la première phrase du livre, ou de la réplique d'un personnage, si elles installent un certain suspense.
– Vous pouvez aussi inventer une phrase qui résume brièvement l'histoire, ou lancer une question au lecteur de l'affiche.
– Votre accroche peut aussi prendre la forme d'un slogan, à l'image de ceux de la collection Folio : « Rien ne vous embarque comme un Folio, avec Folio vous lirez loin, etc. »

➤➤ Mettez en page votre affiche

Sur une feuille A3, collez votre illustration et copiez les indications permettant d'identifier l'ouvrage ainsi que votre phrase d'accroche. Veillez à rendre votre texte lisible et assurez-vous qu'il ne comporte aucune erreur orthographique.

Ce que vous avez appris sur...

🕑 les héros, les héroïnes et l'héroïsme

BILAN DU CHAPITRE

1. Quels types de héros et d'héroïnes avez-vous découverts dans ce chapitre ? Quelles sources littéraires et picturales nous les font connaître ?

2. De quelle façon ces personnalités héroïques se distinguent-elles, aussi bien physiquement que moralement ?

3. Par quels procédés les héros sont-ils mis en valeur dans les textes que vous avez lus ? Dans les images que vous avez étudiées ?

4. Quels personnages avez-vous préférés ? Pourquoi ?

5. À quoi héros et héroïnes nous permettent-ils de réfléchir ? Qu'est-ce que la connaissance de leurs exploits nous apporte ?

6. Qui sont les héros et héroïnes, réels ou imaginaires, propres à notre époque ?

EXPRIMER SON OPINION

Demandez-vous quel est votre texte préféré avant de compléter les phrases suivantes.

1. J'ai surtout été interessé(e) par le texte ......

2. En effet, il mettait en scène les exploits de ......

3. Ce personnage héroïque était confronté à ......

4. Il faisait preuve de vaillance en ......

5. Je me souviens de l'expression « ...... ».

PROJET FINAL

Écrire et présenter la bande-annonce d'une vie héroïque

Vous écrirez et présenterez, par groupes de trois ou quatre élèves, la bande annonce de la vie d'un héros ou d'une héroïne de votre choix.

ÉTAPE 1 ❯ Choisissez un héros ou une héroïne célèbre

Vous pouvez choisir un héros réel ou imaginaire. Il peut s'agir :

• d'un personnage de l'Antiquité, humain (Ulysse, Énée…) ou divin (Zeus, Athéna…) ;

• d'un personnage de la littérature, médiévale (Perceval, Lancelot…) ou moderne (d'Artagnan…) ;

• d'une personnalité historique, antique (Alexandre le Grand, Jules César…), du Moyen Âge (Charlemagne, Jeanne d'Arc…) ou de l'époque moderne (Nelson Mandela, Rosa Parks…).

ÉTAPE 2 ❯ Cherchez des informations sur sa vie

**Établissez une fiche d'identité pour votre personnage.
Vous pouvez utiliser le modèle ci-contre.**

Nom ……
Ce personnage est-il réel ou imaginaire ? ……
S'il est imaginaire, dans quelles œuvres parle-t-on de lui ? ……
À quelle époque a-t-il vécu ? ……
Dans quelles circonstances s'est-il illustré ? (3 exemples) ……
Les idées ou valeurs qu'il défend ……
Ses caractéristiques physiques ……
Qualités ou défauts notoires ……

ÉTAPE 3 ❯ Écrivez et répétez la bande-annonce

Votre professeur vous distribuera la fiche n°4 pour guider votre travail.

ÉTAPE 4 ❯ Présentez la bande-annonce

Chaque groupe présente à la classe la bande annonce qu'il a écrite.

Suite à votre prestation, un temps d'échange doit permettre à vos camarades de vous poser des questions sur le personnage que vous avez choisi. Si des informations leur manquent, ou s'ils veulent en savoir plus, vous devez être en mesure de leur répondre.

ÉVALUEZ VOS COMPÉTENCES	Insuffisant	Fragile	Satisfaisant	Très bonne maîtrise
Je sais présenter un personnage en tenant compte de ses caractéristiques.				
Je sais m'adresser à un public et capter son attention.				
Je sais jouer, utiliser les ressources de la voix.				
Je sais réutiliser des formules et des expressions vues en classe.				

Le Mythe de l'Arche de Noé,
Illustration d'Alessandro Lonati.

❶ **Que représente cette scène ?**
Comment la pollution
se répand-elle ?

❷ **Cette image est-elle réaliste ?**
Qu'est-ce que l'illustrateur
cherche à dénoncer ?

Ce que vous savez déjà sur...

⏱ l'être humain et la nature

1 **Rassemblez vos connaissances**

1. Que peut signifier l'expression « maîtriser la nature » ?

2. Lisez les situations ci-contre. Dans quels cas peut-on dire que l'homme maîtrise la nature ?

3. Pourquoi l'homme cherche-t-il à maîtriser la nature ? Donnez plusieurs explications.

4. Peut-on toujours maîtriser la nature, selon vous ? Pourquoi ?

5. Quels peuvent être les risques ou les inconvénients de vouloir toujours maîtriser la nature ?

a. se promener dans une belle forêt

b. construire un barrage

c. subir une tempête

d. ramasser des coquillages sur une plage

e. éteindre un incendie de forêt

f. bâtir des logements au pôle Sud

g. allumer un feu

h. chasser des ours dangereux

i. aller sur la Lune

j. caresser un oiseau sauvage

2 **Découvrez les aventures de Robinson**

Robinson est matelot à bord de la Virginie. *Mais au large des côtes du Chili, un ouragan s'abat sur le navire, qui fait naufrage. Robinson perd connaissance et se retrouve seul sur une île déserte. Pour survivre, il doit à présent maîtriser cette nature sauvage.*

Parmi les animaux de l'île, les plus utiles seraient à coup sûr les chèvres et les chevreaux qui s'y trouvaient en grand nombre, pourvu qu'il parvienne à les domestiquer. Or si les chevrettes se laissaient assez facilement approcher, elles se défendaient farouchement[1] dès qu'il
5 tentait de les traire. Il construisit donc un enclos en liant horizontalement des perches sur des piquets qu'il habilla ensuite de lianes entrelacées[2]. Il y enferma des chevreaux très jeunes qui y attirèrent leurs mères par leurs cris. Robinson libéra ensuite les petits et attendit plusieurs

jours. Alors les pis gonflés de lait commencèrent à faire souffrir les chèvres qui
10 se laissèrent traire avec empressement.

L'examen des sacs de riz, de blé, d'orge et de maïs qu'il avait sauvés de
l'épave de *La Virginie* réserva à Robinson une lourde déception. Les souris et
les charançons[3] en avaient dévoré une partie dont il ne restait plus que de la
balle[4] mélangée à des crottes. Une autre partie était gâtée par l'eau de pluie
15 et de mer. Il fallut trier chaque céréale grain par grain, un travail de patience
long et fatigant. Mais Robinson put ensemencer[5] quelques âcres de prairie
qu'il avait auparavant brûlées et ensuite labourées avec une plaque de métal
provenant de La Virginie et dans laquelle il avait pu percer un trou assez large
pour y introduire un manche.
20 Ainsi Robinson en créant un troupeau domestique et un champ cultivé
avait commencé à civiliser son île.

Michel Tournier, *Vendredi ou la Vie sauvage*, 1971.

1. **Farouchement** : sauvagement.
2. **Entrelacées** : attachées.
3. **Charançons** : insectes qui s'attaquent aux céréales.
4. **Balle** : enveloppe qui protège les graines.
5. **Ensemencer** : planter.

1. **Comment Robinson réussit-il à « civiliser son île » ?**
2. **Cette tâche vous semble-t-elle facile ? Pourquoi ?**
3. **Quelles qualités Robinson montre-t-il dans ce texte ?**
4. **Que pensez-vous de l'attitude de Robinson vis-à-vis des chèvres et des chevreaux ?**

3 Écrivez une aventure de Robinson

1. **Choisissez une de ces images.**
2. **Que représente-t-elle ?**
À quoi cela pourrait-il servir à Robinson ?
3. **De quelles qualités aura-t-il besoin pour prendre ou utiliser ce qui est représenté ?**
4. **En vous aidant de cette image, vous raconterez une aventure de Robinson. Vous pouvez commencer votre récit par** *« Robinson trouvait que le .... lui serait très utile. Alors il... ».*

L'homme peut-il dominer entièrement la nature sans la mettre en péril ?

L'homme, le maître de la nature ?

Texte **1**

Buffon explique quelle est la place de l'homme dans la nature.

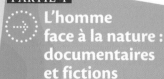

Buffon (1707-1788) est l'un des plus célèbres naturalistes du XVIIIᵉ siècle. Il s'est intéressé à plusieurs domaines des sciences (mathématiques, biologie, botanique, géologie…) et à l'homme. Il est l'auteur d'une monumentale *Histoire naturelle*. Il est resté célèbre pour sa classification des animaux.

Ce n'est que depuis environ trente siècles que la puissance de l'homme s'est réunie à celle de la Nature et s'est étendue sur la plus grande partie de la Terre ; les trésors de sa fécondité[1] jusqu'alors étaient enfouis, l'homme les a mis au grand jour ; ses autres
5 richesses, encore plus profondément enterrées, n'ont pu se dérober à ses recherches et sont devenues le prix[2] de ses travaux : partout, lorsqu'il s'est conduit avec sagesse, il a suivi les leçons de la Nature, profité de ses exemples, employé ses moyens, et choisi dans son immensité tous les objets qui pouvaient lui servir ou lui plaire.
10 Par son intelligence les animaux ont été apprivoisés, subjugués[3], domptés, réduits à lui obéir à jamais ; par ses travaux, les marais ont été desséchés, les fleuves contenus, leurs cataractes[4] effacées, les forêts éclaircies, les landes cultivées ; par sa réflexion, les temps ont été comptés, les espaces mesurés, les mouvements célestes[5] recon-
15 nus, combinés, représentés, le ciel et la Terre comparés, l'univers agrandi, et le Créateur[6] dignement adoré ; par son art émané[7] de la science, les mers ont été traversées, les montagnes franchies, les peuples rapprochés, un nouveau monde découvert, mille autres terres isolées sont devenues son domaine ; enfin la face entière de
20 la Terre porte aujourd'hui l'empreinte de la puissance de l'homme, laquelle, quoique subordonnée[8] à celle de la Nature, souvent a fait

1. **Fécondité :** capacité à produire.
2. **Prix :** récompense.
3. **Subjugués :** dominés.
4. **Cataractes :** chutes d'eau.
5. **Célestes :** relatifs aux astres.
6. **Créateur :** Dieu.
7. **Émané :** venu de.
8. **Subordonnée :** soumise.

plus qu'elle, ou du moins l'a si merveilleusement secondée que c'est à l'aide de nos mains qu'elle s'est développée dans toute son étendue, et qu'elle est arrivée par degrés au point de perfection et de magnificence où nous la voyons aujourd'hui… […] Tous ces exemples modernes et récents prouvent que l'homme n'a connu que tard l'étendue de sa puissance, et que même il ne la connaît pas encore assez ; elle dépend en entier de l'exercice de son intelligence ; ainsi, plus il observera, plus il cultivera la Nature, plus il aura de moyens pour se la soumettre et de facilités pour tirer de son sein des richesses nouvelles, sans diminuer les trésors de son inépuisable fécondité. Et que ne pourrait-il pas sur lui-même, je veux dire sur sa propre espèce, si la volonté était toujours dirigée par l'intelligence ? Qui sait jusqu'à quel point l'homme pourrait perfectionner sa nature, soit au moral, soit au physique ?

Georges-Louis Leclerc, comte de Buffon, *Les Époques de la Nature*, 1778.

vous avez fini de lire

En quoi, selon vous, l'image reflète-t-elle la vision que Buffon a de la nature ? Justifiez votre réponse.

Jean-Honoré Fragonard, *La Fête à Rambouillet,* détail, vers 1770.

PARTIE 1

L'homme peut-il dominer entièrement la nature sans la mettre en péril ?

Groupement
de textes

Comprendre le texte II.2

Une vision optimiste de l'activité humaine

1 Donnez des exemples de la fécondité de la nature. Citez certaines de ses richesses.

2 Résumez la pensée de l'auteur à l'aide de la réponse à la question 1.

3 Donnez des exemples concrets des progrès évoqués par Buffon. Vous citerez des actions ou des connaissances correspondant aux expressions suivantes :
– « les trésors de sa fécondité [de la Terre] jusqu'alors étaient enfouis, l'homme les a mis au grand jour » ;
– « les temps ont été comptés, les espaces mesurés » ;
– « un nouveau monde découvert » ;
– « les mers ont été traversées, les montagnes franchies, les peuples rapprochés ».

4 Expliquez l'expression : « la face entière de la Terre porte aujourd'hui l'empreinte de la puissance de l'homme » ?

Un éloge du progrès

5 Quel temps verbal est introduit à partir de la ligne 29 ? Pourquoi Buffon utilise-t-il ce temps ? Quel cherche-t-il à indiquer ?

6 Relevez les phrases où apparaît le mot « nature ». L'action de l'homme s'oppose-t-elle à la nature ou suit-elle la direction que la nature lui indique ?

Bilan

7 Quelle relation existe-t-il, selon le texte, entre l'homme et la nature ? Est-ce une compétition ou une relation harmonieuse ? Justifiez et nuancez votre réponse.

Activités IV.1 / III.8

LANGUE

▶ Relevez cinq phrases à la voix passive dans ce texte.
a. Qui réalise les actions décrites ?
b. Pourquoi Buffon utilise-t-il ces formes passives ?
c. Quel est l'effet produit ?

ÉCRITURE

Vous répondez depuis le monde actuel, sous forme de lettre, à Buffon qui a écrit ce texte il y a plus de trois cents ans.
Vous lui expliquez que les progrès humains qu'il célèbre ont, pour certains, mis la planète en danger à l'époque où vous vivez.

si vous avez besoin d'aide

▶ **Vous allez argumenter dans un sens contraire à celui de Buffon.** Vous avez donc besoin d'arguments qui s'opposent à ses idées.
– Cherchez d'abord dans le texte les progrès qu'il valorise (les barrages sur les fleuves, les tunnels sous les montagnes, etc.).
– Puis interrogez-vous sur les prolongements actuels de ces progrès et trouvez des contre-arguments dans lesquels vous montrerez leurs effets polluants (ex. : l'exploitation minière des « trésors de la fécondité » est actuellement une cause importante de pollution de l'air et des rivières).

si vous avez besoin de mots

▶ **Vous pouvez employer les expressions**
« je pense au contraire que », « je ne suis pas d'accord avec l'idée selon laquelle », « je constate cependant que », « permettez-moi de vous faire remarquer que », « on est obligé de voir que ».

si vous avez fini d'écrire

Faites une liste de tous les progrès humains qui vous semblent bénéfiques.

Toute une forêt par terre

Jules Verne (1828-1905) est l'auteur de nombreux romans d'aventures et d'anticipation.

En 1852, Joam Garral, un riche propriétaire terrien qui vit en Amazonie, doit aller à Belem (Brésil) pour y marier sa fille. Il descend l'Amazone au moyen d'un gigantesque train de bois flottant : la Jangada. Pour l'occasion, de nombreux arbres doivent donc être abattus.

Ce fut une rude besogne[1]. Ils étaient là une centaine d'Indiens et de Noirs, qui, pendant cette première quinzaine du mois de mai, firent véritablement merveille[2]. Peut-être quelques braves gens, peu habitués à ces grands massacres d'arbres, eussent-ils gémi en voyant
5 des géants, qui comptaient plusieurs siècles d'existence, tomber, en deux ou trois heures, sous le fer des bûcherons ; mais il y en avait tant et tant, sur les bords du fleuve, en amont, sur les îles, en aval, jusqu'aux limites les plus reculées de l'horizon des deux rives, que l'abattage de ce demi-mille[3] de forêt ne devait pas même laisser un
10 vide appréciable.

L'intendant et ses hommes, après avoir reçu les instructions de Joam Garral, avaient d'abord nettoyé le sol des lianes, des broussailles, des herbes, des plantes arborescentes[4] qui l'obstruaient. Avant de prendre la scie et la hache, ils s'étaient armés du sabre d'abatis[5],
15 cet indispensable outil de quiconque veut s'enfoncer dans les forêts amazoniennes : ce sont de grandes lames, un peu courbes, larges et plates, longues de deux à trois pieds, solidement emmanchées dans des fusées, et que les indigènes manœuvrent avec une remarquable adresse. En peu d'heures, le sabre aidant, ils ont essarté[6] le sol, abattu
20 les sous-bois et ouvert de larges trouées au plus profond des futaies.

Ainsi fut-il fait. Le sol se nettoya devant les bûcherons de la ferme. Les vieux troncs dépouillèrent leur vêtement de lianes, de cactus, de fougères, de mousses, de bromélias[7]. Leur écorce se montra à nu, en attendant qu'ils fussent écorchés vifs à leur tour.

25 Puis, toute cette bande de travailleurs, devant lesquels fuyaient d'innombrables légions de singes qui ne les surpassaient pas en agilité, se hissa dans les branchages supérieurs, sciant les fortes fourches, dégageant la haute ramure qui devait être consommée sur place. Bientôt, il ne resta plus de la forêt condamnée que de longs
30 stipes[8] chenus, découronnés à leur cime, et avec l'air, le soleil pénétra à flots jusqu'à ce sol humide qu'il n'avait peut-être jamais caressé.

Il n'était pas un de ces arbres qui ne pût être employé à quelque ouvrage de force, charpente ou grosse menuiserie. [...] Trois semaines après le commencement des travaux, de ces arbres qui hérissaient
35 l'angle du Nanay et de l'Amazone, il ne restait pas un seul debout. L'abattage avait été complet. Joam Garral n'avait pas même eu à se préoccuper de l'aménagement d'une forêt que vingt ou trente ans auraient suffi à refaire. Pas un baliveau[9] de jeune ou de vieille écorce

▲ Couverture de *La Jangada. 800 lieues sur l'Amazone*.

1. **Besogne** : travail.
2. **Merveille** : spectacle digne d'admiration.
3. **Demi-mille** : mesure de distance (environ 750 m).
4. **Arborescentes** : qui se développent comme des arbres.
5. **Sabre d'abatis** : machette.
6. **Essarté** : défriché, débroussaillé.
7. **Bromélias** : plantes tropicales aux larges fleurs rouges.
8. **Stipes** : troncs.
9. **Baliveau** : jeune arbre épargné lors d'une coupe pour favoriser la reprise de la forêt.

Groupement de textes

PARTIE 1
L'homme peut-il dominer entièrement la nature sans la mettre en péril ?

10. Corniers : arbres de bord de coupe.

11. Recépés : coupés près de terre.

12. Broutilles : ici, bourgeons.

13. Inhame : plante dont le bulbe est comestible.

14. Arrow-root : plante dont le rhizome est comestible.

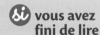 **vous avez fini de lire**

Relisez attentivement la description qui est faite du sabre d'abatis (lignes 15 à 19) et dessinez-le avec précision.

ne fut épargné pour établir les jalons d'une coupe future, pas un de
40 ces corniers[10] qui marquent la limite du déboisement ; c'était une
« coupe blanche », tous les troncs ayant été recépés[11] au ras du sol,
en attendant le jour où seraient extraites leurs racines, sur lesquelles
le printemps prochain étendrait encore ses verdoyantes broutilles[12].

Non, ce mille carré, baigné à sa lisière par les eaux du fleuve et
45 de son affluent, était destiné à être défriché, labouré, planté, ense-
mencé, et, l'année suivante, des champs de manioc, de caféiers,
d'inhame[13], de cannes à sucre, d'arrow-root[14], de maïs, d'arachides,
couvriraient le sol qu'ombrageait jusqu'alors la riche plantation
forestière.

Jules Verne, *La Jangada*, 1881.

▼ **Johann Moritz,** *Abattage d'une forêt*, gravure du XIXᵉ siècle.

Comprendre le texte   II.3

Une nature généreuse et immense

1. Recopiez les expressions du premier et du quatrième paragraphe qui montrent que la forêt est belle ou imposante.

2. Commentez l'expression « firent véritablement merveille » (l. 3). L'auteur pense-t-il ce qu'il dit ? Justifiez votre réponse en citant le texte.

3. Relevez les termes qui décrivent l'abattage des arbres de façon positive. Relevez ceux qui, au contraire, semblent le condamner.

Un combat de l'homme contre la nature

4. À quoi l'homme et la forêt sont-ils comparés (l. 4 à 10 et 30 à 35) ? Quelle impression leur lutte donne-t-elle ?

5. Recopiez les termes qui montrent l'opposition entre la durée de pousse des arbres (l. 5 et 37), et celle de l'abattage (l. 19, 29 et 35) ? Quelle conclusion peut-on en tirer ?

6. Montrez, en recopiant trois expressions du texte, que la victoire des hommes sur la forêt est ici totale.

Crime écologique ou victoire du progrès ?

7. Recopiez quatre termes qui prêtent aux éléments naturels la sensibilité d'êtres animés ou humains.

8. Relevez les mots techniques dans ce texte. L'abattage de cette forêt est-il pratiqué pour l'entretenir et obtenir une nouvelle récolte ou pour un autre usage ? Relevez l'expression qui le montre.

Bilan

9. Comment apparaissent ici les relations entre les humains et la nature ? Les personnages qui agissent dans le texte sont-ils sensibles à la fragilité de celle-ci ? Et l'auteur ? Justifiez vos réponses.

Activités   IV.6 / I.2

LANGUE

▶ Dans le deuxième et le dernier paragraphe, relevez les verbes qui décrivent la déforestation puis l'exploitation des terres gagnées sur la nature.

ORAL

Préparez, par groupes de trois, un exposé sur les problèmes liés à la déforestation en Amazonie, en Asie, en Afrique ou en Indonésie.

▶ Faites des recherches sur la déforestation.

▶ Puis présentez votre travail à la classe.

▶ Vous illustrerez votre présentation à l'aide de documents photographiques ou filmiques trouvés sur Internet.

si **vous avez besoin d'aide**

▶ **Votre exposé pourra se structurer autour des points suivants.**

– La forêt n'a-t-elle un intérêt que parce qu'elle nous semble belle ? Montrez le rôle qu'elle joue auprès des populations qui vivent à proximité et dans la conservation de la faune.

– Pourquoi les hommes abattent-ils les arbres des forêts, aujourd'hui ? Montrez l'usage que les hommes font des sols défrichés et des bois qui sont coupés.

– À quelle vitesse les arbres sont-ils abattus dans les diverses régions du globe où cela pose un problème ? Est-il possible, dans ces conditions, de voir la forêt se régénérer ?

si **vous avez besoin de mots**

▶ Vous pouvez reprendre les **verbes du texte** qui servent à décrire la déforestation puis l'exploitation des terres défrichées.

PARTIE 1

L'homme peut-il dominer entièrement la nature sans la mettre en péril ?

Groupement
de textes

Texte **3**

L'homme face aux animaux sauvages

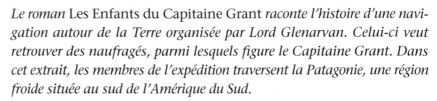

Le roman Les Enfants du Capitaine Grant *raconte l'histoire d'une navigation autour de la Terre organisée par Lord Glenarvan. Celui-ci veut retrouver des naufragés, parmi lesquels figure le Capitaine Grant. Dans cet extrait, les membres de l'expédition traversent la Patagonie, une région froide située au sud de l'Amérique du Sud.*

Lorsque le Patagon prononça le mot « aguara », Glenarvan reconnut aussitôt le nom donné au loup-rouge par les Indiens de la Pampa[1]. Ce carnassier, le « *canis jubatus* » des naturalistes, a la taille d'un grand chien et la tête d'un renard ; son pelage est rouge
5 cannelle, et sur son dos flotte une crinière noire qui lui court tout le long de l'échine. Cet animal est très leste et très vigoureux ; il habite généralement les endroits marécageux et poursuit à la nage les bêtes aquatiques ; la nuit le chasse de sa tanière, où il dort pendant le jour ; on le redoute particulièrement dans les estancias[2] où s'élèvent
10 les troupeaux, car pour peu que la faim l'aiguillonne[3], il s'en prend au gros bétail et commet des ravages considérables. Isolé, l'aguara n'est pas à craindre ; mais il en est autrement d'un grand nombre de ces animaux affamés, et mieux vaudrait avoir affaire à quelque couguar[4] ou jaguar que l'on peut attaquer face à face. Or, aux hur-
15 lements dont retentissait la pampa, à la multitude des ombres qui bondissaient dans la plaine, Glenarvan ne pouvait se méprendre[5] sur la quantité de loups-rouges rassemblés au bord de la Guamini ; ces animaux avaient senti là une proie sûre, chair de cheval ou chair humaine, et nul d'entre eux ne regagnerait son gîte sans en avoir eu
20 sa part. La situation était donc très alarmante.

Cependant, le cercle des loups se restreignit peu à peu. Les chevaux réveillés donnèrent des signes de la plus vive terreur. Seul, Thaouka frappait du pied, cherchant à rompre son licol[6] et prêt à s'élancer au dehors. Son maître ne parvenait à le calmer qu'en
25 faisant entendre un sifflement continu.

Glenarvan et Robert s'étaient postés de manière à défendre l'entrée de la ramada[7]. Leurs carabines armées, ils allaient faire feu sur le premier rang des aguaras, quand Thalcave releva de la main leur arme déjà mise en joue.

30 « Que veut Thalcave ? dit Robert.

– Il nous défend de tirer ! répondit Glenarvan.

– Pourquoi ?

– Peut-être ne juge-t-il pas le moment opportun ! »

Ce n'était pas le motif qui faisait agir l'Indien, mais une raison
35 plus grave, et Glenarvan la comprit, quand Thalcave, soulevant sa poudrière[8] et la retournant, montra qu'elle était à peu près vide.

---

1. Pampa : paysage de plaines fertiles typique de l'Argentine.

2. Estancias : exploitations d'élevage (souvent des bovins).

3. Aiguillonne : stimule.

4. Couguar : fauve d'Amérique.

5. Se méprendre : se tromper.

6. Licol : harnais servant à guider un cheval quand il n'est pas monté.

7. Ramada : mot espagnol désignant un abri.

8. Poudrière : pièce servant à stocker la poudre.

«Eh bien ? dit Robert.

— Eh bien, il faut ménager nos munitions. Notre chasse aujour-d'hui nous a coûté cher, et nous sommes à court de plomb et de
40 poudre. Il ne nous reste pas vingt coups à tirer !»

L'enfant ne répondit rien.

«Tu n'as pas peur, Robert ?

— Non, mylord.

— Bien, mon garçon.»

45 En ce moment, une nouvelle détonation retentit. Thalcave avait jeté à terre un ennemi trop audacieux ; les loups, qui s'avançaient en rangs pressés, reculèrent et se massèrent à cent pas de l'enceinte.

Aussitôt, Glenarvan, sur un signe de l'Indien, prit sa place ; celui-ci, ramassant la litière, les herbes, en un mot toutes les matières com-
50 bustibles, les entassa à l'entrée de la ramada, et y jeta un charbon encore incandescent[9]. Bientôt un rideau de flammes se tendit sur le fond noir du ciel, et à travers ses déchirures, la plaine se montra vivement éclairée par de grands reflets mobiles. Glenarvan put juger alors de l'innombrable quantité d'animaux auxquels il fallait résister.
55 Jamais tant de loups ne s'étaient vus ensemble, ni si excités par la convoitise[10]. La barrière de feu que venait de leur opposer Thalcave avait redoublé leur colère en les arrêtant net. Quelques-uns, cependant, s'avancèrent jusqu'au brasier même, poussés par les rangs plus éloignés, et s'y brûlèrent les pattes.
60 De temps à autre, il fallait un nouveau coup de fusil pour arrêter cette horde hurlante, et au bout d'une heure, une quinzaine de cadavres jonchaient déjà la prairie.

9. Incandescent : en cours de combustion.

10. Convoitise : désir de posséder.

Jules Verne, *Les Enfants du Capitaine Grant*, chapitre 19, «Les Loups rouges», 1868.

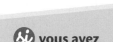 **vous avez fini de lire**

Imaginez en quelques lignes deux suites possibles à cet extrait.

L'homme peut-il dominer entièrement la nature sans la mettre en péril ?

Comprendre le texte II.3

Une description documentaire

1. Recopiez l'expression qui donne le nom scientifique du loup. Pourquoi, selon vous, Jules Verne décrit-il ainsi savamment l'animal ?

2. Dans le passage qui décrit l'animal (l. 3 à 14), relevez les adjectifs. Quelle impression ces mots communiquent-ils au lecteur ?

3. Recopiez la phrase qui décrit les mœurs de l'aguara. Soulignez deux éléments qui, selon vous, le rendent particulièrement redoutable.

Loups et animaux domestiques

4. Que signifie le verbe « se restreignit » (l. 21) ? Recopiez, dans la suite du texte, les expressions qui montrent que la menace des loups est de plus en plus grande.

5. En quoi l'expression « chair de cheval ou chair humaine » (l. 18-19) est-elle effrayante ? Qui considère ainsi les chevaux et les hommes ?

La lutte des hommes et des loups

6. Qui commande dans la lutte contre les loups ? Pourquoi ?

7. Quelles sont les stratégies successives adoptées par l'Indien dans la lutte contre les loups ? De quels outils se sert-il ?

8. En quoi l'homme se montre-t-il ici supérieur à l'animal ?

9. Qu'est-ce qui justifie ici la tuerie des loups ? Cet épisode de roman vous semble-t-il intéressant, palpitant ou bien choquant ? Justifiez votre réponse.

Bilan

10. Le monde sauvage est ici présenté comme un ennemi dangereux de l'être humain. Citez trois passages du texte pour justifier cette affirmation.

Activités IV.5 / III.1

LANGUE

▶ Réécrivez au féminin les lignes 55 à 59 : Jamais tant de louves…

ÉCOUTE

Écoutez la lecture du texte par un comédien et dites comment il met en valeur le passage dialogué des lignes 30 à 45.

ÉCRITURE

Rédigez la description d'un animal de façon à montrer qu'il est redoutable.
Vous pouvez décrire soit un animal sauvage, soit un animal domestique que vous rendrez effrayant.

vous avez besoin d'aide

▶ **Faites une liste de mots** (adjectifs, verbes) qui pourraient rendre compte de l'aspect effrayant de l'animal. Vous pouvez reprendre des mots et des expressions du texte.

vous avez besoin de mots

▶ **Des adjectifs :** *gigantesque, impitoyable, féroce, hérissé, puissant…*

▶ **Des noms :** *griffes, mâchoire, crocs, pelage…*

vous avez fini d'écrire

Écrivez un paragraphe « documentaire » pour présenter votre animal.
Vous préciserez son espèce et ses habitudes de vie.

QUI VEUT LA PEAU
DU GRAND MÉCHANT LOUP ?

L'Assemblée nationale vient d'autoriser les éleveurs français à tuer des loups sous certaines conditions. Pourtant, l'abattage
5 du canidé[1] sauvage est loin de faire l'unanimité dans la population…

Depuis son retour naturel en 1992 en France (d'où il avait
10 disparu depuis les années 1930), le canidé sauvage a vu sa population croître régulièrement. Venu d'Italie, il a peu à peu colonisé de nouveaux territoires. **Il y aurait**
15 **aujourd'hui environ 300 individus en France, principalement dans les Alpes, les Vosges, le Massif central et les Pyrénées orientales.** De nombreux éleveurs dénoncent les ravages commis par le loup dans leurs troupeaux : environ 6 000 ovins[2] tués par
20 an. D'où le vote par les députés d'une nouvelle loi devant faciliter l'abattage du prédateur.

3 Français sur 4 le défendent. Si l'on ramène le nombre de bêtes tuées par le loup chaque année à l'ensemble des troupeaux français, on n'obtient pourtant que 0,08 % de pertes. Et même
25 si l'on ne prend en compte que les départements où le carnivore est présent, on arrive à peine à 2 %. **Alors, pourquoi tant de colère ?** D'abord, il ne faut pas oublier l'aspect émotionnel : les éleveurs qui découvrent au petit matin la moitié de leur troupeau égorgé ont sans doute des raisons d'en vouloir au loup. Et
30 puis, le prédateur a toujours eu mauvaise réputation en France (on se souvient encore de l'affaire de la **Bête du Gévaudan[3]**, au XVIIIe siècle). Pour autant, les Français ne sont pas franchement partisans de son abattage : selon un sondage réalisé fin 2013 par l'institut IFOP pour l'Association pour la protection des animaux sauvages, 3 sur 4 y seraient même opposés.

Nicolas Martelle, *GeoAdo*, 15 juillet 2014.

1. **Canidé** : mammifère carnivore terrestre (chiens, renards, loups…).

2. **Ovins** : animaux de la famille du mouton.

3. **Bête du Gévaudan** : au XVIIIe siècle, un loup (ou un chien) terrifiait les campagnes du Dauphiné en s'attaquant aux femmes et aux enfants. Il fut finalement abattu par un chasseur du roi.

▲ Manifestation du 17 janvier 2016 à Nice.

Comprendre le texte   II.1

La présence du loup fait débat

1 De quel genre de texte s'agit-il ici ? À quoi le voyez-vous ?

2 Expliquez l'expression « canidé sauvage ».

3 Quels points de vue s'affrontent dans le débat concernant la présence du loup ?

L'abattage des loups

4 Pourquoi faut-il une loi pour « faciliter l'abattage du prédateur » ? Relevez l'expression du texte qui l'explique.

5 Selon vous, pourquoi la majorité des Français est-elle favorable aux loups et opposée à leur abattage systématique ?

6 Selon vous, pourquoi les déclarations d'hommes ou de femmes politiques sont-elles plutôt favorables aux éleveurs ?

Organiser un débat contradictoire

OBJECTIF

Vous allez organiser un débat contradictoire qui fera comprendre les problèmes posés par la présence du loup en France.

FICHE MÉTHODE

2 Former des groupes de travail
- Formez plusieurs groupes incarnant les différents points de vue.
- Nommez un modérateur (qui peut être le professeur) pour organiser et encadrer la prise de parole.
- Nommez un porte-parole dans chaque groupe pour rapporter les idées du groupe.
- Nommez un greffier pour prendre des notes et noter les solutions proposées.

Objectif : Organiser le travail et la prise de parole

3 Préciser ses arguments
- Chaque groupe doit préparer ses arguments, en lien avec la thèse défendue.
- Adoptez des arguments variés, réalistes et convaincants.
- Vous pouvez vous appuyer sur des exemples précis.

Objectif : rechercher des arguments pour convaincre

ORGANISER UN DÉBAT

1 Identifier les positions en présence
- Identifiez le thème du débat.
Sur quel sujet les débatteurs s'opposent-ils ?
- Un débat contradictoire oppose deux points de vue.
- Identifiez le point de vue de chaque camp.
En quoi les deux positions s'opposent-elles ?

Objectif : comprendre l'enjeu et les acteurs du débat

4 Organiser la prise de parole
- Avec l'aide du modérateur, organiser le débat : ordre des thèmes abordés, répartition du temps de parole entre les groupes, règles de prise de parole…
Le débat doit être équitable !
- Au fil du débat et à la fin de la discussion sur chaque thème, le greffier note les arguments et conclusions avancées.

Objectif : mener un débat équitable et organisé

PROJET Organiser un débat contradictoire sur la présence du loup en France 1•3

ÉTAPE 1 • **Identifier les positions en présence**

❯ **Deux camps s'opposent : ceux qui sont contre la réintroduction du loup ; ceux qui sont pour.**

- **Contre la réintroduction du loup :** éleveurs, habitants des villages des zones concernées.

- **Pour la réintroduction du loup :** associations de défense de l'environnement et des espèces animales, professionnels du tourisme…

ÉTAPE 2 • **Former des groupes de travail**

❯ **Formez plusieurs groupes qui représenteront les différents acteurs du débat en distinguant les différents points de vue.**

❯ **Nommez un porte-parole par groupe** qui prendra la parole quand ce sera son tour.

❯ **Nommez collectivement un greffier** qui prendra en note les arguments et conclusions du débat.

ÉTAPE 3 • **Préciser ses arguments**

❯ **Recherchez des arguments correspondant au point de vue que vous défendez.**

❯ **Cherchez des arguments spécifiques à la catégorie que vous représentez :** les professionnels du tourisme et les associations de défense de l'environnement peuvent, tous les deux, être favorables à la présence du loup pour des motifs différents (économiques pour les premiers, respect de l'environnement pour les seconds).

❯ **Aidez-vous des textes du groupement mais aussi des propositions ci-dessous.**

• Le loup n'attaque pas les animaux du milieu naturel dans lequel il vit sauf pour se nourrir.

• Les éleveurs ne sont pas tous hostiles au loup, mais ils se plaignent de la présence d'un trop grand nombre de ces animaux.

• Les éleveurs avaient perdu l'habitude de protéger leurs troupeaux ce qui a favorisé les attaques des loups.

• La population des loups augmentera sans cesse si rien n'est fait pour la réguler.

• Des beaucerons ou des bas rouges, chiens qui n'ont pas peur du loup, pourraient être utilisés pour garder les troupeaux.

• Si on laisse les éleveurs éliminer les loups qui menacent leurs troupeaux, l'espèce disparaîtra.

ÉTAPE 4 • **Organiser la prise de parole**

❯ **Avec l'aide du modérateur du débat (le professeur par exemple), fixez l'ordre des thèmes abordés et la prise de parole.**

• Chaque groupe s'exprime par le biais de son porte-parole.

• Le greffier prend des notes.

❯ **À la fin de la discussion sur chaque thème, essayez de proposer des solutions concrètes :** d'envisager des conditions raisonnables qui pourraient permettre à votre groupe de rejoindre les positions des autres groupes.

Pour évaluer l'exposé, aidez-vous de cette grille.

	Grille d'auto-évaluation		
	Excellent	Satisfaisant	À améliorer
Chaque intervenant a expliqué son point de vue de façon claire.			
Chacun a pu s'exprimer sans être interrompu.			
Des solutions concrètes ont été proposées.			

PARTIE 1

L'homme peut-il dominer entièrement la nature sans la mettre en péril ?

Groupement de textes

Le 20 juin 2015, le quotidien Le Monde *se faisait l'écho d'une étude américaine annonçant un rythme de disparition des espèces sans précédent.*

Texte **4**

LA SIXIÈME EXTINCTION ANIMALE DE MASSE EST EN COURS

Les espèces animales disparaissent environ cent fois plus rapidement que par le passé. Les estimations les plus optimistes montrent que la faune de la Terre est en train de subir sa sixième extinction[1] de masse, selon une étude publiée […] par des experts des universités américaines de Stanford, de Princeton et de Berkeley, notamment.

Jamais, selon eux, la planète n'a perdu ses espèces animales à un rythme aussi effréné[2] que depuis la dernière extinction de masse, il y a 66 millions d'années, celle des dinosaures. Leur étude, publiée dans le journal *Science Advances*, *« montre sans aucun doute possible que nous entrons dans la sixième grande extinction de masse »*, a affirmé Paul Ehrlich, professeur de biologie à Stanford.

Les humains en feront partie

Et les humains feront probablement partie des espèces qui disparaîtront, préviennent-ils. *« Si on permet que cela continue, la vie pourrait mettre plusieurs millions d'années à s'en remettre, et notre espèce même disparaîtrait probablement assez tôt »*, a précisé Gerardo Ceballos, de l'université autonome de Mexico.

Cette analyse s'appuie sur des observations documentées d'extinctions de vertébrés – des animaux avec squelettes internes comme des grenouilles, des reptiles et des tigres – à partir de fossiles et de bases de données[3]. Le rythme actuel de disparition des espèces a été comparé aux « rythmes naturels de disparition des espèces avant que l'activité humaine ne domine ».

Fourchette basse

Ces derniers sont difficiles à estimer, car les experts ne savent pas exactement ce qu'il s'est produit tout au long des 4,5 milliards d'années d'existence de la Terre. Si le taux du passé fait ressortir une disparition de deux espèces de mammifères pour dix mille espèces en cent ans, alors « le taux moyen de perte d'espèces de vertébrés au siècle dernier est cent quatorze fois supérieur à ce qu'il aurait été sans activité humaine, même en tenant compte des estimations les plus optimistes en matière d'extinction », selon l'étude.

« Nous insistons sur le fait que nos calculs sous-estiment très probablement la sévérité de cette crise d'extinction, parce que notre objectif était de fixer un bas de la fourchette réaliste en ce qui concerne l'impact de l'humanité sur la biodiversité », précisent les chercheurs. Les causes de la disparition des espèces comprennent notamment le changement climatique, la pollution et la déforestation. D'après l'Union internationale pour la conservation de la nature, environ 41 % des espèces d'amphibiens et 26 % des espèces de mammifères sont menacées d'extinction.

Le Monde.fr, 20 juin 2015.

1. **Extinction** : disparition.

2. **Effréné** : très rapide, sans freiner.

3. **Bases de données** : systèmes informatiques recueillant les résultats d'analyses scientifiques.

Comprendre le texte II.1

Une extinction sans précédent

1. Recopiez l'expression du quatrième paragraphe qui explique comment on mesure la rapidité d'une extinction des espèces.

2. Quelle a été la précédente extinction massive avant l'arrivée de l'espèce humaine ?

3. Qu'est-ce qu'un « vertébré » ? L'homme en fait-il partie ?

4. Repérez deux passages où l'auteur de l'article cite les noms de savants. Comment montre-t-il qu'ils connaissent bien le sujet ? Quelles autres sources sont mentionnées ? Pourquoi l'auteur procède-t-il ainsi ?

L'homme, responsable et victime

5. Quel facteur de la disparition actuelle des espèces rend cette extinction massive sans précédent ?

6. Est-il vrai de dire que, sans la présence humaine, sur Terre, les espèces ne disparaîtraient pas ? Recopiez l'expression du texte qui le montre.

7. Recopiez l'expression du texte qui annonce le sort de l'homme, si rien n'est fait pour enrayer la disparition des espèces.

Bilan

8. Dans ce texte, l'être humain est-il seulement l'auteur de la disparition des espèces animales ? Quel est son autre « rôle » dans ce processus ? Qu'est-ce que ce constat a d'extraordinaire ? Quel est le but de l'auteur de cet article ?

si vous avez fini de lire

Que savez-vous sur la disparition des dinosaures ?

Activités IV.5 / III.5

LANGUE

▶ Relevez les verbes de parole qui suivent chacune des deux premières citations. Proposez pour chacun un synonyme.

ÉCRITURE

Résumez, en un paragraphe de cinq lignes, l'essentiel du message de l'artcicle.

 vous avez besoin d'aide

▶ Cherchez quels éléments non essentiels vous allez supprimer : citations, explication des sources des informations.

▶ **Vous formulerez quatre idées essentielles** en choisissant les chiffres les plus importants à vos yeux.

▶ Vous pouvez reprendre des expressions du texte.

ACTIVITÉ NUMÉRIQUE III.7

L'homme et les abeilles
Recherchez sur Internet des informations sur l'importance vitale des abeilles pour l'homme et sur ce qui menace ces insectes. Exposez vos découvertes dans un enregistrement audio que vous ferez écouter à la classe.

📄 **Votre professeur vous distribuera la fiche n° 7 pour guider votre travail.**

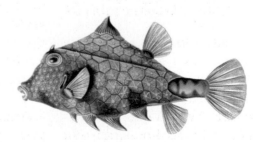

PARTIE 1
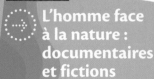
L'homme face
à la nature :
documentaires
et fictions

Écrire un article explicatif sur l'ours

Vocabulaire **de l'animal et du milieu naturel** IV.5

1 Des noms pour désigner l'ours

Classez les noms suivants du plus général au plus précis.

a. un ours ; b. un mammifère ; c. un ours des Pyrénées ; d. un animal ; e. un ursidé ; f. un plantigrade ; g. un vertébré.

Orthographe

Mémorisez l'orthographe de ces noms.

2 Des noms pour décrire l'ours

Placez les noms des parties du corps au bon emplacement.

a. la fourrure ; b. les pattes antérieures ; c. les pattes postérieures ; d. le flanc ; e. le museau ; f. les épaules ; g. les griffes.

Orthographe

Mémorisez l'orthographe de ces noms.

3 Des noms pour parler de l'alimentation

1. Que signifient les noms suivants ? Quelle est leur étymologie ?

a. omnivore ; b. carnivore ; c. herbivore ; d. frugivore ; e. insectivore ; f. granivore ; g. piscivore.

2. Quel est le régime de l'ours des Pyrénées ? Faites une recherche.

Orthographe

Mémorisez l'orthographe de ces noms.

4 Des adjectifs objectifs ou subjectifs pour parler de l'ours

1. Classez les adjectifs suivants selon qu'ils donnent une information objective (vraie scientifiquement et sans jugement) ou subjective (qui porte un jugement) à propos de l'ours des Pyrénées.

a. dangereux ; b. sédentaire ; c. plantigrade ; d. menaçant ; e. vertébré ; f. cruel ; g. mignon ; h. sauvage ; i. brun.

2. Lesquels avez-vous du mal à classer ? Pourquoi ?

Orthographe

Mémorisez l'orthographe de ces adjectifs, au masculin et au féminin.

5 Des noms et des adjectifs pour décrire un milieu

Pour chaque nom commun, trouvez un adjectif qualificatif qui permette de décrire un milieu naturel.

Exemple : montagne → montagnard.

a. forêt ; b. champ ; c. roc ; d. fleuve ; e. eau ; f. désert ; g. arbre.

Orthographe

Mémorisez l'orthographe de ces noms et de ces adjectifs.

Grammaire — pour écrire un article sur l'ours — IV.1

6 Exprimer la cause

Associez les propositions a, b, c et d aux propositions 1, 2, 3 et 4 pour exprimer la cause.

a. Puisque les ours sont protégés, ...
b. Comme ils sont méfiants, ...
c. À cause des pertes financières, ...
d. Les chasseurs ayant atteint leur quota, ...

1. ... la saison de la chasse est achevée.
2. ... on verse des indemnités aux bergers.
3. ... leur population augmente.
4. ... il est difficile d'observer les ours.

7 Employer des tournures passives

Transformez les phrases à la voix active en phrases à la voix passive. Soulignez le complément d'agent quand il y en a un.

a. Les bergers craignent les ours.
b. Les touristes observent les ours de loin.
c. On a chassé les ours pendant très longtemps.
d. Les dresseurs d'ours les montraient dans les foires.

8 Employer des tournures actives

Transformez les phrases à la voix passive en phrases à la voix active.

a. Les ours sont menacés par la déforestation.
b. Des indemnités sont versées aux bergers ayant perdu des brebis.
c. Les oursons sont bagués par des vétérinaires.
d. La présence des ours est indiquée par des panneaux routiers.

9 Conjuguer au conditionnel présent

Conjuguez les verbes entre parenthèses au conditionnel.

a. D'après un témoignage, on (voir) des ours franchir la frontière.
b. Les ours (être) une menace, d'après certains agriculteurs.
c. Les touristes (rentrer) à l'heure s'ils suivaient les conseils du guide.

écriture collective — III.2

➲ Écrire un article explicatif

Formez des groupes de trois élèves et écrivez un article présentant l'ours des Pyrénées et expliquant pourquoi il doit être protégé.

Étape 1

Faites des recherches sur Internet à propos de cet ours : régime alimentaire, milieu naturel, population totale, menaces, etc.

Étape 2

Au brouillon, faites le plan de votre article. Quelles informations donnerez-vous en premier ? Lesquelles viendront ensuite ?

Étape 3

Rédigez votre article en vous aidant des exercices précédents. Faites des paragraphes correspondant aux différentes étapes de votre article. Recopiez et relisez-vous.

◀ Ours brun observant son environnement.

▲ Ours bruns attrapant un saumon.

PARTIE 2

Un récit
d'anticipation
sur les risques
écologiques

Parcours
de lecture

Que faire pour enrayer la destruction du climat et de la nature ?

L'Héritage d'Anna

Dans *L'Héritage d'Anna* (1995), Jostein Gaarder raconte l'histoire d'une petite fille qui prend soudainement conscience de la catastrophe écologique qui guette la planète à court terme. Elle décide d'agir. Anna fait aussi d'étranges rêves, dans lesquels elle incarne Nova, son arrière-petite-fille, en 2082. Et si la solution aux problèmes écologiques se trouvait dans ces rêves ?

Extrait 1 Un hiver sans neige

Jostein Gaarder (né en 1952), est un écrivain et philosophe norvégien. Il a créé la fondation Sophie pour la défense de l'environnement.

La jeune Anna vit en Norvège, au nord de l'Europe. Petite, elle adore le 31 décembre, fête de la Saint-Sylvestre, un jour qui, pour elle, est symbolisé par la présence de neige.

Aussi loin que remontaient ses souvenirs, les familles du bourg étaient montées en traîneau aux chalets d'alpage, le soir du 31 décembre. Les chevaux étaient pansés et pomponnés[1] pour la nouvelle année, et on accrochait aux traîneaux des
5   grelots et des flambeaux qui brûlaient dans les ténèbres. Certaines années, on avait tracé une piste à la dameuse pour éviter aux chevaux de s'enliser dans la poudreuse. Mais à chaque Saint-Sylvestre, on allait à la montagne, non pas à skis ou à scooter, mais en traîneau tiré par des chevaux. Car si Noël était
10 magique, le véritable conte de fées, c'était cette montée à l'alpage. […]

Anna adorait ce réveillon à l'alpage et n'aurait su déterminer ce qu'elle préférait : la montée pour célébrer les derniers restes de la vieille année ou la descente vers l'an nouveau, bien emmi-
15 touflée dans une couverture en laine, les épaules enveloppées de la chaleur du bras de papa, de maman ou d'un habitant du bourg.

Mais l'année de ses dix ans, le dernier jour de décembre avait été sans neige, sur le plateau comme en plaine. Le gel avait
20 depuis longtemps planté ses crocs dans le paysage, pourtant, hormis quelques modestes congères çà et là, il n'y avait pas de neige sur la montagne. Et, dépourvu de son manteau blanc, le majestueux sommet se trouvait honteusement nu.

▲ Cabane dans les montagnes en Norvège.

1. **Pomponnés :** ornés de pompons.
2. **Vitrifié :** figé comme dans du verre.

Les adultes se murmuraient entre eux des « réchauffement pla-
25 nétaire », « changement climatique », et Anna nota ces nouvelles
expressions. Pour la première fois de sa vie, elle eut le sentiment
que le monde n'était pas dans son état normal. […]

En ce dernier jour de décembre, un cortège de tracteurs faisait
donc route vers la montagne et dans la première remorque se trou-
30 vaient Anna et une poignée d'autres enfants. Plus ils montaient, plus
le paysage glacé apparaissait vitrifié² – il avait dû pleuvoir juste avant
que le froid vienne figer tout ce qui s'écoulait.

Ils aperçurent la carcasse d'un animal sur le bas-côté, et les
tracteurs s'arrêtèrent. C'était un renne, raidi par le gel, et l'un des
hommes expliqua que l'absence de nourriture l'avait tué.

Jostein Gaarder, *L'Héritage d'Anna*, 2015.

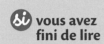

si vous avez fini de lire

Divisez le texte en trois parties. Donnez un titre à chacune.

Comprendre le texte II.3

Le Nouvel An merveilleux d'Anna

1 Pourquoi Anna aime-t-elle autant la fête de la Saint-Sylvestre de son enfance ? Relevez l'expression qui le montre.

2 Quel temps est utilisé pour décrire le fait qu'Anna a l'habitude de ce 31 décembre aux chalets d'alpage ?

Une année sans neige

3 En quoi le réveillon des dix ans d'Anna est-il différent de ceux qu'elle a connus par le passé ? Relevez des expressions qui le montrent.

4 Expliquez le lien entre les mots que les adultes murmurent entre eux et l'absence de neige.

Anna comprend-elle immédiatement ce que signifient ces mots ?

Une transformation du paysage

5 Quelles sont les caractéristiques du paysage et du climat auxquels Anna était habituée ?

6 Quels mots utilisés pour qualifier le paysage transformé par l'absence de la neige montrent qu'il est devenu inquiétant ?

Bilan

7 Le réchauffement climatique est un sujet très vaste et qui préoccupe les scientifiques. Or, l'auteur le présente dans les souvenirs d'une petite fille. Quel est son but en faisant ce choix ?

Que faire pour enrayer la destruction du climat et de la nature ?

Activités IV.5 / I.2

LANGUE

▶ Recopiez les trois dernières lignes du texte. Soulignez les mots sur lesquels vous pensez que l'on peut faire des fautes d'orthographe. Mémorisez ces mots. Faites-vous dicter ces lignes par votre voisin(e).

ORAL

Faites des recherches au CDI et sur Internet et proposez à la classe un exposé sur la question du réchauffement climatique.

 vous avez besoin d'aide

▶ **Organisez votre exposé à l'aide d'un plan clair et compréhensible pour tous.**
Exemple :
I. Qu'appelle-t-on le réchauffement climatique ?
II. Quelles sont les causes du réchauffement climatique ?
III. Quelles solutions pourraient être apportées au réchauffement climatique ?

▶ Quand vous aurez répondu aux questions qui forment le plan de votre exposé, vous prendrez **des exemples précis de lieux** dans le monde où le réchauffement climatique pose de graves problèmes. Vous décrirez ces exemples à vos camarades. Vous pouvez leur apporter des photos.

▼ Rennes en Norvège.

Analyse d'image

Christo (né en 1935) et Jeanne-Claude (1935-2009) sont un couple d'artistes contemporains américains qui s'est rendu célèbre en « emballant » monuments et objets.

◀ **Christo et Jeanne-Claude,**
Surrounded Islands, (1980-1983).

À PREMIÈRE VUE

1• Que voit-on sur cette image ? Quel détail est particulièrement inhabituel dans ce paysage ?

DESCRIPTION

2• Selon vous qu'ont fait les artistes ?

3• Décrivez précisément les îles (végétation, présence/absence d'humains). Que voit-on à l'arrière-plan de l'image ?

4• Dans quel genre de lieu ces îles se trouvent-elles ? Dites quelles sont les oppositions entre les éléments de paysage que montre l'image.

INTERPRÉTATION

5• Que peut-on entourer et surligner de couleur vive, comme le fait ici l'artiste avec ces îles (dans un écrit, dans un livre, dans un tableau autour de la tête d'un personnage) ? Quelle signification ce geste a-t-il ?

6• Trouvez-vous que ces bâches roses embellissent le paysage ? Pourquoi ?

7• Le titre de l'œuvre ci-dessus est *Îles entourées* : pensez-vous que cette œuvre puisse aussi dénoncer quelque chose ? Si oui, quoi ?

RECHERCHE V.5

8• Les œuvres de ce genre appartiennent à un courant artistique que l'on appelle « land art ». Cherchez le sens du mot « land » en anglais et dites pourquoi cette œuvre appartient à ce courant.

ÉCRITURE V.3

9• Cherchez une expression dans laquelle on trouve le nom de la couleur utilisée dans les éléments ajoutés par les artistes. Quel genre d'éléments (personnages, récits) associez-vous à cette couleur ?

PARTIE 2

Que faire pour enrayer la destruction du climat et de la nature ?

Parcours de lecture

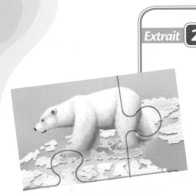

Extrait **2**

La disparition des espèces

Près de 70 ans plus tard, Nova, l'arrière petite-fille d'Anna, se réveille un beau matin de 2082.

Elle ouvre les yeux et s'appelle Nova. Tout semble nouveau, différent.

Assise dans son lit, elle se tortille et, au même moment, une lumière diffuse se répand sur la table de nuit. Elle s'étire vers la
5 tablette dont la lueur croît. L'écran indique : samedi 12 décembre 2082.

Elle voit les contours de la pièce dans laquelle elle a dormi. Les murs sont rouge sang. Elle voit la pluie tomber à verse sur l'étroite fenêtre qui monte du plancher jusqu'à une plinthe[1] bleue, sous la
10 pente du toit.

L'appareil fait «*pling*» et la photo d'un petit singe aux yeux tout ronds apparaît sur l'écran. Encore un primate dont l'extinction est confirmée. Dans la nature, le ouistiti a disparu depuis longtemps, car tout son écosystème[2] a brûlé et séché. Mais voilà que le tout
15 dernier individu en captivité est également mort. C'est regrettable. C'est triste. […]

Nova a depuis longtemps installé l'appli LOST SPECIES[3] qui, d'heure en heure, la tient informée des disparitions d'espèces végétales et animales. Il lui suffirait, pour être tranquille, de la désinstaller
20 et de s'abstraire de ce qui se passe dans le monde qui l'entoure, mais elle estime qu'il est de son devoir d'être humain de suivre la destruction en cours des biotopes[4] de la Terre. Elle est en colère. Elle est furibonde[5]. Mais c'est peine perdue, car il n'est rien qu'elle puisse faire…

La cause principale de l'extinction de tant de plantes et d'ani-
25 maux est le réchauffement climatique qui, il y a quelques décennies, s'est emballé. Si l'on revient seulement cent ans en arrière, cette planète était merveilleusement belle. Mais au cours de ce siècle, le globe a perdu beaucoup de son enchantement. Le monde ne sera plus jamais comme avant. L'humanité a depuis des années mis un
30 terme à ses émissions de CO_2 dans l'atmosphère – quelle stupidité ! – mais retirer de celle-ci les gaz à effet de serre est impossible. La planète a franchi plusieurs points de basculement[6] déterminants.

Jostein Gaarder, *L'Héritage d'Anna*, Seuil, 2015.

1. **Plinthe** : planchette servant à cacher les fils électriques.

2. **Écosystème** : environnement naturel.

3. **Appli LOST SPECIES** : application numérique imaginaire qui comptabilise les espèces disparues.

4. **Biotopes** : milieu biologique abritant une communauté d'êtres vivants.

5. **Furibonde** : furieuse.

6. **Points de basculement** : c'est-à-dire sans retour en arrière possible.

 vous avez fini de lire

Avez-vous peur du futur ? Avez-vous confiance dans le futur ? Justifiez votre réponse, qui peut être nuancée.

Comprendre le texte   II.2

Une petite fille du futur

1. Quels éléments du texte montrent que Nova vit dans un monde qui n'est pas tout à fait le nôtre mais qui pourrait être notre monde futur ?

2. Quels signes présents dans la chambre de Nova vous semblent inhabituels ou effrayants ?

3. Pourquoi et comment Nova reçoit-elle la nouvelle de la disparition du ouistiti ?

La planète en péril

4. Pourquoi Nova suit-elle l'une après l'autre la disparition des espèces ? Citez le passage qui explique ses sentiments.

5. Relevez les termes qui indiquent que la planète était belle à l'époque d'Anna.

6. Pourquoi est-il impossible de revenir sur le réchauffement climatique en 2082 ?

Bilan

7. Considérez-vous que vous pouvez personnellement faire quelque chose pour lutter contre les changements climatiques et la disparition de la biodiversité ? Vous pouvez évoquer des comportements quotidiens personnels ou des actions plus générales pour justifier votre réponse.

▲ Carte des espèces en voie de disparition.

Activités   IV.4 / I.2 / II.5

LANGUE

▷ Identifiez les temps verbaux employés dans le dernier paragraphe du texte.

ORAL

Au CDI ou sur Internet, cherchez des informations sur des espèces animales qui sont déjà éteintes : le dodo, le tigre de Tasmanie, le rhinocéros noir, l'auroch, le lion de l'Atlas, la perruche de Tahiti, etc.

– Dessinez l'un de ces animaux disparus en le présentant sous la forme d'une fiche de l'application LOST SPECIES.
– Exposez en termes scientifiques sa situation dans le tableau des espèces.
– Écrivez une description précise de cet animal.
– Expliquez où il vivait, quel était son mode de vie.
– Présentez les causes de sa disparition.
– Proposez des solutions qui auraient permis de le sauver.

si vous avez besoin d'aide

▷ Cherchez dans un livre ou sur Internet des images de l'animal pour le décrire.

▷ Si l'animal a disparu depuis longtemps, aidez-vous de dessins réalisés par des naturalistes.

si vous avez besoin de mots

▷ **Le vocabulaire de la zoologie :** *mammifère, oiseau, carnivore, herbivore, félin, ongulé, oiseau, vertébré...*

▷ **Le vocabulaire de l'habitat animal :** *lagune, montagne, forêt vierge, steppe, toundra, océans...*

▷ **Le vocabulaire des causes de l'extinction :** *chasse intensive, surpêche, disparition du milieu naturel, introduction d'un prédateur, activités humaines...*

PARTIE 2
Que faire pour enrayer la destruction du climat et de la nature ?

Parcours de lecture

Une évolution inquiétante

Afin de mieux comprendre ce qui est arrivé à la planète Terre, Nova fait une recherche sur sa tablette numérique sophistiquée.

1. **Quadridimensionnelle** : à quatre dimensions.

2. **Nivellement** : action de mettre au même niveau.

3. **Androïde** : robot à forme humaine.

4. **Macabre** : qui évoque la mort.

Nova est assise dans une petite clairière, sous le ciel étoilé qui scintille. Sa tablette sur les genoux, elle surfe et zappe pour découvrir ce qui est arrivé à sa Terre. Elle veut voir les destructions. C'est pour cela qu'elle s'est sauvée dans la forêt. Elle veut voir le monde
5 se désagréger. C'est une activité si honteuse qu'elle ne peut pas s'y livrer dans sa chambre. Quelqu'un pourrait la surprendre.

Elle fixe l'écran, se déplace dans le monde par effleurements et tapotements sur le clavier, de lien en lien. Elle trouve tout ce qu'elle cherche. Elle dispose d'un éventail d'applis qui rassemblent tous
10 les aspects de la destruction de la nature. […] De film en film, elle revit la sécheresse qui a progressivement gagné l'Afrique, l'Amérique, l'Australie et le Moyen-Orient. La vérité est quadridimensionnelle[1]. Elle voit des détails terriblement nets du monde naturel jadis si luxuriant et si varié pour, l'instant suivant, assister à la mise en place
15 d'un processus qui, de bout en bout, n'est qu'un seul et unique nivellement[2]. Elle constate comment des régions, des pays, des continents entiers ont perdu leur richesse d'espèces et leur enchantement. C'est facile avec la technologie androïde[3] ; ses doigts agiles dansent sur l'écran, mais la danse est macabre[4].
20 Elle a accès à tous les bulletins d'informations, tous les reportages et documentaires du monde […]. Elle zoome en avant et en arrière. La tablette est une machine à remonter le temps. Les sensations sont absorbées entre ses tempes. L'appareil est doté de bons haut-parleurs, et de nombreuses impressions atteignent l'âme par les oreilles. Non
25 seulement elle voit les hommes abattre les forêts tropicales, mais en plus elle entend les tronçonneuses. Elle voit l'œuvre des flammes et entend le crépitement du feu. Elle voit des images effrayantes d'ouragans et de cyclones, et entend le fracas de l'eau, le hurlement du vent et les cris et sanglots des gens.

Jostein Gaarder, *L'Héritage d'Anna*, Seuil, 2015.

ஃ vous avez fini de lire

Avez-vous envie de faire la même expérience que Nova consistant à « voir les destructions » sur sa tablette ? Pourquoi ?

Comprendre le texte II.2

Une tablette sophistiquée

1 Relevez les expressions qui montrent que la tablette de Nova lui permet de vivre de façon très précise et vivante la destruction de la Terre.

2 La perception qu'a Nova des événements est quadridimensionnelle. Relevez une phrase qui décrit la quatrième dimension.

La destruction d'un monde

3 Quels mots décrivent le monde tel qu'il existait avant ?

4 Quels mots évoquent les catastrophes qui sont survenues ? Qui en est responsable ?

5 La destruction de la Terre a-t-elle eu des répercussions sur l'homme ? Relevez des expressions du texte qui le montrent.

6 En quoi la tablette elle-même peut-elle être destructrice pour la nature (énergie consommée, matériaux utilisés) ?

Bilan

7 Ce texte montre à la fois l'ingéniosité des humains et leur capacité à détruire. De quelle façon ?

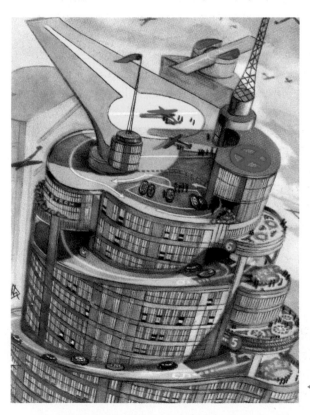

◀ Gratte-ciel cylindrique pour résoudre les problèmes de surpopulation.

Activités IV.3 / V.6

LANGUE

▶ « surfer », « zapper », « zoomer ». Expliquez le sens de ces mots dans le texte. À quelle langue sont-ils empruntés ?

ÉCRITURE

Décrivez au présent l'état dans lequel se trouve votre ville ou votre pays en 2082.
Vous pouvez considérer que le progrès technique a permis de dépasser les difficultés environnementales et humaines actuelles. Mais expliquez les causes des changements que vous observez.

 vous avez besoin d'aide

▶ **Inspirez-vous des idées ci-dessous qui décrivent des scénarios possibles** (la liste peut être prolongée).
– La population a augmenté sur Terre.
– Les ressources vitales disponibles (eau potable, terres cultivables) ont considérablement diminué.
– La science et la médecine ont vaincu la plupart des maladies.
– La biodiversité a largement diminué sur toute la planète.
– L'accès à l'eau a été facilité par les nouvelles innovations techniques.
– Les humains ont totalement revu leurs habitudes alimentaires et leur mode de vie.
– Les villes, les moyens de transport, les habitats sont mieux adaptés au changement climatique et moins polluants. On arrive à mieux prévoir les catastrophes.

 vous avez fini d'écrire

Dessinez votre ville du futur.

PARTIE 2
Que faire pour enrayer la destruction du climat et de la nature ?

Parcours de lecture

Sauver la Terre

Anna finit par comprendre le sens de ses rêves dans lesquels, sous l'identité de Nova, elle perçoit l'avenir. Elle l'explique à son ami, Jonas.

«Olla portait toujours la bague rouge. Et un matin, elle est entrée dans ma chambre en disant que le monde et toutes les espèces de plantes et d'animaux disparues allaient avoir une autre chance. Elle jouait avec son rubis rouge, et il était évident que cette nou-
5 velle chance avait un rapport avec la bague. Ensuite, la pièce s'est mise à chavirer, et à la fin, Olla chantait d'une voix à faire frémir : *Tous les oiseaux, tout petits sont… maintenant revenus…* Et là je me suis réveillée, Jonas. C'était il y a seulement quelques heures. Je me suis réveillée et j'ai entendu les oiseaux dehors. Je me suis réveillée
10 complètement persuadée que ce rêve était vrai et que mon arrière-grand-mère avait réussi ce qu'elle m'avait promis. Le monde avait véritablement eu une autre chance, et un million de plantes et d'animaux avaient été réintroduits. Tu te te rends compte ?

Jonas resta assis à secouer la tête.

15 – Incroyable. Je commence moi-même à croire à ce rêve.

– Mais ce qui, dans le rêve, était de la responsabilité de mon arrière-grand-mère est maintenant devenu de la mienne. Soudain, les rôles sont inversés. D'un seul coup, c'est moi qui dois faire quelque chose pour lutter contre les dégâts climatiques. Et puis, dans
20 soixante-dix ans, je reverrai mon arrière-petite-fille. Et l'affaire sera de nouveau jugée, c'est moi qui serai la vieille arrière-grand-mère qui risquera d'être chassée dans la forêt si l'état de la Terre n'a pas été amélioré. Si je ne parviens pas à empêcher que les écosystèmes[1] ne soient détruits et la nature du monde réduite et désenchantée, alors
25 je me condamne moi-même.»

Jostein Gaarder, *L'Héritage d'Anna*, Seuil, 2015.

1. **Écosystèmes** : ensembles des organismes vivants.

si vous avez fini de lire

Trouvez-vous que ce rêve soit plein d'espoir ? Justifiez votre réponse, qui peut être nuancée.

Comprendre le texte II.2

Un rêve miraculeux

1 Sous l'apparence de quel personnage Anna est-elle présente dans son rêve ?

2 En quoi consiste la « nouvelle chance » dont parle Olla à Anna dans son rêve ?

3 Relevez un élément ou un objet pouvant apparaître comme magique dans cet extrait.

Une nouvelle chance ?

4 Pourquoi le rêve représente-t-il une nouvelle chance pour l'humanité ? Expliquez pourquoi Jonas « commence à croire à ce rêve » (l. 15).

5 Croyez-vous réellement que les espèces aient été réintroduites ? Que s'est-il passé en réalité ?

6 Expliquez pourquoi l'idée de la « responsabilité » est importante dans ce texte.

Bilan

7 « Si je ne parviens pas à empêcher que les écosystèmes ne soient détruits [...] alors je me condamne moi-même » (l. 23 à 25). Montrez que cette phrase possède une signification individuelle pour Anna, mais qu'elle nous concerne également tous.

Activités IV.3 / III.9

LANGUE

▶ « Réintroduire », « améliorer », « détruire », « réduire », « condamner » : formez des noms communs à partir de ces verbes. Quel suffixe avez-vous employé ?

ÉCRITURE

Comme Anna/Olla, écrivez à vos enfants une lettre dans laquelle vous expliquerez pourquoi vous avez voulu agir concrètement pour défendre la Terre.

🐌 vous avez besoin d'aide

▶ Vous insisterez sur **la nécessité de transmettre une planète habitable**.

▶ Vous évoquerez **la responsabilité de chaque génération** dans la préservation de l'environnement.

▶ **Vous insisterez sur les motifs qui vous poussent à protéger la planète :** responsabilité collective, solidarité entre les générations, souci de sa propre survie, volonté de changer le cours des choses, dommages irréversibles, préservation de la biodiversité, transmission de la beauté de la terre.

🐌 vous avez fini d'écrire

Faites une liste des plantes et des animaux que vous préférez. Comparez-la avec celle de votre voisin(e).

▲ Des plongeurs d'une association écologiste nagent en compagnie de requins pour donner une image plus positive de ces animaux.

PARTIE 3

Vivre et survivre
au contact
de la nature

Lire un récit de survie

OBJECTIF

**Vous allez lire l'histoire de Robinson et de sa rencontre
avec Vendredi, puis vous mettrez en scène le roman.**

Vendredi ou la Vie sauvage, 1971

Peu après le naufrage sur l'île de Speranza, moi,
Robinson, j'ai commencé à organiser ma vie sur l'île
afin de pouvoir y survivre pendant les nombreuses
années que devait durer ma captivité. C'est sans
compter sur la rencontre de Vendredi. Si j'en ai
d'abord été le maître, Vendredi s'est surtout révélé
par la suite un compagnon précieux. Grâce à lui,
j'ai changé mon rapport à la nature, et découvert
plus qu'une autre façon d'habiter Speranza : une
nouvelle façon de vivre.

Avant la lecture

① Décrivez la couverture de *Vendredi ou la Vie
sauvage*. Quel sentiment donne l'illustration
de cette couverture ?

② À quoi vous fait penser l'expression « vie
sauvage » ? Est-ce une expression plutôt positive
ou négative, pour vous ?

LECTURE CURSIVE

ACTIVITÉ 1 ➲ **1er rendez-vous de lecture : Speranza avant Vendredi**

❶ Grâce à quel moyen de transport Robinson est-il parvenu sur l'île déserte ? Quel est son nom ? Quelle catastrophe s'est produite ?

❷ Quel animal, quel fruit Robinson trouve-t-il sur l'île en premier ? En quoi lui font-ils sentir qu'il est sur une île tropicale déserte ?

❸ Quelle est la première occupation qui concentre toute l'activité de Robinson dans les premiers jours de son séjour sur l'île ? Pourquoi s'en détourne-t-il ?

❹ Robinson se rend sur l'épave du navire échoué. Faites la liste des objets qu'il y découvre. Classez-les en fonction de leur utilité éventuelle.

ACTIVITÉ 2 ➲ **2e rendez-vous de lecture : l'arrivée de Vendredi**

❺ Quels sont les compagnons de Robinson avant la rencontre de Vendredi ? Décrivez ces animaux.

❻ Quel épisode montre que Robinson a besoin d'une compagnie, faute de quoi il pourrait perdre son humanité ?

❼ Comment Robinson rencontre-t-il Vendredi ? Quel est le sens du geste que fait Vendredi à cette occasion ?

❽ Donnez plusieurs exemples de savoir-faire que Vendredi transmet à Robinson.

ACTIVITÉ 3 ➲ **3e rendez-vous de lecture : la vie sauvage**

❾ Quelle seconde catastrophe va changer profondément la vie de Robinson et Vendredi sur l'île ? Pourquoi ?

❿ Expliquez la phrase : « Robinson […] comprenait que ce serait maintenant Vendredi qui mènerait le jeu » ?

⓫ Racontez trois des « jeux » inventés par Vendredi et Robinson. À quelles inventions de la culture font-ils penser ?

⓬ En quoi l'utilisation que Robinson et Vendredi font de la poudre à canon montre-t-elle l'évolution de leur façon d'habiter dans l'île ?

⓭ Qui est Andoar ? Est-ce un animal bon ou mauvais ? Justifiez votre réponse.

 PROJET I.4

Mettre en scène un roman

ÉTAPE 1

➲ Les habitants de l'île

– Trouvez les pages du roman qui décrivent Robinson et Vendredi.
– Faites leur portrait à divers moments du récit avec vos propres mots, pour les partager avec la classe.
– Faites des dessins représentant différents moments de la vie de Robinson et Vendredi dans l'île.

ÉTAPE 2

➲ Les artisans de l'île

– Dessinez les objets créés par Robinson et Vendredi. Vous pouvez même fabriquer certains de ces objets.
– Expliquez à la classe le fonctionnement et le rôle de chacun de ces objets.

ÉTAPE 3

➲ Les philosophes de l'île

– Différents jeux, différentes expériences entre Robinson et Vendredi montrent un apprentissage. Qui montre quelque chose ? À qui ? Qui apprend quelque chose ? De qui ?
– Répartissez-vous par petits groupes ces scènes d'apprentissage mutuel ou simultané, et jouez-les devant la classe. Vous pourrez utiliser les objets fabriqués par le groupe « artisans de l'île ».

PARTIE 3

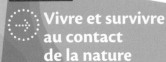
Vivre et survivre
au contact
de la nature

Réaliser un numéro
du journal du collège

OBJECTIF

Vous allez réaliser collectivement un numéro de journal sur le développement durable. Chaque groupe d'élèves écrira un article.

ACTIVITÉ 1 — Groupe 1

⊃ **Écrire un article sur les plantes et les arbres présents dans l'enceinte du collège**

1. Faites la liste des principales plantes et arbres présents dans l'enceinte du collège. Où sont-ils situés ?

2. Réalisez un herbier en dessinant les espèces végétales présentes.

En vous aidant d'un dictionnaire, des ressources du CDI ou d'internet, vous indiquerez le nom scientifique de chacune de ces espèces.

3. Expliquez l'utilisation possible de chaque plante présente dans votre collège.

Les plantes peuvent être comestibles, servir à l'embellissement des espaces publics ou privés. Elles peuvent servir à la fabrication de médicaments ou d'autres produits.

4. Aimeriez-vous qu'il y ait davantage de plantes dans votre collège ?

Cherchez des plantes que vous aimeriez voir dans votre collège. Vérifiez qu'elles pourraient s'y adapter et trouvez un lieu où on pourrait les planter.

5. À l'aide de vos recherches précédentes, vous pouvez écrire un article dans lequel vous expliquerez ce qui pousse au collège, l'utilité de ces arbres et plantes et les nouvelles plantations qui pourraient être faites.

ACTIVITÉ 2 Groupe 2

◉ **Écrire un article dans lequel vous imaginez un nouvel environnement pour votre collège**

1. **« Un matin, je me suis rendu compte que le collège avait changé d'adresse... »**

Rédigez un texte où vous imaginez que votre collège a soudain totalement changé d'environnement, très loin de là où il se trouve actuellement.

– Où se trouve-t-il ? En ville ? Dans la nature ?

– Dans quel pays ? Sous quels climats ?

– Décrivez le paysage environnant.

2. En quoi ce changement d'environnement a-t-il une influence sur le mode de vie des élèves ?

Proposez des exemples précis :

– façon de se déplacer, de venir au collège ;

– comportement face aux déchets, par exemple.

Cela peut être un changement positif ou négatif.

PARTIE 3

**Vivre et survivre
au contact
de la nature**

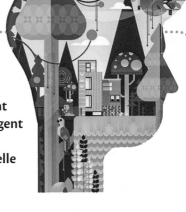

ACTIVITÉ 3 Groupe 3

➲ Réaliser une interview sur le développement durable au collège

1. Vous allez interviewer une personne du collège sur l'environnement durable : le ou la principal(e), le ou la CPE, ou l'intendant(e), ou un agent d'entretien. Vous tenterez de comprendre quelles sont les ressources d'énergie et de matières premières qu'utilise l'établissement et de quelle manière il traite les déchets.

2. Avant l'interview

– Faites la liste de toutes les ressources consommées par le collège. Lesquelles, selon-vous, coûtent le plus cher à l'établissement ? Lesquelles sont les plus gaspillées ?

– Identifiez vos interlocuteurs : en fonction de chaque question, qui serait le plus en mesure de vous donner la meilleure réponse, de par sa fonction, ses compétences ?

3. Pour l'interview

– Désignez au sein du groupe deux élèves qui se chargeront de l'interview, et deux autres qui rédigeront les questions. L'ensemble du groupe s'occupera de l'enregistrement et de la retranscription. Vous pouvez poser à votre ou à vos interlocuteurs certaines des questions ci-contre.

Il peut être intéressant, afin de laisser le temps à votre interlocuteur de recueillir des éléments, chiffres et données pertinents, de lui transmettre les questions avant l'interview.

4. Après l'interview

La retranscription ne consiste pas à recopier mot à mot tout ce que vous entendez (répétitions, phrases inachevées, etc.). Construisez un texte fluide et cohérent.

Trame de questionnaire possible

➜ **Quelles sont les ressources consommées par le collège ?**
Vous distinguerez les catégories de ressources : énergie (fuel, gaz, électricité), denrées alimentaires, matériel (meubles, machines, livres).

➜ **Qui s'occupe en particulier de la gestion de ces ressources ?**

➜ **Quelle part du budget du collège est consacré :**
– au chauffage ?
– à l'achat de matériel pédagogique ?
– à l'achat de matériel non pédagogique ?
– à l'achat de denrées alimentaires pour la cantine ?

➜ **Le collège consomme-t-il de l'énergie la nuit ? Pendant les vacances ? Pourquoi ?**

➜ **Y a-t-il un lien entre la cantine et le gaspillage au collège ? Pourquoi ?**

➜ **Comment les utilisateurs quotidiens du collège (élèves, professeurs, administration, agents d'entretien, etc.) pourraient-ils limiter le gaspillage ou faire des économies d'énergie ?**

ACTIVITÉ 4 Groupe 4

⊙ Illustrer le journal

1. Cherchez sur Internet
des dessins illustrant la question du développement durable au quotidien. Sélectionnez ceux qui vous semblent avoir un impact visuel fort.

2. Détournez-les pour les appliquer à votre collège.

Vous pouvez réaliser des montages, insérer d'autres dessins dans le dessin, choisir des légendes, des slogans, ajouter des bulles, etc. Vous pouvez consacrer une page de votre journal à ces dessins, en choisissant les plus réussis.

ACTIVITÉ 5 Groupe 5

⊙ Publier des témoignages d'élèves

1. Organisez un micro-trottoir dans la cour du collège.

Posez à des camarades d'autres classes plusieurs questions afin de mieux connaître leur perception des problèmes du développement durable et des économies d'énergie.

2. Un micro-trottoir ne doit pas aboutir à une rédaction détaillée, comme pour l'interview.

Prélevez l'information (la phrase) essentielle dans la réponse de chaque interlocuteur. Faites-en un encadré, pour faire connaître l'opinion de votre camarade. Vous pourrez insérer trois ou quatre encadrés dans votre journal avec, à chaque fois, le texte entre guillemets, le prénom de l'élève et sa classe.

Conseils

Vous pouvez vous inspirer des questions suivantes :

▶ Penses-tu que le développement durable soit un enjeu important de nos jours ? Pourquoi ?

▶ T'est-il déjà arrivé de penser que tu avais un impact sur l'environnement, durant la journée de collège ? Sais-tu en quoi ?

▶ Que fais-tu concrètement pour limiter le gaspillage au collège ?

 PROJET III • 10 / V • 6 Créer votre numéro de journal

Regroupez les travaux réalisés par les différents groupes et mettez-les en pages pour réaliser votre numéro du journal du collège, que vous pourrez imprimer ou diffuser de façon numérique.

HISTOIRE *des* Arts

L'art du jardin, du jardin des délices aux jardins du pouvoir

Document 1 .... Le jardin biblique

▲ *Vierge dans le jardin de Paradis*, œuvre anonyme attribuée au Maître du Haut-Rhin, vers 1410.

Texte 2

 Le jardin des délices

L'un des livres de la Bible, dans l'Ancien Testament, s'intitule le « Cantique des cantiques ». C'est un poème où un homme et une femme se disent leur amour. Le poème décrit ici un jardin symbolique associé à la femme, la Fiancée, à laquelle s'adresse le Fiancé.

Le fiancé : Tu es un jardin fermé, ma sœur, ma fiancée,
une source fermée, une fontaine scellée.
Tes jets forment un jardin, où sont des grenadiers,
avec les fruits les plus excellents,
5 les troënes[1] avec le nard[2] ;
Le nard et le safran[3], le roseau aromatique et le cinnamome[4],
avec tous les arbres qui donnent l'encens ;
la myrrhe[5] et l'aloès,
avec tous les principaux aromates ;
10 Une fontaine des jardins,
une source d'eaux vives,
des ruisseaux du Liban[6].

Cantique des cantiques,
chapitre 4, 12-16 ; chapitre 5, 1.

1. Arbuste parfumé mais également destiné à la création de haies taillées.

2. Plante servant à fabriquer un parfum précieux.

3. Fleur dont on tire une épice utilisée en Orient.

4. L'arbre produisant la cannelle.

5. Résine aromatique issue de plusieurs arbres, et utilisée pour le culte.

6. Résine aromatique produite en Afrique et en Arabie.

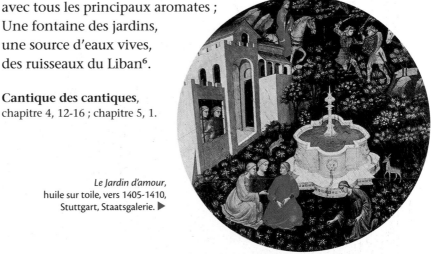

Le Jardin d'amour, huile sur toile, vers 1405-1410, Stuttgart, Staatsgalerie. ▶

Questions V • 2 / IV • 7

A • Le jardin biblique

❶ Qu'est-ce que le Paradis dans la Bible ?

❷ *Paradis* signifie en hébreu « jardin clos ».
Au Moyen Âge, comme dans la Bible, le jardin clos est associé à la virginité.

a. Retrouvez dans le document 1 la clôture du jardin et la figure de la Vierge.

b. Relevez, dans le texte biblique, l'expression qui associe la femme à un jardin clos.

B • Le jardin des délices

❸ *Eden* signifie en hébreu « délice ».

a. Sur le document 1, quels éléments évoquent les douceurs de la vie ?

b. Dans le texte 2, relevez les expressions qui évoquent l'eau, les parfums et les plantes. Sont-elles associées à des notations agréables ou désagréables ?

🕐 Le jardin médiéval

▲ **Pierre de Crescens**, *Rustican* ou *Livre des profits champêtres*, XVe siècle.

~~ **Questions** ~~ V • 1 / V • 3

❶ Qui se trouve dans le jardin ici représenté ? Que font les personnages ? Commentez leur costume et leurs gestes. Quelle impression d'ensemble se dégage du tableau ?

❷ Ce jardin est un lieu imaginaire. Dites quels éléments précis le présentent comme coupé du monde réel.

❸ Observez les éléments de la végétation représentés : quelles caractéristiques du jardin sont ainsi mises en avant ? Pourquoi ?

❹ Comparez le document 3 avec l'extrait du *Cantique des cantiques* (texte 2) : quels éléments communs retrouvez-vous (personnages, végétation, limites, impression générale) ?

Texte 4 🕐 Un jardin symbolique

Le Roman de la Rose raconte la conquête d'une rose symbolisant la jeune fille aimée par le héros (vêtement bleu). Ici, le héros est invité à entrer au jardin du Plaisir où règne l'Amour entouré des Vertus. C'est en contemplant la fontaine que le héros tombera amoureux d'une rose aperçue dans le reflet de l'eau.

Ce fut en mai
Au doux temps gai
Que la saison est belle
Tôt me levai
5 Jouer m'allai
Près d'une fontenelle
En un verger
clos d'églantier
j'ouïs une vielle²
10 Là, vis danser
Un chevalier et une damoiselle
Corps avaient gent³
Et avenant⁴
Et très bien dansaient
En s'accolant⁵ et s'embrassant
15 Très grand plaisir prenaient.
En un détour
Après leur tour⁶
Deux à deux s'en allaient.

Chanson de Moniot d'Arras,
trouvère du XIIIᵉ siècle.

Document 5 🕐 Le jardin du plaisir

▲ **Guillaume de Lorris et Jean de Meung**, *Le Roman de la Rose*, manuscrit d'Engelbert de Nassau, fin XVᵉ siècle, British Library.

1. Au bord d'une petite fontaine ou d'une source.
2. J'entendis une vielle jouer (la vielle est un instrument de musique à cordes).
3. Noble.
4. Beau.
5. Se passant les bras autour du cou.
6. Après leur danse.

Questions V • 2 / V • 5

A • Un jardin symbolique

❶ Écoutez cette chanson de trouvère sur Internet.

❷ Quelles similitudes observez-vous entre la chanson de Moniot d'Arras et le document 5 ? Quel thème prédomine dans ces deux œuvres ?

❸ Quelles différences observez-vous avec le jardin du texte 2 ?

B • Le jardin du plaisir

❹ Observez les détails des costumes, des bâtiments : à quelle époque se déroule l'histoire ici représentée ?

❺ Combien de fois le personnage en bleu (le héros) est-il représenté ? Pourquoi ?

❻ Décrivez ce qui se passe dans le jardin.

Texte 6 — Les jardins du Monarque

Mademoiselle de Scudéry est une femme de lettres du XVIIe siècle. Elle est l'auteur de romans et tenait un « salon » où se réunissaient les gens célèbres. Dans cet extrait, la narratrice fait découvrir les jardins de Versailles à une belle étrangère.

« – À ce que je vois, me dit la belle Étrangère, votre Prince se plaît à faire que l'Art ou surmonte[1] ou embellisse la nature partout.

– Afin de vous confirmer dans ce sentiment, lui dis-je, je n'ai qu'à vous dire que ce n'est pas une affaire pour lui de changer des étangs
5 de place, et qu'un de ces jours, il en changera deux, ou trois, et il y en aura un vis-à-vis[2] d'ici, pour orner ce petit coin de paysage.

– On dirait à vous entendre parler, dit Glicère[3], que le roi change aussi facilement des étangs de place, qu'on change les pièces du jeu des échecs.

10 – Plus aisément encore, repris-je en riant, et cette grande orange-rie[4] qui est sous la terrasse où nous sommes, sera encore plus longue de la moitié qu'elle n'est, quoiqu'elle soit déjà très belle. »

Nous fûmes alors voir tous ces beaux orangers de plus près, que la belle Étrangère admira encore davantage. On lui fit voir ensuite
15 ces grands jardins pour les fruits, où les espaliers[5] de hauteurs diffé-rentes disposés en allées, et exposés judicieusement au soleil, on a trouvé l'art d'avoir des fruits qu'on croirait que le soleil de Provence aurait fait mûrir. Nous fûmes au sortir du jardin des orangers voir en passant le labyrinthe, et entre des bois verts entrecoupés d'allées et
20 de fontaines, gagner le haut de ce superbe jardin, qu'on appelle le fer à cheval à cause de sa figure, et dont la magnificence[6] toute royale montre assez qu'il ne peut être à un particulier[7], quelque grand qu'il fût. La terrasse qui règne au-dessus est un endroit admirable pour la vue, rien de trop loin, rien de trop près ; elle est bordée d'arbustes
25 sauvages toujours verts. Et ce grand jardin en amphithéâtre avec trois perrons magnifiques, et trois rondeaux[8] situés en triangle, a quelque chose de surprenant qu'on ne peut décrire. Tout y rit, tout y plaît, tout y porte la joie, et marque la grandeur du Maître.

Madeleine de Scudéry, *La Promenade à Versailles*, 1669.

1. Surpasse.
2. En face d'ici.
3. Personnage qui accompagne la narratrice.
4. Partie du jardin où sont placés les orangers.
5. Murs ou treillis en bois, le long desquels on plante les arbres fruitiers.
6. Splendeur.
7. Personne privée.
8. Structure circulaire.

Document 7

🕐 Les jardins royaux de Versailles

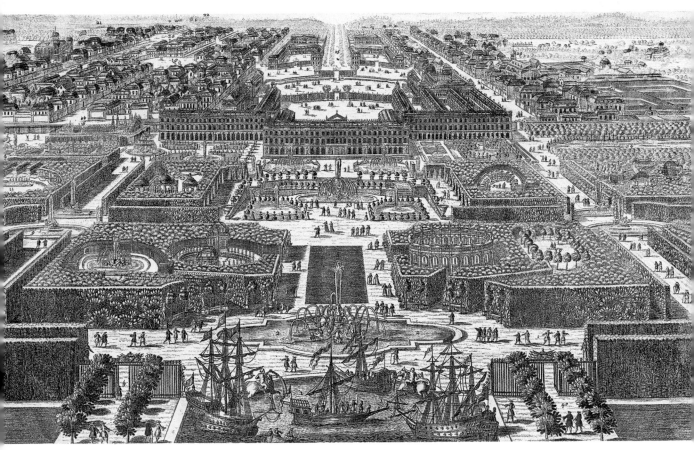

▲ Vue générale de la ville et du château de Versailles du côté des Jardins, 1793.

Questions V•2 / II•7

❶ Recopiez les mots du texte qui montrent la splendeur du jardin. À qui appartient cette magnificence ? Pourquoi doit-elle être montrée à tous ?

❷ Relevez les mots du vocabulaire de l'architecture. Retrouvez sur le document 7 des exemples qui montrent la présence de nombreux bâtiments dans le jardin de Versailles.

❸ Comparez le jardin de Versailles à ceux représentés dans les documents 1, 3 et 4. Lequel est le plus semblable ? Lequel diffère le plus du

jardin royal ? Justifiez votre réponse en citant des éléments précis (allées, murs, parterres, bâtiments, etc.) et en parlant de l'organisation générale du lieu.

❹ Relisez les deux dernières phrases du texte 6. Qui est le Maître de Versailles ? L'extrait montre que les jardins de Versailles ont un rôle politique. Expliquez quel est ce rôle.

❺ Comment le document 7 restitue-t-il l'impression décrite dans les deux dernières phrases du texte 6 ?

DES LIVRES
ET DES FILMS

Pour les amateurs de romans

Océania, la prophétie des oiseaux

**Hélène Montardre,
© Rageot**

Dans un futur proche, l'océan a envahi les terres et l'Europe est menacée d'immersion. Flavia quitte son village et son grand-père sur la goélette du capitaine Blunt pour se réfugier aux États-Unis. Tombée à l'eau près de la gigantesque digue qui protège New York, elle est sauvée par Chris. Mais dans la ville, les milices traquent les clandestins. Confrontée au réchauffement climatique et à la montée des eaux, la planète est en péril mais Flavia va tout tenter pour éviter le pire.

Enfant de la jungle

**Michael Morpurgo,
© Folio junior**

Will passe de belles vacances avec sa mère en Indonésie. Un jour, il réalise son rêve : une promenade à dos d'éléphant, le long de la plage. Mais c'est à ce moment que frappe le tsunami dévastateur. Oona l'éléphante s'enfuit à temps vers la forêt, sauvant la vie du garçon. Perdu au cœur de l'épaisse végétation, Will n'est pas seul au monde : l'éléphante fait de lui un enfant de la jungle. Cette histoire est inspirée de faits réels.

L'Appel de la forêt

**Jack London,
© Folio junior**

Admiré par tous et choyé par son maître, le chien Buck ne se méfie pas des humains. Un homme va pourtant l'arracher à son foyer ; un autre va lui enseigner la dure loi du plus fort. Devenu chien de traîneau, Buck découvre la violence, le goût du sang, les rivalités au sein de la meute. Alors qu'il s'éloigne de la civilisation, une voix venue de la forêt éveille dans sa mémoire l'appel de la nature.

La Girafe blanche

**Lauren St John,
© Folio junior**

À la mort accidentelle de ses parents, Juliette, 11 ans, part vivre chez sa grand-mère, au cœur d'une réserve africaine. Une nuit, elle croit apercevoir la fameuse girafe blanche de la légende. Bravant les dangers de la réserve, elle décide de la suivre.

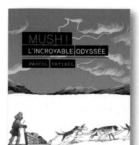

Mush !

**Pascal Vatinel,
© Actes Sud junior**

Au cours de l'hiver 1924, une épidémie de diphtérie se déclare à Nome (Alaska). La ville est placée en quarantaine. Le gouverneur de l'État conçoit alors une périlleuse expédition pour l'approvisionner en sérum : au total, 35 mushers (conducteurs de traîneaux), dont la courageuse Élisabeth, vont braver les - 50° C pour une traversée de la taïga sur plus de 1 000 kilomètres.

Pour les amateurs de documentaires

L'Environnement

Jean-Baptiste de Panafieu, © Gallimard jeunesse

Pourquoi l'air, l'eau, les plantes et les animaux sont-ils indispensables à notre vie? Comment les activités humaines ont-elles épuisé et pollué notre planète? Est-il encore possible de la protéger durablement ? Cet ouvrage présente les richesses de notre planète, les dangers qui la menacent et les gestes quotidiens à faire pour préserver son avenir.

Pour les cinéphiles

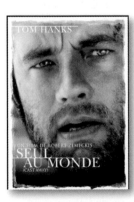

Seul au monde

Robert Zemeckis

Chuck Noland, quitte sa compagne la veille de Noël pour assurer la livraison d'un chargement urgent en Malaisie. Il s'embarque à bord d'un petit avion qui est pris dans un violent orage au-dessus de l'océan Pacifique. Seul survivant du crash, Chuck, qui s'est agrippé à un radeau de sauvetage, s'échoue sur une île déserte. Les secours ne parviennent pas à le localiser. Pendant quatre ans, il tente de s'adapter à l'environnement sauvage dans lequel il doit survivre.

PROJET

Organiser un jeu de passe-livre

V.3

> Parmi les livres proposés à la lecture, choisissez celui qui vous intéresse le plus par son titre, son résumé, sa couverture. Lisez-le et écrivez un texte pour le présenter puis déposez-le dans le collège.

➤➤ Présentez le livre

– Après avoir lu le livre que vous avez choisi, rédigez un texte court expliquant les raisons pour lesquelles vous l'avez aimé. Le texte doit être bref pour être lu rapidement, mais il doit vraiment donner envie de lire le livre.
– Voici des arguments que vous pouvez mettre en avant :
• le caractère attachant des personnages ;
• la force de l'histoire, (qui peut être haletante, dépaysante, émouvante, etc.) ;
• l'intérêt des sujets abordés (qui font réfléchir le lecteur, lui apportent des connaissances, etc.).
– Adressez-vous directement à la personne qui le lira, même si elle vous est inconnue. Imaginez ce qui pourrait lui plaire dans le livre. Elle aura ainsi vraiment l'impression que ce livre lui est destiné. Insistez sur les personnages qui peuvent toucher des lecteurs de votre âge, sur des moments intéressants du livre, mais ne racontez pas toute l'histoire, et évidemment pas la fin !

➤➤ Déposez votre livre

Choisissez un lieu (au sein du collège) qui vous semble adapté pour que vous y déposiez votre présentation du livre, enfermée dans une enveloppe, accompagnée, ou non, du livre... Essayez de trouver un lieu en rapport avec l'histoire !

➤➤ Donnez des indices et partez à la recherche des livres

Donnez à vos camarades des indices leur permettant de partir à la découverte des enveloppes ou des livres que vous avez laissés dans le collège.
Et à votre tour, recherchez les leurs !

Ce que vous avez appris sur...

🕐 l'être humain et la nature

1. Quels peuvent être les avantages, pour l'homme, de maîtriser la nature ?

2. L'homme a-t-il toujours voulu maîtriser la nature ?

3. Quelles peuvent en être les conséquences pour la nature ? Citez des exemples en vous appuyant sur les textes que vous avez lus et les images que vous avez observées.

4. Comment le loup a-t-il longtemps été perçu par les hommes ? Comment était-il décrit dans les textes littéraires ?
Pourquoi cherche-t-on aujourd'hui à le protéger ?

5. Les textes que vous avez étudiés vous semblent-ils optimistes ou pessimistes ? Pour quelles raisons ?

6. Dans quels types de textes fait-on réfléchir à la relation de l'homme avec la nature ?

7. Est-il plus efficace d'alerter sur les risques environnementaux dans un roman ou dans un article de presse ? Justifiez votre réponse.

EXPRIMER SON OPINION

Demandez-vous quel est votre texte préféré avant de compléter les phrases suivantes.

1. J'ai surtout été touché(e) par le texte ......

2. En effet, il parlait de la nature et notamment de ......

3. L'homme la menaçait car ......

4. Les risques étaient ......

5. Le texte proposait toutefois une solution : ......

6. Je me souviens de l'expression « ...... »

PROJET FINAL

Écrire un récit écologique

Vous rédigerez par groupes de trois un récit écologique.

ÉTAPE 1 ⊙ Travaillez au brouillon

• Dans quel pays pourrait se situer votre récit écologique ? Dans quel environnement ?
• Qu'est-ce qui pourrait menacer la nature (usine polluante, déforestation, etc.) ?
• Quels seraient les risques pour l'environnement ? Pour les animaux ?
• Qui pourrait décider de sauver la nature ?
• Comment s'y prendrait-il ? Quels arguments pourrait-il avancer ?
• Résumez, en cinq phrases, l'intrigue de votre récit.

ÉTAPE 2 ⊙ Confrontez vos idées

Échangez votre brouillon avec celui d'un autre groupe.
Vous pouvez ajouter ou modifier des éléments.

Votre professeur vous distribuera la fiche n° 5 pour guider votre travail.

ÉTAPE 3 ⊙ Rédigez votre récit

En vous aidant de votre brouillon et des commentaires de vos camarades, rédigez votre récit écologique. Il présentera une partie argumentative et comptera au moins vingt-cinq phrases. Tous les membres du groupe écriront.

ÉTAPE 4 ⊙ Devenez correcteur

Échangez votre récit avec celui d'un autre groupe.

Entourez, au crayon, les phrases mal construites ou difficiles à comprendre.
Soulignez, au crayon, les erreurs que vous repérez (sans les corriger).

ÉTAPE 5 ⊙ Présentez une version définitive

Relisez votre copie en tenant compte des remarques de vos camarades.

Vous pouvez également le recopier sur des feuilles A3 et l'illustrer par des photographies, des dessins ou des plans (que vous ferez ou trouverez dans un livre ou sur Internet).

ÉVALUEZ VOS COMPÉTENCES	Insuffisant	Fragile	Satisfaisant	Très bonne maîtrise
Je sais écrire un texte de 500 à 1 000 signes.				
Je sais réutiliser des informations et des données vues en classe.				
Je sais participer à un projet d'écriture collective.				
Je sais faire valoir un point de vue.				

langues ET

CULTURES
DE L'ANTIQUITÉ

▲ Mosaïque polychrome du XVIIIᵉ siècle.

Sur les pas d'Hérodote, le premier géographe

Hérodote (Ve siècle avant J.-C.) est un écrivain grec qui fut un grand voyageur. Il est considéré comme le fondateur de la géographie. Ses voyages lui ont permis de mieux comprendre des phénomènes naturels. Il s'est aussi intéressé aux espèces animales des contrées qu'il visitait.

Il y a, dans l'Arabie, assez près de la ville de Buto, un lieu où je me rendis pour m'informer des serpents ailés. Je vis à mon arrivée une quantité prodigieuse d'os et d'épines du dos de ces serpents. Il y en avait des tas épars de tous les côtés, de grands, de moyens et de petits. Le lieu où sont ces os amoncelés se trouve à l'endroit où une gorge resserrée entre des montagnes débouche dans une vaste plaine qui touche à celle de l'Égypte. On dit que ces serpents ailés volent d'Arabie en Égypte dès le commencement du printemps ; mais que les ibis, allant à leur rencontre à l'endroit où ce défilé aboutit à la plaine, les empêchent de passer, et les tuent. Les Arabes assurent que c'est en reconnaissance de ce service que les Égyptiens ont une grande vénération pour l'ibis ; et les Égyptiens conviennent eux-mêmes que c'est la raison pour laquelle ils honorent ces oiseaux.

Hérodote, *Histoire*, Livre II, 73, 75.

ORAL I.3

Travaillez par groupes de deux.

1 Discutez d'abord des points suivants :

a. Hérodote a-t-il vu ce dont il parle ?

b. A-t-il mené une enquête ? Auprès de qui ?

c. Vérifie-t-il ce qu'on lui dit ? Comment ?

2 Répondez en classe entière.

Selon vous, la démarche d'Hérodote est-elle plutôt celle :
• d'un scientifique ;
• d'un journaliste reporter ;
• d'un géographe ?
Justifiez vos réponses en lisant des passages.

RECHERCHE V.2

D'autres savants grecs célèbres

3 Formez des équipes de deux.
Choisissez l'un des savants grecs suivants :
Thalès – Pythagore – Euclide – Hippocrate - Archimède.

4 Présentez-le à la classe.
• Vous direz à quelle époque et où il a vécu.
• Vous préciserez quelle science il a contribué à fonder.
• Vous expliquerez quelle(s) découverte(s) on lui attribue.
Si on connaît des éléments plus précis sur sa vie, vous les exposerez.

▼ **Scène du Nil.** Mosaïque de Pompéi. Musée archéologique de Naples.

L'héritage antique dans la langue **IV.7**

Le latin à l'origine du français

➤ **Complétez les phrases en retrouvant les mots français formés à partir des racines grecques suivantes :**

Gè : « la terre ». *Grapho* : « j'écris ». *Metron* : « mesure ».
Thermos : « chaleur ». *Logos* : « discours ».

- Je décris la terre. Je suis…
- J'étudie les roches et la formation des sols. Je suis…
- Je suis la science des carrés et des cercles. Je suis…
- J'utilise la chaleur de la terre. Je suis une technique nommée…
- On m'utilise sur les GPS. Je mesure les distances et les hauteurs, je suis…

➤ **Les mots *hippopotame*, et *Mésopotamie* viennent du même mot grec *potamos*.**
Quel était le sens de *potamos* en grec ?
Quel est le sens des racines –hippo, et –meso ?
Apprenez par cœur l'orthographe de ces deux mots.

▲ **Détail d'une mosaïque du IIIᵉ siècle.**
Musée archéologique de Sousse (Tunisie).

➤ *Terra* signifie en latin : « la terre ».
Cherchez les mots de la liste ci-dessous qui ne sont pas de la famille du mot « terre ».
Quel élément de sens ont-ils en commun ?
terrestre, terrifiant, terrorisé, territoire, atterrir, enterrer, terreur.

➤ **Quelle idée commune y a-t-il entre les mots de la liste ci-dessous ?**
Quel est leur ancêtre commun en latin ?
montagne, démonter, montoir, monticule, monteuse.

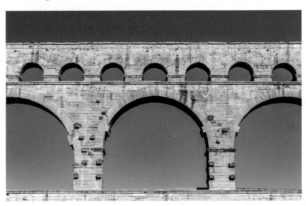

▲ Le Pont du Gard.

➤ **L'eau se dit en grec *hudor* et en latin *aqua*.**
Les mots suivants ont-ils une origine latine ou grecque ?
hydraulique, aqueduc, aquarium, aquarelle, hydratation, hydrophile.

Retrouvez pour chaque mot sa définition.

- Peinture à l'eau.
- Canal destiné à conduire l'eau d'un endroit à un autre.
- Bocal pour les poissons.
- Qui utilise la force de l'eau.
- Introduction d'eau dans l'organisme.
- Qui absorbe l'eau.

➤ **Devinez quelle saison désigne chacun des mots ou expressions latines suivants :**
ver ; aestas ; tempus hibernum ; autumnus.

Reliez à chaque nom de saison les mots ci-dessous. Expliquez le sens de ces mots en utilisant si besoin un dictionnaire.
hivernal, hivernage, estival, primevère, estive, automnal.

Employez chacun de ces mots dans une phrase.

La comédie latine aux sources de la comédie classique

Du temps de Molière, à l'école, on apprenait encore à lire en latin. Tout l'enseignement se faisait ensuite dans cette langue qui était aussi celle des tribunaux. Molière, pendant ses études, a donc beaucoup lu la littérature latine et en particulier les pièces de théâtre de Plaute et Térence. Il s'en est souvent inspiré dans ses comédies. Vous allez découvrir à quel point.

TEXTE 1 De la comédie latine…

Térence est un auteur latin. Six de ses comédies nous ont été transmises. Phormion s'inspire d'une comédie grecque du IVe siècle avant J.-C. L'action a lieu à Athènes. Phaedria et Antiphon, deux cousins, attendent le retour de leurs pères partis en voyage. Pendant l'absence de ces derniers, ils ont fait des rencontres. L'esclave Gêta raconte comment son jeune maître, Antiphon, est tombé amoureux d'une orpheline.

Gêta : Un jour, nous étions assis devant la boutique d'un barbier ; arrive un jeune homme en pleurs ; étonnés, nous lui demandons ce qui se passe. « Quel fardeau, dit-il, quelle misère que la pauvreté ! Jamais je ne m'en suis rendu compte
5 comme aujourd'hui. Je viens de voir une pauvre jeune fille du voisinage, pleurant lamentablement sa mère qui vient de mourir. Elle était là, en face du corps, sans ami ni connaissance, ni voisin, rien qu'une pauvre vieille pour l'aider aux
10 funérailles […] ». [*Antiphon et son esclave, émus, vont voir la jeune fille*] On y va, on arrive, et que voit-on ? Une superbe jeune fille. Pourtant elle n'avait rien pour la rendre belle : les cheveux en désordre, les pieds nus, frissonnante, en larmes,
15 de pauvres habits. Le lendemain, notre Antiphon va trouver la vieille, la supplie de lui faire voir la jeune fille ; elle refuse ; c'est, dit-elle, une citoyenne d'Athènes de fort bonne naissance. S'il la veut pour femme, qu'il agisse selon la loi. Sinon, rien à faire.

Térence, *Phormion*, Acte I, 2.

▶ **Stèle funéraire attique du sculpteur Collimaque. Hegeso, en tenue de mariée, face à son esclave.**
Bas-relief, 400 av. J. -C., Musée archéologique d'Athènes.

▲ Les Fourberies de Scapin.
Mise en scène
de J.-L. Benoît, 1997.

TEXTE 2 …à la comédie classique

Dans cet extrait des Fourberies de Scapin, *Octave raconte les circonstances dans lesquelles il a rencontré Hyacinthe.*

Octave : Un jour [...] nous entendîmes dans une petite maison d'une rue écartée quelques plaintes mêlées de beaucoup de sanglots. Nous demandons ce que c'est. Une femme nous dit en soupirant que
5 nous pouvions voir là quelque chose de pitoyable en des personnes étrangères. [...] La curiosité me fit presser Léandre de voir ce que c'était. Nous entrons dans une salle où nous voyons une vieille femme mourante, assistée d'une servante qui faisait des
10 regrets, et d'une jeune fille toute fondante en larmes, la plus belle et la plus touchante qu'on puisse jamais voir. [...] Une autre aurait paru effroyable en l'état où elle était, car elle n'avait pour habillement qu'une méchante petite jupe, avec des brassières de nuit qui
15 étaient de simple futaine, et sa coiffure était une cornette jaune, retroussée au haut de sa tête, qui laissait tomber en désordre ses cheveux sur ses épaules. [...]
[Sylvestre, valet d'Octave, prend la parole et abrège le récit de son maître.]
Sylvestre : Son cœur prend feu dès ce moment. [...] Il presse, il
20 supplie, il conjure. [...] On lui dit que la fille, quoique sans bien et sans appui, est de famille honnête, et qu'à moins que de l'épouser, on ne peut souffrir ses poursuites…

Molière, *Les Fourberies de Scapin*, Acte I, 2.

Textes 1 et 2 V.2

1 En lisant l'introduction (texte 1), dites quel lien unit Phaedria et Antiphon.
À quels personnages correspondent-ils chez Molière ? Ont-ils les mêmes liens de parenté ?

2 Où sont les pères au début des deux comédies ?

3 Comparez les circonstances de la rencontre amoureuse.

4 Comparez l'évolution de la situation et la réaction de la vieille.

5 Citez des expressions du texte de Molière très proches de termes du texte de Térence.

6 Concluez : quels éléments Molière a-t-il repris, quels éléments a-t-il modifiés ? Intéressez-vous à la situation dramatique, aux rapports entre les personnages… Essayez d'expliquer les choix de Molière.

7 D'après l'introduction, les auteurs latins s'inspiraient-ils eux-mêmes d'autres auteurs ?
Ils s'inspirent de grec

8 Faites une recherche pour savoir de qui La Fontaine s'est inspiré en écrivant ses *Fables*.

Quatre mots de théâtre :
persona - orchestra - scaena - theatrum

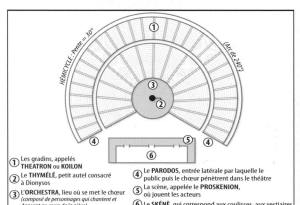

① Les gradins, appelés **THEATRON** ou **KOILON**
② Le **THYMÉLÉ**, petit autel consacré à Dionysos
③ L'**ORCHESTRA**, lieu où se met le chœur *(composé de personnages qui chantent et dansent au cours de la pièce)*
④ Le **PARODOS**, entrée latérale par laquelle le public puis le chœur pénètrent dans le théâtre
⑤ La scène, appelée le **PROSKENION**, où jouent les acteurs
⑥ Le **SKÉNÈ**, qui correspond aux coulisses, aux vestiaires

▲ L'Odéon d'Athènes.

➤ *Persona* signifie d'abord le masque de théâtre, puis le personnage ou le rôle. En sachant que dans le mot « *persona* » le préfixe *per* signifie « à travers » et que *sona* est à rattacher au mot « son », **devinez pourquoi ce mot désigne le masque de théâtre.**

Pour dire que c'est le masque à travers lequel passe le son

➤ *Theatrum* en latin, *theatron* en grec, sont des mots qui viennent du grec « *théomai* » signifiant « regarder ». **Pourquoi selon vous ?**

Regarder une pièce de théâtre.

➤ *Scaena* vient du grec *skénè* et désigne le mur de théâtre puis l'espace qui se trouve devant. **Expliquez ce que signifie le mot « scène » dans les expressions suivantes et rattachez ce sens nouveau au domaine du théâtre. Vous répondrez par écrit.**

a. Hier, Sylvie m'a fait toute une scène, elle est vraiment susceptible.

b. J'ai beaucoup aimé cette mise en scène des *Fourberies de Scapin*.

c. C'est un nouveau venu sur la scène politique.

d. Nous avons étudié la scène 3 de l'acte II.

➤ *Orchestra* désigne l'espace devant la scène où les acteurs et le chœur évoluaient. **Que signifie le mot « orchestre » dans les deux phrases suivantes ?**

a. Nos places de théâtre sont situées à l'orchestre.

b. Nous avons entendu hier un très bon orchestre de jazz.

Les représentations à Rome

Les Latins raffolaient de théâtre. Comme les Grecs, ils organisaient des concours et des festivals. Les *Ludiscaenici* (jeux scéniques) furent organisés pour la première fois en 240 av. J.-C. Les représentations ont lieu à l'occasion de fêtes religieuses. Comme en Grèce, elles font partie du culte lié à Bacchus (Dionysos), dieu de l'Ivresse et de l'Inspiration artistique. Les spectateurs ne paient pas de droit d'entrée, c'est un magistrat qui organise et finance les représentations. Ces dernières emploient acteurs, danseurs et musiciens. Des machineries et des trappes permettent de faire descendre les personnages sur scène ou font disparaître les fantômes. Les acteurs sont toujours des hommes. Le dernier mot de l'acteur aux spectateurs était « *Plaudite* » (à vous de traduire) mais ce vœu n'était pas toujours exaucé.

DOCUMENT 3

▲ **« Masque de comédie ».** Fresque romaine.
Musée archéologique de Naples.

Document **3** V.1

1 Trouvez-vous ce masque amusant ou effrayant ? Parmi les personnages suivants, qui pouvait le porter ? Une femme, un homme, un dieu, un esclave, un vieillard, un père ?

DOCUMENT 4

▲ **Acteurs se préparant à une représentation.**
Mosaïque de Pompéi.

Document **4** V.1

2 Le bouc est l'animal consacré à Bacchus. Quel acteur en porte le costume ? Combien de masques comptez-vous ? Quel musicien est représenté ?

EXTRAIT 1 Voyage imaginaire

*Lucien de Samosate, un Grec qui a vécu
au IIᵉ siècle après J.-C. raconte un voyage
imaginaire dans la Lune, sur le Soleil,
et dans les étoiles. Le titre de l'ouvrage est :
Histoire véritable !*
*Les Anciens pensaient que la Terre était plate
et qu'un fleuve, Océan, en faisait le tour.
Le bateau du narrateur navigue vers l'ouest
pour trouver, au-delà des colonnes d'Hercule
(le détroit de Gibraltar) le fleuve Océan,
à la limite du monde connu. Après les
colonnes d'Hercule, les voyageurs découvrent
une île, sur laquelle coule un fleuve de vin.*

Après quoi nous traversâmes le fleuve à un
gué, et nous rencontrâmes, en fait de vigne,
quelque chose de prodigieux : à partir de la
terre, la souche était vigoureuse et forte, mais
5 au-dessus, c'étaient des femmes, parfaitement
formées, à partir des hanches, et semblables à
Daphné[1] telle que la représentent les peintres
au moment où Apollon la saisit et où elle est
juste en train de se métamorphoser en arbre.
10 À l'extrémité de leurs doigts poussaient des
rameaux et elles étaient couvertes de grappes.
Bien plus, de leur tête sortait une chevelure
de vrilles, de feuilles et de grappes. À notre
arrivée, elles nous saluèrent avec des mots de
15 bienvenue, les unes en lydien[2], les autres en
langue indienne, mais la plupart en langue
grecque. Elles nous embrassèrent même sur la
bouche, mais celui qu'elles avaient embrassé
devenait immédiatement ivre. Pourtant, elles
20 ne nous laissèrent pas cueillir de fruits ; cela
leur faisait mal, et elles criaient si on essayait
d'arracher une grappe.

1. Le dieu Apollon, amoureux d'une nymphe appelée
Daphné, la poursuivait alors qu'elle lui résistait.
Sur le point d'être saisie, Daphné se transforme en plante :
c'est, selon le mythe, l'origine du laurier.
2. La Lydie se situait dans l'actuelle Turquie.

▼ **Mosaïque de l'antique
Thysdrus romare (détail).**
Musée archéologique
El-Djem (Tunisie).

EXTRAIT 2

Après avoir quitté l'île, le bateau est emporté par un gigantesque tourbillon de vent, et vole pendant sept jours et sept nuits avant d'aborder une autre terre brillante qui n'est autre que la Lune. Le narrateur et ses compagnons viennent d'être enrôlés dans l'armée du roi de la Lune, en guerre avec le roi du Soleil.

L'effectif de notre armée était de cent mille hommes, sans les porteurs, les hommes du génie, les fantassins et les auxiliaires[1] ; sur ce nombre, il y avait quatre-vingts Cavaliers-
5 Vautours et vingt mille autres cavaliers montés sur des Salades ailées.
Ces Salades ailées sont d'énormes oiseaux qui, en guise de plumes, ont tout le corps hérissé de salades et des ailes faites de
10 feuilles très semblables à celles de la laitue. À côté de ces troupes avaient pris position les Lance-Millets et les Bombardiers-d'ail. Le Roi avait aussi reçu un contingent d'alliés de la Grande-Ourse, trente mille Lance-Puces
15 et cinquante mille Court-Vents. Les Lance-Puces sont montés sur d'énormes puces, ce qui leur vaut leur nom ; la taille de ces puces est à peu près celle de douze éléphants. Les Court-Vents sont des fantassins ; ils volent
20 en l'air sans ailes, voici la façon dont ils procèdent pour avancer : ils font blouser leur longue tunique et les tendent au vent comme des voiles qui les entraînent à la façon des bateaux. La plupart d'entre eux
25 servent comme infanterie légère sur le champ de bataille. On disait aussi que des étoiles du ciel de Cappadoce[2] viendraient soixante-dix Moineaux-Glands et cinq mille Cavaliers-Grues. Mais je ne les ai
30 pas vus et ils ne vinrent pas. Aussi n'ai-je pas osé dire comment ils sont faits ; les histoires que l'on racontait à leur sujet étaient extraordinaires et incroyables.

Lucien de Samosate, *Histoire véritable*, Livre I, 13. Traduction de Pierre Grimal, Gallimard, 1958.

1. Fantassins : soldats qui se déplacent à pied ; hommes du génie : ceux qui s'occupent de construire ou détruire les ponts, fortifications etc. ; les auxiliaires sont des troupes qui aident l'armée principale. L'auteur suit ici les habitudes de description des vrais historiens, pour amuser son lecteur.

2. La Cappadoce est une région du centre de la Turquie.

Extraits 1 et 2 II.3

1 Quelle est votre créature préférée ?

2 Quelle est celle que vous pourriez le plus facilement dessiner ?

Extrait 1

3 Dans la description des femmes-vignes, quels éléments réels de la vigne sont réutilisés ? Le rapprochement vous paraît-il visuellement juste ?

Extrait 2

4 Dans la description des combattants, dites à quels domaines de la nature l'auteur emprunte des éléments. Quel est l'effet produit ?

5 Relevez deux expressions qui montrent la taille des combattants : Qu'en pensez-vous ?

6 Montrez comment, à la fin, à partir de « On disait aussi que » (l. 26), l'auteur joue avec la forme du récit de voyage et cherche à amuser son lecteur. Mettez cela en rapport avec le titre de l'œuvre.

7 Imaginez les Moineaux-Glands ou les Cavaliers-Grues et décrivez-les en un paragraphe.

TEXTE 1 Les conceptions de quelques savants grecs

La plupart des Grecs de l'Antiquité imaginaient que la Terre était plate, et entourée d'un fleuve circulaire appelé Océan. Mais certains philosophes et hommes de science avaient commencé à penser autrement le monde.

Voici quelques unes de ces conceptions.

● **Anaximandre** (611-545 av. J.-C.) : la Terre est au centre de l'univers, les astres tournent sur des roues de différents diamètres.

● **Aristarque** (310-230 av. J.-C.): la Terre tourne, non seulement sur elle-même, mais autour du Soleil, selon une orbite circulaire.

● **Ptolémée** (vers 150 ap. J.-C.) : la Terre est fixe au centre du monde. Les planètes décrivent de petits cercles, dont le centre décrit lui-même une orbite circulaire.

▲ **Anaximandre.**
Mosaïque. Musée rhénan de Trèves (Allemagne).

▲ **« Le système de Ptolémée » : la Terre, les planètes et les 12 signes du Zodiaque.**
Gravure du XVIIe siècle. BNF.

IV.7

▲ Galaxie.

▲ Voie Lactée.

Lexique de l'astronomie

➤ Le mot *planète* signifie en grec : « qui erre ».
Pourquoi, selon vous ?

➤ Le nom de la « Voie Lactée » vient du mot *lac, lactis*
(« lait » en latin).
Le mot galaxie vient du mot grec *gala, galaktos* : « lait ».
**Quel élément de l'apparence de la Voie Lactée et des autres
galaxies (images ci-contre) peut expliquer cette étymologie ?**

➤ Observez les noms des planètes sur le schéma ci-dessous.
Voici les noms grecs qui correspondent aux noms latins
des divinités qui désignent les planètes :
Arès, Aphrodite, Hermès, Zeus, Hadès, Ouranos, Poséidon.
Associez noms grecs et noms latins.

➤ **Concluez sur l'héritage gréco-latin en matière d'astronomie.**

▲ **Le système solaire et ses planètes.**

DOCUMENT 1 Trois grands héros antiques

Achille est le fils d'une déesse marine, Thétis, et d'un roi. Il est appelé Achille aux pieds légers parce qu'il est très rapide à la course. C'est le plus redoutable des guerriers grecs pendant la guerre de Troie. Il tue le chef des Troyens, Hector, et traîne son corps devant les murs de la ville. Achille est le personnage principal de l'*Iliade*, long récit en vers écrit en grec par Homère au viiie siècle avant J.-C., et qui raconte une partie de la guerre de Troie.

▲ **Achille.** Peinture de J.-L. Gérome, XIXe siècle, collection particulière.

◀ *Ulysse de retour à Ithaque.* Illustration de J.-B. Coissac, 1914, collection privée.

Ulysse est le fils d'un roi et d'une reine qui a parmi ses ancêtres le dieu Hermès. Grâce à la ruse d'Ulysse, la ville de Troie est enfin prise par les Grecs, au terme d'un long siège. Ulysse (*Odysseus* en grec) est appelé « Ulysse aux mille ruses ». Il est le personnage principal de l'*Odyssée*, long récit en vers, également écrit par Homère, qui raconte le retour d'Ulysse dans sa patrie. Au cours de ce voyage il triomphe par la ruse et la force du cyclope Polyphème, un géant qui n'a qu'un œil au milieu du front.

V.1

Document 1

1 Cherchez les éléments communs aux trois héros :

- origines ;
- évènement commun à la vie des trois héros ;
- place dans un récit écrit dans l'Antiquité ;
- rôle guerrier.

2 Cherchez les points de divergence entre les héros :

- héros grecs/ héros troyen et latin ;
- langue dans laquelle est écrite l'œuvre qui raconte leurs exploits ;
- titres de l'œuvre dans laquelle chacun apparaît ;
- qualité particulière à chacun des héros.

Énée est un prince troyen fils d'un mortel, Anchise, et d'une déesse : Aphrodite, Vénus pour les latins. À la fin de la guerre de Troie, il fuit sa ville en flammes en guidant son jeune fils et en portant son père sur le dos : on le donne en exemple pour sa fidélité à sa famille. Au terme d'un long et périlleux voyage, il fonde en Italie une ville, Albe. Ses descendants fonderont Rome. Il est appelé « le fidèle » ou « le pieux » Énée. Ses aventures sont racontées dans l'*Énéide*, long récit en vers écrit en latin par Virgile, au Ier siècle avant J.-C.

▲ **Érée fuit Troie avec son père sur le dos.** Lithographie du XIXe siècle. Bibliothèque des Arts décoratifs, Paris.

DOCUMENT 2   Des exploits héroïques

▲ **2a. Énée portant Anchise.**
Céramique d'Italie méridionale,
VIe siècle av. J.-C. Musée du Louvre.

▲ **2b. Achille traînant le corps d'Hector sur son char.**
Cratère à volutes, vase apulien (-340 -330), Musée archéologique de Naples.

▲ **2c. Ulysse et ses compagnons aveuglant le Cyclope.**
Coupe à figures noires, vers 550 av. J.-C.
Bibliothèque nationale, cabinet des Médailles.

V.2

Document 2

3 Observez les images 2a, 2b et 2c. Quel épisode de la vie de chaque héros est montré ? Pourquoi ce choix, d'après ce que vous savez de chacun d'eux ?

4 Dites de quand datent les œuvres reproduites, quel est leur pays d'origine et quels sont le support et la technique employés.

Documents 1 et 2

5 Concluez : qu'est-ce qui caractérise un héros dans le monde gréco-latin ?

DOCUMENT 3

Des héros aux Enfers

Certains héros (Héraclès, Thésée et Ulysse) font un voyage dans le Royaume des morts : les Enfers. Ce trajet est une épreuve, que les simples mortels ne peuvent pas parcourir de leur vivant.
Il est appelé catabase (« descente » en grec).
Dans ce passage, le héros Énée, accompagné de la Sybille, une prêtresse d'Apollon, va dans le monde des morts pour revoir son père Anchise.

Le jour naissant brillait à peine : tout à coup la terre a mugi sous leurs pieds, les forêts s'ébranlent au sommet des montagnes ; et les chiens d'Hécate[1] hurlent dans l'ombre blanchissante. C'est la déesse qui s'approche. « Loin, loin d'ici, profanes[2] ! fuyez ces
5 ombrages sacrés. Toi, fils d'Anchise, ose affronter ces routes, et tire ton épée du fourreau. C'est maintenant qu'il faut s'armer d'audace, qu'il faut un cœur muni d'une triple armure. » Ainsi crie la Sibylle, et, furieuse, elle s'élance dans l'affreux soupirail. Le héros s'y plonge avec elle, et la suit d'un pas intrépide. [...]
10 Seuls au milieu de la nuit souterraine, ils s'avançaient dans les ténèbres, à travers ces lieux livides, empire du vide et séjour des fantômes ; pareils au voyageur traversant les bois solitaires, aux lueurs incertaines d'une lune trompeuse, quand le ciel s'est enveloppé d'un crêpe nuageux, et qu'une obscurité perfide
15 enlève aux objets leur couleur.
[...] Frappé d'une subite horreur, Énée saisit son glaive, et présente la pointe acérée aux fantômes qui l'entourent. Mais sa compagne l'arrête : ces ombres légères, voltigeant autour du héros, n'ont que l'apparence d'un corps; il s'attaquerait à elles
20 en vain, le fer n'atteindrait que des ombres.

Virgile, *L'Énéide*, Livre VI, 393-397.

1. Hécate : déesse de la Lune, liée à la mort.
2. Profane : qui n'a aucun caractère sacré.

II.3

Document 3

1 Quelle impression vous laisse ce texte ? Quels détails vous rappelez-vous après une première lecture ?

2 Repérez dans le texte deux passages où Énée fait preuve d'héroïsme.

3 Quelles paroles de la Sybille montrent la difficulté de ce que va entreprendre le héros ?

▲ **La descente d'Énée aux Enfers** in *Recueil de vues d'optique.* XVIIIᵉ siècle. BNF, Paris.

Le latin
à l'origine
du français IV.7

Expressions « mythologiques »

➤ Dites à quel élément mythologique (personnage, lieu) il est fait allusion dans chacune des phrases suivantes.

a. On aurait dit une véritable furie.

b. L'avenue des Champs-Élysées aboutit à la place de l'Étoile.

c. Depuis qu'elle a eu cet accident, elle porte une minerve.

d. C'est un véritable Hercule : il a soulevé tout seul ce meuble.

e. Cette pâtisserie est un supplice de Tantale pour ceux qui font un régime tant les gâteaux y sont appétissants.

f. Les jeunes filles montaient en amazone autrefois, lorsque les cavalières portaient des robes.

g. Le pauvre, il est tombé de Charybde en Scylla !

h. Ce jeune homme est un véritable Apollon : toutes les jeunes filles le trouvent beau.

i. Il n'y a plus de mercure dans les thermomètres : on s'est aperçu que ce métal était dangereux.

j. Il faut chercher cette carte dans un atlas.

k. Cette porte coupe-feu ferme hermétiquement.

l. Dans la musique traditionnelle d'Amérique du sud, on entend souvent un instrument qui ressemble à la flûte de Pan.

▲ *Pan musicien parmi les nymphes.* Fresque de Pompei, Iᵉʳ siécle ap. J.-C., Musée archéologique de Naples.

▲ *Charybde et Scylla.* Tableau d'Alessandro Allori, vers 1575.

▶ **Apollon.** Peinture murale (62-79 ap. J.-C.), Pompéi. Musée du Louvre, Paris.

TEXTE 1

Un texte latin, source des bestiaires français

Les bestiaires (le mot apparaît au XIIᵉ siècle) sont des ouvrages qui utilisent la description de certains animaux réels ou légendaires, interprétée symboliquement pour donner une leçon religieuse et morale. Certains bestiaires médiévaux sont écrits en latin et
5 d'autres en français ; certains sont en vers et d'autres en prose.

Tous les bestiaires s'inspirent d'un ouvrage écrit en grec au IIᵉ siècle et intitulé le *Physiologus* : il s'agit d'un répertoire d'animaux, de plantes et de pierres, décrits et utilisés comme supports de leçons de
10 morale.

Ce livre est traduit en latin et connaît un immense succès. En voici un extrait en latin consacré à un monstre marin comparable à une baleine. Le monstre est présenté comme immense et couvert
15 de sable parce qu'il s'approche parfois des côtes.

*Putantes autem insulam esse, applicant nauem suam iuxta eam, et descendentes figunt palos et alligant naues; deinde ut coquant sibi cibos **post laborem**, faciunt ibi focos **super arenam** quasi super terram; illa uero belua, cum senserit **ardorem ignis**, subito mergit se **in aquam**, et nauem secum trahit in profundum maris.*

Physiologus latinus, version B XXIV.

Voici la traduction de ce passage :

(Les marins) pensant qu'il s'agit d'une île, amènent leur navire près d'elle (la bête), et, descendus, y plantent des poteaux et attachent leurs navires ; ensuite, pour cuire leurs aliments après leur travail ils font là des feux sur le sable comme sur la terre ; alors cette bête, comme elle sent la chaleur du feu, plonge subitement dans l'eau et entraîne avec elle le bateau dans les profondeurs de la mer.

Texte 1 IV.7

1 Repérez dans les deux premières lignes du texte latin les mots qui veulent dire « île » et « navire ».

2 On trouve dans ce passage deux verbes à la 3ᵉ personne du pluriel et trois autres dans la ligne suivante. Ces formes finissent par –nt comme en français. Relevez ces verbes.

3 Associez chacune des expressions soulignées à sa traduction :
dans l'eau - après le travail - sur la terre - la chaleur du feu.

4 Trouvez pour les noms latins soulignés un mot de la même famille en français.
Ex. : *ignis* = feu > ignifugé.

TEXTE 2

Un bestiaire français

De la sirène

Nous allons vous parler de la *sirène* qui a une physionomie très étrange, car, au-dessus de la ceinture, elle est la plus belle
5 créature du monde, faite à la ressemblance d'une femme : mais pour l'autre partie, elle a l'allure d'un poisson ou d'un oiseau. Son chant est si doux et si beau que
10 les hommes qui naviguent sur la mer, aussitôt qu'ils entendent ce chant, ne peuvent pas s'empêcher de diriger vers elle leur navire ; ce chant leur paraît
15 si doux qu'ils s'endorment sur le bateau ; et lorsqu'ils sont tout à fait endormis, c'est alors qu'ils sont victimes d'une grande traîtrise, car les sirènes les tuent si soudainement qu'ils n'ont pas le temps
20 de dire mot.

La sirène, qui chante d'une voix si belle qu'elle ensorcelle les hommes par son chant, enseigne à ceux qui doivent naviguer à travers ce monde qu'il leur est nécessaire de s'amender. Nous autres, qui
25 traversons ce monde, sommes trompés par une musique comparable, par la gloire, par les plaisirs du monde, qui nous conduisent à la mort. Une fois que nous sommes habitués au plaisir, à la luxure, au bien-être du corps, à la gloutonnerie et à l'ivresse,
30 à la jouissance des biens du monde et à la richesse, à la fréquentation des dames et aux chevaux bien nourris, à la magnificence des étoffes somptueuses, nous sommes sans cesse attirés de ce côté, il nous tarde d'y parvenir, nous nous attardons dans ces
35 lieux si longtemps que, malgré nous, nous nous y endormons ; alors, la sirène nous tue, c'est-à-dire le Diable, qui nous a conduits en ces lieux, et qui nous fait plonger si profond dans les vices qu'il nous enferme entièrement dans ses filets.

Guillaume le Clerc de Normandie,
« Bestiaire divin », in Bestiaires du Moyen Âge,
mis en français par Gabriel Bianciotto, Stock.

▲ « La Sirène »,
Guillaume le Clerc de Normandie,
« Bestiaire divin », BNF, Paris.

II.3

Texte 2

1 Dans le « *Bestiaire divin* », l'auteur pense présenter des espèces animales réelles. Il parle ainsi du renard, du castor, de la chèvre mais aussi de l'hydre et du dragon. Quelle différence cela montre-t-il entre la science médiévale et la nôtre ?

2 Quelles caractéristiques des sirènes sont ici très détaillées ? Pourquoi, d'après vous ?

3 Que représentent les sirènes dans la vie humaine ?

4 Que doit faire l'homme sage pour bien vivre ?

5 Ce texte veut-il surtout donner du savoir ou enseigner à bien vivre ? Justifiez votre réponse.

DOCUMENT 3

Inventer un bestiaire

Voici une miniature médiévale rassemblant diverses espèces animales.

▲ ***Des bêtes.*** Enluminure extraite du *Livre des Propriétés et des Choses,* traduit par Jean Corbichon de Barthélémy de Glanville. Bibliothèque de Reims.

Document 3 **III.1**

1 Distinguez les espèces imaginaires des espèces réelles.

2 Pour l'une des espèces (imaginaire ou réelle), écrivez un bestiaire sur le modèle de celui de Guillaume le Clerc de Normandie.

Vous suivrez son plan en deux parties :
• **description** ;
• **interprétation** du sens de l'animal.
Votre interprétation donnera une leçon de morale sur des qualités ou des défauts.

ÉTUDE DE LA LANGUE

GRAMMAIRE

ORTHOGRAPHE

LEXIQUE

● Observons

C'était une journée splendide, ensoleillée. Quel beau paysage ! La mer était calme. Stefano, qui n'était jamais monté sur le bateau, courait tout heureux sur le pont. Et il posait de multiples questions aux marins qui, en souriant, lui donnaient toutes les explications souhaitables.

D'après D. Buzzati, Le K.

1. Combien de phrases compte ce texte ?
Comment repérez-vous les limites de chaque phrase ?
2. Combien de phrases ne comportent qu'un seul verbe ?
3. Quelle phrase n'a pas de verbe ?

● Apprenons

Qu'est-ce qu'une phrase ?

○ Une **phrase** est un groupe de mots qui a un sens. À l'écrit, elle commence par une **majuscule** et se termine par une **ponctuation forte** (point, point d'interrogation, point d'exclamation, points de suspension).

Les différents types de phrases

○ Le **point** et les **points de suspension** terminent la **phrase déclarative**, qui donne une information : *La mer était calme.*

○ Le **point d'interrogation** vient à la fin de la **phrase interrogative**, qui pose une question : *À quoi servent tous ces câbles ?*

○ Le **point d'exclamation** caractérise :
  • **une phrase exclamative qui traduit un sentiment fort** : *Quel beau paysage !*
  • **une phrase injonctive qui donne un ordre** : *Hissez les voiles !*

Phrases verbales et non verbales

○ Une phrase est **verbale** si son noyau est un verbe : *Il **posait** des questions aux marins.*

○ Il existe des phrases, dites **non verbales**, qui ne sont pas organisées autour d'un verbe : *Quel beau paysage !*

Phrase et propositions

○ La phrase est constituée d'**une ou plusieurs propositions**. Une proposition est un ensemble de mots organisés chacun autour d'un seul verbe :
*Stefano, / qui **n'était** jamais **monté** sur le bateau,/ **courait** tout heureux sur le pont.* > *2 verbes conjugués = 2 propositions*

○ Une **phrase simple** comporte une seule proposition ; une **phrase complexe** en compte plusieurs.

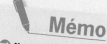

Mémo

➲ **Il existe des phrases sans verbe.**

➲ **Dans une phrase, il y a autant de propositions que de verbes conjugués.**

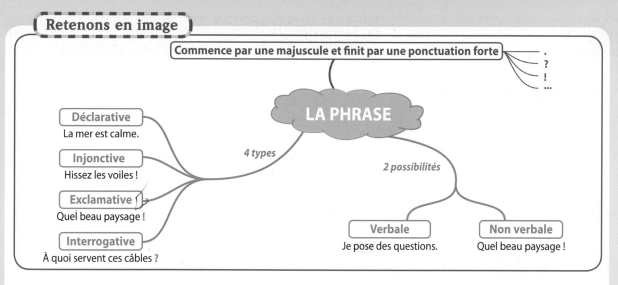

Commence par une majuscule et finit par une ponctuation forte

:
?
!
...

LA PHRASE

4 types

2 possibilités

Déclarative
La mer est calme.

Injonctive
Hissez les voiles !

Exclamative
Quel beau paysage !

Interrogative
À quoi servent ces câbles ?

Verbale
Je pose des questions.

Non verbale
Quel beau paysage !

● Entraînement

Observer

1 Relevez les verbes dans cet extrait. Comptez les phrases. Recopiez les phrases simples.

Un jour, une jeune femme saisit une jarre de terre cuite et la plaça sur les trois pierres qui constituaient le foyer. Le bois donnait de hautes flammes. Les braises rougeoyaient harmonieusement, et répandaient leur chaleur. La femme s'activait. Elle maniait avec dextérité la longue spatule de bois avec laquelle elle remuait le mélange d'eau et de farine.

D'après *Contes africains.com*

2 Classez les phrases de ce dialogue dans le tableau ci-dessous après l'avoir recopié.

SCAPIN.– Le Turc a fait mettre la galère en mer, et m'envoie vous dire que si vous ne lui envoyez par moi tout à l'heure cinq cents écus, il va vous emmener votre fils en Alger.
GÉRONTE.– Comment, diantre, cinq cents écus ?
SCAPIN.– Oui, Monsieur ; et de plus, il ne m'a donné pour cela que deux heures.
GÉRONTE.– Ah le pendard de Turc, m'assassiner de cette façon ! […] Que diable allait-il faire dans cette galère ?
SCAPIN.– Il ne songeait pas à ce qui est arrivé !
GÉRONTE.– Attends, Scapin ! Je m'en vais quérir cette somme.
SCAPIN.– Dépêchez donc vite, Monsieur ! Je tremble que l'heure ne sonne !

D'après Molière, *Les Fourberies de Scapin*.

Phrase déclarative	Phrase interrogative	Phrase injonctive	Phrase exclamative

Manipuler

3 Écrivez des phrases en utilisant les mots ci-dessous.

a. /belle /une /dois /très /Tu /voix ! /avoir
b. /corbeau /grands /Le /cris /poussa /de /la /lâcha / viande. /et
c. /dit : /corbeau ! /Le /lui /renard /Pauvre
d. /te /toujours ! /flatteur /trompera /Un

D'après Ésope.

4 Réunissez les phrases simples suivantes pour former une phrase complexe. Employez les mots : *qui* (2 fois) - *si bien... que* - *alors que.*

a. Les parents étaient sur le point de partir chez l'oncle Alfred.
La pluie les obligea à laisser leurs enfants à la maison.
b. Une petite poule entra dans la cuisine.
Elle voulait jouer aussi.
c. Les fillettes voulaient un gros animal.
Elles lui donnèrent le rôle de l'éléphant.
d. La poule crut à son rôle.
Elle se métamorphosa en véritable éléphant.

Écrire

5 Écrivez l'histoire de la rencontre de ces deux animaux. Vous utiliserez deux phrases non verbales, quatre phrases simples, et deux phrases complexes.

● Observons

Gargantua passa ainsi un an et dix mois ; <u>après quoi</u>, on commença à le porter : on fabriqua une belle charrette à bœufs. On l'y promenait de-ci de-là, <u>et</u> il faisait bon le voir car il avait une belle trogne ; <u>mais</u> parfois il criait, <u>alors</u> on lui apportait à boire.

D'après Rabelais.

1. Comptez les verbes conjugués de la phrase 1. Repérez les sujets et les compléments qui se rattachent à ces verbes.
2. Combien de propositions comptez-vous dans la phrase 1 ?
3. Quels signes de ponctuation autres que le point observez-vous ?
4. À quoi servent les mots soulignés ?

● Apprenons

Les propositions juxtaposées

○ Une **phrase complexe** comporte **plusieurs propositions**.

○ La proposition est formée d'un **verbe conjugué**, de **son sujet** et de **tous les compléments** qui se rattachent à ce verbe.

○ Les propositions peuvent être **juxtaposées**, c'est-à-dire reliées par un signe de ponctuation faible (virgule, point virgule ou deux points).
On commença à le porter : *on fabriqua une belle charrette à bœufs.*
> Ici les deux points (:) annoncent une conséquence ; ils peuvent introduire une explication.
> La virgule (,) et le point-virgule (;) séparent des faits qui se succèdent, s'ajoutent ou s'opposent.

Les propositions coordonnées

Les propositions peuvent être **coordonnées**, c'est-à-dire reliées par :
• des **conjonctions de coordination** (voir fiche 4)
• des **adverbes de liaison**.

*On l'y promenait **et** il faisait bon l'y voir.*
> *et* : conjonction de coordination

*Parfois il criait, **alors** on lui apportait à boire.*
> *alors* : adverbe
Attention ! L'adverbe de liaison n'est pas toujours le premier mot de la proposition.

Les propositions subordonnées

○ Les propositions peuvent être **subordonnées**, c'est-à-dire reliées par des **conjonctions de subordination** (voir fiche 4) ou un **pronom relatif**.

*Il faisait bon le voir **parce qu'**il avait une belle trogne.*
> *parce que* : conjonction de subordination

*L'ami **dont** je t'ai parlé est peintre.*
> *dont* : pronom relatif

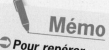
Mémo
⮑ *Pour repérer si des propositions sont juxtaposées, coordonnées ou subordonnées, je regarde ce qui les relie.*

Retenons en image

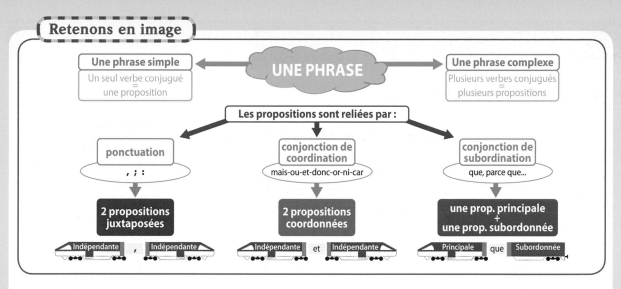

UNE PHRASE

Une phrase simple
Un seul verbe conjugué
=
une proposition

Une phrase complexe
Plusieurs verbes conjugués
=
plusieurs propositions

Les propositions sont reliées par :

ponctuation
, ; :

conjonction de coordination
mais-ou-et-donc-or-ni-car

conjonction de subordination
que, parce que...

2 propositions juxtaposées

Indépendante , Indépendante

2 propositions coordonnées

Indépendante et Indépendante

une prop. principale + une prop. subordonnée

Principale que Subordonnée

● Entraînement

Observer

1 **Relevez les verbes conjugués ; combien de propositions y a-t-il dans chaque phrase ?**

a. Charlemagne passe les Pyrénées avec son armée, mais Roland et les douze pairs sont encore en Espagne.
b. Charlemagne pleure, car il a vu dans un rêve la perte de Roland.
c. Les païens s'arment et partent au combat.
d. Roland et Olivier les voient venir.
e. Olivier demande à Roland de sonner du cor pour appeler Charlemagne à l'aide ; mais Roland refuse : ce serait un déshonneur.

Manipuler

2 **Recopiez les paires de phrases simples en les reliant par le signe de ponctuation faible qui convient.**

a. Le commissaire fait asseoir le témoin.
Il allume la lampe.
b. Le témoin parle trop bas.
Le commissaire ne comprend pas.
c. Le petit homme pleurniche.
Le commissaire perd son calme.
d. Un policier frappe à la porte.
Le commissaire s'interrompt.

3 **Recopiez ce texte en remplaçant les signes de ponctuation faible par les conjonctions de coordination ou les adverbes suivants : *et, car, alors, puis, ensuite* (vous pouvez employer plusieurs fois le même mot).**

Legrand tira de la poche de son gilet un morceau de vieux vélin ; il fit dessus une espèce de croquis à la plume. J'avais gardé ma place auprès du feu :

j'avais toujours très froid. Il acheva son dessin, il me le passa, je le regardai avec attention. Un fort grognement se fit entendre. Jupiter ouvrit ; le terre-neuve de Legrand se précipita dans la chambre, sauta sur mes épaules. Il m'accablait de caresses : je m'étais fort occupé de lui dans mes visites précédentes.

D'après Edgar Poe.

4 **Complétez ce texte à l'aide des mots suivants : *parce que - et - mais - ou - et - mais - ainsi*.**

Deux mâtins arrivent rapidement (*addition*) ils se mettent à aboyer (*cause*) ils ont vu Renart. Tibert et Renart font demi-tour (*opposition*) le chemin est barré par un piège. Il faut pourtant qu'ils s'enfuient (*choix*) qu'ils soient dévorés. Renart veut sauter (*opposition*) Tibert le pousse dans le piège. Celui-ci se referme (*addition*) Renart est pris : (*conséquence*) Tibert est vengé.

Écrire

5 **À partir de chacun des titres suivants, écrivez une phrase comportant deux propositions.**

Les repas de Gargantua - Découverte de l'intelligence de Gargantua par son père - Voyage de Gargantua à Paris sur une énorme jument - Discours de Gargantua aux Parisiens

3 La phrase complexe – Subordination

● Observons

Cette lettre vous dira que je suis en bonne santé et que je progresse bien dans mon voyage. Cette lettre arrivera en Angleterre quand un marchand d'Archangel rentrera dans sa famille. Mes hommes sont courageux et ne craignent pas les bancs de glace qui indiquent les dangers des contrées vers lesquelles nous nous avançons.

Mary Shelley, *Frankenstein.*

1. Relevez les verbes conjugués et les mots outils qui relient les propositions.

2. Relevez les propositions qui pourraient devenir des phrases simples.

● Apprenons

Propositions indépendantes

Les propositions indépendantes peuvent devenir des phrases simples. Elles ne dépendent d'aucune proposition et aucune ne dépend d'elles.

Propositions principales et subordonnées

- Dans la phrase complexe, une proposition peut dépendre d'une autre : on appelle **proposition subordonnée** celle qui dépend de l'autre.

- La proposition dont d'autres dépendent s'appelle **proposition principale.**

- On distingue **trois types de propositions subordonnées :** les **conjonctives**, les **interrogatives** et les **relatives**.

Les propositions subordonnées conjonctives (voir fiche 21)

Elles sont introduites par une **conjonction de subordination** et peuvent être :
- **complétives.** Elles sont introduites par la conjonction de subordination *que* et sont le plus souvent **complément d'objet d'un verbe** de la proposition principale.

Cette lettre vous dira que *je suis en bonne santé.*
proposition principale   proposition subordonnée conjonctive complétive,
complément d'objet du verbe *dira*

- **circonstancielles.** Elles ont la fonction d'un complément circonstanciel (voir fiche 12)

Cette lettre arrivera en Angleterre quand *un marchand d'Archangel rentrera dans sa famille.*
proposition principale   proposition subordonnée circonstancielle,
complément circonstanciel de temps

Les propositions subordonnées interrogatives (voir fiche 24)

Les propositions subordonnées relatives (voir fiche 20)

Elles sont introduites par un **pronom relatif** et complètent un nom, leur **antécédent**.

Ils ne craignent pas les [bancs de glace] qui
                   antécédent
indiquent les dangers des contrées.
     proposition subordonnée relative

Mémo

➲ Une proposition subordonnée ne peut fonctionner toute seule : elle dépend toujours d'une proposition principale.

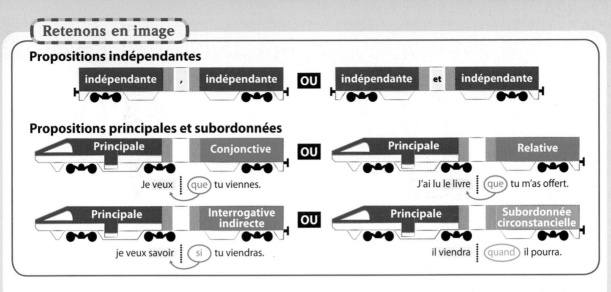

Propositions indépendantes

| indépendante | , | indépendante | **OU** | indépendante | et | indépendante |

Propositions principales et subordonnées

| Principale | Conjonctive | **OU** | Principale | Relative |

Je veux (que) tu viennes.

J'ai lu le livre (que) tu m'as offert.

| Principale | Interrogative indirecte | **OU** | Principale | Subordonnée circonstancielle |

je veux savoir (si) tu viendras.

il viendra (quand) il pourra.

● Entraînement

Observer

1 Dans ces phrases, relevez la proposition subordonnée conjonctive ; indiquez le verbe qu'elle complète.

a. Mes compagnons observèrent que la lune ne brillait plus.
b. Le capitaine nous dit qu'il pensait que les étoiles suffiraient à nous guider.
c. Mais je préfère pourtant que nous utilisions une boussole.
d. Je vous écris cette lettre pour vous dire que je suis en bonne santé.

2 Dans ces phrases, identifiez la proposition subordonnée relative ; indiquez le nom qu'elle complète.

a. La glace qui encerclait notre navire était très épaisse.
b. Nous aperçûmes un traîneau que cinq chiens tiraient.
c. L'homme qui le conduisait nous parut gigantesque.
d. Nous regardions tous l'horizon où il venait de disparaître.

Manipuler

3 Remplacez les groupes nominaux compléments circonstanciels de temps par des propositions subordonnées circonstancielles de même sens, introduites par : *quand - au moment où - lorsque*.

a. Au lever du jour, la glace nous apparut brillante.
b. Tous les chiens aboyèrent à l'arrivée du traîneau.
c. À l'heure du repas, l'équipage se rassembla.

4 Réunissez ces paires de propositions indépendantes de manière à former une phrase complexe avec une proposition subordonnée.

a. J'avais passé la soirée chez mon ami Clerval. Il m'avait invité.
b. Il apprit mon départ. Il me confia une lettre.
c. J'étais en train de monter en traîneau. Clerval sortit en courant.
d. J'avais oublié la lettre. Je devais emporter une lettre.

5 Relevez et classez les propositions subordonnées dans le tableau après l'avoir recopié.

Cette expédition a été le rêve favori que j'ai fait pendant mon enfance. J'ai lu avec passion les récits que les voyageurs ont écrits quand ils sont rentrés des mers du pôle. Vous devez vous souvenir que la bibliothèque de mon oncle Thomas contenait des livres qui racontaient des voyages de découvertes. Quand j'habitais chez lui, je les lisais nuit et jour.

Propositions subordonnées conjonctives complétives	Propositions subordonnées relatives	Propositions subordonnées circonstancielles

Écrire

6 Réécrivez le récit de ce combat en introduisant des subordonnées. Vous emploierez : *qui (2 fois) - que - comme*.

Lancelot aperçoit les chevaliers félons. Ils désirent le prendre au piège. Lancelot se rapproche de la porte. Il voit les épées fondre sur lui. Il se recule vivement. Les chevaliers l'assaillent avec violence. Il évite les coups de ses ennemis. Les épées volent en éclat. Lancelot résiste. La dame réussit à s'échapper.

Observons

Le lendemain Gargantua, son précepteur et ses gens se mirent en route. Comme le temps était doux mais pluvieux, et que les chemins étaient boueux, son père lui avait fait faire des bottes de cuir. Elles étaient bienvenues car ils devaient traverser une vaste forêt, large de dix-sept ou dix-huit lieues. Quand ils y entrèrent, ils virent que n'y vivaient nul oiseau ni autres animaux. Or, ils voulaient chasser.

Rabelais.

1. Est-il possible de déplacer dans la phrase les mots encadrés ?

2. Essayez de les remplacer par un signe de ponctuation. Pour quels mots est-ce impossible ?

3. Quelle est la classe grammaticale des éléments reliés par *et (l. 1)* ? *ou (l. 6)* ? *ni (l. 7)* ?

Apprenons

Des mots invariables

Les conjonctions sont des **mots invariables** qui relient des mots ou des propositions par une **relation logique**.

Les conjonctions de coordination

	Sens logique	Exemple
et	addition	son précepteur et ses gens
ou	choix	dix-sept ou dix-huit lieues
ni	addition négative	nul oiseau ni autres animaux
mais	opposition	doux mais pluvieux
car	explication	Elles étaient bienvenues car ils devaient...
or	ajout d'un fait nouveau	Or, ils voulaient chasser.
donc	conséquence	Ils sortirent donc de la forêt

○ Les conjonctions de coordination *et, ou, ni* ne peuvent **coordonner** que **des éléments** appartenant
à la **même classe grammaticale.**.

Les conjonctions de subordination

○ Elles relient des **propositions subordonnées** à une **proposition principale**.

○ Elles établissent un **rapport de dépendance**.

	Introduit...	Exemple
que	une proposition complétive	ils virent que nul oiseau n'y vivait.
parce que	une proposition circonstancielle de cause	Il avait des bottes parce que le temps était pluvieux.
comme	une proposition circonstancielle de cause ou de temps	Comme le temps était pluvieux, il portait des bottes
quand	une proposition circonstancielle de temps	Quand ils y entrèrent, ils virent...
lorsque	une proposition circonstancielle de temps	Lorsqu' ils y entrèrent, ils virent...

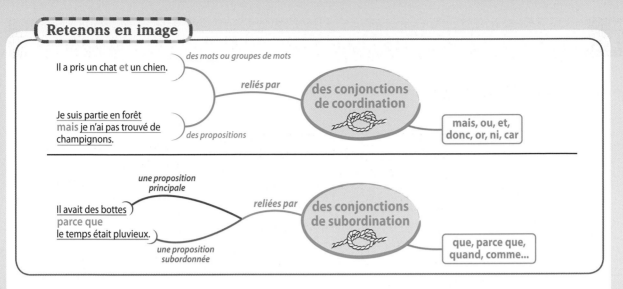

Il a pris un chat et un chien. — *des mots ou groupes de mots* — reliés par — **des conjonctions de coordination** — mais, ou, et, donc, or, ni, car

Je suis partie en forêt mais je n'ai pas trouvé de champignons. — *des propositions*

Il avait des bottes parce que le temps était pluvieux. — *une proposition principale* / *une proposition subordonnée* — reliées par — **des conjonctions de subordination** — que, parce que, quand, comme...

Entraînement

Observer

1 Relevez les conjonctions de coordination et précisez la classe grammaticale des éléments qu'elles relient.

À minuit, une lance de feu jaillit du toit et faillit clouer le chevalier aux draps blancs et au lit. Le fer de lance était passé tout près du chevalier mais celui-ci n'avait pas été blessé. Il se redresse car il veut arracher la lance. Il ne peut ni la saisir ni éteindre le feu.

2 Recopiez et complétez le tableau ci-dessous après avoir lu le texte.

Comme le vieux gentilhomme racontait ses souvenirs, Gargantua prêta l'oreille. Il disait que cette aventure lui rappelait la farce du pot au lait : « – Une fermière se voyait riche parce qu'elle allait vendre du lait au marché. Alors qu'elle courait pour arriver plus vite, elle fit tomber le pot. Quand celui-ci fut cassé, elle n'avait même plus de quoi dîner. »

Conjonction de subordination	Relation logique	Propositions subordonnées	Propositions principales

3 Recopiez et complétez ces phrases avec la conjonction de coordination qui convient.

M. Lepic ... sœur Ernestine sont accoudés sous la lampe ... lisent. ... madame Lepic tricote ... elle n'aime pas lire. Poil de Carotte se frotte la tête ... il joue avec ses doigts. Grand frère Félix s'ennuie : il quitte ... la cuisine.

Manipuler

4 Réécrivez ces phrases négatives de façon à remplacer la conjonction *et* par la conjonction *ni*. (Il faudra parfois supprimer des mots.)

a. Gargantua regarda, mais ne vit pas son cheval et pas son écuyer.
b. Pichrochole ne craint pas les soldats de Grandgousier et le diable non plus.
c. Pourtant son armée n'est pas courageuse et pas bien préparée.
d. « Qui ne risque rien n'a pas de cheval et n'a pas de mule. »

Écrire

5 Imaginez ce que le seigneur dit à la dame.

Dans votre texte vous utiliserez :
- trois conjonctions de coordination ;
- trois conjonctions de subordination.
Vous les encadrerez.

● Observons

Le 9 septembre 1492, l'expédition **de** Christophe Colomb part vers l'ouest inconnu. Le 18 septembre, les navires sont au centre **de** l'Atlantique nord . Pour rassurer les équipages qui n'ont pas vu la terre **depuis** des semaines , **dès** le 10 septembre Colomb sous-évalue les distances parcourues, **afin de** leur faire prendre patience. Le 10 octobre, Colomb arrive à apaiser une mutinerie naissante.

1. Quelle est la classe grammaticale des différents groupes de mots encadrés qui suivent les mots en gras ?
2. Quels renseignements apportent les groupes nominaux encadrés ?

● Apprenons

Prépositions et locutions prépositionnelles

◦ Les prépositions sont des **mots de liaison invariables** ; elles précèdent un nom, un pronom ou un infinitif.

◦ Les **locutions prépositionnelles** sont formées de plusieurs mots dont au moins un est une préposition : à cause de .

Le sens des prépositions et locutions prépositionnelles

◦ Elles indiquent souvent **différents rapports logiques**.

Sens	Prépositions	Locutions
temps	dès - avant - pendant - durant -après - depuis - dès	jusqu'à
lieu	dans - devant - derrière - sous - sur - par	hors de - près de - à côté de - au dessus de - loin de
but	pour	en vue de - afin de - de peur de
manière, moyen	sans - avec - par - en	grâce à - à l'aide de
cause	de - par	à cause de - en raison de - sous prétexte de - du fait de
comparaison		à la manière de - à la façon de
opposition	contre - sauf - malgré - hors - hormis	en dépit de - hors de

◦ Certaines prépositions (*à, de, en*) ou locutions n'indiquent pas de rapport logique lorsqu'elles introduisent des compléments d'objets indirects ou des compléments du nom.

l'expédition *de Christophe Colomb* > *de* introduit le complément du nom l'« *expédition* »

il arrive *à apaiser* > *à* introduit un COI

◦ Les prépositions *à* et *de* s'unissent aux articles définis *le* et *les* pour former des **articles contractés** : *au / aux* et *du*.

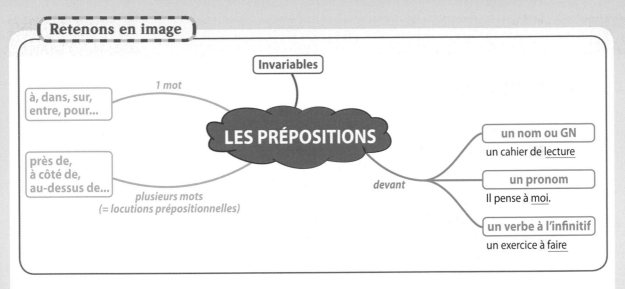

Retenons en image

Invariables

à, dans, sur, entre, pour... — 1 mot

près de, à côté de, au-dessus de... — plusieurs mots (= locutions prépositionnelles)

LES PRÉPOSITIONS

devant

un nom ou GN — un cahier de lecture

un pronom — Il pense à moi.

un verbe à l'infinitif — un exercice à faire

● Entraînement

Observer

1 Classez les mots encadrés dans le tableau suivant après l'avoir recopié.

Le 7 octobre, Colomb change [de] direction [et] fait voile [à] l'ouest-sud-ouest. Le 10, il s'oriente [vers] l'ouest. [Dans] la nuit, il atteint une terre inconnue, [mais] on sait aujourd'hui que cette terre est située [parmi] les îles Bahamas. Colomb pense être [à proximité de] l'Asie.

Prépositions	Conjonctions de coordination

2 Relevez les groupes introduits par une préposition. Indiquez quel mot chacun complète et précisez la nature de ce mot.

L'exploration de la mer des Caraïbes ne permet pas de découvrir l'or ni les épices qui étaient le motif de l'expédition de Colomb. Les Espagnols doivent donc renoncer à imiter les comptoirs inaugurés par les Portugais.

Groupe prépositionnel	Mot complété	Nature du mot complété

3 Relevez les groupes prépositionnels et classez-les selon l'information qu'ils apportent.

La femme marcha pendant deux jours et une nuit en suivant le chemin avant d'arriver au village. Des gorilles immenses et féroces s'étaient réunis pour pleurer autour de leur chef, mort à cause de la flèche magique. Elle était encore plantée dans sa poitrine. Durant des heures, elle pleura. Au bout de plusieurs jours, tous étaient fatigués de pleurer mais elle était encore couchée par terre dans la poussière : elle ne voulait pas repartir sans la flèche.

Sens	Groupe prépositionnel
temps	
lieu	
but	
manière, moyen	
cause	

Manipuler

4 Complétez par la préposition qui convient et formez, s'il le faut, l'article défini contracté.

L'après-midi, [...] la chaleur [...] la mer inerte, les fruits [...] arbres [...] jardin se desséchaient. On entendait le bruissement [...] araignées électriques [...] le sable [...] la plage. On pouvait voir M. K [...] sa pièce personnelle, [...] ses livres. Lorsqu'il touchait une page [...] lettres [...] relief, s'élevait [...] livre une voix métallique.

D'après **R. Bradbury**, *Chroniques martiennes*.

Réfléchir

5 Saurez-vous résoudre l'énigme suivante ?

L'inspecteur a établi l'emploi du temps de trois témoins. Voici ce que chacun a déclaré :
Alex : « J'étais de garde depuis 9 heures et j'ai surveillé la rue jusqu'au soir. »
Bertrand : « Je suis arrivé à l'atelier après 13 heures, et j'y suis resté durant cinq heures. »
Charles : « J'ai commencé à peindre avant 8 heures et je suis reparti dès 11 heures. »
Bertrand a-t-il pu voir Charles ?

+ d'exercices sur le site

● Observons

À ce **moment**, ils découvrirent les **moulins** à vent qu'il y a dans cette **plaine**. Don Quichotte dit à son **écuyer** : « La **fortune** conduit nos **affaires** mieux que ne pourrait y réussir notre **désir** même. Regarde, ami Sancho, ces **géants**, auxquels je pense livrer bataille. – Quels géants ? demanda Sancho Panza. – Ceux que tu vois là-bas, lui répondit son **maître**, avec leurs grands **bras**. – Prenez donc garde, **mon** maître, répliqua Sancho ; ce sont pas des **géants**, mais des **moulins** à vent. »

1. Relevez les déterminants à gauche des noms en gras.

2. Quels sont ceux qui indiquent le genre de ce nom ?

3. Quels sont ceux qui indiquent le nombre de ce nom ?

4. Quels sont ceux qui ne permettent pas de préciser le genre du nom ?

● Apprenons

Les déterminants : des mots variables

○ Le déterminant est placé à **gauche du nom**.

○ Il indique son **genre** (masculin ou féminin) et son **nombre** (singulier ou pluriel), et, dans le cas des possessifs, la **personne** qui possède. Il est donc variable.

> ## Mémo
> ⮑ Le déterminant accompagne toujours un nom.
>
> ⮑ Le déterminant varie en genre et en nombre en fonction du nom.

Les articles

Articles	Singulier masculin	Singulier féminin	Pluriel
Définis	le - l' (élidé)	la - l' (élidé)	les
Définis contractés	au (= *à le) - du (= *de le)		aux (= *à les) - des (=*de les)
Indéfinis	un	une	des
Partitifs	du - de - l' (élidé)	de la - de l' (élidé)	des

○ Le **déterminant partitif** accompagne un nom désignant une matière. On peut remplacer le partitif par l'expression « **un peu de** ». *Les Gaulois buvaient de l'eau avec <u>du</u> miel.*

Les déterminants possessifs

objet possédé \ possesseur	Singulier			Pluriel		
	1re pers	2e pers	3e pers	1re pers	2e pers	3e pers
Singulier masculin	mon	ton	son	notre	votre	leur
Singulier féminin	ma - mon	ta - ton	sa - son	notre	votre	leur
Pluriel	mes	tes	ses	nos	vos	leurs

Les déterminants démonstratifs

	singulier	pluriel
Masculin	ce - cet	ces
Féminin	cette	ces

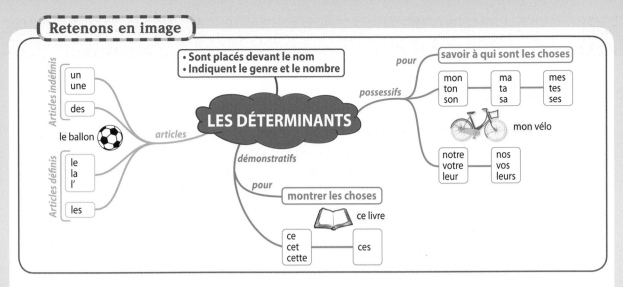

LES DÉTERMINANTS

Articles indéfinis : un, une, des
le ballon
Articles définis : le, la, l', les

articles

• Sont placés devant le nom
• Indiquent le genre et le nombre

possessifs — pour — savoir à qui sont les choses
mon ton son / ma ta sa / mes tes ses
mon vélo
notre votre leur / nos vos leurs

démonstratifs — pour — montrer les choses
ce cet cette / ces
ce livre

Entraînement

Observer

1 Relevez les déterminants de ce texte. Classez-les en trois catégories : articles, déterminants possessifs, déterminants démonstratifs.

Pendant des jours et des jours, nous avons navigué ; enfin, Ithaque apparaît à nos regards. Déjà nous voyons les habitants de notre patrie allumer sur le rivage des feux pour éclairer nos vaisseaux. À ce moment, le doux sommeil s'empare de mon corps fatigué. Un matelot impatient ouvre alors cette outre mystérieuse que m'avait confiée Éole : du vent s'en échappe.

Odyssée, Chant X.

2 Relevez les articles et classez-les en 3 colonnes : indéfinis - partitifs - définis contractés.

En descendant des montagnes, Don Quichotte aperçut des moulins. Des paysans du village conduisaient au marché des charrettes en mangeant du pain. Du monde arrivait toujours des fermes voisines.

Manipuler

3 Remplacez les points de suspension par *ces* ou *ses* en fonction du sens de la phrase.

a. J'aime … légendes qui me font voyager dans l'Antiquité.
b. Ulysse avait appelé … compagnons.
c. … marins qui l'accompagnaient étaient des Grecs.
d. Ulysse voulait faire accoster … bateaux à Ithaque.
e. Mais … matelots ont fait échouer … projets.

4 Quelle différence voyez-vous entre les groupes nominaux suivants ? Employez chacun d'eux dans une courte phrase.

a. César - le César - un César
b. lundi - le lundi - un lundi

5 Retrouvez les déterminants manquants et recopiez le texte.

[…] dieu Hermès attacha aussitôt à […] pieds […] sandales d'or, qui le portaient, soit au-dessus […] mer, soit au-dessus […] sol immense, pareilles […] souffle du vent. Et il prit aussi […] baguette, et, la tenant dans […] mains, il s'élança au-devant […] navires, semblable à […] mouette, qui plonge […] ailes robustes dans l'écume salée […] mers. Pareil à […] oiseau, Hermès rasait […] flots innombrables.

Odyssée, Chant V.

Écrire

6 Voici une dépêche envoyée par Ulysse. Rédigez la lettre annoncée dans laquelle le héros développe les informations.

Ithaque, mer Égée

Navires bien arrivés. Cargaison complète.
Remplacements nécessaires : prévoir voiles, cordages, rames. Prochain départ souhaité printemps : autre cité en danger. Lettre suit.

Signé : Ulysse.

● Observons

Le Tahitien, entouré de son peuple, dit à Bougainville : « Et [toi], chef des brigands qui [t]'obéissent, écarte promptement ton vaisseau de notre rive : nous sommes heureux ; et [tu] ne peux que nuire à notre bonheur : c'est le nôtre, ce n'est pas le tien. Ici tout est à tous ; [tu] as partagé ce privilège avec nous. » Puis il se tourna vers un de ses hommes : « Orou ! Dis-nous à tous, [toi] qui le sais, comme [tu] me l'as dit à moi, ce qu'ils veulent faire ici. »

1. Quels sont les personnages de ce texte ? Relevez les pronoms qui désignent celui qui parle.

2. Dites qui est désigné par les pronoms encadrés.

3. Qui représente le pronom nous ?

4. À quoi renvoient les mots soulignés ?

● Apprenons

Les pronoms personnels

○ Les pronoms **remplacent un groupe nominal** dans une phrase.

○ Les pronoms personnels **varient en genre, nombre, personne** et selon leur fonction dans la proposition.

○ Il y a 8 **pronoms personnels sujets.**

	Singulier			Pluriel		
	1re pers	**2e pers**	**3e pers**	**1re pers**	**2e pers**	**3e pers**
Masculin	je	tu	il	nous	vous	ils
Féminin			elle			elles

○ Lorsqu'ils sont **compléments d'objet,** ces pronoms deviennent :

	Singulier			Pluriel		
	1re pers	**2e pers**	**3e pers**	**1re pers**	**2e pers**	**3e pers**
COD	me	te	le / la	nous	vous	les
COI	me, moi	te, toi	lui, soi	nous	vous	leur

○ Les pronoms de 3e personne ont aussi une **forme réfléchie** qui renvoie au sujet de la proposition : se / soi / eux   ***il se*** *tourna* > *il* et *se* renvoient au *Tahitien.*

Les pronoms possessifs

○ Les pronoms possessifs varient **en genre et nombre**, en fonction de **l'objet possédé**, et en **personne** en fonction du **possesseur**.
le nôtre = notre bonheur
le tien = ton bonheur
notre bonheur : c'est **le nôtre***, ce n'est pas* **le tien.***

○ Les **autres pronoms possessifs** sont :

		Singulier		Pluriel	
		Masculin	**Féminin**	**Masculin**	**Féminin**
Un possesseur	**1re pers.**	le mien	la mienne	les miens	les miennes
	2e pers.	le tien	la tienne	les tiens	les tiennes
	3e pers.	le sien	la sienne	les siens	les siennes
Plusieurs possesseurs	**1re pers.**	le nôtre	la nôtre	les nôtres	les nôtres
	2e pers.	le vôtre	la vôtre	les vôtres	les vôtres
	3e pers.	le leur	la leur	les leurs	les leurs

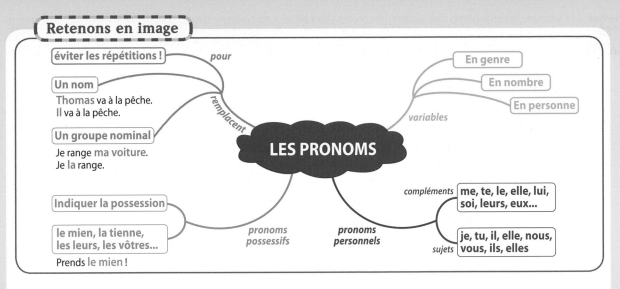

LES PRONOMS

éviter les répétitions ! — *pour*

Un nom
Thomas va à la pêche.
Il va à la pêche.

remplaçant

Un groupe nominal
Je range ma voiture.
Je la range.

Indiquer la possession

pronoms possessifs

le mien, la tienne,
les leurs, les vôtres...
Prends le mien !

variables
En genre
En nombre
En personne

pronoms personnels

compléments : me, te, le, elle, lui, soi, leurs, eux...

sujets : je, tu, il, elle, nous, vous, ils, elles

Entraînement

Observer

1 a. Relevez les pronoms personnels et classez-les dans un tableau selon leur fonction.

b. À quels noms renvoient les pronoms possessifs ?
L'évêque se leva. « Ah ! dit-il en regardant Jean Valjean. Je suis aise de vous voir. Et bien ! je vous avais donné les chandeliers avec l'argenterie, ils sont en argent comme le reste. Vous pourrez bien les vendre deux cents francs. Pourquoi ne les avez-vous pas emportés ? Ce sont les vôtres.
– Monseigneur, dit le brigadier de gendarmerie, ce que cet homme disait était donc vrai ? Cette argenterie, c'était la sienne ? »

Sujet	COD	COI

Manipuler

2 Remplacez les groupes nominaux par le pronom personnel qui convient.

Cléante souhaite épouser Zerbinette. Le jeune homme demande à Géronte de l'aide. Mais son père refuse ce mariage : la jeune fille habite chez des inconnus. Le pauvre amoureux se tourne vers Scapin. Le valet invente des histoires pour tromper le vieillard et voler sa clé. Cléante et Scapin triompheront.

3 Voici le récit d'un tournoi. Réécrivez-le en remplaçant *nous* par *je*.

Après ces mots, nous commençons à combattre. Nous embrassons nos écus et nos armes.

Les chevaux de nos adversaires sont meilleurs que les nôtres et bien plus forts, mais nos lances sont plus longues. Nous donnons les plus grands coups que nous pouvons. Nous y mettons tant de force que nos lances volent en éclats. Un chevalier nous charge si durement que nous tombons à terre. Il s'empare de nos chevaux et nous laisse sur le champ.

4 Recopiez ce texte en remplaçant les groupes nominaux soulignés par des pronoms, personnels ou possessifs, pour éviter les répétitions.

Alix fut très heureuse de revoir <u>les deux chevaliers</u> et voulut retenir <u>Yvain</u> auprès de son amie. La dame du château raconta à cette dernière un mensonge, pour obtenir son onguent magique : « Avez-vous toujours <u>ce flacon</u> ? Moi j'ai perdu <u>mon flacon</u>. Il est certain qu'on ne pourra jamais retrouver <u>ce flacon</u>. »

Écrire

5 Racontez la scène et imaginez le dialogue entre ces personnages.

Observons

Je vis alors, assis sur une souche, un vilain qui était le plus laid que l'on pouvait voir. Il avait en main une massue plus grosse qu'un tronc de frêne. Je m'approchai de lui, et vis qu'il avait une tête ronde, avec des cheveux aussi raides que les poils d'un sanglier ou autre bête. Son visage était très plat, ses dents de loup assez écartées, et ses oreilles grandes comme celles d'un éléphant. Il paraissait moins grand que moi, et il me regardait, ne disant mot, pas plus que ferait une bête

D'après *Le Chevalier à la charrette.*

1. Relevez les adjectifs qui qualifient *le vilain* ou des éléments de son apparence. Quelle image donnent-ils de lui ?

2. Quels adjectifs ont un nom immédiatement à leur gauche ?

3. Relevez les mots qui précèdent les autres adjectifs. Quelle information supplémentaire donnent-ils ?

Apprenons

L'adjectif qualificatif

- L'adjectif qualificatif est une **expansion du nom** qui précise une **qualité**.
- Il **s'accorde en genre et en nombre avec ce nom**. Il se place le plus souvent à sa droite.

Comparatifs

- **Le comparatif** permet de **mesurer une qualité** en la comparant.
- Un adverbe, placé à gauche de l'adjectif, exprime le degré :
  - d'**infériorité** (*moins... que*) : **moins** grand **que** moi
  - d'**égalité** (*aussi... que*) : **aussi** raides **que** les poils
  - de **supériorité** (*plus... que*) : **plus** grosse **qu**'un tronc de frêne
- Divers mots, introduits par la conjonction *que*, sont **compléments du comparatif** : groupe nominal ou pronom, adjectif qualificatif, adverbe, proposition subordonnée.
  plus grosse **qu'un tronc**
  moins grand **que moi**

Superlatifs relatifs et absolus

- Le **superlatif relatif** indique un haut degré de la qualité **par rapport à un ensemble d'éléments semblables.**
- Une **locution adverbiale**, placée à gauche de l'adjectif exprime :
  - l'**infériorité** : *le moins ... de*
  - la **supériorité** : *le plus ... de*
- Un GN introduit par la préposition *de* ou une proposition subordonnée conjonctive peut être **complément du superlatif**.
  le plus laid **de** tous ; *le plus* laid **que** l'on pouvait voir.
- Le **superlatif absolu** indique un haut degré de la qualité **sans référence à d'autres noms** : **très** plat.
- Un **adverbe**, placé à gauche de l'adjectif, exprime :
  - un **faible degré** : *peu, très peu ;*
  - un **degré moyen** : *assez ;*
  - un **degré fort** : *très, extrêmement, trop.*
- Le **superlatif absolu** n'a **jamais de complément**.
  *Son visage était **très** plat, ses dents de loup **assez** écartées...*

Mémo

↪ *L'adjectif qualificatif donne des précisions sur le nom qu'il qualifie.*

↪ *Les comparatifs servent à comparer la qualité de plusieurs noms. Il existe des comparatifs d'infériorité, d'égalité et de supériorité.*

↪ *Les superlatifs permettent d'accentuer la qualité d'un nom.*

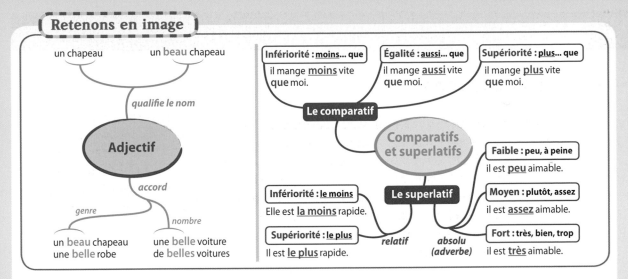

------● **Entraînement**

Observer

1 Relevez les adjectifs qualificatifs dans ce texte. Classez-les dans le tableau ci-dessous après l'avoir recopié.

Un jeune homme… figurez-vous don Quichotte à dix-huit ans, revêtu d'un pourpoint de laine dont la couleur bleue était plus insaisissable que celle du ciel. Visage brun et excessivement long ; la pommette des joues saillante, signe d'astuce ; les muscles maxillaires énormément développés ; notre jeune homme portait un large béret orné d'une plume aussi noire que l'aile d'un corbeau ; l'œil ouvert et très intelligent ; le nez un peu trop grand ; et l'épée la plus longue du monde.

D'après A. Dumas, Les Trois Mousquetaires.

Pas de degré	Comparatif	Superlatif relatif	Superlatif absolu

Manipuler

2 Transposez les adjectifs du texte ci dessous au superlatif absolu en utilisant les adverbes suivants : *assez - extrêmement - fort - particulièrement - plutôt - tout à fait - très.*

Passepartout avait rapidement examiné son maître. C'était un homme grand, de figure noble et belle, malgré un léger embonpoint, blond de cheveux, front uni sans rides aux tempes, figure pâle, dents magnifiques.

D'après J. Verne, Le Tour du monde en quatre-vingts jours.

3 Relevez les adjectifs qualificatifs dans les phrases ci-dessous et mettez-les au comparatif - de votre choix. Vous inventerez pour chacun un complément.

Ex. : froid > plus froid qu'un serpent

a. Froid, flegmatique, immobile, l'œil pur, type de l'Anglais à sang-froid, Phileas Fogg était un homme ponctuel.

b. De son côté, Passepartout était un garçon bouillant, aux yeux noirs, aux mouvements vifs, toujours pressé.

4 Certains adjectifs n'ont pas le même sens selon qu'ils sont à gauche ou à droite du nom. Quelle différence faites-vous entre les expressions suivantes ?

Ex. : Un grand homme est un homme célèbre
Un homme grand est un homme de haute taille.

a. Il reste un seul joueur. / Un joueur seul a marqué.
b. De ses propres mains. / Il a les mains propres.
c. Tu as de curieux amis. / Tu as des amis curieux.

Écrire

5 Expliquez ces expressions courantes où l'adjectif a perdu son sens premier, puis employez-les dans des phrases.

un beau-père
un petit-fils
coucher à la belle étoile
visiter les hauts lieux
la haute mer
un sport de plein air

● Observons

Harpagon – Au voleur, au voleur, à l'assassin, au meurtrier. Justice, juste Ciel. Je suis perdu, je suis assassiné, on m'a coupé la gorge, on m'a dérobé mon argent. Qui peut-ce être ? qu'est-il devenu ? où est-il ? où se cache-t-il ? que ferai-je pour le trouver ? où courir ? où ne pas courir ? n'est-il point là ? n'est-il point ici ? qui est-ce ? [...] de quoi est-ce qu'on parle là ? de celui qui m'a dérobé ? Quel bruit fait-on là-haut ? est-ce mon voleur qui y est ?

Molière, *L'Avare*, IV, 7.

1. Quelles phrases indiquent la recherche d'une information ? Quels mots les introduisent ?
2. À quelles questions peut-on répondre par « oui » ou par « non » ?
3. Imaginez les réponses aux autres questions.

● Apprenons

La phrase interrogative

○ La phrase interrogative permet d'**obtenir une information**.

○ Une phrase déclarative devient interrogative grâce à l'**intonation** à l'oral et à la ponctuation (**point d'interrogation**) à l'écrit : *Vous avez vu mon voleur ?*

○ Dans la langue courante, écrite ou orale, l'interrogation peut être introduite par l'expression interrogative « **est-ce que** » : *Est-ce que vous avez vu mon voleur ?*

○ Dans la langue soutenue, « est-ce que » est remplacé par l'**inversion du sujet** et sa reprise par un pronom personnel : *Avez-vous vu mon voleur ?*

Interrogation totale et interrogation partielle

Selon le type d'information recherchée, on distingue :

• **l'interrogation totale** : la question porte sur toute la phrase ; on attend la réponse « Oui » ou « Non ».
Est-ce mon voleur qui y est ? N'est-il point là ? (– Non)

• **l'interrogation partielle** : la question porte sur une partie de la phrase et on attend une information précise en réponse.
Où se cache-t-il ? (– À la cave)

Les mots interrogatifs

• Un **pronom** (*qui ; que ; quoi ; lequel ; laquelle ; lesquels*)
De quoi est-ce qu'on parle là ?

• Un **déterminant** (*quel ; quelle ; quels ; quelles*) :
Quel bruit fait-on là-haut ?

• un **adverbe** (*où ; quand ; comment ; pourquoi ; combien*) :
Où courir ? où ne pas courir ?

Mémo

➲ La phrase interrogative permet d'obtenir une information.

➲ À l'écrit, on reconnaît une phrase interrogative à son point d'interrogation.

➲ Si on peut répondre à une question par oui ou non, c'est une interrogation totale.

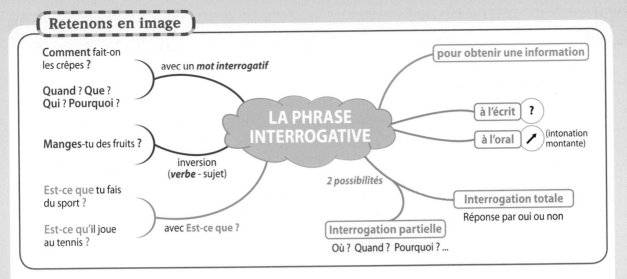

Comment fait-on les crêpes ?

Quand ? Que ? Qui ? Pourquoi ?

avec un *mot interrogatif*

Manges-tu des fruits ?

inversion (*verbe* - sujet)

Est-ce que tu fais du sport ?

Est-ce qu'il joue au tennis ?

avec **Est-ce que ?**

LA PHRASE INTERROGATIVE

pour obtenir une information

à l'écrit **?**

à l'oral ↗ (intonation montante)

2 possibilités

Interrogation totale
Réponse par oui ou non

Interrogation partielle
Où ? Quand ? Pourquoi ? ...

● Entraînement

Observer

1 Classez les phrases suivantes dans un tableau selon la nature de l'interrogation : totale ou partielle.

a. Quand allez-vous me donner l'autorisation de partir ?
b. Pourquoi doit-il revenir ce soir ?
c. Est-ce que vous pourrez donner suite à mes projets ?
d. Avec quoi faut-il laver les jeans ?
e. Ne sais-tu pas que le train est supprimé ?
f. De quoi ont-ils parlé à la télévision ?

Manipuler

2 Transformez ces phrases déclaratives en interrogations et dites ce que vous avez changé.

a. Vous avez entendu parler de Marco Polo.
b. Le géant Gargantua a toujours faim.
c. Christophe Colomb est parti d'Espagne.
d. Marco Polo a suivi la route de la soie.

3 Imaginez les questions qui provoquent ces réponses ; la question portera sur l'élément souligné.

a. Les Minions ont un costume jaune.
b. On se retrouve à la récréation dans la cour.
c. Le match commencera à vingt heures.
d. Dans le tiroir de droite, il y a des ciseaux.
e. Le facteur a remis la lettre à la gardienne.

4 Transformez ce récit en un dialogue entre Sinbad et un ami, qui l'interroge sur ses découvertes.

Ex. : – Qu'as-tu remarqué ? Une énorme boule blanche. Soudain, je remarquai une énorme boule blanche ; je la touchai, elle était fort douce. Comme le soleil était prêt à se coucher, l'air s'obscurcit tout-à-coup. Un oiseau d'une grandeur et d'une grosseur extraordinaire s'avançait de mon côté en volant. Je compris qu'il s'agissait de l'oiseau appelé Roc, dont j'avais souvent entendu parler par les marins, et que la grosse boule blanche devait être un œuf de cet oiseau.

D'après *Les Mille et Une Nuits* – « Sinbad le marin ».

Écrire

5 Imaginez les questions que se posent les habitants de la ville que visite Gargantua.

GARGANTUA VISITE PARIS

● Observons

M'étant éveillé, j'essayai de me lever ; mais ce fut impossible. J'<u>étais</u> couché sur le dos ; mes bras et mes jambes étaient *attachés* à la terre ; mes cheveux <u>se trouvaient</u> *tirés* en arrière. Je me voyais **prisonnier**. Le soleil devenait fort **chaud**, mais sa grande clarté paraissait **irréelle**. Quel fut mon étonnement lorsque j'aperçus plusieurs petites figures qui semblaient **humaines** ! Aucune n'avait ma taille. Je me mis à jeter des cris si horribles que tous ces petits animaux sautèrent brusquement au sol. Sans doute n'<u>avaient-ils</u> jamais entendu d'homme.

D'après **J. Swift**, *Voyages de Gulliver*.

1. Relevez les sujets des verbes soulignés.
2. Justifiez l'accord de : *attachés - tirés*.
3. Les mots en gras se rapportent à des sujets. Relevez ces sujets.

● Apprenons

Le groupe sujet

○ Le sujet donne au verbe ses **marques de personne et de nombre**.

○ Il indique **l'être ou la chose qui fait ou subit l'action**.

○ Il peut être **groupe nominal**, **pronom**, **infinitif** ou **proposition subordonnée**
<u>tous ces petits animaux</u> sautèrent. - <u>J'</u>essayai. – <u>Lire</u> cultive. – <u>Qui vivra</u> verra.

L'inversion sujet-verbe

○ Dans certains cas, le **sujet est placé après le verbe**.
• Dans les **propositions incises** : « <u>Demain, dit-il, je travaillerai.</u> »
• Dans les **phrases interrogatives**, le sujet est repris par un pronom placé après le verbe : <u>Pourra-t-il venir ?</u>
• Dans les **phrases qui commencent par certains adverbes** :
peut-être, sans doute, aussi, ainsi…
<u>Sans doute n'avaient-**ils** jamais entendu.</u>

L'attribut du sujet

○ L'attribut du sujet est un **groupe nominal** (ou ses substituts) ou un **adjectif** indiquant **une qualité du sujet**. Il désigne la même personne ou la même chose que le sujet.

○ Il est toujours relié au sujet par un **verbe attributif**.

○ Les verbes attributifs sont les **verbes d'état** (*être*), et certains verbes intransitifs : *Il vit seul*

Mémo

➲ *Le groupe sujet dicte la terminaison du verbe et indique qui fait ou subit l'action.*

➲ *L'attribut du sujet est un groupe nominal ou un adjectif relié au sujet par un verbe dit « attributif ».*

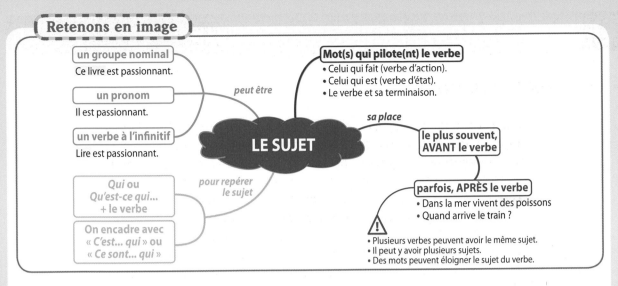

un groupe nominal
Ce livre est passionnant.

un pronom
Il est passionnant.

un verbe à l'infinitif
Lire est passionnant.

Qui ou
Qu'est-ce qui...
+ le verbe

On encadre avec
« C'est... qui » ou
« Ce sont... qui »

peut être

pour repérer
le sujet

LE SUJET

Mot(s) qui pilote(nt) le verbe
• Celui qui fait (verbe d'action).
• Celui qui est (verbe d'état).
• Le verbe et sa terminaison.

sa place

le plus souvent,
AVANT le verbe

parfois, APRÈS le verbe
• Dans la mer vivent des poissons
• Quand arrive le train ?

• Plusieurs verbes peuvent avoir le même sujet.
• Il peut y avoir plusieurs sujets.
• Des mots peuvent éloigner le sujet du verbe.

Entraînement

Observer

1 **Relevez les sujets dans ce texte et classez-les dans le tableau selon leur classe grammaticale.**

Dans un pays aride s'élevait autrefois un arbre prodigieux. Sur la plaine, on ne voyait que lui. [...] Personne ne savait son âge.

Des femmes stériles venaient parfois le supplier de les rendre fécondes, les hommes en secret cherchaient auprès de lui des réponses à des questions inexprimables, mais personne jamais ne goûtait à ses fruits. [...]

Des deux branches ouvertes en haut du tronc énorme, l'une portait la mort, l'autre portait la vie, mais on ne savait laquelle nourrissait et laquelle tuait. Et donc on regardait, mais on ne touchait pas.

H. Gougaud, *L'Arbre.*

Groupe nominal	Pronom

2 **Relevez les attributs du sujet quand il y en a.**

a. Yvain demeurait stupéfait devant la noblesse du lion.
b. Lancelot est dans la charrette.
c. La journée parut bien longue à Gulliver.
d. Le nain demeurait nuit et jour auprès de la fontaine.
e. Le docteur Frankenstein resta muet devant le monstre.
f. Guenièvre est la reine de Cornouailles.
g. Le roi parut à la porte du château.
h. Le lion vivait caché dans un bois.

Manipuler

3 **Complétez le texte en choisissant les sujets et attributs du sujet qui conviennent :**

tout le monde - satisfait - plusieurs de ses ministres - les gens - le bienfaiteur - Un artisan - le peuple - On - Je - qui - garnie - parfaite - ils.

Je remarquai une chose qui me parut bien extraordinaire : [...] montait à cheval sans bride et sans étriers. [...] demandai un jour pourquoi [...] ne se servaient pas de ces commodités. [...] me répondit, que je parlais de choses dont [...] ignorait l'usage dans ce pays.

[...] me fabriqua une selle [...] était [...] de cuir et d'or. Quand elle me parut [...] , je la présentai au roi qui l'essaya sur un de ses chevaux. Il fut si [...] de cette invention, que [...] voulurent en avoir une. Je fus considéré comme [...] de la Cour.

D'après *Les Mille et Une Nuits*, « Histoire de Sinbad »

4 **Remplacez les points de suspension par les attributs du sujet qui conviennent :** *plein - pirates - vides - installé - inoccupé - suffisant - déterminés - chargée.*

Le faux pont, qui avait l'air [...] pour mon corps, était [...] de barriques d'huile. Un espace restait [...] autour de la grande écoutille, et l'on avait aussi laissé [...] plusieurs places assez considérables à travers l'arrimage. C'est dans cet endroit que je me trouvai pour le moment assez commodément [...] . La cale étant peu [...] , le navire roulait terriblement. J'entendis une conversation entre deux matelots, qui semblaient [...] à devenir [...] .

D'après **Edgar Poe**, *Aventures d'Arthur Gordon Pym.*

Écrire

5 **Décrivez un objet que vous connaissez bien (agenda, stylo, chaise...). Vous emploierez une fois chacun des verbes suivants :** *paraître - avoir l'air - sembler - demeurer - composer - former - se révéler.*

Observons

Comme le soleil allongeait sur le sol **l'ombre** du moindre caillou, Jean Valjean était assis derrière un buisson dans une grande plaine rousse absolument déserte. Il ne faisait pas attention aux **bruits**. Un sentier passait par *la plaine*, mais il ne **le** voyait pas et ne voulait plus **penser** à **rien**.

Soudain, il tourna la **tête** : un petit savoyard [lui] montrait les **pièces** de monnaie avec lesquelles il jouait. Jean Valjean, demanda une **pièce** à [l'enfant]. Le petit savoyard fut effrayé par [cet inconnu].

D'après V. Hugo, *Les Misérables*.

1. Quelle est la fonction des mots en gras ? Peut-on les supprimer ?

2. Classez-les selon qu'ils sont ou non introduits par une préposition.

3. Quelle est la classe grammaticale de chaque mot encadré ?

4. Les groupes nominaux *la plaine* et *cet inconnu* sont introduits par la même préposition. Ont-ils la même fonction ?

Apprenons

Le complément d'objet

○ Le complément d'objet (CO) est un **complément du verbe**.

○ Il est construit soit **directement** (COD), soit **indirectement** (COI) à l'aide d'une préposition.

○ Il n'est **pas déplaçable** et, dans la plupart des cas, il n'est **pas supprimable**.

*Le soleil allongeait **l'ombre**.*
CO direct de « allongeait »

*Il ne faisait pas attention **aux bruits**.*
CO indirect de « faisait attention »

○ Le CO est un **groupe nominal** ou un **substitut du GN** (pronom, infinitif, subordonnée…)
*Il tourna la **tête*** (GN).
*Il ne **le** voyait pas et ne voulait plus **penser** à **rien**.*
pronom personnel   infinitif

○ Certains verbes peuvent être suivis de **deux compléments d'objet** : le premier est construit de façon directe, le deuxième de façon indirecte ; on l'appelle **complément d'objet second** (COS).
*Jean Valjean demanda **une pièce** à **l'enfant**.*
COD   COS

Le complément d'agent

○ À la **voix passive**, le **sujet subit l'action**. L'action est faite par le **complément d'agent** (celui qui agit).

○ Le complément d'agent est **introduit par les prépositions** *par* ou *de*.

○ Il ne faut pas confondre le complément d'agent avec des compléments circonstanciels, qui sont déplaçables.
*Un sentier passait **par la plaine**.*
complément circ. de lieu

Mémo

⊃ *Le complément d'objet est un GN ou un substitut du GN qui complète un verbe.*

⊃ *Il peut être direct (COD) ou indirect (COI).*

⊃ *Le complément d'agent n'existe qu'à la voix passive.*

⊃ *Il est introduit par par ou de et indique celui qui fait l'action*

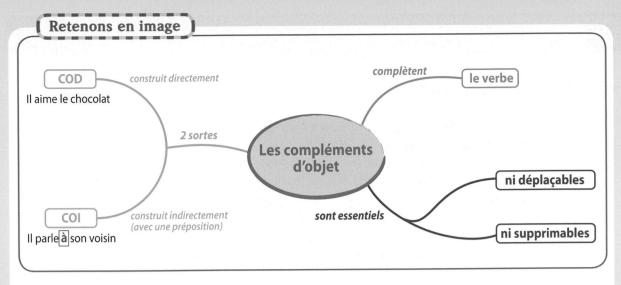

Retenons en image

COD — *construit directement*
Il aime le chocolat

2 sortes

COI — *construit indirectement (avec une préposition)*
Il parle à son voisin

complètent — le verbe

Les compléments d'objet

sont essentiels — ni déplaçables — ni supprimables

● Entraînement

Observer

1 Relevez les compléments d'objet en distinguant les compléments d'objet direct (COD) et les compléments d'objet indirect (COI).

Le brick ressemblait à une bûche, roulant çà et là à la merci de chaque lame ; la tempête prenait toujours plus de force ; c'était un parfait ouragan, et nous ne voyions aucune perspective naturelle de délivrance. Pendant quelques heures, nous gardâmes le silence, pensant aux dangers qui nous menaçaient. Nous doutions de pouvoir jamais revenir à terre, et cependant nous cherchions à éviter les paquets de mer.

2 Parmi les compléments soulignés introduits par la préposition *à*, relevez les compléments d'objet indirect.

Pour moi, je vous avoue que j'en suis tout scandalisé. À peine ont-elles pu se résoudre <u>à nous faire donner des sièges</u>. Je n'ai jamais vu tant parler <u>à l'oreille</u>, tant bâiller, tant se frotter les yeux. Ont-elles répondu autre chose que oui et non <u>à tout ce que nous avons pu leur dire</u> ?

3 Relevez les compléments d'agent.

Jusqu'alors, nous avions lieu de nous réjouir d'avoir pu conserver notre chaloupe, qui n'avait pas été endommagée par tous ces gros coups de mer. Mais chaque vague à présent passait par les trous béants, et en cinq minutes notre pont fut balayé par les lames, la chaloupe et la muraille de tribord furent recouvertes d'écume, et le guindeau lui-même mis en pièces par l'ouragan. Nous étions à présent tourmentés par la crainte d'être engloutis, et emplis de désespoir.

Manipuler

4 Transformez les phrases suivantes à la voix active lorsque cela est possible. Vous pouvez utiliser le pronom *on* comme sujet.

Tout repris de justice était mis dans une charrette et mené par toutes les rues. Ainsi se trouvait-il désormais hors la loi, Et il n'était plus écouté par le Roi, ni honoré ni reçu avec dignité par la cour. Or Lancelot s'était promis de monter dans la charrette par amour pour sa Dame. Comme il était aimé de Guenièvre, il fut obligé d'accomplir son vœu.

5 Remplacez les compléments d'objet par un pronom personnel. Indiquez s'il s'agit d'un COD ou d'un COI.

D'Artagnan chercha la lettre avec une grande patience. Il tourna et retourna vingt fois ses poches. Il fouilla son sac, ouvrit et referma sa bourse. Il tenait tant à cette lettre qu'il menaça de tout casser. Son hôte se saisit d'un bâton et sa femme s'empara d'une pelle. Le jeune homme voulut résister à ces rustres.

Écrire

6 Faites des phrases pour illustrer ces expressions courantes.
Ex. : donner raison / la raison
> Le juge donne raison à l'avocat de la défense.
> L'avocat donne la raison de l'absence de son client.

a. faire fête / faire la fête
b. tenir tête / tenir la tête
c. vouloir bien / vouloir du bien

● Observons

Ils habitaient une maison *sur la planète Mars, au bord d'une mer vide,* **sans aucun vaisseau.**

L'après-midi, quand la mer fossile était chaude et inerte, *là-bas,* personne ne s'aventurait dehors ; on pouvait voir Mr. K en train de lire un livre de métal aux hiéroglyphes *en relief* qu'il effleurait *de la main,* **comme un joueur de harpe.** Et du livre, **sous la caresse de ses doigts,** s'élevait une voix chantante.

Depuis vingt ans, Mr. et Mrs. K vivaient *au bord de la mer morte,* **en la contemplant** *depuis la maison* qui tournait sur elle-même, **pour accompagner le soleil,** *à la façon d'une fleur.*

D'après R. Bradbury,
Chroniques martiennes.

1. Identifiez les compléments circonstanciels en italique. Lesquels pouvez-vous déplacer ? Lesquels pouvez-vous supprimer ?

2. Quelles informations apportent les groupes de mots en caractères gras ? Quels verbes complètent-ils ? À quelle classe grammaticale appartiennent-ils ?

● Apprenons

Qu'est-ce qu'un complément circonstanciel ?

○ Un complément circonstanciel apporte une information sur les **circonstances d'une action** exprimée par un verbe.

○ On peut en général **le supprimer et le déplacer** ; il ne fait donc pas partie de la phrase minimale, sauf certains compléments, notamment de lieu.

○ Il répond à des interrogations partielles, et est nommé en fonction de son sens.

> **Mémo**
>
> ⊃ Le complément circonstanciel renseigne sur les circonstances de l'action du verbe.
>
> ⊃ Il existe différents compléments circonstanciels en fonction de l'information donnée (lieu, temps, cause, manière, etc.).

Les différents sens du complément circonstanciel

Information donnée	Question à laquelle il répond	Exemple
temps	quand ?	depuis vingt ans
lieu	où ?	sur la planète Mars
manière	de quelle façon ?	en relief
moyen	à l'aide de quoi ?	de la main
accompagnement	avec qui ?	sans aucun vaisseau
cause	pour quelle raison ?	sous la caresse de ses doigts
but	dans quel but ?	pour accompagner le soleil
comparaison	à l'exemple de quoi / qui ?	à la façon d'une fleur

Les classes grammaticales du complément circonstanciel

○ Le complément circonstanciel peut être :

- un **groupe nominal** > *l'après-midi*
- un **groupe prépositionnel** > *du livre*
- un **verbe à l'infinitif** > *pour accompagner*
- un **gérondif** > *en la contemplant*
- un **adverbe** > *là-bas, demain*
- une **proposition subordonnée** (voir fiche 22)

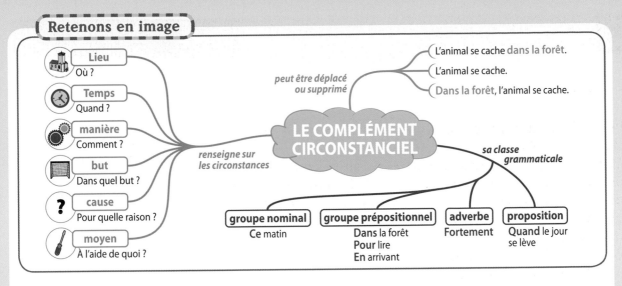

● Entraînement

Observer

1 Classez les compléments circonstanciels en gras selon leur sens.

On se levait **vers huit heures** en **hiver, vers six heures en été**, et l'on allait prendre le mot d'ordre **chez M. de Tréville**. D'Artagnan en faisait le service **avec une ponctualité touchante** : il était **toujours** de garde, **en raison de sa fidélité envers ses amis**. De leur côté, les trois mousquetaires aimaient fort leur jeune camarade. L'amitié qui unissait ces quatre hommes, et le besoin de se voir **trois ou quatre fois par jour**, soit pour duel, soit pour affaires, soit pour plaisir, les faisaient **sans cesse** courir l'un après l'autre **comme des ombres**.

D'après A. Dumas, Les Trois Mousquetaires.

2 Répartissez les compléments circonstanciels en gras selon leur classe grammaticale.

L'on rencontrait **toujours** les inséparables se cherchant **du Luxembourg à la place Saint-Sulpice**, ou **de la rue du Vieux-Colombier au Luxembourg**. En attendant, les promesses de M. de Tréville allaient leur train. **Un beau jour**, le roi commanda à M. le chevalier des Essarts de prendre d'Artagnan comme cadet dans sa compagnie des gardes. D'Artagnan endossa **en soupirant** cet habit, qu'il eût voulu, au prix de dix années de son existence, troquer contre la casaque de mousquetaire.

D'après A. Dumas, Les Trois Mousquetaires.

3 Relevez les adverbes compléments circonstanciels. Précisez leurs sens et dites à quel verbe ils se rapportent.

Puis Gargantua tournait le bateau et le gouvernait habilement, le menait vite ou lentement. Partout depuis la rive on le saluait, et il répondait toujours poliment. Déjà, le soir tombait : il ne pouvait aller plus loin, il revenait. Il aimait bien ces exercices ; après, il se reposait.

Manipuler

4 Relevez et remplacez les compléments circonstanciels par des adverbes de même sens.

Panurge leur dit que la feuille de papier était écrite avec subtilité, si bien qu'on ne voyait pas l'écriture. Pour la montrer, il passa avec rapidité la feuille devant le feu ; puis avec vivacité il la plongea dans l'eau. Ensuite il l'exposa pendant un long moment à la flamme d'une chandelle. Pour finir, il la pressa avec force entre deux planchettes dans un étau ; alors des mots apparurent avec lenteur.

5 Complétez les phrases au moyen des compléments circonstanciels indiqués.

a. Les autres couraient et sautaient. (*comparaison*)
b. Lui, ne réussissait pas à les suivre. (*cause*)
c. Mais lui aussi était venu avec un fusil. (*temps - but*)
d. Il se mit à courir. (*manière - lieu*)
e. Mais les autres lui avaient tendu un piège. (*moyen*)

Écrire

6 Imaginez les ordres que Robinson pourrait donner à Vendredi pour organiser le campement. Vous pourrez employer les compléments circonstanciels proposés.

- **Lieu :** cabane - plage - sable - abri - radeau
- **Temps :** demain - ce soir - ensuite - d'abord
- **Moyen :** avec cette pelle - avec un pieu - d'une branche
- **Manière :** rapidement - en creusant - sans bruit
- **But :** pour cacher - dans l'intention de conserver
- **Cause :** par précaution - de faim

Observons

Passepartout était un brave garçon, bien élevé. C'était un être doux et serviable, avec une de ces bonnes têtes rondes que l'on aime à voir sur les épaules d'un ami, et où se devinait l'intelligence ; sa poitrine, large, montrait sa force ; les cheveux bruns étaient un peu rageurs.

1. Repérez tous les groupes nominaux : isolez le nom principal du groupe.

2. Quels sont ceux qui sont précisés par une expansion ?

Apprenons

Les expansions du nom, leurs classes grammaticales et leurs fonctions

- ○ Les expansions du nom **font partie du groupe nominal**.

- ○ Elles sont **supprimables**.

- ○ Elles appartiennent à **diverses classes grammaticales**.

Classe grammaticale	Fonction par rapport au nom complété	Exemple
adjectif qualificatif	épithète	les cheveux **bruns**
participe présent ou passé	épithète	bien **élevé**
groupe nominal	apposition	Passepartout, **un brave garçon**
groupe nominal prépositionnel (GNP)	complément de détermination ou complément du nom	les épaules **d'un ami**,
proposition subordonnée relative	complète l'antécédent	une de ces têtes **où se devinait l'intelligence**

Cas particulier : l'épithète détachée

- ○ L'adjectif est séparé du nom auquel il se rapporte par **une virgule**.
  *Sa poitrine, **large**, montrait sa force.*

- ○ L'épithète détachée est **déplaçable**.

- ○ Certains adjectifs épithètes peuvent se placer **avant le nom avec un sens différent** :
  un **brave** garçon ≠ un garçon **brave**
  = un garçon gentil   = un garçon courageux

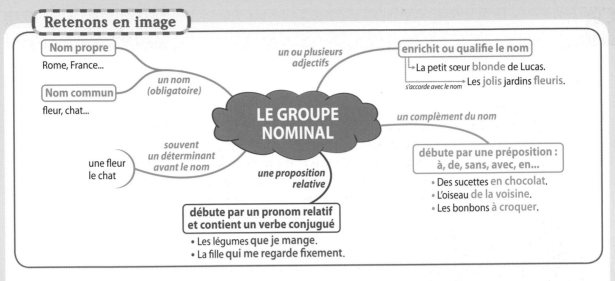

Retenons en image

LE GROUPE NOMINAL

Nom propre Rome, France...
Nom commun fleur, chat...

un nom (obligatoire)

un ou plusieurs adjectifs → **enrichit ou qualifie le nom**
→ La petit sœur **blonde** de Lucas.
s'accorde avec le nom → Les **jolis** jardins **fleuris**.

souvent un déterminant avant le nom
une fleur
le chat

un complément du nom → **débute par une préposition : à, de, sans, avec, en...**
• Des sucettes **en chocolat**.
• L'oiseau **de la voisine**.
• Les bonbons **à croquer**.

une proposition relative → **débute par un pronom relatif et contient un verbe conjugué**
• Les légumes **que je mange**.
• La fille **qui me regarde fixement**.

● Entraînement

Observer

1 Relevez les expansions du nom, puis indiquez leur classe grammaticale.

Au bout des rues désertes, et au-dessus des terrasses, se découpaient, dans l'air empli de parfums, la pointe des obélisques, le sommet des pylônes, l'entablement des palais et des temples, dont les chapiteaux, à face humaine ou à fleurs de lotus, émergeaient à demi, rompant les lignes horizontales des toits, et s'élevant comme des écueils parmi l'amas des édifices privés.

D'après T. Gautier, *Le Roman de la momie.*

2 Parmi les expressions soulignées, lesquelles sont des expansions du nom ?

Sur les bords de ce ruisseau je trouvai plusieurs prairies unies, douces et couvertes de verdures. Dans leurs parties élevées proche des hautes terres, je découvris une grande quantité de joncs verts, qui jetaient de grandes et fortes tiges. Je me mis à chercher le manioc, dont la racine sert de pain aux Indiens de tout ce pays. Je me contentai de ces découvertes pour cette fois. Je m'en revins en réfléchissant au moyen de connaître leurs propriétés.

D'après Daniel Defoe, *Robinson Crusoë.*

Manipuler

3 Relevez les adjectifs épithètes et remplacez-les par des compléments de détermination.

a. *Yvain ou le Chevalier au Lion* est un roman médiéval.
b. La littérature européenne en garde le souvenir.

c. Le héros accumule les actions chevaleresques.
d. Tristan et Lancelot appartiennent à l'univers héroïque.

4 Complétez les groupes nominaux soulignés par une expansion de la classe grammaticale indiquée.

Le signal (*GNP*) fut aussitôt donné, et l'on s'enfonça dans la vallée de Las Lejas, entre de grandes masses (*GNP*). On montait suivant une pente presque (*adjectif qualificatif*). Vers onze heures, il fallut contourner les bords (*GNP*), réservoir naturel et rendez-vous pittoresque de tous les rios (*proposition subordonnée relative*). Au-dessus du lac (*adjectif qualificatif*) s'étendaient de vastes plaines (*adjectif qualificatif*), (*proposition subordonnée relative*).

D'après J. Verne, *Les Enfants du Capitaine Grant.*

5 Associez à chaque groupe nominal l'expansion convenable pour retrouver le poème d'A. Rimbaud :
d'enfants - sombre - vieux - sculpté - vieilles - large - où sont peints des griffons - odorants - De femmes - vieux - jaunes - flétries - engageants.

C'est un [...] buffet [...] ; le chêne [...] ,
Très [...] , a pris cet air si bon des [...] gens ;
Le buffet est ouvert, et verse dans son ombre
Comme un flot de vin [...] , des parfums [...] ;
Tout plein, c'est un fouillis de vieilles vieilleries,
De linges odorants et [...] , de chiffons
[...] ou [...] , de dentelles [...] ,
De fichus de grand'mères [...] .

A. Rimbaud, *Poésies (Cahier de Douai).*

Écrire

6 En une dizaine de lignes, décrivez un personnage de votre choix.

📄 + d'exercices sur le site

● Observons

De l'autre côté, arrive un guerrier, Grandoine,
Il monte le cheval qu'il appelle Marmoire.
Il lâche les rênes, le pique des éperons.
Il tue beaucoup de courageux héros.
Les Francs envoient les javelots sur lui.
Les épées étincellent sur les têtes,
Les étendards flamboient dans l'air agité.
Les Francs crient : « Sus ! Hardi compagnons !
Les ennemis cèdent et reculent ! »
Ils saluent Charlemagne, lorsqu'il arrive.

1. Donnez les infinitifs des verbes conjugués à la 3e personne du singulier.

2. Observez les verbes à la 3e personne du pluriel : quelles lettres n'entend-on pas à l'oral ?

3. Donnez le groupe des verbes du texte.

● Apprenons

Les verbes en - eler et - eter

○ Les verbes comme *appeler, jeter* et leurs composés **doublent la consonne -l ou -t** aux trois personnes du singulier et à la troisième personne du pluriel.
Le -e de la désinence est muet, la désinence ne s'entend pas à l'oral.
*Le cheval qu'il app**elle** Marmoire.*

○ **Particularités** : les verbes *geler, mener, céder, acheter, lever* et leurs composés, *modeler, peler* (et quelques autres), prennent un **accent grave** aux mêmes personnes.
*Les ennemis c**è**dent.*

Les verbes en - yer

○ **Devant un -e- muet**, **la lettre y devient -i-**.
Remarque : pour les verbes en -ayer, on peut ou non garder le -y-
*Il pa**y**e ou il pa**i**e ; il envoi**e** ; il appuie.*

Les verbes en - uer et - ier

○ Aux trois personnes du singulier et à la troisième personne du pluriel, **les désinences contiennent un - e muet**.
*Ils salu**ent** Charlemagne.*
*Les Francs cri**ent**.*

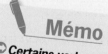

Mémo

➥ Certains verbes du 1er groupe présentent des particularités au présent de l'indicatif.

➥ Quand je vois des verbes :
- en -eler er -eter
- en -yer
- en -uer et -ier,
je vérifie les terminaisons.

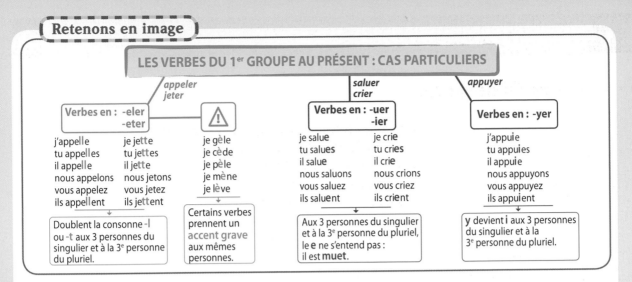

LES VERBES DU 1er GROUPE AU PRÉSENT : CAS PARTICULIERS

appeler
jeter

saluer
crier

appuyer

Verbes en : -eler / -eter

j'appelle	je jette
tu appelles	tu jettes
il appelle	il jette
nous appelons	nous jetons
vous appelez	vous jetez
ils appellent	ils jettent

Doublent la consonne -l ou -t aux 3 personnes du singulier et à la 3e personne du pluriel.

⚠️

je gèle
je cède
je pèle
je mène
je lève

Certains verbes prennent un **accent grave** aux mêmes personnes.

Verbes en : -uer / -ier

je salue	je crie
tu salues	tu cries
il salue	il crie
nous saluons	nous crions
vous saluez	vous criez
ils saluent	ils crient

Aux 3 personnes du singulier et à la 3e personne du pluriel, le e ne s'entend pas : il est **muet**.

Verbes en : -yer

j'appuie
tu appuies
il appuie
nous appuyons
vous appuyez
ils appuient

y devient i aux 3 personnes du singulier et à la 3e personne du pluriel.

● Entraînement

Observer

1 **a. Relevez les verbes au présent de l'indicatif et donnez leur infinitif.**
b. Repérez ceux qui suivent un modèle de conjugaison particulier et expliquez leur forme.

À ce moment, un homme sort d'une pièce intérieure, et me jette un coup d'œil qui suffit à me persuader que c'est Long John. Il s'appuie sur une béquille, et sautille comme un oiseau. Il prend une prise de tabac et éternue. Sa vilaine figure blême m'effraie, bien qu'elle soit souriante. Il circule parmi les tables, et salue les clients qu'il connaît.

Soudain, au bout de la salle, un individu se lève et sort rapidement. Long John l'appelle et crie : « Arrêtez-le ! il faut d'abord qu'il paye ! ». Mais moi, j'ai reconnu Chien Noir, et la surprise me cloue sur place.

Manipuler

2 **Donnez la 3e personne du singulier des verbes suivants :**

épeler - colorier - mener - nouer - modeler - balayer - peler - saluer - congeler.

3 **Accordez les verbes au présent avec leur sujet.**

Arthur Gordon Pym (*visiter*) les îles situées au large du cap de Bonne-Espérance : il (*s'intéresser*) à la singulière organisation sociale des manchots, qui (*nouer*) des relations à la manière des hommes. Ils (*saluer*) leurs voisins les albatros, et (*déblayer*) la neige pour installer leurs nids.

Pym (*prier*) le capitaine de la *Jane Guy* de poursuivre l'exploration. « Cela ne m' (*ennuyer*) pas », répond le capitaine.

4 **Accordez les verbes au présent avec leur sujet.**

Gulliver (*effectuer*) un deuxième voyage et (*échouer*) à Brobdingnag, que l'auteur (*situer*) dans l'océan Pacifique. Il (*se retrouver*) alors dans la situation inverse de Lilliput : tous les Brobdingnagiens sont des géants. « Vous (*se plier*) pour m'entendre ; moi je (*essayer*) de parler fort et je (*crier*) ».

L'un d'entre eux (*s'emparer*) de Gulliver et l'(*emmener*) dans sa ferme. Puis d'autres habitants l'(*acheter*) et l'(*envoyer*) à la Cour. Il dira au Roi : « Sire, nous vous (*remercier*) de votre accueil et nous (*avouer*) que nous sommes ici bien traités ».

5 **Réécrivez les phrases suivantes en transposant les verbes à la même personne mais au pluriel.**

Quel monstrueux tissu d'extravagances tu m'exposes là ! Et encore tu ne m'avoues pas tout ; car aussitôt que tu modifies l'idée de justice, tu rejettes la justice. Quand on envoie des hommes se faire tuer, la population diminue. Si tu morcèles les terres, je ne mange pas à ma faim. Si j'essaie de réformer l'État, tu emploies contre moi la force.

D'après Diderot, *Supplément au voyage de Bougainville.*

Écrire

6 **Écrivez un texte en vous inspirant de l'image ci-contre. Vous emploierez une fois au moins les verbes suivants :**

s'appuyer - saluer - s'écrier - appeler - haleter - ruisseler - distribuer - employer.

● Observons

À présent, ma santé **connaît** une amélioration, malgré les rechutes qui **peuvent** inquiéter mon ami. Il se **souvient** de la première fois où *j'ai aperçu* avec plaisir les livres que *j'avais lus*, et où je vis que les feuilles mortes *avaient disparu*. Aujourd'hui le printemps **devient** le maître de la nature, la verdure **recouvre** les prés. Je vis heureux dans cette maison, et je **crois** que je *pourrai* oublier le passé.

1. À quel temps sont les verbes en gras ? Donnez leur infinitif.
2. À quels temps sont les verbes encadrés ?
3. Donnez l'infinitif des verbes en italique et précisez leur temps.

● Apprenons

Particularité des verbes du 3ᵉ groupe

○ Beaucoup de **verbes du 3ᵉ groupe** ont une **base verbale variable**, qui prend des formes différentes selon les modes et les temps.

○ Les verbes dérivés d'un verbe simple (composés avec un préfixe ou un suffixe) suivent le modèle du verbe simple. *Ex.* : Sur le modèle du verbe *courir* > *accourir, concourir, recourir…*

Les variantes à l'indicatif

○ **Le présent de l'indicatif**

Verbes dont la base verbale reste constante

Désinences -s -s -t

Conclure	Courir	Rire
je conclu-s	je cour-s	je ri-s
nous conclu-ons	nous cour-ons	nous ri-ons
ils conclu-ent	ils cour-ent	ils ri-ent

Désinences -e -es -e

Couvrir	Cueillir
je couvr-e	je cueill-e
nous couvr-ons	nous cueill-ons
ils couv-rent	ils cueill-ent

Verbes dont la base verbale a deux formes

Voir	Dormir	Lire	Croire	Sentir	Savoir
je voi-s	je dor-s	je li-s	je croi-s	je sen-s	je sai-s
nous voy-ons	nous dorm-ons	nous lis-ons	nous croy-ons	nous sent-ons	nous sav-ons
ils voy-ent	ils dorm-ent	ils lis-ent	ils croi-ent	ils sent-ent	ils sav-ent

Verbes dont la base verbale a trois formes

Devoir	Pouvoir	Vouloir	Tenir	Venir	Dire	Faire
je doi-s	je peu-x	je veu-x	je tien-s	je vien-s	je di-s	Je fai-s
nous dev-ons	nous pouv-ons	nous voul-ons	nous ten-ons	nous ven-ons	nous dis-ons	nous fais-ons
ils doiv-ent	ils peuv-ent	ils veul-ent	ils tienn-ent	ils vienn-ent	ils dis-ent	ils f-ont

○ **L'imparfait de l'indicatif**

Il se forme sur la base de la 1ʳᵉ personne du pluriel du présent.

○ **Le futur de l'indicatif**

• Il se forme le plus souvent sur la base de la 1ʳᵉ personne du singulier du présent.

courir > je cour-rai   *cueillir > je cueille-rai*   *mourir > je mour-rai*

• Certains verbes utilisent une autre base (qui est parfois l'infinitif).

sentir > je senti-rai   *vouloir > je voud-rai*   *savoir > je sau-rai*
voir > je ver-rai   *tenir > je tiend-rai*   *devoir > je dev-rai*
pouvoir > je pour-rai   *venir > je viend-rai*   *faire > je fe-rai*

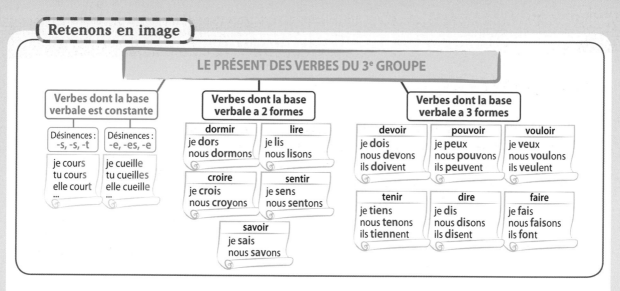

Retenons en image

LE PRÉSENT DES VERBES DU 3ᵉ GROUPE

Verbes dont la base verbale est constante

Désinences : -s, -s, -t	Désinences : -e, -es, -e
je cours tu cours elle court ...	je cueille tu cueilles elle cueille ...

Verbes dont la base verbale a 2 formes

dormir	lire
je **dors** nous **dorm**ons	je **lis** nous **lis**ons

croire	sentir
je **crois** nous **croy**ons	je **sens** nous **sent**ons

savoir
je **sais** nous **sav**ons

Verbes dont la base verbale a 3 formes

devoir	pouvoir	vouloir
je **dois** nous **dev**ons ils **doiv**ent	je **peux** nous **pouv**ons ils **peuv**ent	je **veux** nous **voul**ons ils **veul**ent

tenir	dire	faire
je **tiens** nous **ten**ons ils **tienn**ent	je **dis** nous **dis**ons ils **dis**ent	je **fais** nous **fais**ons ils **font**

● Entraînement

Observer

1 **Donnez la personne, le temps et l'infinitif des formes verbales soulignées.**

Pendant qu'il <u>dit</u> ces mots, Pantagruel <u>aperçoit</u> six cent soixante chevaliers qui <u>accourent</u> vers eux. Lorsqu'ils <u>voient</u> quel navire a abordé au port, ils <u>suivent</u> la rive pour l'attaquer, s'ils le <u>peuvent</u>. « Amis, dit Pantagruel, vous <u>savez</u> que nous <u>sommes</u> en danger ; mais toujours, nous <u>tenons</u> bon devant l'ennemi. Aussi, <u>recevez</u>-vous beaucoup de louanges. »

2 **Relevez les formes verbales et précisez leur temps et leur infinitif.**

Alors Panurge sortit du bateau deux grandes cordes. Il en fit un long cordon sur la terre, et dit à Epistémon : « Quand les ennemis viendront vers vous, et qu'ils se croiront en sûreté, vous sentirez que les cordes deviennent raides. » Il savait où il y avait de la poudre à canon ; il en recueille une grosse poignée et en couvre le sol. Lorsqu'il le voudra, ceux qui assaillent le navire cuiront et s'enfuiront.

D'après Rabelais, *Pantagruel*.

Manipuler

3 **Mettez les verbes entre parenthèses au présent de l'indicatif.**

Je (*décrire*) à présent mon habitation ou ce que je (*devoir*) plutôt nommer ma tente, placée au pied d'une roche. Une toile forte (*recouvrir*) des pieux plantés dans le sol. Au-dessus, les feuillages (*pouvoir*) me protéger de la pluie. Si je (*vouloir*), je (*sortir*) en rampant par l'arrière. Je (*dormir*) sur un matelas de feuilles. Lorsqu'un animal dangereux

me (*poursuivre*), je ne le (*craindre*) pas, car je (*s'enfuir*) aisément.

D'après Daniel Defoe, *Robinson Crusoé*.

4 **Accordez les verbes entre parenthèses.**

Mais mon histoire n'(*être, imparfait indicatif*) pas de celle qu'on (*pouvoir, imparfait indicatif*) raconter publiquement : l'incroyable horreur qu'elle (*contenir, imparfait indicatif*) (*paraître, imparfait indicatif*) absurde pour le commun des mortels. Et d'ailleurs, qui (*croire, conditionnel présent*) à la réalité de ce que je (*vivre, plus-que-parfait indicatif*) ?
Bientôt Élisabeth nous (*rejoindre, passé simple indicatif*). Elle m' (*accueillir, passé simple indicatif*) avec la plus grande affection.
– Ta venue, mon cher cousin, (*dire, passé simple indicatif*) - elle, me (*remplir, présent indicatif*) d'espoir. Tu (*savoir, futur indicatif*) peut-être un moyen de prouver l'innocence de la pauvre Justine. Je (*croire, présent indicatif*) en son innocence comme en la mienne.

D'après M. Shelley, *Frankenstein*.

Écrire

5 **Écrivez un texte de quelques lignes où la voyante prédit son avenir à quelqu'un. Vous utiliserez au moins les verbes :**
recevoir - savoir - suivre - dire - courir.

📖 + d'exercices sur le site

● Observons

Je vis le docteur saisir sa pipe et renifler longuement.

« – Je ne sais rien du trésor, dit-il, mais je gagerais ma perruque qu'il y a de la fièvre par ici. »

La conduite des marins devint réellement menaçante quand ils remontèrent à bord. Ils se tenaient groupés sur le pont, à murmurer entre eux. La mutinerie, c'était clair, nous menaçait comme une nuée d'orage.

On tint conseil dans la cabine.

« – Monsieur, dit le capitaine au chevalier, nous n'avons qu'un seul homme à qui nous fier.

– Et qui donc ? interrogea le chevalier.

– Silver, monsieur : il ramènera les hommes à bord, doux comme des agneaux. »

D'après Stevenson, *L'Île au trésor.*

1. Relevez les verbes conjugués. Classez-les selon leur temps.

2. Observez les verbes encadrés : dites, pour chacun d'eux, si l'action qu'ils rapportent est présentée dans le texte comme terminée ou non.

3. Dans quelles parties du texte trouve-t-on des verbes au présent et au futur ?

● Apprenons

Valeurs du présent et des temps qui lui sont associés

○ **Dans un discours**

Le **présent** permet de rapporter des faits qui se déroulent **au moment où l'on parle.**

Les faits qui auront lieu **après** ce moment sont rapportés au **futur.**

Les faits qui ont eu lieu **avant** sont exprimés à un temps composé : le **passé composé.**

Nous n'avons qu'un homme sûr, les autres sont partis. Il ramènera les marins à bord.
    présent   passé composé   futur

○ **Dans un récit**

On peut raconter les actions principales au présent, les **actions futures** au **futur simple** et les **actions passées** au **passé composé.**

Le 3 novembre 1750, les marins de la Royale affrontent une tempête terrible.
                                                          présent

La veille, ils ont senti le temps changer. Ils se reposeront à l'escale.
                passé composé   futur

Valeurs du passé simple, de l'imparfait et du conditionnel

○ **Dans un récit au passé**, le **passé simple** et l'**imparfait** permettent de rapporter les faits essentiels.

○ On raconte au **passé simple** les **actions présentées comme terminées.**

○ On raconte à l'**imparfait** les **actions qui ne sont pas terminées ou qui se répètent.**

On utilise aussi l'imparfait **pour décrire.**

Les marins remontèrent. Ils se tenaient groupés.
              passé simple   imparfait

○ **Le conditionnel présent (forme en –rais)** permet d'exprimer les **actions futures dans le passé.**

Plus tard, Silver ramènerait les hommes à bord.
              conditionnel présent

○ **Le plus-que-parfait** exprime les **actions antérieures à celles rapportées aux temps simples du passé.**

On savait qu'il avait mis fin aux mutineries.
              plus-que-parfait

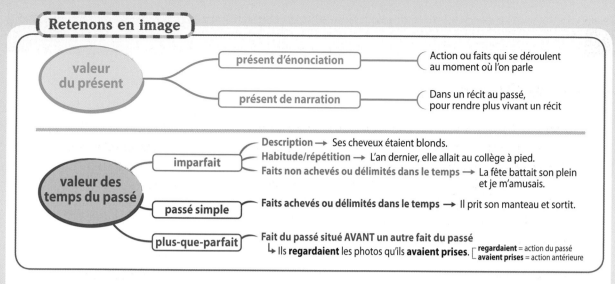

• Entraînement

Observer

1 Relevez les formes verbales conjuguées et dites à quel temps de l'indicatif elles sont.

Rien ne pouvait égaler le plaisir que j'éprouvai à la vue de Clerval. Sa présence me rappelait mon père et Élisabeth. Je lui pris la main et en un instant j'oubliai mon horreur et mon infortune. Je ressentis soudain, pour la toute première fois depuis des mois, la joie et la sérénité. J'accueillis mon ami de la façon la plus cordiale et nous nous dirigeâmes vers mon collège. Clerval me parla de nos amis communs et me dit sa chance d'avoir pu venir à Ingolstadt.

D'après M. Shelley, Frankenstein.

2 Relevez les formes verbales conjuguées et dites à quel temps de l'indicatif elles sont.

Justine, tu dois t'en souvenir, était notre préférée. Je me rappelle que tu disais qu'un seul de ses regards suffisait à chasser ta mauvaise humeur. Justine était la créature la plus reconnaissante du monde : je ne dis pas qu'elle le manifestait toujours. Quoique d'une nature gaie, voire un peu étourdie, elle prêtait la plus grande attention à chaque geste de ma tante. Elle cherchait à imiter sa façon de parler et ses allures, si bien qu'aujourd'hui encore elle me la rappelle.

D'après M. Shelley, Frankenstein.

Manipuler

3 Mettez les verbes entre parenthèses au passé simple pour retrouver le texte original.

Pendant que le nouveau venu se chauffait, le dos tourné, le digne aubergiste (*tirer*) un crayon de sa poche, puis il (*déchirer*) le coin d'un vieux journal qui traînait sur une petite table près de la fenêtre. Sur la marge blanche, il (*écrire*) une ligne ou deux, (*plier*) sans cacheter et (*remettre*) ce chiffon de papier à un enfant. L'aubergiste lui (*dire*) un mot à l'oreille, et l'enfant (*partir*) en courant dans la direction de la mairie. Le voyageur n'avait rien vu de tout cela. Il (*demander*) encore une fois :
– Dîne-t-on bientôt ?
– Tout à l'heure, (*dire*) l'hôte.

D'après V. Hugo, Les Misérables.

4 Remplacez les points de suspension par la forme verbale qui convient.

hocha - semblait - ai - resta – suis- revint - se dressa - dit - rapportait - attend - reste

L'enfant […]. Il […] le papier. L'hôte le déplia avec empressement, comme quelqu'un qui […] une réponse. Il parut lire attentivement, puis […] la tête, et […] un moment pensif. Enfin il fit un pas vers le voyageur qui […] plongé dans des réflexions peu sereines.
– Monsieur, dit-il, je ne puis vous recevoir.
L'homme […] à demi sur son séant et […] sans hausser la voix :
– Je […] à l'auberge, j'[…] faim, et je reste.

D'après V. Hugo, Les Misérables.

Écrire

5 Imaginez 8 lignes à la suite du texte de l'exercice 4. Écrivez au moins une phrase de dialogue. Dites quels temps vous avez employés.

● Observons

> Lorsque les marins du Pingouin eurent déposé à bord mon ami Auguste, il comprit quel accident était survenu à notre bateau. Il nous raconta alors ses épreuves : à peine **avait-il repris** conscience qu'une vague plus forte l'**avait englouti**. « Je **suis remonté** rapidement à la surface, nous dit-il, mais ma tête a heurté une planche dure et je **me suis évanoui**. »
>
> D'après E. Poe,
> *Aventures d'Arthur Gordon Pym.*

1. Quels mots composent les formes encadrées ?

2. Situez dans le temps ces actions par rapport à « *il comprit* ».

3. Les verbes en gras racontent des actions terminées. Les formes sont-elles simples ou composées ?

● Apprenons

Quels sont les temps composés de l'indicatif ?

○ Les temps composés de l'indicatif sont :
le **passé composé** – le **plus-que-parfait** –
le **passé antérieur** et le **futur antérieur**.

La formation des temps composés

○ Les temps composés sont formés le plus souvent de l'**auxiliaire** *avoir*, suivi du **participe passé du verbe** que l'on veut conjuguer.

- auxiliaire au *présent* > passé composé : *je* **suis remonté**
- auxiliaire à l'*imparfait* > plus-que-parfait : *quel accident* **était survenu**
- auxiliaire au *passé simple* > passé antérieur : *les marins* **eurent** *déposé*
- auxiliaire au *futur* > futur antérieur : *Auguste* **aura terminé** *son récit*

○ **Certains verbes** se conjuguent **avec l'auxiliaire être** : c'est le cas de **certains verbes intransitifs** et de **tous les verbes pronominaux**.
quel accident **était survenu** > *quels accidents* **étaient survenus** / *quelle avarie* **était survenue**

Valeur des temps composés à l'indicatif

○ Les temps composés de l'indicatif indiquent des **actions qui ont eu lieu avant d'autres** actions exprimées par un temps simple.

○ Par conséquent, elles sont toujours **achevées** par rapport aux temps simples.
Ma tête a heurté une planche.

Point d'orthographe

○ Certains participes passés se terminent au masculin par une **consonne muette**.
Pour l'entendre, on emploie le participe passé avec le verbe *être* et un sujet féminin.
Il avait repri s *conscience.*
> *La navigation avait été* **reprise.**

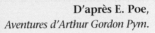

Mémo

◗ Il existe 4 temps composés de l'indicatif : le **passé composé**, le **plus-que-parfait**, le **passé antérieur** et le **futur antérieur**.

◗ Ces temps sont dits « **composés** » car ils sont formés de 2 éléments : l'auxiliaire *avoir* ou *être* conjugué à un temps simple et le participe passé du verbe.

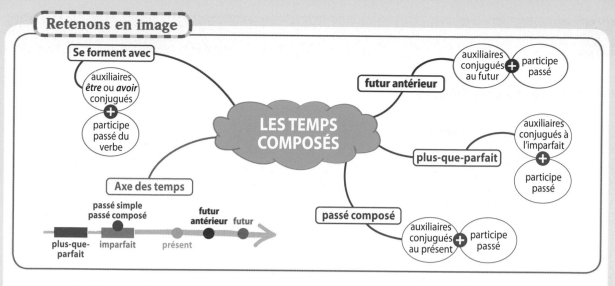

● Entraînement

Observer

1 Relevez les formes verbales composées et identifiez leur temps.

Quand la nuit fut tout à fait venue, il se glissa par le trou de la cloison ; il avait pris la précaution d'arranger les couvertures de manière à simuler un homme couché. Quand il eut traversé la cloison, il cacha l'ouverture. « J'ai eu de la chance jusque là, se dit-il. Une fois que j'aurai atteint le pont, je monterai dans un canot ». Mais lorsqu'il fut parvenu en haut, sa lanterne s'éteignit.

D'après E. Poe, *Aventures d'Arthur Gordon Pym.*

2 Identifiez les temps de chaque phrase, puis placez les actions sur un axe temporel.

Ex. : Phileas Fogg avait inutilement parcouru les rues de Yokohama, lorsqu'il aperçut Passepartout.

```
------------------|---------------------------|--------------->
     avait parcouru                it aperçut
     plus-que-parfait               passé simple
```

a. Il n'avait pas reconnu son domestique, mais celui-ci l'appela.
b. Quand Mme Aouda les eut rejoints, tous embarquèrent sur le steamer.
c. Mme Aouda réfléchissait à son aventure, qui avait commencé en Inde.
d. Elle pensait : « Une fois que Phileas Fogg aura gagné son pari, peut-être voudra-t-il m'épouser. »

Manipuler

3 Mettez les verbes au temps et à la personne indiqués ; attention au choix de l'auxiliaire.

parcourir	plus-que-parfait	tu
rapporter	futur antérieur	je
partir	passé composé	ils
saisir	passé antérieur	il
s'exposer	plus-que-parfait	elle
exposer	plus-que-parfait	elle
voir	passé composé	je
s'instruire	passé composé	elles
suffire	plus que parfait	il

4 Mettez les verbes soulignés au temps demandé et faites les transformations nécessaires.

Ex. : Comme il avait pu échapper aux gendarmes, Jean Valjean sortit (futur) de la ville.
> Comme il aura pu échapper aux gendarmes, Jean Valjean sortira de la ville.

a. Quand j'eus enfin trouvé une rivière, je pus (*futur*) pêcher.
b. Lorsqu'il était arrivé à Digne, il espérait (*passé simple*) changer de vie.
c. Maintenant qu'il avait dépouillé Petit-Gervais, la honte le terrassait (*présent*).

Écrire

5 Poursuivez le dialogue entre les deux personnages.

Soudain, J.T. Maston fit irruption dans la chambre de Michel Ardan.

« Hier soir, s'écria-t-il, notre ami Barbicane a été insulté publiquement pendant le meeting. Il a provoqué en duel son adversaire, qui n'est autre que le capitaine Nicholl ! Il faut empêcher ce duel ! »

● Observons

SCAPIN. – Eussiez-vous voulu qu'Octave se **fût laissé** tuer ? Il vaut mieux encore être marié, qu'être mort.

ARGANTE. – On ne m'a pas dit que l'affaire **se soit** ainsi **passée**. [...]

SCAPIN. – Il faut, pour son honneur, et pour le vôtre, qu'il **dise** dans le monde, que c'est de bon gré qu'il l'a épousée.

ARGANTE. – Et je veux moi, pour mon honneur et pour le sien, qu'il **dise** le contraire.

SCAPIN. – Non, je suis sûr qu'il ne le ⟦fera⟧ pas.

ARGANTE. – [...] Finissons ce discours qui m'échauffe la bile. Va-t-en, pendard, va-t-en me chercher mon fripon de fils, tandis que j'irai rejoindre le seigneur Géronte, pour lui conter ma disgrâce.

SCAPIN. – Monsieur, si je vous puis être utile en quelque chose, vous n'avez qu'à me commander.

ARGANTE. – Je vous remercie. Ah pourquoi faut-il qu'il soit fils unique ! Pourvu qu'il ne soit pas trop tard !

D'après Molière, *Les Fourberies de Scapin*.

1. Observez les verbes en gras : dans quel type de proposition se trouvent-ils ? Quel est le sens des verbes introducteurs ?

2. Observez le verbe encadré : justifiez-en le mode et le temps.

3. *Finissons* (l. 9) est à l'impératif. Quel est le sens de ce mode ? Le sujet du verbe est-il exprimé ?

● Apprenons

L'impératif

○ Le mode impératif sert à exprimer **les ordres et les conseils** : c'est le mode de **l'injonction**.

○ Il n'a **pas de sujet exprimé**.

○ Il n'a que **trois personnes** : la 2e du singulier, la 1re et la 2e du pluriel.

Finis ! Finissons ! Finissez !   Chante ! Chantons ! Chantez !

Le subjonctif

○ **Valeurs du subjonctif**

• On exprime au subjonctif les **actions présentées comme incertaines**.

Pourvu qu'il ne soit pas trop tard ! Je doute qu'il vienne.

• Le subjonctif permet d'exprimer l'**injonction à la 3e personne** : *Qu'il finisse !*

• Certaines conjonctions entraînent l'emploi du subjonctif. ***Bien qu'**il soit en danger…*

• Dans les subordonnées introduites par « que », **certains verbes dans la principale entraînent l'emploi du subjonctif** : verbes d'opinion, de volonté et de sentiment ainsi qu'une principale négative. *Je veux qu'il **dise** le contraire. Je ne crois pas qu'il **ait** raison.*

○ **Les temps du subjonctif**

• Deux temps du subjonctif sont couramment employés : le **présent** et le **passé**.

• **Au présent**, les désinences sont : -e ; -es ; -e ; -ions ; -iez ; -ent.

La base verbale est celle de la 3e personne du pluriel du présent de l'indicatif.

Ex. : comprendre : elles comprenn- ent > que je comprenn- e

• On emploie le présent pour les **actions qui ne sont pas terminées** : *Il faut qu'il dise.*

• Le **passé** est un temps composé avec **l'auxiliaire être ou *avoir* au subjonctif présent suivi du participe passé** : *Que j'aie compris. / Que je sois allé.*

On emploie le passé pour les **actions terminées**.

On ne m'a pas dit que l'affaire se soit passée ainsi.

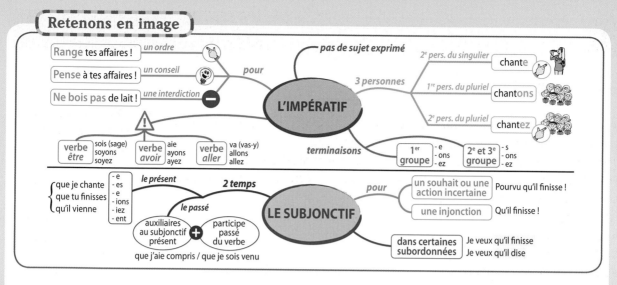

Retenons en image

L'IMPÉRATIF

Range tes affaires ! — *un ordre*
Pense à tes affaires ! — *un conseil*
Ne bois pas de lait ! — *une interdiction*

pas de sujet exprimé

3 personnes
- 2ᵉ pers. du singulier → chant**e**
- 1ʳᵉ pers. du pluriel → chant**ons**
- 2ᵉ pers. du pluriel → chant**ez**

pour

terminaisons
- 1ᵉʳ groupe : - e, - ons, - ez
- 2ᵉ et 3ᵉ groupe : - s, - ons, - ez

verbe *être* : sois (sage) soyons soyez
verbe *avoir* : aie ayons ayez
verbe *aller* : va (vas-y) allons allez

LE SUBJONCTIF

que je chante / que tu finisses / qu'il vienne : - e, - es, - e, - ions, - iez, - ent — **le présent**

le passé : auxiliaires au subjonctif présent + participe passé du verbe
que j'aie compris / que je sois venu

2 temps

pour
- un souhait ou une action incertaine — Pourvu qu'il finisse !
- une injonction — Qu'il finisse !

dans certaines subordonnées — Je veux qu'il finisse / Je veux qu'il dise

---

Entraînement

Observer

1 Donnez l'infinitif de chacun de ces verbes conjugués au subjonctif présent.

Que je veuille — Que tu viennes — Qu'il fasse
Que je crie — Que vous buviez — Que nous chantions
Que nous pliions — Que nous essuyions — Qu'il ait

2 Observez les phrases suivantes et dites si les verbes sont au subjonctif, au futur ou à l'indicatif présent.

Ex. : Arthur Gordon Pym souhaite que ses parents lui laissent prendre la mer. > souhaite est à l'indicatif présent > laissent est au mode subjonctif.

a. Mais ceux-ci ne veulent pas qu'il évite les études.
b. Mon ami Gordon Pym affirme qu'il va réaliser son rêve.
c. Pourvu qu'ils partent, Pym est prêt à tout.
d. Qu'on lui donne un bateau, et il sera heureux.
e. Malheureusement, l'équipage veut que les marchandises lui appartiennent.
f. Pym raconte au narrateur que les marins se mutinent une nuit.

Manipuler

3 Transformez les phrases déclaratives suivantes en phrases injonctives de même sens, en utilisant l'impératif présent.

Ex. : Il faut que nous aidions Octave. > Aidons Octave.

a. Il faut que tu parles à son père.
b. Il faut que tu écoutes les différents avis.
c. Nous devons apprendre la véritable histoire de Zerbinette.
d. Vous ne devez pas prendre exemple sur Sylvestre.

4 Conjuguez les verbes entre parenthèses au mode qui convient.

Sinbad remarque que ses convives ne (*manger*) plus ; il demande alors à Hindbad comment il se (*nommer*) et quelle (*être*) sa profession. « Je souhaiterais que vous me (*dire*) la raison de votre mauvaise humeur. » À cette demande, Hindbad, plein de confusion, répond : « Seigneur, je vous avoue que ma lassitude me (*mettre*) en mauvaise humeur – Oh ! ne croyez pas, reprit Sinbad, que je (*être*) assez injuste pour en conserver du ressentiment. Je vous plains ; mais il faut que je vous (*dire*) l'erreur où vous me (*paraître*) être à mon égard. Vous vous imaginez, sans doute, que je (*profiter*) sans peine et sans travail de toutes mes richesses ; (*détromper*)-vous. Je ne veux pas que vous (*souffrir*) un jour autant que moi. Oui, je vous assure que je (*mériter*) ce bonheur. (*apprendre*) quelles furent mes aventures ! »

D'après ***Les Mille et Une Nuits***,
« *Premier voyage de Sinbad le marin* ».

Écrire

5 Vous êtes le metteur en scène d'une représentation des *Fourberies de Scapin*, et également l'un des acteurs. Vous donnez à l'impératif et au subjonctif présent des consignes de jeu et de placement aux acteurs. Vous adressez également des injonctions à toute la troupe, vous compris, sur la nécessité de se concentrer et de travailler le texte.

● Observons

Jean Rouxval croisa ses mains dans le dos. Tout son âpre visage grimaçait sous l'effort de la réflexion. Le paisible ministre avait été alarmé par un bref appel téléphonique. Un pli soucieux marquait son front. Il ne pensait qu'au visiteur impérial qu'il attendait. Ses gestes saccadés trahissaient cette agitation extrême dont on est secoué à certaines minutes dramatiques de la vie. Son secrétaire évitait de bouger.

D'après **Maurice Leblanc**, *Le Pardessus d'Arsène Lupin.*

> **1.** Repérez les verbes qui ont un complément d'objet ; parmi eux, relevez les compléments d'objets construits avec une préposition.
> **2.** Repérez les deux verbes qui n'ont pas de complément d'objet ; parmi eux, relevez ceux qui ont un complément d'agent (qui commence par « *par* »).

● Apprenons

Les verbes transitifs et intransitifs

○ Les **verbes transitifs** peuvent être construits **avec un complément d'objet direct** (1) ou **un complément d'objet indirect** (précédé d'une préposition) (2)

*Un pli marquait **son front*** (1)
                  COD de « marquait » > Verbe transitif direct

*Il ne pensait qu'**au visiteur*** (2)
                  COI de « penser » (penser à) > Verbe transitif indirect

○ Certains verbes ne peuvent **jamais avoir de complément d'objet** : on dit qu'ils sont **intransitifs**.

*Son âpre visage **grimaçait**.*
                  « grimacer » est intransitif

Voix active et voix passive

○ **À la voix active**, le **sujet** indique la **personne qui fait l'action**.
Jean Rouxval croisa ses mains.

○ **À la voix passive**, le **sujet subit l'action**. Cette **action est faite** par le **complément d'agent** (celui qui agit).
Le paisible ministre *avait été alarmé **par un bref appel téléphonique**.*
     sujet du verbe au passif   complément d'agent

○ **Quand on passe de la voix active à la voix passive**, il se produit les changements suivants :
  • Le sujet de l'actif devient complément d'agent.
  • Le COD de l'actif devient le sujet du passif.

Voix active : ***Un appel téléphonique*** *alarme **le ministre**.*
            sujet   COD

Voix passive : ***Le ministre*** *est alarmé **par un appel téléphonique**.*
          sujet   complément d'agent

Mémo

➲ *Certains verbes peuvent être, selon les cas, transitifs ou intransitifs.*

➲ *Pour savoir si une phrase est à la voix active ou passive :*
- Je repère le verbe principal.
- Je recherche le sujet du verbe.
- Je me demande si ce sujet fait l'action ou s'il la subit.

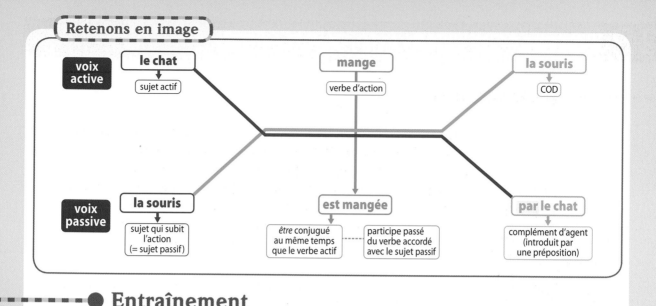

● Entraînement

Observer

1 **Dans les phrases suivantes, dites si les verbes sont transitifs ou intransitifs.**

a. Les collégiens prennent le bus.
b. La grêle est tombée ce matin.
c. Une lampe a clignoté un instant.
d. Trois fenêtres éclairent le couloir.
e. Le bus passe le matin et le soir.

2 **Dites si les mots ou groupes de mots soulignés sont des COD, des COI ou des COS.**

Le jeune noble recevait <u>ses armes</u> le jour de la cérémonie de son adoubement. La veille, il passait <u>la nuit</u> <u>à prier</u>. Un seigneur donnait <u>au jeune homme</u> <u>son épée</u>. Dorénavant, le nouveau chevalier se consacrerait <u>à la guerre</u>.

3 **Dites si les verbes soulignés sont transitifs ou intransitifs. Pour les verbes transitifs, dites s'ils sont suivis d'un COD ou d'un COI.**

Des lueurs <u>brillent</u> au loin. Ce <u>sont</u> les torches des écuyers qui <u>attendent</u> les chevaliers. Les chevaliers <u>sont partis</u> à l'aventure depuis des jours. Et chaque soir, leurs écuyers <u>guettent</u> leur retour et <u>allument</u> des torches pour les accueillir.

Manipuler

4 **Mettez à la voix active les phrases passives. Attention, elles n'ont pas toujours de complément d'agent ; le pronom « on » sera, dans ce cas, le sujet du verbe actif.
Ne transformez pas : « ne donnent rien ».**

Le commissaire résuma ainsi la situation à ses inspecteurs : « Les témoins racontent des histoires extraordinaires. Le suspect a été vu à plusieurs endroits au même moment par plusieurs personnes. L'arme du crime n'a pas été retrouvée. Les empreintes qui ont été relevées par la police scientifique ne donnent rien. Le commissaire divisionnaire est harcelé par le préfet. Qui a une idée ? »

5 **Transformez ces phrases à la voix passive quand c'est possible.**

a. Quatre grands fleuves arrosent la France.
b. L'opinion publique prend ces mesures au sérieux.
c. Le nouveau propriétaire a constaté une fuite d'eau.
d. Toute la ville a parlé de l'incident.
e. La presse locale a exagéré les détails de l'incident.
f. L'opinion publique croit à ces mesures.
g. Tout le monde aimait ce garçon.

Écrire

6 **Transposez ces titres de presse selon le cas à l'actif ou au passif. Quelle version préférez-vous ? Pourquoi ?**

a. 50 000 coureurs ont défié le sida ce week-end au Champ de Mars
b. Les agriculteurs du Lot suspendent les négociations
c. Le vainqueur du Giro renversé par un spectateur
d. Boston : deux cinémas endommagés par un incendie

● Observons

Les enfants qui s'aiment s'embrassent debout
Contre les portes de la nuit
Et les passants qui passent les désignent du doigt
Mais les enfants qui s'aiment
Ne sont là pour personne
Et c'est seulement leur ombre
Qui tremble dans la nuit

J. **Prévert**, *Paroles.*

1. Sur quels mots les propositions encadrées apportent-elles une information ?

2. Quel type de mot introduit ces propositions ?

● Apprenons

La proposition subordonnée relative

○ La proposition subordonnée relative est une **expansion du nom**.

○ Elle complète un groupe nominal ou un pronom, appelé **antécédent du pronom relatif**.
<u>Les enfants</u>   [**qui** s'aiment]   s'embrassent…
  antécédent   proposition sub. relative

Les pronoms relatifs

○ La proposition subordonnée relative est **introduite par un pronom relatif**.

○ **Les pronoms relatifs** invariables sont : *qui, que, quoi, dont, où.*
Leur ombre **qui** tremble.
Les enfants **que** les passants désignent du doigt.

○ Le pronom *lequel* et ses composés sont variables :
laquelle, lesquels, lesquelles, auquel, duquel.
Les enfants **auxquels** pense le poète.

Les fonctions des pronoms relatifs

○ L'**antécédent** a une **fonction dans la proposition principale** mais le **pronom relatif** a sa propre **fonction dans la proposition subordonnée**.

○ Le pronom relatif *qui* est sujet du verbe de la proposition relative.
Les passants   [**qui** passent]   les **désignent** du doigt.
sujet du verbe   sujet du verbe « *passent* »
« *désignent* »

○ Le pronom relatif *que* est COD du verbe de la proposition relative.
Les enfants   [**que** les passants **désignent du doigt**]   s'embrassent.
sujet du verbe   COD du verbe « *désignent* »
« *s'embrassent* »

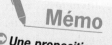

Mémo

⮑ *Une proposition subordonnée relative dépend d'une proposition principale.*

⮑ *Elle complète un groupe nominal (ou un pronom) appelé « antécédent ».*

⮑ *Elle commence par un pronom relatif.*

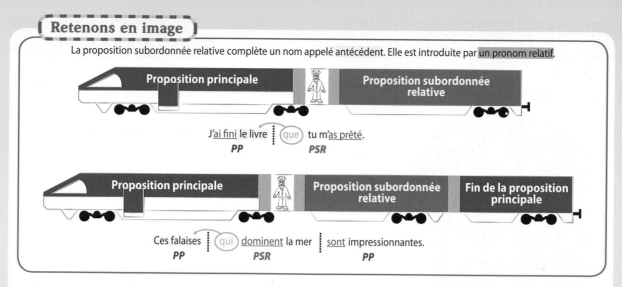

La proposition subordonnée relative complète un nom appelé antécédent. Elle est introduite par un pronom relatif.

Proposition principale		Proposition subordonnée relative

J'ai fini le livre : que tu m'as prêté.
PP   PSR

Proposition principale		Proposition subordonnée relative	Fin de la proposition principale

Ces falaises : qui dominent la mer : sont impressionnantes.
PP   PSR   PP

● Entraînement

Observer

1 Recopiez les propositions relatives. Encadrez les pronoms relatifs. Soulignez l'antécédent.

Poil de Carotte est un garçon qui vit à la campagne. Son frère, que sa mère préfère, se nomme Félix. Sa sœur, qui s'appelle Ernestine, les aide souvent à s'habiller. Dans le jardin où Poil de Carotte se réfugie pour rêver, vivent des taupes que chasse le chien Pyrame. Son père lui raconte des histoires dont il rit mais auxquelles il ne croit pas.

2 Dans les phrases suivantes, indiquez la fonction du pronom relatif. Vous préciserez ensuite son antécédent.

Comme j'étais marchand, je fréquentais les gens qui étaient de la même profession. Je recherchais particulièrement ceux que j'entendais parler ma langue. Je voulais apprendre des nouvelles de Bagdad, qui était ma prochaine destination. Je cherchais aussi la compagnie des savants des Indes, que j'interrogeais sur leurs découvertes. Eux me faisaient mille questions sur mon pays qu'ils connaissaient sans l'avoir jamais visité.

Manipuler

3 Réunissez les couples de propositions indépendantes pour faire des phrases complexes contenant une proposition relative.

a. Gargantua fut élevé selon les principes de son père. Son père était un géant comme lui.
b. Il se roulait dans la boue. La boue recouvrait la cour.

c. Il aimait le bruit des bouteilles. Les servantes agitaient des bouteilles pour le distraire.
d. Pour manger sa soupe, il avait une cuillère. Sa cuillère mesurait un mètre.

4 Les phrases suivantes sont maladroitement construites ; expliquez pourquoi.
Réécrivez-les pour en clarifier le sens.

a. Le bureau du principal qui a été repeint en jaune donne sur la cour.
b. La moquette de ma mère que ma sœur a nettoyée est maintenant toute tâchée.
c. Je dois réparer l'ordinateur de mon père qui rame.

Écrire

5 Décrivez la scène et les objets qui entourent Cosette en employant des propositions subordonnées relatives.

Observons

OCTAVE. – Ah fâcheuses nouvelles pour un cœur amoureux ! Dures extrémités où je me vois réduit ! Tu viens, Silvestre, d'apprendre au port, **que mon père revient** ?

SILVESTRE. – Oui.

OCTAVE. – $\boxed{\textit{Qu'il arrive ce matin même}}$?

SILVESTRE. – Ce matin même.

OCTAVE. – $\boxed{\text{Et } \textit{qu'}\text{il revient dans la résolution de me marier}}$?

SILVESTRE. – Oui.

OCTAVE. – Conseille-moi, du moins, et me dis ce que je dois faire dans ces cruelles conjonctures.

SILVESTRE. – Ma foi, je m'y trouve autant embarrassé que vous, et j'aurais bien besoin que l'on me conseillât moi-même.

Molière, *Les Fourberies de Scapin*.

1. Quel mot la proposition en gras complète-t-elle ?
2. Que manque-t-il avant les propositions encadrées pour que les phrases soient complètes ?
3. Quelle est la classe grammaticale de *que* (*qu'*) (l. 4 et 6) ?
4. Trouvez une quatrième proposition construite sur le même modèle.

Apprenons

La proposition subordonnée conjonctive

○ La proposition subordonnée conjonctive est **introduite par la conjonction de subordination *que*** (qu'il ne faut pas confondre avec le pronom relatif *que*).

○ Elle peut avoir les fonctions du groupe nominal, mais est **souvent complément d'objet d'un verbe** :
Tu viens, Silvestre, d'apprendre au port, **que mon père revient.**
complément d'objet
du verbe *apprendre*

○ On ne peut **ni la déplacer ni la supprimer**, mais on peut parfois la remplacer par un GN de même sens.
Tu viens, Silvestre, d'apprendre au port **le retour de mon père.**

Le mode du verbe de la subordonnée

○ Les propositions introduites par *que* peuvent être **au subjonctif ou à l'indicatif** selon les cas.
Tu viens d'apprendre qu'il **revient**. / *J'aurais besoin que l'on me* **conseillât.**
indicatif présent   subjonctif imparfait

Distinguer relative et conjonctive

○ **Il ne faut pas confondre** la conjonction de subordination *que*, simple mot-outil, et le pronom relatif *que*, qui remplace un nom.
Je dis **que** *le temps est magnifique.*
conj. de subordination

Il cueille des fleurs **que** *tu mettras dans un vase.*
pronom relatif (antécédent : fleur)

Mémo

➲ **La subordonnée conjonctive commence par la conjonction *que* et complète un verbe.**

➲ **Pour choisir le mode du verbe dans la subordonnée, je regarde le sens du verbe de la principale et sa forme (affirmative, négative ou interrogative).**

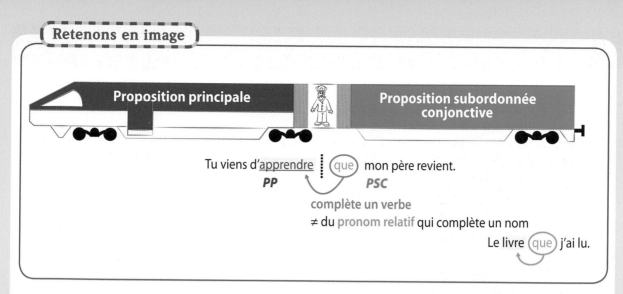

| Proposition principale | | Proposition subordonnée conjonctive |

Tu viens d'<u>apprendre</u> (que) mon père revient.
PP   **PSC**

complète un verbe
≠ du pronom relatif qui complète un nom

Le livre (que) j'ai lu.

Entraînement

Observer

1 Classez dans un tableau les propositions subordonnées conjonctives et les propositions subordonnées relatives introduites par *que*.

1Vous vous souvenez qu'en cette année-là il y eut une grande sécheresse en tout le pays. **2**La chaleur du soleil que subissaient hommes et animaux brûlait toute la végétation. **3**La terre, que la pluie n'avait pas arrosée, se fendait. **4**On voyait que les oiseaux tombaient des airs faute d'eau. **5**Les renards et les lièvres que l'on trouvait dans les champs avaient la gueule ouverte et sèche. **6**On aurait cru que la fin du monde était arrivée.

D'après Rabelais, *Pantagruel.*

Propositions subordonnées conjonctives	Propositions subordonnées relatives

Manipuler

2 Réécrivez les phrases suivantes en remplaçant le GN souligné par une proposition subordonnée conjonctive, dont vous donnerez la fonction.

Ex. : Cosette craint la colère du père Thénardier
    > craint que le père Thénardier se mette en colère.
          complément d'objet de « craint »

a. Jean Valjean ne supporte pas <u>les souffrances de Fantine</u>.
b. Il lui promet <u>le retour de Cosette</u>.
c. Cosette croit en <u>la présence d'un fantôme dans les bois</u>.
d. Les Thénardier cachent <u>les mauvais traitements infligés à Cosette</u>.
e. Mais Javert a juré <u>l'arrestation de l'ancien bagnard</u>.

3 Transposez ces phrases en mettant les verbes soulignés à la forme négative.

a. Le Grand Khan <u>imagine</u> que ses peuples vont cultiver des terres lointaines.
b. Il <u>pense</u> que les sauterelles sont la seule cause de dévastation.
c. Il <u>affirme</u> qu'il faut acheter du blé très cher.
d. Il <u>croit</u> que les marchands peuvent le tromper.

Écrire

4 Le récit de Zerbinette contient vraiment trop de propositions subordonnées. Réécrivez-le en allégeant les phrases lorsque c'est nécessaire.

Zerbinette rapporte à Géronte que Scapin lui a raconté qu'il a utilisé un stratagème pour obtenir qu'il lui donne de l'argent. Elle lui explique que Scapin a dit qu'en se promenant sur le port avec son fils, ils avaient vu une galère à quai. Elle révèle encore à Géronte que Scapin a prétendu qu'un jeune Turc leur avait donné la collation, et qu'il avait inventé que, tandis qu'ils mangeaient, on avait mis la galère en mer. Elle ajoute qu'il a affirmé que le Turc l'avait renvoyé lui seul à terre dans un esquif, avec ordre de dire au père de son maître qu'il emmenait son fils en Alger, et de promettre qu'il libérerait le jeune homme s'il lui envoyait cinq cents écus.

● Observons

Comme d'ordinaire, presque tous les hommes étaient ivres, et avant que les voiles soient proprement serrées , une violente rafale avait couché le brick sur le côté. Il se redressa lentement parce qu'il avait embarqué beaucoup d'eau . Lorsque tout fut réparé un autre coup de vent assaillit le navire, mais sans avaries. Sans doute allions-nous avoir une tempête ; en effet, elle ne se fit pas attendre, et le vent se mit à souffler furieusement du nord et de l'ouest. Comme la nuit approchait , le vent fraîchit encore davantage, et la mer devint singulièrement grosse.

1. Quelles précisions les propositions subordonnées encadrées apportent-elles ?
2. Peut-on les supprimer ? Peut-on les déplacer ?
3. Relevez les conjonctions de subordination qui les introduisent.

● Apprenons

Les propositions subordonnées circonstancielles

○ *Circonstanciel* vient du latin *circum* (« autour ») et *stare* (« être placé »). Les **circonstances** désignent les éléments qui entourent une action.

○ Une proposition subordonnée circonstancielle est introduite par **une conjonction ou une locution conjonctive de subordination**.

○ Elle **peut être déplacée ou supprimée**.

La proposition subordonnée circonstancielle de temps

○ La proposition subordonnée circonstancielle de **temps** donne des précisions sur le **moment d'une action**.

○ Les **conjonctions exprimant le temps** sont : *quand, comme, lorsque, après que, pendant que, avant que, jusqu'à ce que*…
Lorsque *tout fut réparé*

○ Le verbe est en général à l'**indicatif** ; on trouve le **subjonctif** lorsque l'action n'est pas encore réalisée.
avant que les voiles **soient** *proprement serrées*

La proposition subordonnée circonstancielle de cause

○ La proposition subordonnée circonstancielle de **cause** donne des précisions sur la **raison d'une action**.

○ Les conjonctions **exprimant la cause** : *comme, parce que, puisque, étant donné que, sous prétexte que*…

○ Le verbe est généralement à l'**indicatif**.
parce qu'il avait embarqué *beaucoup d'eau*

> **Mémo**
>
> ➔ La proposition subordonnée circonstancielle renseigne sur les circonstances (temps, cause d'une action).
>
> ➔ Elle commence par une conjonction de subordination ou une locution conjonctive.
>
> ➔ Elle peut être supprimée ou déplacée.

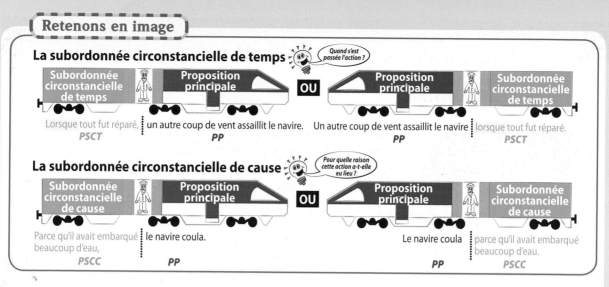

La subordonnée circonstancielle de temps — *Quand s'est passée l'action ?*

| Subordonnée circonstancielle de temps | Proposition principale | **OU** | Proposition principale | Subordonnée circonstancielle de temps |

Lorsque tout fut réparé, | un autre coup de vent assaillit le navire.
PSCT — **PP**

Un autre coup de vent assaillit le navire | lorsque tout fut réparé.
PP — **PSCT**

La subordonnée circonstancielle de cause — *Pour quelle raison cette action a-t-elle eu lieu ?*

| Subordonnée circonstancielle de cause | Proposition principale | **OU** | Proposition principale | Subordonnée circonstancielle de cause |

Parce qu'il avait embarqué beaucoup d'eau, | le navire coula.
PSCC — **PP**

Le navire coula | parce qu'il avait embarqué beaucoup d'eau.
PP — **PSCC**

● Entraînement

Observer

1 Relevez les propositions subordonnées circonstancielles de temps ; encadrez les conjonctions de subordination.

Pendant que les deux oiseaux approchaient, ils poussaient des cris effroyables, qu'ils redoublèrent quand ils eurent vu l'état où l'on avait mis l'œuf, et que leur petit n'y était plus. Ils reprirent leur vol du côté d'où ils étaient venus, et disparurent quelque temps. Avant que nous ayons pu nous éloigner, ils revinrent, et nous remarquâmes qu'ils tenaient entre leurs griffes chacun un morceau de rocher d'une grosseur énorme. Lorsqu'ils furent précisément au-dessus de mon vaisseau, ils s'arrêtèrent, et l'un d'eux lâcha la pièce de rocher qu'il tenait.

D'après *Les Mille et Une Nuits*,
« Cinquième voyage de Sinbad ».

2 Relevez les propositions subordonnées circonstancielles de cause ; encadrez les conjonctions de subordination.

Mais comme le timonier détourna le navire d'un coup de barre, elle ne tomba pas dessus ; elle tomba à côté dans la mer, qui s'entr'ouvrit de manière que nous en vîmes presque le fond. Hélas, les matelots et les passagers furent tous écrasés parce que l'autre oiseau laissa tomber son rocher au milieu du vaisseau. Je ne fus pas blessé moi-même du fait que je me tenais tout à l'avant. Puisque je ne pouvais plus rien pour mon équipage, et que mon navire était sur le point de sombrer, je sautai à la mer et nageai vers une île voisine.

D'après Edgar Allan Poe,
Aventures d'Arthur Gordon Pym.

3 Relevez les propositions subordonnées exprimant la cause et celles qui expriment le temps.

Comme les soldats de Picrochole avaient pillé les jardins et les vergers, ils étaient chargés de toutes sortes de sacs et de hottes. Comme ils approchaient de l'abbaye, frère Jean des Entommeures pensa qu'il fallait protéger le clos. Comme il sonnait la grosse cloche, le prieur sortit et lui demanda pourquoi il faisant tant de bruit. – Comme je ne voudrais pas que notre récolte soit saccagée, j'appelle Gargantua à notre secours.

Manipuler

4 Faites une phrase complexe en transformant l'une des propositions indépendantes suivantes en proposition subordonnée de cause. Vous ferez les transformations nécessaires.

a. Zerbinette a tout raconté à Géronte. Géronte sait tout.
b. Géronte a appris la fourberie de Scapin, et il est humilié.

Écrire

5 Écrivez la suite du texte d'observation, page 326. Le bateau fait naufrage. Racontez comment le narrateur échappe à la noyade. Introduisez une subordonnée circonstancielle de temps et une subordonnée circonstancielle de cause. Entourez la conjonction de subordination ou la locution conjonctive qui introduit chacune des subordonnées.

Observons

Passepartout, non moins surpris, s'élança sur la voie et revint presque aussitôt, s'écriant :
« Monsieur, plus de chemin de fer !
– Que voulez-vous dire ? demanda Sir Francis Cromarty.
– Je veux dire que le train ne continue pas ! »
Le brigadier général descendit aussitôt de wagon. Phileas Fogg le suivit, sans se presser.
Tous deux s'adressèrent au conducteur :
« Où sommes-nous ? demanda Sir Francis Cromarty.
– Au hameau de Kholby, répondit le conducteur.
– Nous nous arrêtons ici ?
– Et vous donnez des billets de Bombay à Calcutta ! » reprit Sir Francis Cromarty, qui commençait à s'échauffer.

J. Verne, *Le Tour du monde en quatre-vingts jours.*

1. Quels sont les personnages qui parlent (= les locuteurs) ?

2. Repérez les paroles prononcées par chacun.

3. Quels signes de ponctuation les distinguent ?

4. Quels verbes permettent d'identifier les locuteurs ? Qui prononce la réplique encadrée ?

Apprenons

Qu'est-ce qu'un discours rapporté ?

○ Un discours rapporté **rapporte les paroles d'un personnage** :
- de façon **directe** : *« Où sommes-nous ? » demanda Sir Francis Cromarty.*
- ou **indirecte** : *Sir Francis Cromarty demanda où ils se trouvaient.*

Le discours direct et ses marques

○ Le **discours direct** rapporte des **paroles telles qu'elles ont été prononcées**.

○ Pour insérer un discours direct dans un récit, on utilise d'abord la ponctuation :
- les **guillemets** ouvrent et ferment les paroles rapportées : « »
- un **tiret** signale le changement de locuteur : –
- lorsque les paroles rapportées sont insérées dans un récit, **deux points** les précèdent
- les phrases rapportées conservent leur **ponctuation usuelle** (majuscule, point, point d'exclamation, de suspension et d'interrogation)
  – Que voulez-vous dire ? demanda Sir Francis Cromarty.

○ Dans un récit, le discours rapporté au discours direct est en général **introduit par un verbe de parole**.
*Le conducteur **répondit** : – Au hameau de Kholby.*

Ce verbe peut aussi être placé à l'intérieur des propos (placé entre virgules), ou à la fin des paroles rapportées ; son sujet est alors inversé.
– Et vous donnez des billets de Bombay à Calcutta ! » **reprit Sir Francis Cromarty.**

Mémo

➲ *Un discours rapporté rapporte les paroles de quelqu'un dans un récit.*

➲ *Au discours direct, on rapporte les paroles « directement », c'est-à-dire comme elles ont été prononcées.*

➲ *Dans un récit, le discours direct est introduit par un verbe de parole et porte les marques de ponctuation du discours direct : guillemets, ponctuation usuelle...*

Retenons en image

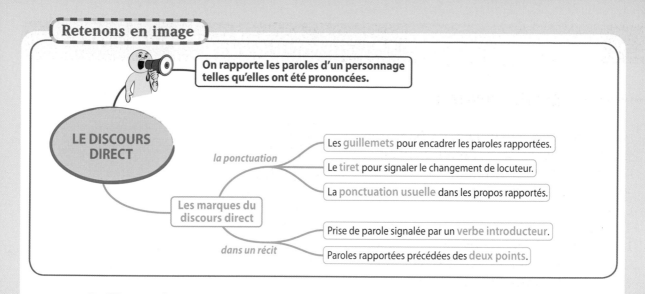

On rapporte les paroles d'un personnage telles qu'elles ont été prononcées.

LE DISCOURS DIRECT

la ponctuation
- Les **guillemets** pour encadrer les paroles rapportées.
- Le **tiret** pour signaler le changement de locuteur.
- La **ponctuation usuelle** dans les propos rapportés.

Les marques du discours direct

dans un récit
- Prise de parole signalée par un **verbe introducteur**.
- Paroles rapportées précédées des **deux points**.

● Entraînement

Observer

1 Recopiez les paroles du Loup en rouge, et celles du Chien en bleu.

Chemin faisant, il vit le cou du chien pelé.
« Qu'est-ce là ? lui dit-il. – Rien. – Quoi ? rien ? – Peu de chose.
Mais encore ? – Le collier dont je suis attaché
De ce que vous voyez est peut-être la cause.
– Attaché ? dit le Loup : vous ne courez donc pas
Où vous voulez ? – Pas toujours ; mais qu'importe ?
 – Il importe si bien, que de tous vos repas
Je ne veux en aucune sorte,
Et ne voudrais pas même à ce prix un trésor. »
Cela dit, maître Loup s'enfuit, et court encor.

La Fontaine, *Fables I*, 5.

Manipuler

2 Transposez au style direct les paroles rapportées de manière indirecte dans ce texte. N'oubliez pas la ponctuation.

Les marchands demandent à Sinbad s'il pourra payer son repas. Sinbad répond qu'il possède un trésor important, et qu'il est aussi riche qu'eux tous. Ils répètent qu'ils veulent des preuves. Le marin leur révèle qu'il a dans sa bourse des diamants d'une grosseur extraordinaire. Ses interlocuteurs concluent en le priant de les suivre dans la salle à manger.

3 Modifiez la présentation de ce texte pour faire apparaître le dialogue.

Passepartout, les bouteilles étant vides, se leva, afin d'aller prévenir son maître. Fix le retint.

Un instant dit-il. Que voulez-vous, monsieur Fix. J'ai à vous parler de choses sérieuses. De choses sérieuses s'écria Passepartout en vidant quelques gouttes de vin restées au fond de son verre. Eh bien, nous en parlerons demain. Je n'ai pas le temps aujourd'hui. Restez répondit Fix. Il s'agit de votre maître. Passepartout, à ce mot, regarda attentivement son interlocuteur. L'expression du visage de Fix lui parut singulière. Il se rassit.

Écrire

4 Rétablissez le dialogue entre le Cyclope et les Grecs en choisissant les propositions qui conviennent.
Ulysse répondit - poursuivit Polyphème - tonna le Cyclope - Le Cyclope demanda - Les Achéens protestèrent - expliqua Ulysse

– Étrangers, qui êtes-vous ?
– Nous sommes Achéens égarés sous les coups de vents contraires.
– D'où êtes-vous venus par les routes de la mer ?
– Nous revenons de Troie, où nous avons combattu pendant dix ans,
– Vous êtes certainement de ces pirates qui cherchent l'aventure sur la mer, au risque de votre vie, pour piller en terre étrangère !
– Pas du tout ! Nous avons eu l'honneur de servir sous les ordres d'Agamemnon, dont la gloire atteint les cieux.

● Observons

Quand je fus à bord, les marchands et les matelots me demandèrent par quelle aventure je m'étais trouvé dans cette ile déserte ; et après que je leur eus raconté comment j'y étais arrivé , les plus curieux voulurent savoir si j'avais entendu parler des géants anthropophages, qui m'en avait parlé, et pourquoi j'avais quitté ma patrie.

D'après *Les Mille et Une Nuits*, Troisième voyage de Sinbad.

1. Qui raconte son aventure ? Quel pronom personnel justifie votre réponse ?

2. Imaginez les questions posées à Sinbad par les marchands les plus curieux.

3. De quel verbe dépend la proposition encadrée ? Quel adverbe l'introduit ? Cette proposition pose-t-elle une question ?

● Apprenons

La proposition subordonnée interrogative indirecte

○ Une proposition subordonnée interrogative indirecte représente une question (1) ou une réponse (2) rapportées à l'aide d'un **verbe introducteur**.
   (1) *les plus curieux voulurent savoir* **si j'avais entendu parler des géants**.
   (2) *après que je leur eus raconté* **comment j'y étais arrivé**.

○ La phrase qui contient cette proposition n'est pas interrogative, elle **se termine par un point**. Elle équivaut à un groupe nominal complément d'objet du verbe introducteur.
   *après que je leur eus raconté **comment j'y étais arrivé**.*
                                    = mon arrivée (COD)

Les mots interrogatifs

Au sein de la proposition subordonnée interrogative indirecte :

○ **l'interrogation totale** est introduite par l'adverbe **si**
   savoir **si** *j'avais entendu parler des géants*

○ **l'interrogation partielle** est introduite par :
   • un **pronom interrogatif** : *qui, ce que, à qui, pour qui*
   savoir… **qui** *m'en avait parlé,*
   • un **déterminant interrogatif** : *quel (quelle, quels, quelles)*
   les matelots me demandèrent par **quelle** *aventure je m'étais trouvé dans cette île*
   • un **adverbe** : *comment, combien, quand, où, pourquoi…*
   savoir… **pourquoi** *j'avais quitté ma patrie.*

Passer du discours direct au discours indirect

○ L'interrogation indirecte reproduit en partie la question posée.

○ On observe des **changements de** :
   • **personne** (pronoms personnels, pronoms et déterminants possessifs).
   • **temps verbaux** et **adverbes** ;
   • **l'inversion du sujet disparaît** ;
   As-tu entendu *parler des géants ?*
   > *Les plus curieux voulurent savoir si* ***j'avais entendu*** *parler des géants.*
   • **Les guillemets disparaissent.**

Mémo

⮕ **On peut rapporter une question ou une réponse de manière indirecte.**

⮕ **Pour cela, on utilise une proposition subordonnée interrogative indirecte qui suit un verbe introducteur et commence par un mot interrogatif.**

⮕ **Pour passer du discours direct au discours indirect, il faut penser à faire des transformations.**

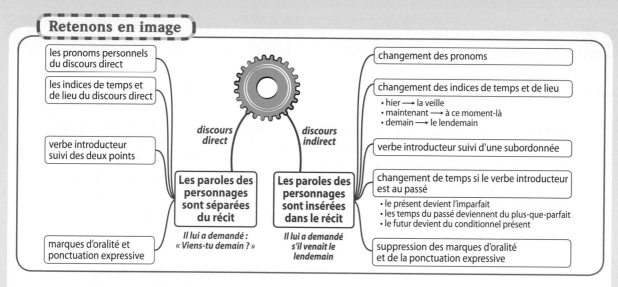

Retenons en image

- les pronoms personnels du discours direct
- les indices de temps et de lieu du discours direct
- verbe introducteur suivi des deux points
- marques d'oralité et ponctuation expressive

discours direct

Les paroles des personnages sont séparées du récit

*Il lui a demandé :
« Viens-tu demain ? »*

discours indirect

Les paroles des personnages sont insérées dans le récit

Il lui a demandé s'il venait le lendemain

- changement des pronoms
- changement des indices de temps et de lieu
  - hier ⟶ la veille
  - maintenant ⟶ à ce moment-là
  - demain ⟶ le lendemain
- verbe introducteur suivi d'une subordonnée
- changement de temps si le verbe introducteur est au passé
  - le présent devient l'imparfait
  - les temps du passé deviennent du plus-que-parfait
  - le futur devient du conditionnel présent
- suppression des marques d'oralité et de la ponctuation expressive

Entraînement

Observer

1 Relevez les propositions subordonnées interrogatives indirectes ; indiquez le verbe introducteur.

a. Hyacinthe demande à Octave s'il est vrai que son père veut le marier.
b. Octave veut savoir pourquoi elle pleure.
c. Il ignore comment elle a appris cette nouvelle.
d. Hyacinthe se demande où Octave trouvera de l'argent.

2 Relevez la subordonnée interrogative indirecte et les propositions subordonnées complétives.

Sinbad raconta qu'il avait eu à nouveau l'envie de voyager. Il se souvenait de ce que lui avaient dit les marins, et il ordonna que le bateau fût armé fortement. Il craignait en effet que les pirates ne s'en emparent. Mais il se demandait avec impatience ce que l'avenir lui apporterait.

Manipuler

3 Transformez les interrogatives indirectes en interrogations directes.

Monsieur Daburon demanda à son greffier s'il avait reçu ses lettres.
Le greffier répondit que ses ordres avaient été exécutés, et s'enquit de ce qu'il fallait faire de Monsieur Martin qui venait d'arriver à l'instant.
Le magistrat, se retournant vers l'agent, l'interrogea pour savoir ce qu'il avait vu.
– Monsieur, il y a eu escalade, répondit l'agent.
Le juge lui fit préciser si cela s'était passé la veille, et comment il s'en était assuré.

D'après E. Gaboriau, *L'Affaire Lerouge.*

4 Réécrivez deux fois le texte suivant en transformant les interrogations directes en propositions subordonnées interrogatives indirectes. Vous commencerez d'abord par *Monsieur Daburon se demande...* puis par *Monsieur Daburon se demandait...*

Quand on me retrouvera, se dit Monsieur Daburon, serai-je condamné ? De quoi suis-je responsable ? Étais-je fou hier ? Qui saura me répondre ? Et qui me croira demain si je raconte ce qui m'est arrivé ici ?

5 Complétez les propositions principales par les propositions subordonnées interrogatives indirectes qui conviennent.

- *comment le premier traineau avait disparu soudainement.*
- *si le fugitif voyageait de la même façon*
- *pourquoi il était venu de si loin sur la glace avec un traineau si étonnant.*

Quand mon hôte fut dans de meilleures dispositions, j'eus grand-peine à éloigner de lui les hommes qui brûlaient de lui poser mille questions. Une fois seulement, le lieutenant lui demanda ....
Il répondit :
– Pour poursuivre quelqu'un qui avait pris la fuite.
Je voulais savoir ....
– Oui, répondit-il.
J'allai demander à mes hommes ....

D'après M. Shelley, *Frankenstein.*

Écrire

6 Imaginez en 6 lignes la suite du texte de l'exercice 5 en utilisant des propositions subordonnées interrogatives indirectes. Vous les soulignerez.

● Observons

On rentra au bivouac. **Le souper, la soirée, la nuit** furent longs et tristes. Certes, **aucun** de ces hommes courageux et dévoués ne regrettait ses fatigues. Mais **chacun** voyait s'anéantir tout espoir de succès. En effet, pouvaient-**ils** rencontrer le capitaine Grant entre la sierra et la mer ? Non. Le sergent Manuel, si **beaucoup** de prisonniers étaient tombés aux mains des Indiens sur les côtes de l'Atlantique, en aurait été certainement informé. Or, entre trafiquants de la plaine argentine, **tout** se sait, **rien** ne peut être dissimulé. Un événement de cette nature les alerte toujours. **Rejoindre** le navire était la seule chose à faire à présent.

D'après **Jules Verne**, *Les Enfants du Capitaine Grant*.

1. Les mots en gras sont des sujets. Sont-ils au singulier ou au pluriel ?
2. Le verbe dont chacun de ces mots est le sujet est-il au singulier ou au pluriel ?

● Apprenons

Accord obligatoire au pluriel

○ **Beaucoup de prisonniers** étai**ent** tombé**s**. > la plupart des prisonniers, peu de prisonniers, combien de prisonniers, certains prisonniers

Accord obligatoire au singulier

○ **Chacun** *voyait s'anéantir* > tout le monde, chaque, on, n'importe qui, plus d'un

○ **Aucun** *ne regrettait* > nul, rien, personne

Les pièges

○ Le **sujet inversé** : *Mais pouv**aient**-**ils** rencontrer*

○ Le **sujet éloigné du verbe** : *Le **sergent Manuel** […] en a**urait été informé***

○ Les **sujets juxtaposés ou coordonnés** : *Le souper, la soirée, la nuit fur**ent** longs et tristes.*

○ Le **pronom personnel COD** n'est pas le sujet :
*Un événement de cette nature <u>les</u> alert**e**.*

      « les » est COD. Le sujet est « un évènement »

○ Les **sujets pronominaux** :
• 1re personne + autre sujet coordonné ou juxtaposé
> verbe à la 1re personne du pluriel.
Le capitaine et moi étions attentifs au danger.
• 2e personne + autre sujet à la 3e personne
> verbe à la 2e personne du pluriel.
Le capitaine et toi étiez attentifs au danger.

Mémo

⟳ Attention ! Le sujet n'est pas toujours situé immédiatement à gauche du verbe.

○ Le **présentatif c'est … qui** : le verbe s'accorde avec l'antécédent du pronom relatif.
C'est le ⟨sergent Manuel⟩ **qui** aur**ait** été informé.
C'est ⟨moi⟩ qui aur**ais** été informé.

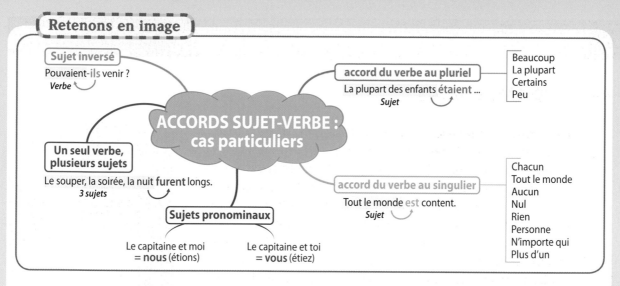

ACCORDS SUJET-VERBE :
cas particuliers

Sujet inversé
Pouvaient-ils venir ?
Verbe

accord du verbe au pluriel
La plupart des enfants étaient ...
Sujet

Beaucoup
La plupart
Certains
Peu

Un seul verbe, plusieurs sujets
Le souper, la soirée, la nuit furent longs.
3 sujets

accord du verbe au singulier
Tout le monde est content.
Sujet

Chacun
Tout le monde
Aucun
Nul
Rien
Personne
N'importe qui
Plus d'un

Sujets pronominaux
Le capitaine et moi
= **nous** (étions)
Le capitaine et toi
= **vous** (étiez)

Entraînement

Observer

1 **Relevez les sujets des verbes soulignés et justifiez les accords des verbes.**

Le roi était à Carduel, au pays de Galles. Après le repas, la plupart des salles se remplirent de chevaliers ; beaucoup se rassemblaient là où les appelaient les dames, les demoiselles et les jeunes filles. Certains racontaient les dernières nouvelles, tandis que d'autres parlaient d'exploits : combien de tourments et de supplices, disaient-ils, les avaient assaillis, quand une partie des Gallois s'étaient révoltés !

2 **Relevez les verbes et justifiez leur accord.**

Aucun étranger n'entrait dans la maison de la rue Plumet. Toussaint et Jean Valjean apportaient les provisions, et l'un d'eux allait chercher l'eau à une prise d'eau qui était située sur le boulevard. On mettait le bois et le vin dans une espèce de cave, que personne ne pouvait deviner de l'extérieur. La plupart des voisins en ignoraient l'existence.

D'après V. Hugo, *Les Misérables*.

Manipuler

3 **Conjuguez les verbes entre parenthèses au présent de l'indicatif en les accordant avec leur sujet.**

a. Que (*compter*) tu faire avec cette épée ?
b. Comment (*pouvoir*) je te rendre service ?
c. Quand nous (*présenter*) vous au capitaine ?
d. Quelle embuscade (*préparer*) Athos et Porthos ?
e. Pour qui (*être*) ces préparatifs sinistres ?

4 **Conjuguez les verbes au temps indiqué en les accordant avec leur sujet.**

Le fils du pêcheur et son frère (*partir, passé simple*) un matin au clair de la lune, et (*se rendre, passé simple*) au bord de la mer. Là, l'un (*se déshabiller, passé simple*) pendant que l'autre (*jeter, imparfait*) ses filets. Mais les dorades, les sardines, les mulets ne (*venir, imparfait*) pas. Aucun rouget ne (*se laisser, imparfait*) apercevoir. Qu'(*aller, imparfait*) ils rapporter à la maison ? Soudain, l'un des frères (*sentir, passé simple*) une résistance ; tous deux (*tirer, passé simple*) le filet, mais il ne (*contenir, imparfait*) que la carcasse d'un âne.

D'après *Les Mille et Une Nuits*.

5 **Remplacez les points de suspension par le pronom personnel qui convient.**

a. C'est ... qui partirez sur la Santa Maria.
b. ... et votre équipage devrez découvrir de nouvelles terres pour nous.
c. Votre pays et ... l'exigeons, le peuple tout entier espère en vous.
d. C'est ... qui vous envoie, tandis que la Reine et ... attendrons de vos nouvelles.

Écrire

6 **Écrivez un épisode des aventures de Phileas Fogg, en employant les groupes de mots suivants comme sujets :**

Mr. Fogg - ceux des navires - Mrs. Aouda - plusieurs bâtiments - plus de cent navires - un navire de commerce à hélice - aller trop vite - la plupart des voyageurs - aucun Anglais - toutes les marchandises.

● Observons

Je trouvai un lieu <u>vaste</u>, très <u>voûté</u>, et dont le pavé était <u>parsemé</u> de safran. Plusieurs flambeaux d'or <u>massif</u> avec des bougies <u>allumées</u> y servaient de lumière, et cette illumination était encore <u>augmentée</u> par des lampes d'or et d'argent, <u>remplies</u> d'une huile <u>composée</u> de <u>diverses</u> sortes d'odeurs.

Les Mille et Une Nuits, « Histoire du troisième Calender, fils de roi ».

> **1.** Classez les mots soulignés selon leur classe grammaticale.
> **2.** Avec quel mot s'accordent-ils ?
> **3.** Quels participes passés sont précédés de l'auxiliaire *être* ?

● Apprenons

Le participe passé employé sans auxiliaire

○ Le participe passé employé **sans auxiliaire** est considéré **comme un adjectif épithète**.

  un lieu vaste,   *très voûté*
  adjectif qualificatif   participe passé
  épithète de *lieu*   épithète détachée de *lieu*

○ Lorsque l'adjectif ou le participe passé se rapporte à un pronom, il prend le genre et le nombre de ce dernier.

  *des lampes, les unes rempl**es** d'huile, d'autres renversé**es***
           féminin pluriel   féminin pluriel

○ Lorsque l'adjectif ou le **participe se rapporte à plusieurs noms ou pronoms**, il se met :
  • au pluriel
  • au féminin, si les noms ou pronoms sont tous féminins
  *une lampe et une bougie allumé**es***
           pluriel féminin
  • au masculin si l'un au moins des noms ou pronoms est masculin.
  *une lampe et un flambeau allum**és***
           pluriel masculin

Le participe passé employé avec l'auxiliaire *être*

○ Le participe passé **employé avec « être » s'accorde en genre et en nombre avec le sujet** de l'auxiliaire ; il suit les mêmes règles que le participe employé seul comme adjectif.
  *cette illumination était encore augment**ée**.*
                participe passé, s'accorde avec *illumination*, féminin, singulier

○ Lorsqu'un verbe est à la voix passive, le participe s'accorde avec le sujet.
  des lampes avaient été remplies d'huile
           plus-que-parfait passif de « remplir »

○ *Cas particulier* : les verbes pronominaux se conjuguent toujours avec l'auxiliaire « être ».
  Le participe passé s'accorde la plupart du temps avec le sujet.
  *Elles se sont enfui**es**.*

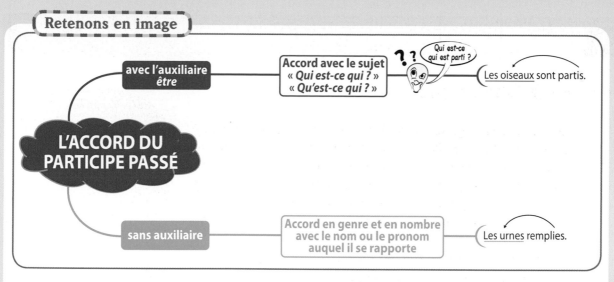

avec l'auxiliaire **être** — Accord avec le sujet « *Qui est-ce qui ?* » « *Qu'est-ce qui ?* » — *Qui est-ce qui est parti ?* — Les oiseaux sont partis.

L'ACCORD DU PARTICIPE PASSÉ

sans auxiliaire — Accord en genre et en nombre avec le nom ou le pronom auquel il se rapporte — Les urnes remplies.

● Entraînement

Observer

1 Expliquez les accords des participes et adjectifs qualificatifs soulignés en recherchant le mot avec lequel ils s'accordent.

Le requin se débattit violemment. Une corde munie d'un nœud coulant le saisit par la queue et paralysa ses mouvements. Quelques instants après, il était enlevé au-dessus des bastingages et précipité sur le pont du yacht. Aussitôt, un des marins d'un coup de hache porté avec vigueur, trancha la monstrueuse queue de l'animal. La pêche était terminée. Bientôt le gros poisson fut éventré à coups de hache. Soudain, l'attention du maître d'équipage fut attirée par un objet grossier, solidement engagé dans l'un des viscères.

2 Expliquez les accords des mots soulignés.

Phileas Fogg et Passepartout sont partis de Londres en train. En Inde, ils sauvent Mrs. Aouda, qui devait être brûlée selon la coutume. Fogg et Mrs Aouda sont poursuivis par la secte sauvage. C'est seulement arrivés à San Francisco qu'ils sont enfin sains et saufs.

Manipuler

3 Réécrivez ce texte en transposant les mots soulignés au pluriel et faites les changements nécessaires.

Il y avait autrefois un marchand extrêmement riche. Sa maison était remplie de commis et d'esclaves. Il était obligé de temps en temps de faire des voyages, quand il était appelé par une affaire importante. Une fois celle-ci terminée, il était pressé de revenir. Un jour, sa valise fut volée. Une troupe de voleurs s'était installée dans la région.

4 Relevez les participes passés et les adjectifs puis expliquez leur accord.

Ex. : je suis arrivé > arrivé, participe passé ; accord avec le sujet « je » représentant « prince héritier », masculin singulier.

Moi, le prince héritier, je suis arrivé à la ville qui avait été élue par mon père comme capitale, et, contre l'ordinaire, je me suis trouvé à la porte de son palais devant une garde qui me parut imposante. Je me suis inquiété et l'officier, prenant la parole, m'a répondu : « Prince, le grand vizir a été reconnu comme roi à la place de votre père, qui n'est plus vivant, et je vous fais prisonnier de la part du nouveau roi. » À ces mots, les gardes se sont saisis de moi et m'ont conduit devant le tyran. Quelle a été alors ma douleur ! C'est une époque de ma vie qui m'est très pénible à raconter.

D'après ***Les Mille et Une Nuits***, « Histoire du premier Calender, fils de roi ».

Écrire

5 Réécrivez ce texte au passé composé.

Renart se faufile dans le poulailler dès que le fermier et sa femme montent se coucher. Ses renardeaux passent par l'entrée qui reste ouverte. Quand tous arrivent au pied des clapiers, ils tombent sur les dogues qui sortent à fond de train de l'écurie : ils repartent alors vers la forêt où leur mère et leurs sœurs restent toujours à l'abri. Heureusement car les valets de ferme descendent de leur chambre et s'exclament de colère contre les pillards.

● Observons

Dans la nuit de samedi à dimanche, le ministre a adressé **son entier soutien** aux habitants et aux services de sécurité et de secours qui font face à de violents orages. Dans le secteur de Lodève, les précipitations ont atteint **des niveaux très élevés**, dépassant plus de 300 mm en à peine quelques 3 heures, souligne notamment le ministère. Elles ont provoqué **l'inondation** de Lodève, où la Lergue est sortie de son lit. Les sapeurs-pompiers ont dû **procéder** à 27 sauvetages. À Ganges, les cinq sauvetages **qu'**ils ont réalisés ont permis de mettre en sécurité tous les habitants. *Quelle catastrophe ils ont évitée !*

Le Figaro.fr, 13/09/2015 (extrait).

1. Quelle est la fonction des mots en gras ? Ont-ils toujours la même place par rapport au verbe ?

2. Avec quel auxiliaire les verbes *adresser*, *atteindre* et *réaliser* sont-ils conjugués ?

3. Observez la phrase en italique : quel auxiliaire est utilisé ? Qu'est-ce qui peut expliquer l'accord du participe *évitée* ?

● Apprenons

Les règles

○ Le participe passé employé avec l'auxiliaire *avoir* **ne s'accorde jamais avec le sujet**.
Les précipitations **ont atteint** *des niveaux très élevés.*
<u>sujet féminin pluriel</u>   <u>invariable</u>

○ Le participe passé **s'accorde avec le complément d'objet construit directement (COD) quand celui-ci précède le verbe.**

○ **Si le COD est un nom**, il arrive qu'il soit placé avant le verbe dans une phrase interrogative ou exclamative.
Quelle catastrophe *ils* **ont évitée** !
COD féminin sing. de « éviter »

○ **Si le COD est un pronom** personnel, exclamatif, interrogatif ou relatif qui représente un nom précédemment cité, il faut alors chercher le genre et le nombre du ou des noms représentés.
Les cinq sauvetages **qu'** *ils ont réalis***és**
qu'= que, pronom relatif, COD, placé avant l'auxiliaire
<> antécédent : cinq sauvetages > accord masculin pluriel

○ **Si le pronom représente une proposition**, l'accord se fait au masculin singulier.
As tu vu que la Lergue était sortie de son lit ? *Je l'ai* **vu**.
masc. sing.

Pièges ou cas particuliers

○ **Les pronoms *y* et *en*** : ils représentent un complément d'objet construit indirectement (COI) : ils n'entraînent donc pas d'accord.

○ **Le pronom COS** n'entraîne pas d'accord. Il ne faut pas confondre avec le COD.
Le Ministre **leur** *a   accord***é** *son soutien*
pronom personnel   pas d'accord
COS pluriel

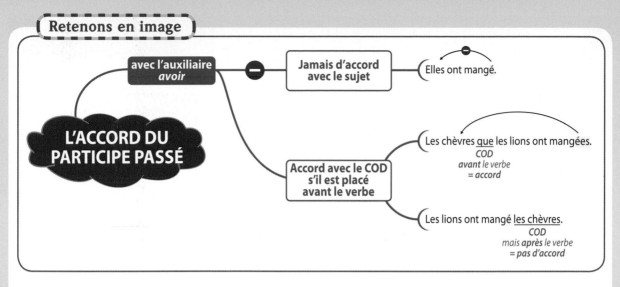

L'ACCORD DU PARTICIPE PASSÉ

avec l'auxiliaire *avoir*

— Jamais d'accord avec le sujet — Elles ont mangé.

Accord avec le COD s'il est placé avant le verbe

Les chèvres <u>que</u> les lions ont mang**ées**.
COD
avant le verbe
= accord

Les lions ont mangé <u>les chèvres</u>.
COD
mais **après** le verbe
= pas d'accord

● Entraînement

Observer

1 Relevez les participes passés employés avec l'auxiliaire *avoir* et expliquez l'accord ou l'absence d'accord de ces participes passés.

En 1864, pendant une excursion au large de Glasgow, l'équipage d'un yacht a pêché un requin ; dans son ventre que les marins ont découpé, on a découvert une bouteille de champagne. Quelle information avait-elle apportée ? Trois lettres de détresse en mauvais état, qu'avait écrites un certain capitaine Grant. Il les avait rédigées dans trois langues différentes. L'une était en français, l'autre en allemand et enfin, la dernière en anglais. La lettre en français, c'est celle que les marins ont déchiffrée le plus aisément.

2 Quels participes ne s'accordent pas ? Pourquoi ?

a. Les mûres que Renart a volées sont encore vertes.
b. Pourtant, les risques auxquels il n'avait pas pensé étaient énormes.
c. Une volée de chevrotines lui aurait atteint la patte.
d. Les marques qu'il en aurait gardées, il ne les aurait jamais montrées.

Manipuler

3 Transformez les phrases déclaratives en interrogatives. Faites les transformations nécessaires.

Ex. : Les exploits de Roland ont nourri les chansons de geste
> Quelles chansons les exploits de Roland ont-ils nourries ?
a. Roland a traversé les montagnes.
b. Charlemagne a pleuré ses preux chevaliers.
c. Lancelot a aimé la reine Guenièvre.

d. Dans la légende arthurienne, Viviane et Merlin auraient aidé les orphelins Morgane et Arthur.

4 Recopiez les phrases suivantes en mettant au participe passé les verbes entre parenthèses.

L'an 1262, Allau, roi des Tartares, a (*assiéger*) le château du tyran, qui avait (*vouloir*) le chasser : quelle misère il aurait (*représenter*) pour ses États ! C'est toutes ses troupes qu'il a (*prendre*) au bout de trois ans, les vivres leur manquant ; il les a (*faire*) toutes tuer, puis a (*détruire*) le château de fond en comble.

Marco Polo, *Le Devisement du monde* (I, 29).

5 Reliez les deux propositions par le pronom relatif *que*. Faites les accords nécessaires.

Ex. : Plusieurs habitants du royaume ont disparu.
Méléagant a enlevé |*ces habitants*|.
> Plusieurs habitants du royaume, |*que*| *Méléagant a enlevés, ont disparu.*
a. La reine Guenièvre appelle les chevaliers au secours. Méléagant a emprisonné la reine Guenièvre.
b. Un chevalier provoque Méléagant en duel. Personne n'a jamais vu ce chevalier.
c. Les spectateurs du tournoi déclarent le chevalier vainqueur. Le roi a interrogé ces spectateurs.
d. Le chevalier a ôté ses armes à Méléagant. Elles deviennent sa propriété.

Écrire

6 Écrivez la suite de l'histoire de l'exercice 5. Soulignez les participes passés et justifiez leur accord.

● Observons

Maintenant, raconter l'émotion dont fut prise l'Amérique tout entière ; ce que dirent les **journaux** de l'Union, la façon dont ils acceptèrent la <u>nouvelle</u> et sur quel mode ils chantèrent l'arrivée de ce *héros* du *vieux* continent ; peindre l'agitation <u>fébrile</u> dans laquelle chacun vécut, comptant les **heures**, comptant les minutes, comptant les secondes ; donner une idée, même <u>affaiblie</u>, de cette obsession <u>fatigante</u> de tous les cerveaux maîtrisés par une pensée <u>unique</u> ; montrer les **occupations** cédant à une seule préoccupation, les **travaux** arrêtés, est impossible.

J. Verne, *De la Terre à la Lune*.

1. Quel est le genre des mots soulignés ? Quelle est la particularité de *nouvelle* ?

2. Donnez le singulier des noms en gras.

3. Quelle est la terminaison des mots en italique ? Donnez leur genre et leur nombre.

● Apprenons

Féminin des adjectifs et des noms

○ **La plupart** des noms et adjectifs forment le féminin par **ajout d'un -e**.
affaibli-e • fatigant-e • renard-e • professeur-e

○ La plupart des mots **terminés par -l -n -s -t doublent cette consonne.**
réel/réelle • bon/bonne • bas/basse • net/nette
professionnel/professionnelle • lion/lionne • sot/sotte

○ Certains mots **modifient leur consonne finale au féminin** (ce sont souvent des adjectifs qui peuvent s'employer comme noms). *faux/fausse • neuf/neuve • rêveur/rêveuse*
doux/douce • roux/rousse • sec/sèche • loup/louve

○ Les **mots terminés en -eur** constituent une catégorie à part.
  • eur/euse : *flatteur/flatteuse • coiffeur/coiffeuse*
  • eur/rice : *créateur/créatrice*
  • eur/resse : *enchanteur/enchanteresse*

Pluriel des adjectifs et des noms

○ **La plupart des noms et adjectifs** forment le **pluriel par ajout d'un -s.**
souple-s • brun-s • heure-s • occupation-s • verrou-s

○ *Cas particulier : bijou • caillou • chou • genou • hibou • joujou • pou* • **prennent un x.**

○ Les mots **terminés par –s, -x -z ne changent pas** au pluriel.
gros • vieux • héros • gaz

○ Les mots **terminés par -al** changent la syllabe finale qui **devient -aux.**
régional/régionaux • journal/journaux
Exceptions : banals • bancals • fatals • finals • glacials • natals • navals • bals • carnavals •
chacals • étals • festivals • récitals • régals • qui prennent un -s.

○ Les mots **terminés par -au, -eau et -eu prennent un -x** au pluriel.
nouveau-x • beau-x • cerveau-x • feu -x
Exceptions : quelques-uns prennent un –s > landau-s • pneu-s • bleu-s

○ Les **noms en -ail changent** la syllabe finale qui devient -aux. *travail/travaux*
Exceptions : éventails • rails.

○ Certains mots changent de forme au pluriel.   *oeil/yeux • monsieur/messieurs*

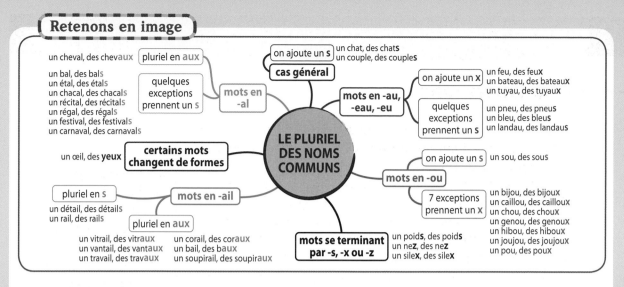

un cheval, des chevaux — **pluriel en aux**

un bal, des bals
un étal, des étals
un chacal, des chacals
un récital, des récitals
un régal, des régals
un festival, des festivals
un carnaval, des carnavals — **quelques exceptions prennent un s** — mots en -al

cas général — on ajoute un **s** — un chat, des chat**s** / un couple, des couple**s**

mots en -au, -eau, -eu — on ajoute un **x** — un feu, des feu**x** / un bateau, des bateau**x** / un tuyau, des tuyau**x**

quelques exceptions prennent un s — un pneu, des pneu**s** / un bleu, des bleu**s** / un landau, des landau**s**

un œil, des **yeux** — **certains mots changent de formes**

LE PLURIEL DES NOMS COMMUNS

mots en -ou — on ajoute un **s** — un sou, des sou**s**

7 exceptions prennent un x — un bijou, des bijou**x** / un caillou, des caillou**x** / un chou, des chou**x** / un genou, des genou**x** / un hibou, des hibou**x** / un joujou, des joujou**x** / un pou, des pou**x**

pluriel en s — un détail, des détail**s** / un rail, des rail**s** — mots en -ail

pluriel en aux — un vitrail, des vitr**aux** / un vantail, des vant**aux** / un travail, des trav**aux** / un corail, des cor**aux** / un bail, des b**aux** / un soupirail, des soupir**aux**

mots se terminant par -s, -x ou -z — un poid**s**, des poid**s** / un ne**z**, des ne**z** / un sile**x**, des sile**x**

● Entraînement

Manipuler

1 **Donnez le masculin des mots suivants :**

championne - cliente - concierge - cousine - étrangère - coquette - rieuse - fluette - inquiète - évocatrice - neuve - doctoresse - hostile - majeure.

2 **Donnez le singulier des mots suivants :**

velours - veaux - poux - idées - hôpitaux - murs - coraux - bambous - nez - banals.

3 **Mettez au féminin les adjectifs suivant :**

discret - réel - naïf - meilleur - vif - amer - frais - humide - faux - ras.

4 **Mettez au pluriel les groupes nominaux suivants :**

a un royaume indépendant
b. la coutume locale
c. un éléphant heureux
d. un vieil arbre
e. le poitrail du cheval
f. un marais glacial

5 **Accordez les mots entre parenthèses.**

Mon fils, avait dit le gentilhomme (*gascon*), cette jument (*roux*) est (*né*) dans la maison (*paternel*), il y a treize ans, et y est (*resté*) depuis ce temps. Ménagez-la comme vous ménageriez une (*vieux*) amie. À la cour, continua M. d'Artagnan, si toutefois vous avez la (*possibilité*) d'y aller, comme votre (*ancien*) noblesse vous en donne des droits (*sûr*), soutenez dignement votre nom de gentilhomme, qui a été (*porté*) dignement par vos (*aïeul*) depuis plus de cinq cents (*an*).

D'après A. Dumas, *Les Trois Mousquetaires.*

6 **Connaissez-vous le masculin de ces noms, totalement différent du féminin ?**

louve - nièce - déesse - oncle - guenon - marraine - biche - copine - brebis - laie.

7 **Classez les noms suivants dans le tableau ci-dessous après l'avoir recopié :**

bal – croix – tuyau – pneu – manteau – clou – éventail – émail – nez – essieu – travail – canal – bateau – œil.

Noms avec un -s au pluriel	Noms invariables au pluriel	Noms avec une forme différente au pluriel	Noms avec un –x au pluriel

Écrire

8 **Rédigez un texte décrivant la fête ci-dessous. Utilisez des noms et des adjectifs.**

Pieter Brueghel.

● Observons

La Demoiselle le conduit dans une cour entourée d'un <u>mur</u>.
À l'intérieur, **on n'y** rencontre aucun homme
<u>Hors</u> celui qu'elle conduisait.
Elle y avait fait faire pour <u>s'y</u> loger
Des belles chambres et une <u>salle</u>,
<u>Où</u> il y **a** une table couverte d'une nappe large ;
On y a apporté les plats, et disposé les chandelles.

1. Opposez *a/à* ; *on n'y/on y*.

2. Pour chaque mot souligné, recherchez un homophone (un mot qui se prononce pareil).

● Apprenons

Homonymie, homophonie et homographie

○ Deux mots **qui se prononcent de la même manière mais s'écrivent différemment et n'ont pas le même sens** sont des **homophones**.

○ Deux mots **qui s'écrivent de la même façon mais n'ont pas le même sens** sont des **homographes**.

Homophones : la distinction par l'accent

○ **Accent grave**
  • **où** (pronom relatif) / **ou** (conjonction de coordination, remplaçable par *ou bien*)
  • **à** (préposition) / **a** (verbe *avoir*, présent de l'indicatif, 3e pers. du singulier, remplaçable par *avait*)
  • **là** (adverbe de lieu) / **la** (déterminant ou pronom personnel féminin singulier)

○ **Accent circonflexe**
  • **dû** (participe passé passif de *devoir* au masc. sing.) / **du** (déterminant partitif ou contracté)
  • **mûr** (adjectif qualificatif masculin singulier) / **mur** (nom commun)
  • **sûr** (adjectif qualificatif) / **sur** (préposition, remplaçable par *au-dessus de*)
  • **prêt** (adjectif qualificatif masculin singulier) / **près** de (préposition)

Homophones : la distinction par l'apostrophe

  • **l'a** (pronom personnel 3e pers. masculin ou féminin, COD)
   / **la** (déterminant ou pronom personnel féminin singulier)
  • **m'a** (pronom personnel 1re pers. masculin ou féminin, COD)
   / **ma** (déterminant possessif 1re pers. féminin singulier)
  • **t'a** (pronom personnel 2e pers. masculin ou féminin, COD)
   / **ta** (déterminant possessif 2e pers. féminin singulier)

Formes verbales particulières

Homophones	Homographes
il lit (*lire*) / il lie (*lier*) part (*partir*) / pare (*parer*) sert (*servir*) / serre (*serrer*) teint (*teindre*) / tint (*tenir*)	plut (*pleuvoir*) / plut (*plaire*) suis (*suivre*) / suis (*être*) vis (*voir*) / vis (*vivre*)

Homophones de classes grammaticales ou de genres différents

dans/la dent/d'en   il peut/je (tu) peux/un peu   ni/n'y/ il nie/un nid   si/s'y/une scie
il peut être/peut-être   il crie/un cri   or/hors   sale/salle

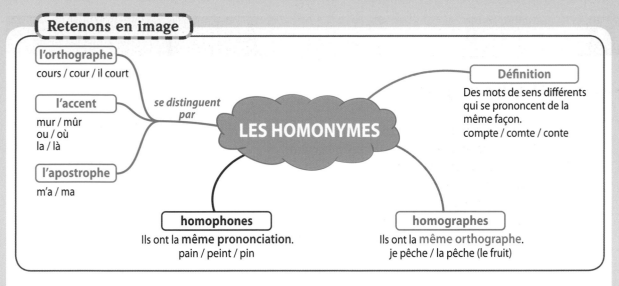

l'orthographe
cours / cour / il court

l'accent
mur / mûr
ou / où
la / là

l'apostrophe
m'a / ma

se distinguent par

LES HOMONYMES

Définition
Des mots de sens différents qui se prononcent de la même façon.
compte / comte / conte

homophones
Ils ont la **même prononciation**.
pain / peint / pin

homographes
Ils ont la **même orthographe**.
je pêche / la pêche (le fruit)

● Entraînement

Observer

1 Distinguez la classe grammaticale des homophones suivants :

a. le tri / il trie
b. il perd / paire
c. elles pleurent / pleurs
d. il tord / le tort
e. j'ai / le jet / le geai
f. là / la / las

2 Classez les formes suivantes selon qu'elles sont variables ou non. Répartissez-les selon leur classe grammaticale.

a. court / cours / cour / courent
b. verre / vers/ vert/ vair / ver
c. dans / dent/ d'en/

Manipuler

3 Employez les homophones suivants dans des phrases permettant d'en comprendre le sens.
Ex. : l'attente / la tente / la tante
> L'attente fut longue. / La tente nous protège de la pluie. / Ma tante s'appelle Aurélie.

a. l'époux / les poux
b. les arts / lézard
c. s'empare / cent parts

4 Trouvez différents homophones des mots suivants, et employez-les dans des expressions pour montrer leur sens : mur - pris - sur - part.

5 Complétez les phrases par *a* ou *à*.

Mademoiselle Balandreau est une bonne vieille fille, elle .... plus de cinquante ans. Elle habite .... l'étage au-dessous de nous. D'abord elle .... été contente : comme elle n'.... pas d'horloge, ça lui donnait l'heure. « Vlin ! Vlan ! zon ! zon ! – voilà le petit Chose qu'on fouette ; il est temps de faire mon œuf .... la coque ».

Mais un jour, elle m'.... vu et mon dos lui .... fait pitié. Elle voulait d'abord le montrer .... tout le monde ; mais elle .... pensé que ce n'était pas un bon moyen .... employer pour me sauver.

6 Complétez le texte ci-dessous en utilisant les homophones qui conviennent.
ou - où - houx - sans - sang - s'en - cent - dans - d'en - peu - peux - prêt - près - ni - n'y - si - s'y - ci - doux - d'où - peut-être - peut être.

Lancelot... revenait de Tintagel, ... il avait dû repartir en hâte. Il allait à travers la forêt, avec ... de courage ... le cœur, mais ... à tout pour sa reine. Les branches de ... fouettaient son visage, faisant perler des gouttes de ... à ses joues. « Je pourrais la sauver ... aucun doute, pensait-il, ... seulement je savais ... la trouver. En effet elle ... n'importe où dans cette forêt ». La nuit tombait, il ... voyait presque plus rien. Plus de ... fois il pensa retourner ; soudain il arriva ... d'un château sans porte ... fenêtres. Il semblait impossible d'y entrer comme ... sortir. « Guenièvre ... trouve .... Pense-t-elle à son ... ami ... m'a-t-elle oublié ? Je ... toujours tenter d'entrer de ce côté-... »

Écrire

7 Certains jeux de mots utilisent l'homophonie. Expliquez en quelques mots en quoi les phrases ci-dessous peuvent donner lieu à un calembour.
Ex. : – Tous les matins, je me lève de bonheur. (Jacques Prévert) > On peut comprendre « de bonne heure ».

a. Entre deux mots, il faut choisir le moindre. (Paul Valéry)
b. Ce portail est tout vert même quand il est fermé.
c. C'est un teinturier qui est courageux à la tâche.
d. Il vit le lit vide et il le devint aussi (Alphonse Allais)

● Observons

« Mon œuvre est détruite, s'écria le docteur Frankenstein, mais j'en <u>créerai</u> une nouvelle ; et si je pouvais, j'<u>explorerais</u> des pouvoirs inconnus. Ces rêves <u>remuent</u> mon âme. Mais même si j'<u>échoue</u>, je ne <u>plierai</u> pas : je <u>continuerai</u>, comme tous ceux qui <u>croient</u> en leur pouvoir. »

1. Relevez les verbes à la 1re personne du singulier. Donnez l'infinitif des verbes soulignés.

2. Comparez *j'explorerais* et *je créerai* : transposez la phrase à la 2e personne du singulier. Que remarquez-vous ?

● Apprenons

Lettres muettes : les verbes dont la base se termine par une voyelle

○ **Les verbes du 1er groupe**
- Le **présent** de l'indicatif se caractérise par un **-e muet final**.
- Le **futur** garde le **-e de l'infinitif**.

- eer	créer	*je crée*	*je créerai*	maugréer, agréer
- yer	essuyer	*j'essuie*	*j'essuierai*	appuyer, noyer
- ier	plier	*tu plies*	*je plierai*	confier, crier, expédier
- uer	remuer	*ils remuent*	*je remuerai*	nouer, saluer, louer, continuer

○ **Les verbes du 3e groupe**
On observe la même particularité à la 3e personne du pluriel du présent de l'indicatif et au subjonctif présent de :

voir	ils *voient*	que *je voie*	qu'ils *voient*
croire	ils *croient*	que *je croie*	qu'ils *croient*
rire	ils *rient*	que *je rie*	qu'ils *rient*

Cas particuliers :
Le verbe *vaincre* utilise deux bases verbales : *vainc-* au singulier (la consonne finale est muette) et *vainqu-* au pluriel.   *je vaincs, il vainc   nous vainquons, ils vainquent*

Les différentes graphies des sons /ɛ/ et /e/ : - é, -ai, -ais, - ez, - er, -et

Il faut être attentif aux terminaisons :
- à l'imparfait de l'indicatif : -ais / -ait / -aient ;
- à la différence entre le futur et le conditionnel qui utilisent le même radical (1re pers. du singulier) : -ai / -ais ;
- au présent des verbes *être* et *avoir* : *tu es, il est / j'ai* ;
- au participe passé, à l'impératif et à l'infinitif présent des verbes du 1re groupe : - é/- ée/- ez/- er.
- à la première personne du passé simple et à l'imparfait des verbes du 1re groupe :
Je chantai / je chantais

Les traces de l'étymologie

Plusieurs noms français ont des consonnes muettes liées à leur origine latine ou leur évolution en ancien français.
pie**d** (*pedem*) / pédestre
cham**p** (*campum*) / champêtre
chan**t** (*cantum*) / chanteur

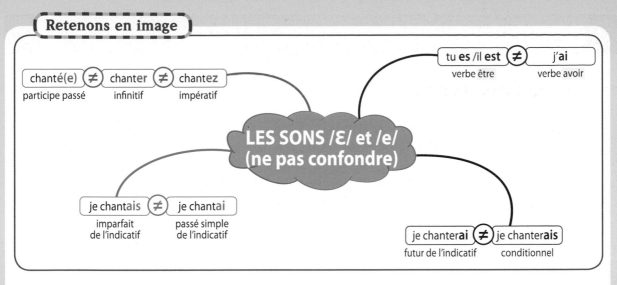

LES SONS /ɛ/ et /e/ (ne pas confondre)

chanté(e) ≠ chanter ≠ chantez
participe passé   infinitif   impératif

tu **es** /il **est** ≠ j'**ai**
verbe être   verbe avoir

je chant**ais** ≠ je chant**ai**
imparfait   passé simple
de l'indicatif   de l'indicatif

je chanter**ai** ≠ je chanter**ais**
futur de l'indicatif   conditionnel

● Entraînement

Observer

1 Relevez les formes verbales conjuguées et donnez leur temps.

Enfin je trouvai une petite anse sur la rive droite de la crique, vers laquelle, non sans beaucoup de peine et de difficulté, je menai mon radeau. J'en approchai fort près, de sorte que, touchant le fond avec ma rame, je pouvais l'y pousser directement ; mais je courais de nouveau le risque de submerger ma cargaison, parce que la côte était escarpée ou tout au moins en pente assez raide, et qu'il n'y avait pas une place pour aborder. Je contournai la pointe, et, sitôt que je trouvai assez d'eau – mon radeau tirait environ un pied – je le poussai sur le terrain plat, où je l'attachai en fichant dans la terre mes deux rames brisées.

Daniel Defoe, *Robinson Crusoé*.

Manipuler

2 Transposez les verbes soulignés à la première personne du singulier.

Buckingham <u>causait</u> une grande surprise à D'Artagnan, car il <u>remuait</u> à pleines mains les hommes et les millions. Il <u>chargea</u> l'orfèvre de forger deux ferrets semblables aux autres et <u>transforma</u> la chambre en atelier. Il <u>plaça</u> une sentinelle à chaque porte ; je voulais interdire le passage à quiconque.
L'orfèvre <u>envoya</u> une lettre à sa femme : il la chargeait de lui envoyer un assortiment de diamants.

3 Recopiez le texte ci-contre en respectant les indications entre parenthèses.

L'espérance de se (*tirer, infinitif*) de la pauvreté désarma le pêcheur. « Je (*pouvoir, conditionnel*) t'(*écouter, infinitif*), dit-il, s'il y (*avoir, imparfait*) quelque fond à faire sur ta parole : je (*aller, présent*) t'ouvrir le vase. » Le pêcheur ôta aussitôt le couvercle du vase. Il en sortit à l'instant de la fumée, et le génie, qui (*retrouver, plus-que-parfait*) sa forme, fit (*tomber, infinitif*) le vase dans la mer. Cette action effraya le pêcheur. « Génie, dit-il, qu'est-ce que cela signifie ? Ne (*vouloir, présent*)-vous pas (*garder, infinitif*) le serment que vous (*venir, présent*) de faire, et dois-je vous dire ce que le médecin Douban (*dire, imparfait*) au roi grec : « (*Laisser, impératif*)-moi vivre, et Dieu prolongera vos jours. »

Les Mille et Une Nuits.

4 Cherchez des mots de la même famille que les mots suivants pour expliquer la consonne finale.

Ex. : un lit > litière, literie

a. le froid   **d**. le teint
b. grand   **e**. un accroc
c. un cours   **f**. un échafaud

Écrire

5 Voici des expressions courantes : vous en emploierez trois dans un récit au présent avec des groupes nominaux sujets.

Crier dans le désert
Multiplier les exemples
Remuer le couteau dans la plaie
Croire au Père Noël
Ne pas voir plus loin que le bout de son nez

● Observons

1. Mon grand-père et moi avons *fait* une table en bois.
2. Je ne *fais* pas M Pokora (Laurent Gerra, imitateur).
3. On *fait* les dix ans de Laurent samedi prochain.
4. On s'est *fait* la tête tout le weekend.
5. Je la connais comme si je l'avais *faite*.
6. Je *fais* du direct à la télévision.
7. « Trempez–la dans l'eau, ça *fera* un escargot tout chaud ».

S. Bajric, *Le Verbe « faire » en français contemporain*,
Université de Paris-Sorbonne IV.

1. Par quel synonyme pouvez-vous remplacer le verbe *faire* dans la phrase 1 ? Dans quelle phrase a-t-il un sens similaire ?

2. Proposez pour chaque emploi du mot « *faire* » un verbe qui pourrait le remplacer.

3. Concluez : un même mot a-t-il un seul synonyme ?

● Apprenons

Synonymes

○ Des synonymes sont des **mots de sens proche** et de **même classe grammaticale**.
Vieux et *âgé* sont presque de même sens.   *un vieux chien = un chien âgé*

○ La similitude de sens des synonymes dépend du **contexte** dans lequel ils sont employés.
On peut dire : *un vieux meuble*   On ne peut pas dire : *un meuble âgé*
> L'adjectif « *âgé* » qualifie nécessairement un être vivant.

○ Les synonymes peuvent appartenir à des **niveaux de langue différents** ;
dans ce cas, ils ne sont pas toujours de même classe grammaticale.
    à titre gracieux   /   *gratuitement*   /   *à l'œil*
    niveau de langue soutenu   courant   familier

Antonymes

○ Des antonymes sont des **mots de sens contraire** et de même classe grammaticale.
aimer quelqu'un ≠ haïr quelqu'un

○ Il n'y a **pas toujours une opposition parfaite** entre deux mots. Seuls les antonymes construits par **dérivation** à l'aide d'un **préfixe** peuvent exprimer une signification totalement inverse :
pro-européen ≠ anti-européen

Le préfixe *pro-* vient du latin et signifie « avant, devant » (la même forme existe en grec) :
il indique qu'une chose ou une personne est favorable à une autre.
Le préfixe *anti-* vient du grec et signifie « au lieu de » ou « contre » ; associé à un nom ou un adjectif il exprime l'hostilité à l'idée exprimée par le mot préfixé.

○ On peut aussi créer des antonymes par **composition** en associant des radicaux ou des préfixes latins ou grecs à des noms ou des adjectifs :
russophobe   ≠   *russophile*   *interne*   ≠   *externe*
-phobe : ennemi   -phile : ami   in - : à l'intérieur   ex - : à l'extérieur

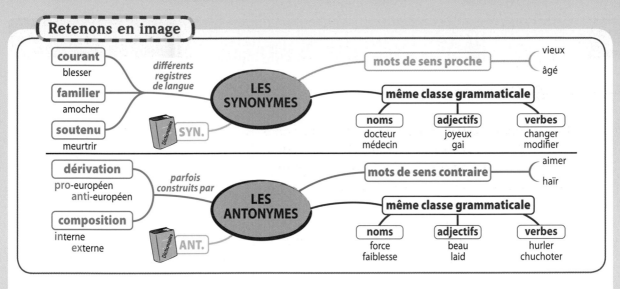

Entraînement

Observer

1 Retrouvez les paires d'antonymes dans la liste suivante ; attention à la classe grammaticale des mots.

frais - sale – large - parfum - sec - propre - froid - radié - déplaire - humide - fané - inscrit - étroit - relent - chaud - charmer

2 Réunissez les adjectifs suivants en trois groupes de synonymes.

content - svelte - joyeux - austère - fin - rigoureux - délicat - sévère - gai - froid - mince - heureux

3 Classez les mots suivants selon le niveau de langue auquel ils appartiennent : soutenu, courant, familier.

meurtrir - bricoler - blesser - bidouiller - comploter - capter - amocher - bateau - comprendre - commun - manigancer - concevoir - ourdir - banal - réaliser

Manipuler

4 Proposez un synonyme pour chaque expression soulignée.

a. Toute la cour d'Artur connaissait ce grand chevalier à la grande renommée. Il avait accompli de grands faits pendant la guerre de Cornouailles. Sa grande taille lui donnait aussi une allure impressionnante.
b. Marco Polo a fait un voyage long de 26 ans. Il se faisait fort d'atteindre l'extrémité de la terre avec sa caravane de marchandises. Souvent, il a fait l'étonnement de la cour de Gengis Khan en racontant ses découvertes. À son retour, les Génois l'ont fait prisonnier.

5 Remplacez les mots soulignés par un synonyme.

Dans le film *La Légende des sept mers*, la divinité de la Discorde, Éris, veut voler le Livre de la paix ; pour cela, elle demande à un monstre marin de lui amener le terrible brigand, Sindbad. Mais Éris vole le livre avant lui en prenant son apparence. Sindbad est alors conduit devant le tribunal ; il crie son innocence et il obtient un délai de quelques jours pour rapporter le livre à la cité de Syracuse. S'ensuit alors un dangereux voyage. L'équipage de Sindbad doit faire face à plusieurs dangereux obstacles envoyés par Éris ; finalement, Sindbad réussit à la dominer. Ce n'est qu'après qu'il est libéré.

6 Remplacez le mot souligné par son antonyme.

Ned Land avait environ quarante ans. C'était un homme de grande taille – plus de six pieds anglais –, le corps vigoureux, l'air grave, peu communicatif, violent parfois, et très rageur quand on le contrariait. Sa personne pouvait provoquer l'attention, c'est surtout la puissance de son regard qui accentuait singulièrement sa physionomie.

D'après J. Verne, *Vingt mille lieues sous les mers*.

Écrire

7 Racontez deux fois l'histoire d'un film que vous avez vu en utilisant le niveau de langue courant, puis le niveau de langue familier.

Observons

Éclairer v. : du latin *clarus*, « clair »
1. V. trans.
A. concret : 1. Répandre de la lumière. *Le Soleil et la Lune éclairent la Terre.* « <u>Cette éclatante lumière mise comme une lampe éternelle pour éclairer l'univers</u> » (Pascal) – Pourvoir de la lumière nécessaire. « *Vite un flambeau, je vais vous éclairer* » (Molière) > **éclairage**. **fig.** *éclairer la lanterne de quelqu'un.* 2. Répandre une espèce de lumière > syn. **illuminer** « *une joie subite éclaira son visage* » (Green) [...].
B. abstrait : 1. Mettre quelqu'un en état de voir clair, de comprendre. « *éclairer le peuple* » (Hugo). 2. Rendre intelligible > syn. **expliquer**. « *Les lignes de cette étude éclairent la vie de Balzac* » 3. milit. Éclairer la progression de la troupe : la protéger en envoyant en avant des éléments de reconnaissance (éclaireurs).

Article « **éclairer** », *Dictionnaire* Le Robert *(extraits)*.

1. Quelles sont les premières informations données par le dictionnaire sur le mot *éclairer* ?

2. Dans la citation soulignée, quel mot montre le point commun entre *lumière* et *lampe* ?

3. *Une joie subite éclaira son visage* : à quoi la joie est-elle comparée ? Quel mot vous met sur la voie ? Quel est le sens de la phrase ?

4. *Les lignes de cette étude éclairent la vie de Balzac* : à quoi les lignes sont-elles comparées ? Remplacez le verbe *éclairer* par le synonyme proposé : quelle phrase préférez-vous ?

5. Que signifie l'abréviation *fig.* ? Expliquez pourquoi le dictionnaire l'utilise pour qualifier l'expression « *éclairer la lanterne de quelqu'un* » ?

Apprenons

Sens propre et sens figuré

- *Rappel* : on appelle **polysémie**, le fait qu'un mot ait **plusieurs sens**.

- Le **sens propre** est le sens premier du mot.

- Le **sens figuré** s'applique souvent dans un autre domaine de sens ou un autre contexte que le sens propre. Le dictionnaire l'indique alors (abréviation fig.)
  éclairer *la lanterne de quelqu'un* = donner à quelqu'un des explications pour lui faire comprendre quelque chose.
  > L'expression compare l'esprit d'un homme à une lampe.

Les figures d'analogie

- Les figures **d'analogie** jouent sur les **ressemblances**, en particulier la **comparaison** et la **métaphore**.

- La **comparaison** utilise un **mot-outil** (*comme*).

Cette éclatante lumière mise	*comme*	*une lampe éternelle*
comparé	outil de comparaison	comparant

- La **métaphore** crée le lien entre deux éléments **sans outil de comparaison**.

Une joie subite	*éclaira*	*son visage*
comparé		comparant

> La joie éclaire le visage comme un flambeau pourrait l'illuminer.

Les figures d'opposition

- L'**antithèse rapproche deux mots** ou deux idées **de sens contraire**.
Le pot de terre et le pot de fer (La Fontaine).

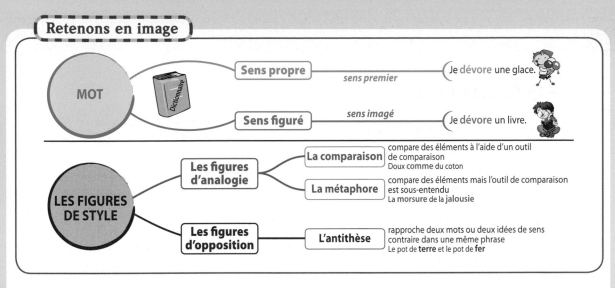

Retenons en image

MOT
- **Sens propre** — *sens premier* — Je dévore une glace.
- **Sens figuré** — *sens imagé* — Je dévore un livre.

LES FIGURES DE STYLE
- **Les figures d'analogie**
  - **La comparaison** : compare des éléments à l'aide d'un outil de comparaison — Doux comme du coton
  - **La métaphore** : compare des éléments mais l'outil de comparaison est sous-entendu — La morsure de la jalousie
- **Les figures d'opposition**
  - **L'antithèse** : rapproche deux mots ou deux idées de sens contraire dans une même phrase — Le pot de **terre** et le pot de **fer**

● Entraînement

Observer

1 **Dans les phrases suivantes, dites si le mot souligné est employé au sens propre ou au sens figuré.**

a. Tous les matins, l'athlète <u>court</u> autour du stade.
b. Tous les ans, la vedette <u>court</u> après le succès.
c. Les <u>fleurs</u> du cerisier rappellent le printemps.
d. Le chef cuisinier met de la <u>fleur</u> de sel sur les rôtis de bœuf.
e. Poil de Carotte est vite <u>perdu</u> dans la grammaire.
f. La boussole a permis au capitaine de retrouver la route <u>perdue</u>.

2 **Classez les citations suivantes selon qu'elles contiennent des comparaisons ou des métaphores.**

a. L'attaquant est arrivé comme un boulet.
b. Ô temps, suspends ton vol ! (Lamartine)
c. Le buffet est ouvert, et verse dans son ombre
Comme un flot de vin vieux, des parfums engageants. (Rimbaud)
d. <la Lune> Cette faucille d'or dans le champ des étoiles. (Hugo)

3 **Dans le texte suivant, relevez les oppositions.**

Gentlemen, j'enseigne. Quoi ? Deux espèces de choses, celles que je sais, et celles que j'ignore. Je vends des drogues et je donne des idées. Approchez, et écoutez. La science vous y convie. Ouvrez votre oreille. Si elle est petite, elle tiendra peu de vérité ; si elle est grande, beaucoup de stupidité y entrera. Donc, attention. J'enseigne la *Pseudodoxia Epidemica*. J'ai un camarade qui fait rire, moi je fais penser. […] Je sépare le vrai du faux.

V. Hugo, *L'Homme qui rit.*

Manipuler

4 **Expliquez les comparaisons suivantes selon le modèle proposé dans le cours.**

a. Le poète est semblable au prince des nuées
b. Il avait la barbe et les sourcils blancs comme neige.
c. Aussi vif que l'éclair, d'Artagnan feinta et toucha le garde du cardinal.

Comparé	Outil de comparaison	Comparant

5 **Expliquez les métaphores suivantes en utilisant le tableau ci-dessous.**

a. Une mer de manifestants avait envahi la rue.
b. La vie est un long fleuve tranquille.
c. Sindbad sentit la morsure de la jalousie.

Comparé	Comparant	Idée commune

Écrire

6 **À vous de jouer ! Rédigez un poème de huit vers ou lignes dans lequel vous insérerez quatre métaphores animales tirées de cette liste :**

temps de chien - larmes de crocodile - œil de lynx - regard de vipère - froid de canard - poule mouillée - être le dindon de la farce - donner sa langue au chat - un mal de chien - une peau de vache.

Dire l'amour

- L'absence de l'être aimé dans la poésie lyrique
- Chanter l'amour à l'opéra
- Avouer son amour au théâtre
- Des amours contrariées

Individu et société : confrontations de valeurs ?

- L'amour ou l'honneur : un choix tragique
- *Roméo et Juliette*, l'amour contre la haine
- Les valeurs de la Révolution dans les romans
- Valeurs individuelles et familiales dans des romans contemporains
- Un roman pour défendre des valeurs humanistes

La fiction pour interroger le réel

- Une nouvelle qui se moque de la société du XIXe siècle
- Une nouvelle réaliste et cruelle
- Adapter une nouvelle réaliste à l'écran, *La Parure*
- Une nouvelle fantastique pour interroger le réel
- Des histoires à faire peur

Informer, s'informer, déformer ?

- Du journaliste au lecteur, la transmission de l'information
- De l'information à la désinformation
- Le témoignage d'une journaliste
- Interroger le pouvoir de l'image dans l'information, *Night Call*
- L'ascension d'un journaliste dans un roman réaliste

La ville, lieu de tous les possibles ?

- Poésie des villes modernes
- Enquête policière dans une ville fortifiée
- Explorer un Paris fantastique

Se chercher, se construire

Se raconter, se représenter

- Étudier des autoportraits d'écrivains du XVIIIe siècle à aujourd'hui
- Écrire un journal pendant la guerre
- Un récit autobiographique
- L'autoportrait en peinture

Vivre en société, participer à la société

Dénoncer les travers de la société

- La satire des inégalités sociales aux XVIIe et XVIIIe siècles
- L'humour pour critiquer le monde contemporain
- Une drôle d'enquête dans un drôle de quartier
- La satire dans la presse et les médias

Regarder le monde, inventer des mondes

Visions poétiques du monde

- Ce que la mer inspire aux poètes
- L'itinéraire d'un poète voyageur
- Un roman culte
- Le paysage en peinture

Agir sur le monde

Agir dans la cité : individu et pouvoir

- *Antigone*, une tragédie du pouvoir
- Un acte de résistance pacifique, *Joyeux Noël*
- Poètes et résistants
- Une fable pour dénoncer le stalinisme
- Enquête amoureuse sur les traces de la Première Guerre mondiale

Questionnement complémentaire

Progrès et rêves scientifiques

- Fictions scientifiques
- La libération de l'homme grâce aux robots, *Real Humans*
- Le progrès en question à travers une fable préhistorique
- Du rêve au fléau

Crédit textes

page 18 : Homère, *Odyssée*, traduction de Victor Bérard, Gallimard

page 21 : Homère, *L'Odyssée*, « Ulysse chez les Lotophages ». Traduit et adaptée du grec par Isabelle Pandazopoulos, Gallimard Jeunesse

page 32 : Annemarie Schwarzenbach, *Où est la terre des promesses ?*, 1939-1940, Éditions Payot

page 25, Jean de Léry, *Histoire d'un voyage fait en terres du Brésil*, 1578. Texte adapté par E. Letterrier.

page 34 : Nicolas Bouvier, *L'Usage du monde*, 1963, Editions Payot

page 46 : Eugène Guillevic, *Creusement*, Gallimard, 1987

page 48 : Blaise Cendrars, *Feuilles de route*, 1924, Denoël

page 52, 54, 56, 58 : Edgar Allan Poe, *Les Aventures d'Arthur Gordon Pym*, 1838. Traduction de Charles Baudelaire en 1858.

page 98 : Fred Uhlman, *L'Ami retrouvé*, traduit par Léo Lack, Gallimard, 1978

page 106 : Henri Troyat, *Aliocha*, Flammarion, 1991

page 109 : Manu Causse, *Romeo@Juliette*, Talents Hauts, 2006

page 127 : J.-K. Rowling, *Harry Potter à l'École des Sorciers*, Gallimard, 1997.

page 132 : Peter Christen Asbjørnsen et Jørgen Moe, *Le Prince dragon*, 1852, traduit du norvégien par un collectif dirigé par J.-M. Patrix, 1995. Éditions Esprit ouvert.

page 140 : Jacques Prévert, « Chanson pour chanter à tue-tête et à cloche-pied », Histoires et d'autres histoires, Gallimard

page 144 : Henri Michaux, *Ailleurs, Au pays de la magie*, Gallimard, 1948.

page 146 : Jean Cocteau, « Le printemps au fond de la mer »,1920, *L'Ode à Picasso, œuvres poétiques complètes*, Bibliothèque de la Pléiade, Gallimard

page 148 : Robert Massin, *La Lettre et l'Image*, Gallimard, 1970

page 152, 155, 158 : Ray Bradbury, *Chroniques martiennes*, 1950, traduit de l'américain par J. Chambon et A. Robillot, Denoël.

page 174 : Homère, *Iliade*, chant XXII, traduction de M. Meunier, Albin Michel.

page 177 : *Les combats d'Achille*, Manot Gentil, Histoires noires de la mythologie, Nathan jeunesse.

page 178, 180,182 : *La Chanson de Roland*, traduction de Jean Dufournet, Flammarion, 1993.

page 187 : J.R.R Tolkien, *Le Seigneur des Anneaux*, tome 3, « Le retour du roi », nouvelle traduction de Daniel Lauzon, Editions Bourgois, 2016.

page 190 : George R. R. Martin, *Le Trône de fer*, 1996, traduit de l'américain par Jean Sola, 1998, Flammarion

pages 196, 199, 201, 204 : Chrétien de Troyes, *Lancelot ou le Chevalier de la charrette*, traduction de Daniel Poirion, 1994, Gallimard

page 234 : « Le sixième extinction animale de masse est en cours », AFP/Le Monde.fr, juin 2015.

pages 238, 242, 244, 246 : *L'Héritage d'Anna, Jostein Gaarder*, ©Editions Seuil, 2015.

page 276 : Lucien de Samosate, Histoire véritable, Livre I, 13. traduction de Pierre Grimal, Gallimard, 1958.

page 281 : Guillaume le Clerc de Normandie, « Bestiaire divin », In Bestiaires de Moyen Âge, mis en français par Gabriel Biancotto, © Stock

Crédit photos

mages ; 167 **(m)** Twentieth Century-Fox Film Corporation/The Kobal Coll./Aurimages ; 167 **(d)** Myimagine/Fotolia ; 167 **(b)** Cirodelia/Fotolia ; 168 **(h)** Bridgeman Images/DR ; 168 **(b)** Ralwel/Fotolia ; 169 Twentieth Century-Fox Film Corporation/The Kobal Coll./Aurimages ; 172 **(d)** DR ; 172 **(g)** Coll. CSFF/Rue des Archives ; 173 Bridgeman Images ; 174 **(h)** BIS/Ph.© Archives Nathan ; 174 **(b)** AKG-Images ; 175 Bridgeman Images ; 177 Bridgeman Images ; 178 **(g)** Florilegius/Leemage ; 178 **(d)** Florilegius/Leemage ; 180 British Library Board/Robana/Leemage ; 181 RDA/Rue des Archives ; 182 Bridgeman Images ; 183 Coll. Dagli Orti/Coll. privée/CCI/Aurimages ; 184 Selva/Leemage ; 185 Private Coll./The Stapleton Coll./Bridgeman Images ; 186 **(h)** Bill Potter/camerapress/GAMMA ; 186 **(b)** New Line Cinema/The Kobal Coll./Aurimages ; 189 New Line Cinema/The Kobal Coll./Aurimages ; 190 Doak © Writer Pictures/Leemage ; 191 Archives Charmet/Bridgeman Images ; 193 **(h)** Cirodelia/Fotolia ; 193 **(b)** Matthew Cole/Fotolia ; 194 **(h)** Lewis © Writer Pictures/Leemage ; 194 **(b)** Philip Pullman, *Les Royaumes du Nord : à la croisée des mondes*, I, Coll. Folio, aux Éditions Gallimard. ; 195 Cirodelia/Fotolia ; 196 BIS/Ph. Coll. Archives Larbor ; 197 Héritage Images/Leemage ; 198 BIS/Ph. Coll. Archives Nathan ; 199 Bridgeman Images ; 201 Royal Academy of Arts, London/Art Renewal Center ; 203 Gusman/Leemage ; 204 Coll. Christophe L © Coll. privée ; 205 Coll. privée/Art Renewal Center ; 206 Bianchetti/Leemage ; 207 Coll. privée/Art Renewal Center ; 208 **(h)** Coll. CSFF/Rue des Archives ; 208 **(b)** Prod DB © LucasFilm Ltd - Paramount Pictures/DR ; 209 **(hg)** Lucasfilm Ltd/The Kobal Coll./Aurimages ; 209 **(hd)** Lucasfilm Ltd/The Kobal Coll./Aurimages ; 209 **(b)** Prod DB © LucasFilm Ltd - Paramount Pictures/DR ; 210 **(g)** Coll. Dagli Orti/Tate Gallery Londres/Eileen Tweedy/Aurimages ; 210 **(d)** DeAgostini/Leemage ; 211 **(h)** Leemage ; 211 **(b)** Isadora/Leemage ; 212 **(h)** Masson/Fotolia ; 212 **(m)** Jorisvo/Fotolia ; 212 **(b)** Santi/Fotolia ; 213 Prod DB © Warner Bros - J. K. Rowling /DR ; 214 **(hg)** Nadia Porcar, *Jason et le défi de la Toison d'or*, illustré par G. de Conno, Coll. Histoires noires de la mythologie, Série Histoires noires de la mythologie aux Éditions Nathan ; 214 **(hd)** William Nicholson, *Seeker*, couverture illustrée par Pierre-Marie Valat, Coll. Folio Junior, aux Éditions Gallimard jeunesse ; 214 **(mg)** Anne-Marie Cadot-Colin, *Merlin*, Illustration de Benjamin Carré © aux Éditions du livre de poche, 2009 ; 214 **(md)** Moira Young, *Saba, Ange de la mort*, Coll. Pôle Fiction, Éditions Gallimard jeunesse ; 214 **(bg)** Roald Dahl, *Matilda*, illustrations de Quentin Blake, Coll. Folio junior, aux Éditions Gallimard jeunesse ; 214 **(bd)** Béroul, *Tristan et Iseut*, Ill. de Nathalie Novi, Coll. Folio junior Textes Classiques, aux Éditions Gallimard jeunesse ; 215 **(h)** *Tiffany*, volume 1, Yann – Herval © Éditions Delcourt – 2006 ; 215 **(m)** Coll. Christophe L © Columbia Pictures ; 215 **(b)** Cirodelia/Fotolia ; 216 Costa/Leemage ; 218-219 Alessandro Lonati/Leemage ; 220 **(b)** Coll. Jonas/Kharabine-Tapabor ; 221 **(bg)** Coll. Daglio Orti/Bibilothèque des Arts Décoratifs Paris/Gianni Dagli Orti/Aurimages ; 221 **(bd)** British Library Board/Robana/Leemage ; 221 **(h)** Picture from History/Bridgeman Images ; 222 BIS/Ph. © Archives Larbor ; 223 DeAgostini/Leemage ; 225 **(h)** BIS/Ph. Coll. Archives Larbor ; 225 **(b)** Photo12.com/Alamy ; 226 De Agostini Photo Library/G Dagli Orti/Bridgeman Images ; 227 Pict Rider/Fotolia ; 228-230 Leemage ; 229 **(h)** Morphart/Fotolia ; 231 Valéry Hache/AFP ; 233 Modera76/Fotolia ; 234 Det-anan Sunonethong/Fotolia ; 235 **(g)** Imagebroker/Leemage ; 235 **(m)** Imagebroker/bilwisseditions.com/Leemage ; 235 **(d)** Imagebroker/bilwisseditions.com/Leemage ; 236 BIS/Ph. © Bibliothèque du Museum d'Histoire naturelle - Archives Bordas. ; 237 **(h)** BIS/Ph. Robert Plotz ; 237 **(b)** BIS/ Ph. Sandrine Pinard ; 238 **(h)** DR ; 238 **(b)** Kamchatka/Easyfotostock/Age Fotostock ; 240 Galyna Andrushko/Fotolia ; 241 Wolfgang Volz/LAIF-REA ; 243 DR ; 244 James Thew/Fotolia ; 245 Gusman/Leemage ; 246 Aodaodaodaod/Fotolia ; 247 Noémie Stroh ; 248 **(h)** John Foley/Opale/Leemage ; 248 **(g)** Michel Tournier, *Vendredi ou la vie sauvage*, Coll. Folio junior, aux Éditions Gallimard jeunesse ; 248 **(d)** Flaya/Fotolia ; 250 **(h)** Christian Schwier/Fotolia ; 250 **(b)** Kungverylucky/Fotolia ; 251 **(h)** Bonninturina/Fotolia ; 251 **(b)** Sablin/Fotolia ; 253 **(b)** Yanlev/Fotolia ; 254 AKG-Images ; 255 Artothek/La Collection ; 256 Bibliothèque nationale de France ; 257 British Library/Coll. Dagli Orti/Aurimages ; 259 DeAgostini/Leemage ; 260 **(hg)** Hélène Montardre, *Océania, Tome 1 : la prophétie des oiseaux* aux Éditions Rageot. ; 260 **(hd)** Jack London, *L'appel de la forêt*, illustrations d'Olivier Balez, Coll. Folio Junior Textes classiques aux Éditions Gallimard jeunesse ; 260 **(mg)** Michael Morpurgo, *Enfant de la jungle*, ill. de Sarah Young, couverture illustrée par François Place, Coll. Folio Junior aux Éditions Gallimard ; 260 **(md)** Lauren St john, *La Girafe Blanche*, ill. de David Dean, Coll. Folio Junior aux Éditions Gallimard jeunesse ; 260 **(bg)** Cirodelia/Fotolia ; 260 **(bd)** Mush ! *L'incroyable odyssée de Pascal Vatinel* © Actes Sud, 2015 ; 261 **(b)** Prod DB © Dreamworks/DR ; 261 **(h)** Jean-Baptiste de Panafieu, *L'environnement*, Coll. Tothème aux Éditions Gallimard jeunesse ; 262 **(h)** Denis Voronin/Fotolia ; 262 **(b)** JiSign/Fotolia; 263 Byrdyak/Fotolia ; 264-265-266 Coll. Daglio Orti/Mondadori Portfolio/Electa/Aurimages ; 266 **(b)** Bridgeman Images ; 267 **(g)** Coll. Dagli Orti/Musée Archéologique Sousse Tunisie/Gianni Dagli Orti/Aurimages ; 267 **(d)** Jörg Hackemann/Fotolia ; 268 Raffael/Leemage ; 269 Pascal Victor/Artcomart ; 270 **(h)** Samot/Shutterstock ; 270 **(b)** Costa/Leemage ; 271 **(bg)** Electra/Leemage ; 271 **(bd)** BIS/Ph. Pedicini © Archives Larbor ; 272 Coll. Dagli Orti/Musée Archéologique El-Djem Tunisie/Gianni Dagli Orti/Aurimages ; 274 **(h)** PrismaArchivo/Leemage ; 274 **(b)** BIS/Ph. Coll. Archives Larbor ; 275 **(h)** Fabio lamanna/Fotolia ; 275 **(m)** vpardi/Fotolia ; 275 **(b)** Odriography/Fotolia ; 276 **(h)** Artothek-Christie's/LA COLL. ; 276 **(m)** Isadora/Leemage ; 276 **(b)** Bibliothèque des Arts décoratifs, Paris, France/Archives Charmet/Bridgeman Images ; 277 **(hg)** Erich Lessing/AKG-Images ; 277 **(hd)** BIS/Rocco Pedicini © Archives Bordas ; 277 **(b)** Bibliothèque nationale de France ; 278 BIS/Ph. Coll. Archives Larbor ; 279 **(h)** Luisa Ricciarini/Leemage ; 279 **(bg)** Fotolia ; 279 **(bd)** AKG-Images ; 280 Bibliothèque nationale de France ; 281 Bibliothèque nationale de France ; 282 Bibliothèque municipale de Reims/Enluminures au début du livre 18 intitulé « Des bêtes »/Barthélémy de Glanville, *Livre des Propriétés et des choses*, traduit par Jean Corbichon Reims, BM, Ms 993, fol. 255 ; 285 Coll. Dagli Orti/Aurimages ; 287 Bianchetti/Leemage ; 291 DR ; 295 Erica Guilane-Nachez/Fotolia ; 297 Studiostoks/Fotolia ; 301 BIS/Ph. Léonard de Selva © Archives Larbor ; 311 British Library/AKG-Images ; 313 Mariarita/Fotolia ; 323 RDA/Rue des Archives ; 325 Gusman/Leemage ; 329 Look and learn/Bridgeman Images 339 Bridgeman Images et 345 Mariolina/Fotolia

Sommaire du cycle 4 de votre Coll. *Passeurs de textes :*
5e, de haut en bas : British Library Board/Robana/Leemage ; Claire Bretécher, Agrippine, aux Éditions Dargaud, 2008 ; Thierry Berrod/Look at sciences © Luc Schuiten ; Bridgeman Images ; Alessandro Lonati/Leemage.
4e, de haut en bas : Leemage ; Coll. Dagli Orti/Musée de la Poste Amboise/Gianni Dagli Orti/Aurimages ; Leemage ; Erich Lessing/AKG-Images ; Leemage © ADAGP, Paris 2016.
3e, de haut en bas : Superstock/Getty Images ; Stefano Baldini / Age Fotostock © Banksy ; Christie's/Bridgeman Images © ADAGP, Paris 2016 ; BIS/Ph. Oronoz © Archives Larbor © Succession Picasso 2016 ; Vincent Callebaut.

MIXTE
Papier issu de
sources responsables
FSC® C005461
www.fsc.org

N° de projet : 10227587
Dépôt légal : juillet 2016 - Alinés
Imprimé en Italie par Rotolito

Homère

Homère *VIIIe siècle av. J-C.*
Odyssée, Iliade

Christophe Colomb

Christophe Colomb
1451-1506
Journal de bord,
1492

Buffon

Jacob et Wilhelm Grimm

Buffon
1707-1788
Les Époques
de la Nature,
1778

Jacob et Wilhelm
Grimm
1785-1860
« La Boule de cristal »,
Contes de l'enfance
et du foyer, 1812

Molière

Jean de Léry
1536-1613
Histoire d'un voyage
fait en la terre du Brésil,
1578

Théophile de Viau
1590-1626
« Un corbeau croasse
devant moi », 1621

Molière
1622-1673
Les Fourberies de Scapin,
1671

Chanson de Roland, XIIe siècle

Chrétien de Troyes, *XIIe siècle*
Lancelot ou le Chevalier
de la charrette, 1176-1181

Les Aventures de Sindbad
le marin XVe siècle

Marco Polo, *1254-1326*
Le Livre des merveilles, 1298